Strafrecht BT II

Hemmer/Wüst/Berberich

April 2013

VORWORT

Strafrecht BT II mit der **hemmer-Methode**

Wer in vier Jahren sein Studium abschließen will, kann sich einen Irrtum in Bezug auf Stoffauswahl und -aneignung nicht leisten. Hoffen Sie nicht auf leichte Rezepte und den einfachen Rechtsprechungsfall. Hüten Sie sich vor Übervereinfachung beim Lernen. Stellen Sie deswegen frühzeitig die Weichen richtig.

Die Skripten **Strafrecht BT I/II** wollen Verständnis schaffen für die Zusammenhänge des Strafrechts. Strafrecht ist gut erlernbar. Eine zweistellige Punktzahl ist immer im Bereich des Möglichen. Gerade im Strafrecht ist es wichtig, die Klassiker genau zu kennen. Hier wird Ihre Belastbarkeit getestet: Innerhalb kurzer Zeit müssen relativ viele Problemkreise „abgehakt" werden. Von den über 250 Tatbeständen des Besonderen Teils des StGB sind immer die gleichen Problemfelder Gegenstand von Prüfungsklausuren. Die Skripten basieren auf der genauen Beobachtung von prüfungsrelevanten Themen. Bei den Klassikern Diebstahl, Raub, Betrug einschließlich Computerbetrug, Erpressung, Hehlerei, Untreue (BT I) und Totschlag, Mord und den Körperverletzungsdelikten, Aussagedelikten, Urkundsdelikten und Straßenverkehrsgefährdungsdelikten (BT II) sollte man sich keine Fehltritte leisten.

Die **hemmer-Methode** vermittelt Ihnen die **erste richtige Einordnung** und das **Problembewusstsein**, welches Sie brauchen, um an einer Klausur bzw. dem Ersteller nicht vorbeizuschreiben. Häufig ist dem Studenten nicht klar, warum er schlechte Klausuren schreibt. Wir geben Ihnen **gezielte Tipps**! Vertrauen Sie auf unsere **Expertenkniffe**.

Durch die ständige Diskussion mit unseren Kursteilnehmern ist uns als erfahrenen Repetitoren klar geworden, welche **Probleme** der Student hat, sein **Wissen anzuwenden**. Wir haben aber auch von unseren Kursteilnehmern profitiert und von ihnen erfahren, welche **Argumentationsketten** in der Prüfung zum Erfolg geführt haben.

Die **hemmer-Methode** gibt **jahrelange Erfahrung** weiter, erspart Ihnen viele schmerzliche Irrtümer, setzt richtungsweisende Maßstäbe und begleitet Sie als **Gebrauchsanweisung** in Ihrer Ausbildung:

1. Grundwissen:

Die **Grundwissenskripten** sind für den Studenten in den ersten Semestern gedacht. In den Theoriebänden Grundwissen werden leicht verständlich und kurz die wichtigsten Rechtsinstitute vorgestellt und das notwendige Grundwissen vermittelt. Die Skripten werden durch den jeweiligen Band unserer **Reihe „Die wichtigsten Fälle"** ergänzt.

2. Basics:

Das Grundwerk für Studium und Examen. Es schafft schnell **Einordnungswissen** und mittels der hemmer-Methode richtiges Problembewusstsein für Klausur und Hausarbeit. Wichtig ist, **wann und wie** Wissen in der Klausur angewendet wird.

3. Skriptenreihe:

Vertiefendes Prüfungswissen: Über 1.000 Klausuren wurden auf ihre „essentials" abgeklopft.

Anwendungsorientiert werden die für die Prüfung nötigen Zusammenhänge umfassend aufgezeigt und wiederkehrende Argumentationsketten eingeübt.

Gleichzeitig wird durch die **hemmer-Methode** auf **anspruchsvollem Niveau** vermittelt, nach welchen Kriterien Prüfungsfälle beurteilt werden. Mit dem Verstehen wächst die Zustimmung zu Ihrem Studium. Spaß und Motivation beim Lernen entstehen erst durch Verständnis.

Lernen Sie, durch Verstehen am juristischen Sprachspiel teilzunehmen. Wir schaffen den „background", mit dem Sie die innere Struktur von Klausur und Hausarbeit erkennen: **„Problem erkannt, Gefahr gebannt"**. Profitieren Sie von unserem **strategischen Wissen**. Wir werden Sie mit unserem know-how auf das Anforderungsprofil einstimmen, das Sie in Klausur und Hausarbeit erwartet. Die Theoriebände Grundwissen, die Basics, die Skriptenreihe und der Hauptkurs sind als **modernes, offenes und flexibles Lernsystem** aufeinander abgestimmt und ergänzen sich ideal. Die **studentenfreundliche Preisgestaltung** ermöglicht den **Erwerb als Gesamtwerk**.

4. Hauptkurs:

Schulung am examenstypischen Fall mit der Assoziationsmethode. Trainieren Sie unter professioneller Anleitung, was Sie im Examen erwartet und wie Sie bestmöglich mit dem Examensfall umgehen.

Nur wer die Dramaturgie eines Falles verstanden hat, ist in Klausur und Hausarbeit auf der sicheren Seite! Häufig hören wir von unseren Kursteilnehmern: **„Erst jetzt hat Jura richtig Spaß gemacht"**.

Die Ergebnisse unserer Kursteilnehmer geben uns Recht. Maßstab ist der Erfolg. Die Examensergebnisse zeigen, dass unsere Kursteilnehmer überdurchschnittlich abschneiden.

Die Examensergebnisse unserer Kursteilnehmer können auch Ansporn für Sie sein, intelligent zu lernen: Wer nur auf vier Punkte lernt, landet leicht bei drei.
Lassen Sie sich aber nicht von diesen Supernoten verschrecken, sehen Sie dieses Niveau als Ansporn für Ihre Ausbildung.

Wir hoffen, als Repetitoren mit unserem Gesamtangebot bei der Konkretisierung des Rechts mitzuwirken und wünschen Ihnen **viel Spaß beim Durcharbeiten** unserer Skripten.

Wir würden uns freuen, mit Ihnen als Hauptkursteilnehmer mit der **hemmer-Methode** gemeinsam Verständnis an der Juristerei zu trainieren. Nur wer erlernt, was ihn im Examen erwartet, lernt richtig!

So leicht ist es, uns kennenzulernen: Probehören ist jederzeit in den jeweiligen Kursorten möglich.

Karl-Edmund Hemmer & Achim Wüst

Strafrecht BT II

Hemmer/Wüst/Berberich

April 2013

Hemmer/Wüst Verlagsgesellschaft
Hemmer/Wüst/Berberich, Strafrecht BT II

ISBN 978-3-86193-224-6

11. Auflage, April 2013

gedruckt auf chlorfrei gebleichtem Papier
von Schleunungdruck GmbH, Marktheidenfeld

Kommentare:

Fischer — Strafgesetzbuch, 59. Aufl. 2012
(zitiert: FISCHER)

Lackner/Kühl — Strafgesetzbuch mit Erläuterungen, 27. Aufl., 2010
(zitiert: LACKNER/KÜHL)

Rudolphi/Horn/Günther — Systematischer Kommentar zum Strafrecht Band II, Loseblattsammlung,
(zitiert: SK-BEARBEITER)

Schönke/Schröder — Strafgesetzbuch, 28. Aufl., 2010
(zitiert: SCH-SCH-BEARBEITER)

Lehrbücher:

Baumann/Weber/Mitsch — Strafrecht AT, 11. Aufl., 2003
(zitiert: BAUMANN)

Haft — Strafrecht Besonderer Teil, 8. Aufl., 2005
(zitiert: HAFT)

Krey — Strafrecht Besonderer Teil Band 1, 13. Aufl., 2005
(zitiert: KREY, BT-I)

Wessels/Hettinger — Strafrecht Besonderer Teil/1, 36. Aufl., 2012
(zitiert: WESSELS, BT-I)

Wessels/Hillenkamp — Strafrecht Besonderer Teil/2, 35. Aufl., 2012
(zitiert: WESSELS, BT-2)

Weitere Literatur in den Fußnoten

A. ERSTER TEIL:

STRAFTATEN GEGEN INDIVIDUALRECHTSGÜTER

Im ersten Teil werden die Straftaten gegen die Individualrechtsgüter behandelt. Dazu zählen insbesondere die Straftaten gegen das Leben (§§ 211 ff.[1]), gegen die körperliche Unversehrtheit (§ 223 ff.) und gegen die persönliche Freiheit (§§ 234 ff.). Des Weiteren gehören dazu die Straftaten gegen die Ehre (§§ 185 ff.), der Hausfriedensbruch (§ 123) sowie die Delikte gegen den persönlichen Lebens- und Geheimbereich (§§ 201 ff.).

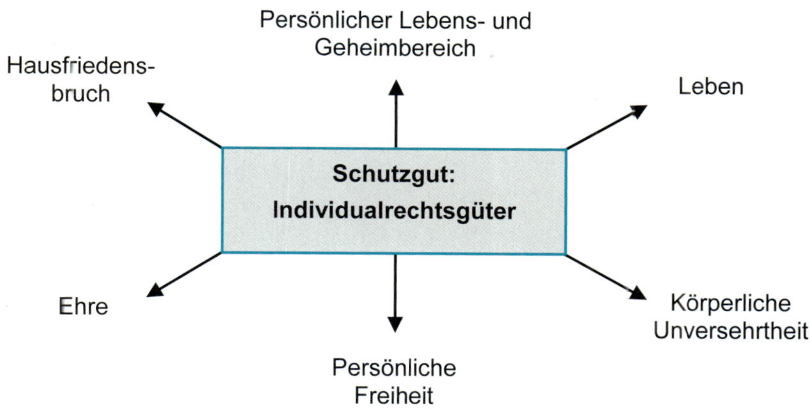

§ 1 STRAFTATEN GEGEN DAS LEBEN

I. Überblick

Überblick

Der 16. Abschnitt des StGB enthält in den §§ 211 ff. die „Straftaten gegen das Leben“. 1

Die Fälle der vorsätzlichen Tötung eines Menschen werden dabei durch den Totschlag (§§ 212, 213), den Mord (§ 211) und die Tötung auf Verlangen (§ 216) erfasst. Der Totschlag, § 212, enthält dabei den Grundtatbestand der vorsätzlichen Tötungsdelikte. Zwei Strafzumessungsregeln zu § 212 I sind in den §§ 212 II, 213 enthalten: § 212 II normiert einen unbenannten besonders schweren Fall, der - ebenso wie der Mord - mit lebenslanger Freiheitsstrafe bedroht ist. § 213 regelt dagegen einen benannten minder schweren Fall („Totschlag nach Provokation“, § 213, 1.Var.) sowie sonstige unbenannte minder schwere Fälle (§ 213, 2.Var.).

Eine unselbständige Abwandlung ist § 216: die Tötung auf Verlangen ist eine Privilegierung mit Sperrwirkung, die einen Rückgriff auf andere Tötungsdelikte, insbesondere auch auf § 211, für den Täter ausschließt.

Verhältnis Mord/Totschlag

Umstritten ist dagegen das Verhältnis des Mordes, § 211, zu § 212: Nach der h.L.[2] stellt § 211 ebenfalls eine unselbständige Abwandlung in Form einer *Qualifikation* zu § 212 dar. Dem widerspricht die ständige Rspr. des BGH[3], die Mord und Totschlag als zwei grundsätzlich *selbständige Tatbestände* ansieht. Von praktischer Relevanz sind die Unterschiede dieser Ansichten zum einen für Aufbaufragen.

---

1 Alle §§ ohne Gesetzesangabe sind solche des StGB.

2 SCH-SCH, vor § 211 StGB, Rn. 5 m.w.N.

3 Vgl. nur BGHSt 30, 105-122 = **juris**byhemmer (wenn dieses Logo hinter einer Fundstelle abgedruckt wird, finden Sie die Entscheidung bei juris. Zur Arbeit mit juris befindet sich vorne im Skript eine ausführliche Anleitung).

Sieht man den Mord als Qualifikation des Totschlags an, so kann man die beiden Delikte zusammen prüfen und im Obersatz formulieren: „Strafbarkeit gemäß der §§ 212, 211“. Dieser Weg bleibt verschlossen, wenn man der Ansicht des BGH folgt. Zum anderen wird dieser Streit auch dann relevant, wenn eine Teilnahme an täterbezogenen Mordmerkmalen in Betracht kommt. Dann gilt es zu klären, ob § 28 I oder § 28 II zur Anwendung kommt[4]. 2

hemmer-Methode: In einem Beschluss hat der BGH in einer beiläufigen Bemerkung seine eigene Rechtsprechung im Zusammenhang mit der Teilnehmerstrafbarkeit bei täterbezogenen Mordmerkmalen kritisch gewürdigt.[5] Gleichwohl hat sich bisher nichts an der Haltung des BGH geändert.

Aussetzung = konkretes Gefährdungsdelikt

Die Aussetzung, § 221, ist als *konkretes Lebensgefährdungsdelikt* konstruiert.[6] Hier enthält § 221 II Nr.1 eine Qualifikation, wenn die Tat gegen ein leibliches Kind oder eine zur Betreuung anvertraute Person begangen wird (auf andere Tatbeteiligte ist § 28 II anwendbar). § 221 II Nr.2 StGB enthält dagegen eine Erfolgsqualifikation (§ 18). § 221 III normiert eine weitere Erfolgsqualifikation für den Fall des Todes des Opfers.

Fahrlässige Tötung

Die *fahrlässige Tötung* wird in § 222 unter Strafe gestellt.

Überblick über die Tötungsdelikte:

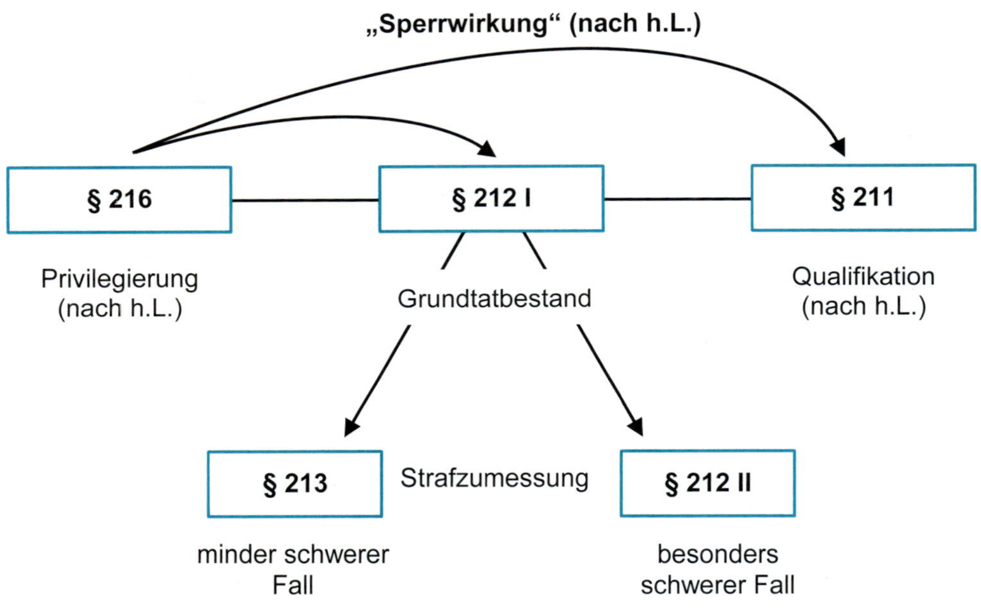

II. Totschlag, § 212

Totschlag

Der Totschlag, § 212 I, enthält den Grundtatbestand aller Fälle einer vorsätzlichen Tötung. Strafbar ist, wer einen anderen Menschen vorsätzlich tötet. Dies wirft die Frage auf, wann genau das menschliche Leben beginnt und endet. 3

4 Vgl. hierzu unten Rn. 64 ff.

5 BGH, NJW 2006, 1008-1013 = jurisbyhemmer.

6 Vgl. hierzu unten Rn. 76 ff.

1. Beginn und Ende des Lebens

Tatobjekt: „anderer" Mensch

Tatobjekt der §§ 211, 212, 216, 221, 222 kann immer nur ein *anderer Mensch* sein. Dies ergibt sich zwar nicht unmittelbar aus dem Gesetzeswortlaut (wie z.B. in § 223 I: „andere" Person). Eine andere Interpretation würde jedoch gegen das Selbstbestimmungsrecht des Menschen verstoßen, welches auch beinhaltet, dass jeder Mensch seinem Leben selbst ein Ende setzen kann. Außerdem hat das Strafrecht nicht die Aufgabe, den jeweiligen Rechtsgutsträger vor sich selbst zu schützen. 4

Beginn und Ende des Lebens

Ferner stellt sich die Frage, wann der durch die §§ 211 ff. gewährleistete Schutz des Lebens in zeitlicher Hinsicht besteht. Mit anderen Worten: es ist zu klären, wann das „Menschsein' im strafrechtlichen Sinne beginnt bzw. endet. Während die Rechtsfähigkeit im Zivilrecht nach § 1 BGB mit der Vollendung der Geburt - d.h. dem vollständigen Austritt des Fötus aus dem Mutterleib - beginnt[7], ist der Beginn des Menschenlebens im Strafrecht eigenständig zu beurteilen.

a) Beginn des Lebens

Beginn des Lebens

Nach h.M.[8] wird der Anfang des strafrechtlichen Lebens mit dem Einsetzen der Eröffnungswehen angenommen oder - bei operativer Entbindung - mit der Vornahme des die Eröffnungsphase ersetzenden ärztlichen Eingriffs. Ein positiv-rechtlicher Anhaltspunkt hierfür war früher § 217 a.F. (Kindestötung), wo die Formulierung zu finden war, dass eine Mutter ihr Kind bereits „in der Geburt" tötet. Aber auch nach Streichung des § 217 a.F. durch den Gesetzgeber verbleibt die h.M. bei diesem Ansatz. Würde man wie im Zivilrecht erst auf die Vollendung der Geburt für den Beginn des Lebens abstellen, dann wäre der strafrechtliche Schutz des Lebens bei der Geburt selbst nur unzureichend ausgestaltet. Nicht erforderlich ist darüber hinaus, dass das Kind auch nach der Geburt unabhängig von der Mutter über längere Zeit lebensfähig ist.[9] 5

Demnach kann auch einer an sich lebensunfähigen Frühgeburt schon Menschqualität zukommen, wenn sie unabhängig vom Organismus der Mutter „in menschlicher Weise lebt, sei es auch nur für kurze Zeit", denn das menschliche Leben ist unabhängig von seiner Dauer in vollem Umfange schützenswert.[10]

hemmer-Methode: Die Absolutheit des Lebensschutzes hat das BVerfG[11] immer wieder bekräftigt. Auch solche Menschen, welche sich in einem von Terroristen „gekaperten" Flugzeug befinden, genießen vollen Schutz des Art. 1 I GG. Der Abschuss des Flugzeugs ist damit jedenfalls nicht nach § 32 bzw. § 34 gerechtfertigt.

Vor dem Einsetzen der Eröffnungswehen sind dagegen nicht die §§ 211 ff., sondern ausschließlich die Delikte gegen das „werdende Leben" nach §§ 218 ff. anwendbar. Ein Rückgriff auf die Tötungsdelikte ist ausgeschlossen, da die §§ 218 ff. insoweit abschließend sind. Wichtig ist dies deshalb, weil im pränatalen Bereich *fahrlässige* Verletzungshandlungen in Bezug auf den Embryo im Gegensatz zu den §§ 222, 229 nicht strafbar sind. Strafbewehrt ist lediglich der vorsätzliche Schwangerschaftsabbruch. Zudem sehen die Tötungsdelikte z.T. einen erheblich höheren Strafrahmen vor. 6

7 PALANDT, § 1 BGB, Rn. 2.

8 FISCHER, vor § 211 StGB, Rn. 2; WESSELS/HETTINGER, BT-1, Rn. 9.

9 SCH-SCH, vor § 211 StGB, Rn. 14 m.w.N.

10 BGHSt 10, 291-294 (292).

11 Etwa in der Entscheidung zum Luftsicherheitsgesetz, vgl. BVerfGE 115, 118-166 = jurisbyhemmer.

hemmer-Methode: Noch vor dem Schutz der Leibesfrucht gem. den §§ 218 ff. setzt das Embryonenschutzgesetz (ESchG) an. Gemäß § 2 I ESchG macht sich etwa strafbar, wer einen extrakorporal erzeugten Embryo zu einem nicht seiner Erhaltung dienenden Zweck verwendet. Aufgrund dieser Vorschrift ist umstritten, ob damit eine Präimplantationsdiagnostik per se strafbar ist. Der BGH hat mit Urteil vom 06.07.2010 (5 StR 386/09) entschieden, dass die Präimplantationsdiagnostik zur Entdeckung schwerer genetischer Schäden des extrakorporal erzeugten Embryos nicht strafbar ist.

Abgrenzung §§ 211 ff. zu §§ 218 ff.

Problematisch ist die Abgrenzung der Tötungsdelikte im engeren Sinne (i.e.S.) zu den §§ 218 ff. vor allem in den Fällen, in denen eine Handlung des Täters *vor* der Geburt den Tod des Kindes erst *nach* der Geburt verursacht. Hier wird nach h.M.[12] weder auf den Zeitpunkt der Vornahme der Handlung noch auf den des Erfolgseintrittes abgestellt, sondern darauf, wann *die Handlung* auf das Kind *„schädigend einwirkt"*. 7

Fall: *Thea (T) erwartet ein nichteheliches Kind. Sie nimmt daher im 6. Monat Abtreibungshandlungen an sich vor. Daraufhin kommt es zu einer Frühgeburt eines lebenden, aber auf Dauer lebensunfähigen Kindes. Hierauf ertränkt T das Kind in der Badewanne.*

Strafbarkeit der T?

1. Tatkomplex: Die Abtreibungshandlung

I. § 212 I: Totschlag

T hat auf den ungeborenen Fötus eingewirkt, der daraufhin im lebensunfähigen Zustand zur Welt kam, aber dennoch Menschqualität besaß, so dass die §§ 211 ff. einschlägig sein könnten.

Fraglich ist jedoch, ob nicht ausschließlich die §§ 218 ff. zur Anwendung kommen, da diese einen Rückgriff auf die Tötungsdelikte verhindern.

Der ungeborene Fötus wird ausschließlich durch die §§ 218 ff. geschützt. Insbesondere sollen fahrlässige Verletzungshandlungen nicht erfasst werden, um die Lebensführung der Schwangeren nicht in unerträglicher Weise einzuschränken.

Nach dem Schutzzweck der §§ 218 ff. muss demnach richtigerweise darauf abgestellt werden, zu welchem Zeitpunkt sich die Verletzungshandlung auf das Kind auszuwirken beginnt.[13] Hier wurde bereits der Leibesfrucht Schäden zugefügt, so dass, obwohl nicht die Geburt verhindert wurde, nur § 218, nicht aber ein Tötungsdelikt einschlägig ist.[14] T ist damit nicht nach § 212 strafbar.

hemmer-Methode: Argumentiert werden kann auch mit dem Rechtsgedanken des § 8 S. 2: der Zeitpunkt, zu welchem der Erfolg eintritt, ist nicht maßgebend für die Frage, wann die Tat „begangen" wurde. Entscheidend ist der Zeitpunkt der Handlung bzw. des Unterlassens. Vgl. dazu auch BGH, Beschluss vom 02.11.2007, 2 StR 336/07 = Life&Law 2008, 473 ff.

II. § 218 I: Abbruch der Schwangerschaft

T müsste die Schwangerschaft abgebrochen haben. Abbrechen der Schwangerschaft ist eine Handlung, die entweder das Absterben der noch lebenden Frucht im Mutterleib oder den Abgang aus dem Mutterleib in nicht lebensfähigem Zustand bewirkt.[15]

---

[12] SCH-SCH, vor § 211 StGB, Rn. 15; WESSELS/HETTINGER, BT-1, Rn. 12.

[13] Zur Abgrenzung Mensch / Leibesfrucht siehe BGH, NStZ 2008, 393-395 = **Life&Law 2008, Heft 7, 473-479.** **Unser Service-Angebot an Sie: kostenlos hemmer-club-Mitglied werden (www.hemmer-club.de) und Entscheidungen der Life&Law lesen und downloaden.**

[14] BGHSt 31, 348-358 = **juris**byhemmer; SK, § 212 StGB, Rn. 4 m.w.N.

[15] FISCHER, § 218 StGB, Rn. 5.

Vollendete Abtreibung kann also auch dann vorliegen, wenn aufgrund der Abtreibungshandlung ein lebendes, aber lebensunfähiges Kind geboren wird und dieses wegen der Lebensunfähigkeit verstirbt.[16]

Im vorliegenden Fall ist ein lebendes Kind zur Welt gekommen, das aber lebensunfähig war. Die mangelnde Lebensfähigkeit beruhte auf den im 6. Monat vorgenommenen Abtreibungshandlungen. Erfüllt ist der Tatbestand des § 218 I aber erst dann, wenn das Kind gestorben ist. Bis dahin liegt nur eine versuchte Abtreibung vor.[17] Das Kind der A ist jedoch durch eine neue Tötungshandlung zu Tode gekommen. Damit war der von § 218 I vorausgesetzte Erfolg eingetreten. Fraglich ist nur, ob die Art und Weise der Erfolgsherbeiführung sich unter den Tatbestand des § 218 I subsumieren lässt.

Der BGH hat das ursprünglich bejaht. Der Eingriff im Mutterleibe (Abtreibungshandlungen im 6. Monat) sei auch dann eine Ursache für den Tod des lebend geborenen Kindes gewesen, wenn dieses bald nach der Geburt umgebracht werde.

Dazu wäre es nicht gekommen, wenn nicht die vorzeitige Geburt vorangegangen wäre. Diese beruhe wiederum auf der Abtreibungshandlung während der Schwangerschaft, durch die das Absterben der Leibesfrucht hatte herbeigeführt werden sollen. Diese Abtreibungshandlung habe daher auch die spätere Tötung verursacht. Dass die unmittelbare Todesfolge in einem neuen, vorsätzlich ausgeführten Angriff auf das Leben bestand, beseitige nicht die ursächliche Wirkung der Abtreibungshandlung.[18]

Mit der h.M. in der Literatur ist hier aber eine vollendete Abtreibung abzulehnen.[19]

Der Tod eines lebenden, aber lebensunfähigen Kindes nach der Geburt kann nur dann eine vollendete Schwangerschaftsunterbrechung sein, wenn der Tod allein auf der durch die Abtreibungshandlung verursachten Lebensunfähigkeit beruht.

Ein neuer Angriff auf das Leben des Neugeborenen verhindert gerade, dass die Abtreibungshandlung erfolgsursächlich wird. Es handelt sich vielmehr um einen Fall der überholenden Kausalität, so dass kein vollendeter Schwangerschaftsabbruch vorliegt.

T hat sich nicht aus § 218 I strafbar gemacht.

III. §§ 218 I, IV 1, 22, 23 I: Versuchter Abbruch der Schwangerschaft

T könnte sich durch die Abtreibungshandlungen im 6. Monat wegen versuchten Abbruchs der Schwangerschaft gem. §§ 218 IV 1, 22, 23 I strafbar gemacht haben.

Der versuchte Schwangerschaftsabbruch ist gem. § 218 IV 1 grundsätzlich strafbar. Gem. § 218 IV 2 wird aber der Versuch der Schwangeren nicht bestraft.

2. Tatkomplex: Nach der Geburt

I. § 212 I: Totschlag

T könnte sich dadurch, dass sie das Kind ertränkt hat, wegen Totschlags gem. § 212 I strafbar gemacht haben.

T müsste einen Menschen getötet haben. Zum Menschen wird die Leibesfrucht mit dem Beginn der Geburt.[20] Nicht erforderlich ist, dass das Kind lebensfähig ist, es genügt, wenn es tatsächlich gelebt hat. T hat durch Ertränken den Tod des Kindes verursacht.

---

16 LÜTTGER, Der Beginn der Geburt und das Strafrecht, JR 1971, 133-142 (138).

17 BGHSt 10, 291-294 (293).

18 BGHSt 10, 291-294 (294).

19 Vgl. WESSELS/HETTINGER, BT-1, Rn. 240; SCH-SCH, § 218 StGB, Rn. 13.

20 FISCHER, vor § 211 StGB, Rn. 2.

Dass das Kind wahrscheinlich auch ohne diese Tat alsbald gestorben wäre, beseitigt die Kausalität der Handlung nicht. Die T hat damit § 212 I erfüllt.

Wegen der psychischen Ausnahmesituation einer Mutter, die ihr nichteheliches Kind gleich nach der Geburt tötet, ist regelmäßig ein minder schwerer Fall i.S.v. § 213 anzunehmen.[21]

b) Ende des Lebens

Ende des Lebens

Das Leben endet mit dem Tod, im Strafrecht mit dem sog. Hirntod, d.h. wenn ein irreparabler Funktionsausfall des Gesamthirns vorliegt.[22] Nach diesem Zeitpunkt ist die menschliche Leiche nur noch über § 168 bzw. § 189, nicht dagegen auch über die §§ 211 ff. geschützt. In Ausnahmefällen können jedoch die §§ 242, 303 greifen, wenn nämlich die Totensorgeberechtigten die Überführung des Leichnams zu Forschungszwecken an ein Institut der Anatomie angeordnet haben. In dieser Konstellation wird der leblose Körper von der h.L. als „fremde Sache“ behandelt.[23] 8

Taugliches Tatobjekt / Abgrenzung

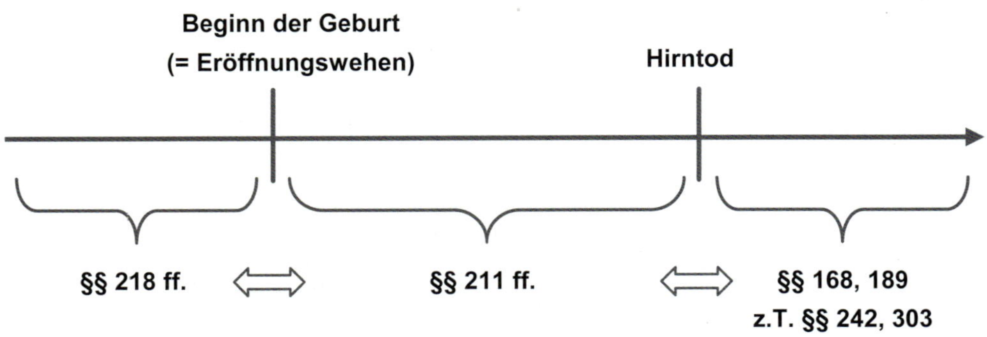

2. Suizid

Einführung

Die strafrechtliche Beurteilung der Selbsttötung bereitet sowohl in der Praxis als auch in der Rechtswissenschaft erhebliche Schwierigkeiten. Ein wesentliches Indiz für die Probleme im Umgang mit „Selbstmordfällen“ liefert schon die (nicht immer einheitliche) Rechtsprechung des BGH. Dort ist vereinzelt zu lesen, dass der Suizid „sittlich zu missbilligen“[24] oder sogar „rechtswidrig“[25], im Ergebnis jedoch straflos sei. 9

Neben dem Suizidenten selbst können auch andere Personen an der Tat beteiligt sein. Gerade deren Strafbarkeit ist von besonderer Prüfungsrelevanz.

a) Strafbarkeit des Suizidenten selbst

Teilnahme an fremder Selbsttötung nicht strafbar

Tötet sich ein Mensch aufgrund eines freien Willensentschlusses selbst, ist dieses Verhalten i.S.d. der Tötungsdelikte bereits nicht tatbestandsmäßig, wie bereits festgestellt wurde (vgl. Rn. 4). Die strafbare Tötung setzt immer die Tötung einer „anderen“ Person voraus. 10

---

21 So die gesetzgeberischen Begründungen zur Abschaffung des § 217 a.F., vgl. BT-Drucks. 13/8587, 34.

22 SCH-SCH, vor § 211 StGB, Rn. 18 m.w.N.

23 Siehe dazu OLG Bamberg, NJW 2008, 1543-1547 = **juris**byhemmer = **Life&Law 2008, Heft 675-679**. Dabei geht es u.a. um die Frage, ob Zahngold eines Toten als taugliches Tatobjekt für einen Diebstahl in Betracht kommt.

24 BGHSt 6, 147-155.

25 BGHSt 46, 279-291= **juris**byhemmer.

Dieses Ergebnis zu begründen fällt etwas schwerer, wenn der Suizident den Selbstmord(-versuch), zu dem er von einem Dritten angestiftet wurde, ausnahmsweise überlebt.

Bsp.: *A bittet T, ihn zu erschießen. T folgt dem freien Willen des A. Durch Zufall überlebt A jedoch.* 11

1. Vorliegend wurde T von A durch dessen ausdrückliches und ernstliches Verlangen zur Tötung bestimmt, weshalb T sich bei Ausbleiben des Todeserfolges nach § 216 I, II, 22 strafbar gemacht hat.

2. A könnte sich der Anstiftung zu einer versuchten Tötung auf Verlangen schuldig gemacht haben. T hat mit der Verwirklichung der §§ 216 I, 22 eine vorsätzliche und rechtswidrige Haupttat i.S.d. § 26 begangen, zu der er auch von A bestimmt wurde. Rechtfertigungs- oder Entschuldigungsgründe sind nicht ersichtlich.

Im Ergebnis muss A allerdings trotz formeller Tatbestandsverwirklichung straflos bleiben. Dies ergibt sich aus der zuvor aufgezeigten Wertung des Gesetzgebers, der dem Willen des Suizidenten angesichts seines Selbstbestimmungsrechts Priorität beimisst. Untermauern lässt sich die Argumentation außerdem durch einen „Erst-Recht-Schluss“: Wenn der Suizident schon nicht als *Täter* bestraft werden kann, weil es an einer tatbestandsmäßigen Handlung fehlt, muss er erst recht straflos bleiben, wenn er an seiner *eigenen* Tötung lediglich *teilnimmt*. Dieses Ergebnis lässt sich über eine verfassungskonforme Auslegung i.R.d. Tatbestandes herleiten. Das Selbstbestimmungsrecht gem. Art. 2 I GG verbietet insoweit eine Strafbarkeit des Suizidenten.

b) Strafbarkeit Dritter

Mit der *grundsätzlichen Wertentscheidung der Straflosigkeit des Suizidenten* ist noch nichts gesagt über die Strafbarkeit Dritter, die den Tod des Suizidenten (mit-)verursacht oder auf eine andere Art und Weise gefördert haben. Im Folgenden wird untersucht, ob eine *strafbare Teilnahme* am Suizid in Betracht kommt oder sich sogar eine Strafbarkeit wegen eines *täterschaftlichen (vorsätzlichen oder fahrlässigen) Verhaltens* legitimieren lässt. 12

hemmer-Methode: Beachten Sie bei der Behandlung von Suizidfällen immer die genannte gesetzgeberische Wertentscheidung für die Straflosigkeit der Selbsttötung. Nur wenn Sie dieses Prinzip beherzigen, können Sie die „Suizidfälle“ einer vertretbaren Lösung zuführen.

aa) Teilnahme am Suizid

Eine Teilnahme in Gestalt einer Anstiftung oder Beihilfe zur Selbsttötung ist nur unter Voraussetzungen der §§ 26, 27 denkbar. Nach dem dort vorherrschenden *Grundsatz der Akzessorietät* bedarf es insoweit einer „vorsätzlichen und rechtswidrigen Haupttat“. Wie oben gezeigt, ist die freiverantwortliche Selbsttötung jedoch tatbestandslos. Daraus folgt zwangsläufig, dass auch die Teilnahme an einer fremden Selbsttötung mangels rechtswidriger Haupttat nicht nach den §§ 26, 27 strafbar ist.[26] Dieses Ergebnis ist eine bewusste Wertentscheidung des Gesetzgebers. 13

Bspe.: *Aufforderung zum Erschießen, Reichen des Stricks (grds. straflos!)*

[26] Vgl. die abweichende Rechtslage in Österreich (§ 78 ÖstStGB) und der Schweiz (Art. 115 SchweizStGB).

bb) Denkbare täterschaftliche Begehungsweisen

Der Förderer oder Veranlasser des Suizids kann sich je nach Sachlage aber gegebenenfalls wegen einer *Tötung auf Verlangen* (§ 216), wegen eines *Totschlags in mittelbarer Täterschaft* (§§ 212 I, 25 I Alt. 2) oder eines *Totschlags durch Unterlassen* (§§ 212 I, 13) strafbar machen. Maßgeblich sind dafür stets die Kriterien der *Tatherrschaft* (Täterseite) und/oder die *Freiverantwortlichkeit des Suizidentenverhaltens* (Opferseite). *14*

(1) Tötung auf Verlangen, § 216

Unzweifelhaft sind die Fälle als eine strafbare Tötung auf Verlangen zu qualifizieren, in denen der Täter das Tatgeschehen beherrscht und das Opfer aktiv tötet. Der freie Willensentschluss des Opfers, der i.R.d. § 216 notwendiges Tatbestandsmerkmal ist, wirkt hier strafmildernd (Strafmaß: sechs Monate bis zu fünf Jahren). *15*

Bsp.: *O möchte von ihrem Krankheitsleiden erlöst werden. Sie bittet T deshalb eindringlich, sie zu töten. T folgt dem Wunsch.*

Die Abgrenzung zur straflosen Beihilfe wird aber insbesondere in Fällen des *„einseitig oder ganz fehlgeschlagenen Doppelsuizids"* schwierig. Hierfür ist typisch, dass das Handeln der Beteiligten sich zugleich als straflose Beteiligung an einer straflosen Selbsttötung des anderen oder als Fremdtötung darstellen kann.

Bsp.: *T beschafft für eine mit seiner Ehefrau E einvernehmlich geplanten Selbsttötung eine große Menge Gift. Beide führen den Selbstmord freiverantwortlich aus, wobei T wider Erwarten überlebt.*

1. Das Beschaffen des Gifts durch T ist mangels vorsätzlicher, rechtswidriger Haupttat (Selbsttötung ist tatbestandslos) keine Beihilfe i.S.d. § 27 I.

2. Eine Tötung in mittelbarer Täterschaft (§ 25 I Alt.2) scheidet schon deshalb aus, weil E eigenverantwortlich handelte und damit keine Werkzeugqualität aufweist.

3. Die Anwendbarkeit des § 216 hängt davon ab, ob T bei Vornahme der zum Tode führenden Handlung Tatherrschaft besessen hat.

Dabei ist nach Ansicht des BGH[27] eine Gesamtbetrachtung der Tat vorzunehmen: Entscheidend ist, wer nach dem Gesamtplan das tatbestandsmäßige Geschehen beherrscht. § 216 ist folglich immer dann einschlägig, wenn das Opfer insgesamt „den Tod duldend vom Täter entgegennimmt", sich also dessen Entscheidung unterordnet. Ausschlaggebend ist ferner, welcher der Suizidenten die letzte zum Tod führende Handlung ausführt.[28] Soweit im Beispielsfall E selbst das Gift sich verabreicht bzw. geschluckt hat, bleibt T straflos.

(2) Mittelbare Täterschaft

Eine Beteiligung am Suizid ist – wie dargelegt – nur dann strafrechtlich irrelevant, wenn dieser *freiverantwortlich* vorgenommen wurde. Ergibt sich nach einer normativen Betrachtung hingegen, dass das Opfer bei der Vornahme der Tötungshandlung fremdbestimmt gewesen ist, muss insbesondere an eine mittelbare Täterschaft i.S.d. § 25 I Alt.2 gedacht werden. Dann kommt eine Bestrafung des Beteiligten wegen Totschlags (bzw. Mordes) in mittelbarer Täterschaft in Betracht. *16*

27 BGHSt 19, 135-140 (138 f.) = **juris**byhemmer.

28 BGHSt 19, 135-140 = **juris**byhemmer.

Die Fremdtötung in mittelbarer Begehungstäterschaft hat in diesen Grenzfällen grundsätzlich zwei wesentliche Voraussetzungen:

Tatherrschaft

Erstens muss der Täter die objektive *Tatherrschaft* (h.L.) über ein „menschliches Werkzeug“ innehaben, so dass es entscheidend darauf ankommt, wer das tatbestandsmäßige Geschehen „in den Händen hält“. Dies ist dann der Fall, wenn der Handelnde maßgeblich über das „Ob und Wie“ der Tat entscheidet und damit die „Zentralgestalt“ des Geschehensablaufs ist.

Keine Freiverantwortlichkeit

Zweitens darf der Selbsttötungsentschluss des Suizidenten nicht auf einer *eigen- bzw. freiverantwortlichen Willensentscheidung* beruhen, weil dem Täter der eingetretene Todeserfolg ansonsten nach den allgemeinen Regeln nicht objektiv zugerechnet werden kann.

Kriterien

Umstritten ist, nach welchen Kriterien das Merkmal der „Eigenverantwortlichkeit“ zu bestimmen ist. Dazu werden zwei Lösungsansätze vertreten:

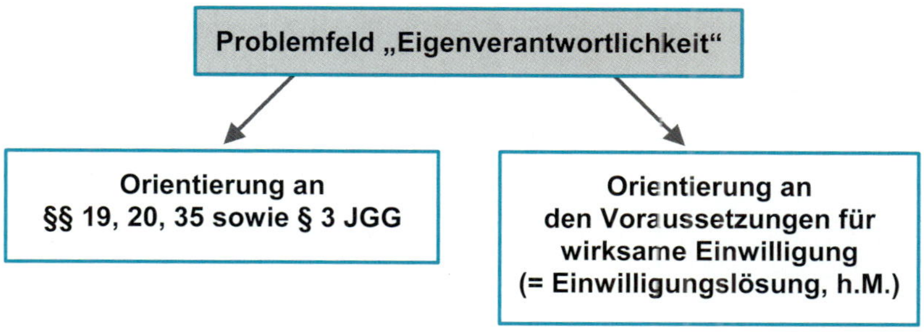

„Exkulpationslösung“

Teilweise wird in der Literatur vorgeschlagen, sich dabei an den *Exkulpationsregeln* der §§ 19, 20, 35 und § 3 JGG zu orientieren. Man müsse das Opfer gedanklich zum Täter werden lassen und sich fragen, ob der Sterbewillige für den Fall einer von ihm begangenen Fremdtötung selbst vorsätzlich und schuldhaft gehandelt hätte. Kommt man bei diesem Gedankenspiel zu dem Ergebnis, dass sich der Suizident hierbei beispielsweise auf einen Entschuldigungsgrund berufen könnte, ist Eigenverantwortlichkeit nicht gegeben und der Weg zu einer Bestrafung des Dritten nach §§ 212 I, 25 I Alt.2 frei.

„Einwilligungslösung“

Die h.M.[29] behilft sich mit einer Analogie zu den Regeln der *Einwilligung* unter Rückgriff auf den Maßstab für die „Ernstlichkeit des Verlangens“ gem. § 216 I.

Demgemäß ist eine Selbsttötung dann freiverantwortlich, wenn in der Person des Suizidenten für den Fall, dass nicht er selbst, sondern ein Dritter die Tötungshandlung vornimmt, die Voraussetzungen einer wirksamen Einwilligung vorliegen

Insbesondere kommt es dann auf die Einwilligungsfähigkeit an. Einwilligungsfähig ist, wer nach seiner *geistigen und sittlichen Reife im Stande ist, Bedeutung und Tragweite seines Rechtsgutsverzichts zu erkennen und sachgerecht zu beurteilen*. Ist der Sterbewillige demnach nicht einsichtsfähig, kann bei Vorliegen der sonstigen Voraussetzungen wegen Totschlags in mittelbarer Täterschaft verurteilt werden.

Die Vorzugswürdigkeit der „Einwilligungslösung“ ergibt sich aus dem Umstand, dass die Selbsttötung der in § 216 beschriebenen Situation insoweit ähnelt, als es in beiden Fällen um Entscheidungen des Rechtsgutsträgers selbst geht.

---

29 SK, § 212 StGB, Rn. 13 ff.; SCH-SCH, vor § 211 StGB, Rn. 36.

Folglich ist es sachgerecht, die Grundsätze zur Einwilligung und zu § 216 über die Anforderungen an ein rechtlich relevantes Todesverlangen auf den Suizid zu übertragen.

Zur Veranschaulichung der Abgrenzungsproblematik dienen die folgenden Beispielsfälle:

Mittelbare Täterschaft (+)

Bsp. 1: *Der Hausarzt T stellt bei seinem ungeliebten Patienten O bewusst eine falsche Krebsdiagnose in der Hoffnung, dass sich der labile O daraufhin umbringt. So geschieht es dann auch. Strafbarkeit des T?*

Kraft überlegenen Wissens ist T in der Lage, den O zu „steuern". Wegen des Irrtums über die Richtigkeit des Krebsbefundes fehlt O nach der „Einwilligungslösung" die erforderliche Einsichtsfähigkeit, was die Freiverantwortlichkeit seines Handelns ausschließt. Folglich ist T eines Totschlags in mittelbarer Täterschaft nach §§ 212 I, 25 I Alt.2 schuldig.

Mittelbare Täterschaft (-) → straflose Teilnahme

Bsp. 2: *T überreicht der sterbewilligen O auf ihren Wunsch ein mit tödlichem Gift versetztes gefülltes Glas Wein. O trinkt das Gemisch und wird zunächst bewusstlos. Nach wenigen Stunden verstirbt sie. Strafbarkeit des T?* 17

Da T nicht die Tatherrschaft über den unmittelbar lebensbeendenden Akt (Gifteinnahme) innehat, scheidet sowohl eine unmittelbare als auch eine mittelbare Begehungstäterschaft aus. Der Suizid der O ist schon objektiv tatbestandslos, so dass eine Strafbarkeit wegen Beihilfe zum Totschlag (§§ 212 I, 27 I) ebenfalls zu verneinen ist.

hemmer-Methode: Straflos ist natürlich auch die fahrlässige Mitverursachung der freiverantwortlichen Selbsttötung. Denn Verhaltensweisen, die selbst bei vorsätzlicher Begehungsweise nicht strafbar sind, müssen im Falle der bloßen Fahrlässigkeit erst recht straflos sein. Das gilt z.B. dann, wenn T vergisst, den Arzneischrank mit Schlaftabletten abzuschließen, obwohl er weiß, dass seine Ehefrau O stark suizidgefährdet ist und diese sich mittels der Schlaftabletten umbringt. Eine Strafbarkeit wegen § 222 scheidet schon deshalb (mangels objektiver Zurechnung) aus, weil T straflos die Schlaftabletten hätte reichen dürfen.

cc) Unterlassungstäterschaft

Schließlich ist noch an eine Unterlassungstäterschaft gem. §§ 212 I, 18
13 I (z.B. Ingerenz) zu denken, wenn man in Einklang mit der vereinzelt von der Rechtsprechung vertretenen Auffassung ab Eintritt der Bewusstlosigkeit einen *Tatherrschaftswechsel* annimmt und dem Täter eine Rettungspflicht auferlegt. Die h.L. lehnt dies unter Verweis auf einen Wertungswiderspruch ab. Denn das Urteil der Straflosigkeit der Teilnahme an einer eigenverantwortlichen Selbsttötung darf nicht durch die Konstruktion einer Sonderverantwortlichkeit aus Ingerenz rückgängig gemacht werden.

Beispiel[30] (Fall Wittig): *Die Witwe U litt an einer schweren Herzerkrankung und wurde seit dem Tod ihres Mannes immer wieder von Depressionen geplagt. Eines Abends nahm sie eine Überdosis Morphium in Selbstmordabsicht zu sich. Der sie antreffende Hausarzt fand bei ihr einen Zettel mit folgendem Inhalt: „An meinen Arzt – bitte kein Krankenhaus – Erlösung". Der Arzt unternahm im Wissen um den immer wieder geäußerten Selbstmordwillen nichts, da er insbesondere auch davon ausging, dass U nicht ohne schwere Dauerschäden zu retten sein würde.* 19

BGH

Nach dem BGH ist das Handeln des Arztes grundsätzlich als tatbestandliches Tötungsverhalten i.S.d. §§ 216 I, 13 I zu werten, weil ab Eintritt der Bewusstlosigkeit ein die Rettungspflicht auslösender Tatherrschaftswechsel stattfände.[31]

---

30 Vgl. BGHSt 32, 367-381 (369 ff.) = **juris**byhemmer.

31 BGHSt 32, 367-381 (375) = **juris**byhemmer.

Der frei geäußerte Selbsttötungswille stünde dem nicht entgegen, weil nach Erkenntnissen der Suizidforschung der Selbsttötungswille nach Beendigung des Suizidversuchs häufig entfiele.

H.L.

Die h.L.[32] lehnt diese Argumentation unter Verweis auf einen Wertungswiderspruch richtigerweise ab, denn das Urteil der Straflosigkeit der Teilnahme an einer eigenverantwortlichen Selbsttötung darf nicht durch die Konstruktion einer Unterlassungstäterschaft rückgängig gemacht werden. Zudem vermag allein der Wechsel der Tatherrschaft nicht die Inpflichtnahme nach § 13 I zu legitimieren. Tatherrschaft ist lediglich eine notwendige Voraussetzung für jede täterschaftliche Begehungsform. Eine Sonderverantwortlichkeit für die Vermeidung eines schadensträchtigen Geschehensverlaufs (Garantenpflicht) löst sie jedoch nicht aus. Hinzu kommt, dass die Annahme des BGH nicht dem verfassungsrechtlich verankerten Selbstbestimmungsrecht des Patienten gerecht wird, wenn er die Hypothese, der Sterbewille entfalle regelmäßig nach Beendigung des Suizidversuchs, für die Tatbestandserfüllung als ausreichend ansieht.

§ 323c

Problematisch ist in diesem Zusammenhang, ob gegebenenfalls eine Strafbarkeit des Dritten wegen unterlassener Hilfeleistung (§ 323c) in Betracht kommt. 20

Problem: „Suizid als Unglücksfall?“

Umstritten ist schon, ob ein Selbstmordversuch einen „Unglücksfall“ i.S.d. § 323c darstellt.

Unter einem Unglücksfall versteht man ein plötzlich eintretendes Ereignis, das erhebliche Gefahren für Menschen oder Sachen hervorruft oder hervorzurufen droht. 21

Nach der h.L.[33] ist ein Selbstmordversuch, der aufgrund eines freiverantwortlich gefassten Entschlusses begangen wird, kein Unglücksfall. Es sei andernfalls widersprüchlich, einen Garanten zwar nach §§ 212, 13 straflos zu lassen, ihn aber dann nach § 323c zur Hilfeleistung zu verpflichten. Darüber hinaus missachte eine solche Auslegung den Willen des Gesetzgebers, bereits eine Beihilfe zum Selbstmord straflos zu lassen. 22

Nach der Rspr.[34] fällt ein Selbstmordversuch dagegen unter den Begriff des Unglücksfalles. Auch ein Selbstmordversuch stelle eine Gefahrenlage dar, die das Leben des Suizidenten bedrohe. Werde ein Garant nicht wegen Totschlags durch Unterlassen nach §§ 212, 13 bestraft, müsse nicht notwendigerweise auch eine Strafbarkeit nach § 323c ausscheiden. Es könne im Einzelfall eine Erfolgsabwendungspflicht nach §§ 212, 13 nicht bestehen, ohne dass notwendigerweise auch die allgemeine (erfolgsunabhängige) Hilfeleistungspflicht aus § 323c entfalle. Besonderes Augenmerk sei dann jedoch auf das Merkmal der *Zumutbarkeit* zu werfen. 23-26

hemmer-Methode: Achten Sie darauf, dass innerhalb einer Falllösung keine Wertungswidersprüche auftauchen! Wer mit der h.L. eine Strafbarkeit wegen Unterlassens gem. §§ 212 I, 13 ablehnt, kann nicht eine Strafbarkeit wegen unterlassener Hilfeleistung gem. § 323c bejahen. Ob diesbezüglich bereits ein „Unglücksfall“ verneint wird oder jedenfalls die „Zumutbarkeit“, spielt dabei keine entscheidende Rolle.

32 Vgl. nur WESSELS/HETTINGER, BT-1, Rn. 48 ff.

33 FISCHER, § 323c StGB, Rn. 3b; KREY, BT-1, Rn. 95; vgl. noch BGHSt 2, 150-157 = **juris**byhemmer.

34 BGHSt 6, 147-155; BGHSt 13, 162-169; BGHSt 32, 367-381 (375) = **juris**byhemmer; WESSELS/HETTINGER, BT-1, Rn. 60.

Suizid

Strafbarkeit des Suizidenten

Zu verneinen wg. Selbstbestimmungsrecht, Art. 2 I GG

Strafbarkeit Dritter

⇨ Teilnahme am Suizid grds. straflos

⇨ Denkbare täterschaftliche Begehungsweisen:
- Tötung auf Verlangen
- Totschlag in mittelbarer Täterschaft
- Unterlassungstäterschaft

3. Euthanasie

Einführung

Unter Euthanasie[35] versteht man jede Form von Sterbehilfe für unheilbar kranke bzw. sterbende Menschen. Die rechtliche Behandlung von aktiv oder passiv geleisteter Euthanasie gestaltet sich angesichts des verfassungsrechtlichen Spannungsfeldes zwischen dem Recht *auf einen menschenwürdigen Tod* (Art. 2 I, 1 I GG) einerseits und dem *absoluten Lebensschutz* (Art. 2 II 1 GG; § 216 „Einwilligungssperre") andererseits bisweilen äußerst schwierig. Rechtsprechung und Literatur[36] entfernen sich in diesem Bereich deshalb weitgehend von einer strengen Subsumtion unter die Tatbestandsmerkmale der §§ 211 ff. Vielmehr wird im Wege einer *verfassungskonformen Auslegung* versucht, die vielgestaltigen Fälle der Sterbehilfe einem sachgerechten Ergebnis zuzuführen. 27

hemmer-Methode: Merken Sie sich, dass die Rechtsprechung im Hinblick auf die nach wie vor bestehenden Regelungslücken immer wieder gezwungen ist, den Anwendungsbereich der Tötungsdelikte wegen der grundgesetzlichen Werteordnung zu beschränken. Im Gutachten können Sie argumentativ mit dem Begriffspaar „Recht auf menschenwürdigen Tod" und „absoluter Lebensschutz" stets zu einer vertretbaren Lösung kommen. Für die Praxis wäre es allerdings begrüßenswert, die Sterbehilfe – wie beispielsweise in den Niederlanden[37] bereits geschehen – zu kodifizieren, um der andauernden Rechtsunsicherheit (insbesondere bei Ärzten) Einhalt zu gebieten.

Im Allgemeinen unterscheidet man zwei Formen der Euthanasie: Die aktive und die passive Sterbehilfe.

a) Aktive Sterbehilfe

Unter *aktiver Sterbehilfe* versteht man jede durch aktives Tun herbeigeführte Lebensverkürzung. Sie ist je nach Sachlage gem. § 212 I, § 211 II oder § 216 I grundsätzlich strafbar. 28

Bsp.: *Die todkranke O bittet ihren Sohn T, sie von ihren Qualen zu erlösen. Eines Tages verabreicht T seiner Mutter ein tödlich wirkendes Gift. Strafbarkeit des T?*

Geht man davon aus, dass T von O durch deren ausdrückliches und ernstliches Verlangen zur Tötung bestimmt worden ist, macht er sich nach § 216 I strafbar.

---

35 Griechisch = „schöner Tod".

36 Wessels/Hettinger, BT-1, Rn. 28 ff.; vgl. zur Vertiefung die Fallgruppen bei Sch-Sch, vor § 211 StGB, Rn. 21 ff.

37 Zur Rechtslage in Holland, vgl. Janssen, Die Regelung der aktiven Sterbehilfe in den Niederlanden - ein Novum, ZRP 2001, 179-184.

Aus § 216 lässt sich die Wertung entnehmen, dass eine Einwilligung der O keine rechtfertigende Wirkung erzeugt. Das „Leben" ist also grundsätzlich ein indisponibles Individualrechtsgut.

hemmer-Methode: Aktive Sterbehilfe ist jedoch nach dem unter Rn. 10 Gesagten bereits im Sinne der §§ 211 ff. tatbestandslos, wenn sie sich als Beihilfe zu einer freiverantwortlichen Selbsttötung[38] darstellt.

Sog. indirekte Sterbehilfe

Von *indirekter Sterbehilfe* (teilweise auch anschaulich als *„Hilfe beim Sterben"* bezeichnet) ist die Rede, wenn es im Rahmen einer Schmerzlinderung als möglich vorhergesehene, aber unvermeidliche Nebenfolge zum Tod des Sterbenden kommt. Diese *Unterform der aktiven Sterbehilfe* wird grundsätzlich als zulässig angesehen.

Lebhaft umstritten ist die dogmatische Begründung. Selbst in der Literatur geht das Meinungsspektrum weit auseinander. Es reicht von der Annahme einer *fehlenden Rechtsgutsverletzung*, weil eine solche Behandlung nach dem sozialen Sinn- und Bedeutungsgehalt keine Tötungshandlung, sondern die einzige Möglichkeit des Arztes, dem „Leben noch zu dienen", darstellen soll („Tatbestandslösung")[39] bis hin zu einer Rechtfertigung nach § 34. Letzteren Weg hat teilweise auch der BGH beschritten und bei der Interessenabwägung für ein *Überwiegen des Schmerzlinderungsinteresses* plädiert („Rechtfertigungslösung").[40]

Beispiel: *O leidet an einer unheilbaren und qualvollen Tumorerkrankung. Während des Sterbeprozesses bittet O ihren Hausarzt T, ihr ein starkes Schmerzmittel zu geben. T verabreicht seiner Patientin daraufhin hochdosiert Morphin, was als unvermeidbare Nebenfolge zu einer massiven Atemdepression und letztlich zum Tod der O führt.*

b) Passive Sterbehilfe

Passive Sterbehilfe ist das *Sterbenlassen* durch Verzicht auf lebensverlängernde Maßnahmen bei Sterbenden (sog. „Moribunden") oder irreversibel Bewusstlosen. 29

In dieser Fallgruppe kann ein Tötungsdelikt nur durch ein *Garantenunterlassen* i.S.d. § 13 I verwirklicht werden. Nichtvornahme einer lebensverlängernden Maßnahme (Reanimation) oder Behandlungsabbruch (z.B. Abstellen eines Beatmungsgerätes) ist trotz der Sonderverantwortlichkeit des Arztes grundsätzlich erlaubt, wenn sie mit *Einwilligung oder mutmaßlicher* Einwilligung des Patienten geschieht.

Das Selbstbestimmungsrecht des Patienten (Art. 2 I, 1 I GG) setzt der an sich bestehenden Garantenpflicht des Arztes also eine rechtliche und tatsächliche Grenze[41].

Konstellation 1: Sterbephase eingesetzt + Sterbewille ermittelbar

Bsp.: *O hinterlegt bei ihrem Hausarzt ein Patiententestament, in dem sie wünscht, im Falle einer Reanimationssituation nicht an eine Herz-Lungen-Maschine angeschlossen zu werden. Als eines Tages die reanimationspflichtige O auf der Intensivstation des Arztes T eintrifft, verfährt T im Sinne der O. O stirbt wenig später.*

[38] Vgl. oben Rn. 10.

[39] Vgl. zum Streit Wessels/Hettinger, BT-1, Rn. 32; vgl. die abweichenden Begründungen bei Sch-Sch, vor § 211 StGB, Rn. 26.

[40] Vgl. BGHSt 42, 301-305 (305) = jurisbyhemmer.

[41] Vgl. SK, § 212 StGB, Rn. 26c; BGHSt 32, 367-381 (379 ff.) = jurisbyhemmer.

hemmer-Methode: Zur Ermittlung des Patientenwillens kann eine Patientenverfügung als Indiz herangezogen werden, vgl. auch § 1901a BGB[42]. Die Einwilligungssperre des § 216 I greift hier nicht ein. Der Patient muss sich schließlich keine Behandlung „aufnötigen" lassen (Art. 2 I GG). Vielmehr kann unter Umständen die Ignoranz des Patientenwillens sogar zu einer Bestrafung des Behandelnden wegen Körperverletzung gem. § 223 I führen.

Konstellation 2: Unmittelbare Todesnähe

Passive Sterbehilfe ist ebenfalls zulässig, wenn die Behandlung das Recht eines Patienten auf ein menschenwürdiges Sterben aus Art. 2 II 1 GG i.V.m. Art. 1 I GG verletzen würde. In diesen Fällen ist ein einseitiger Behandlungsabbruch zumindest dann als zulässig anzusehen, wenn der Patient bereits in die Sterbephase eingetreten ist und die Weiterbehandlung den Sterbeprozess nur etwas hinausgezögert hätte. Die ärztliche Hilfspflicht endet vor dem Erfordernis, einen Menschen menschenwürdig sterben zu lassen. Der Wille, menschenwürdig zu sterben, wird insoweit vermutet.

hemmer-Methode: Im Beispielsfall könnte man das Abstellen der Spritzenpumpe auch als aktives Tun werten.[43] Die h.M.[44] ordnet das (an sich aktive) Abstellen lebenserhaltender Apparaturen dagegen als passives Verhalten ein, weil der Abbruch der Weiterbehandlung durch den behandelnden Arzt seinem sozialen Sinngehalt nach einem Unterlassen der Weiterbehandlung gleichkommt.

Konstellation 3: Sterbephase hat noch nicht eingesetzt + Sterbewille nicht ermittelbar

Höchst problematisch sind allerdings die Fälle, in denen der Sterbevorgang noch nicht eingesetzt hat und der wahre Wille des Betroffenen nicht eindeutig ermittelt werden kann.

Bsp.:[45] *Die O befand sich in der Klinik des Dr. T. Sie hatte im Jahre 2005 einen Herzstillstand erlitten und war seitdem irreversibel schwerst cerebral geschädigt. O war nicht mehr ansprechbar und musste künstlich ernährt werden; allerdings galt sie als noch lebensfähig, da die wesentlichen Körperfunktionen wie Atmung und Kreislauf noch intakt waren. Dr. T entschloss sich, da eine Besserung des Zustandes nicht mehr zu erwarten war, die künstliche Ernährung einzustellen und der Patientin nur Tee zu verabreichen, worauf innerhalb der nächsten zwei Wochen ein schmerzfreier Tod eintrat.* 30

Lassen sich – wie hier – auch bei der gebotenen sorgfältigen Prüfung konkrete Umstände für die Feststellung des individuellen mutmaßlichen Willens des Kranken nicht finden, so kann und muss auf die Kriterien zurückgegriffen werden, die *allgemeinen Wertvorstellungen* entsprechen. Dabei ist jedoch Zurückhaltung geboten; im Zweifel hat der Schutz des menschlichen Lebens Vorrang vor den persönlichen Überlegungen des Arztes oder der Angehörigen. Im Einzelfall wird die Entscheidung naturgemäß auch davon abhängen, wie aussichtslos die ärztliche Prognose und wie nahe der Patient dem Tode ist. Da im vorliegenden Fall aber noch wesentliche Lebensfunktionen wie Atmung, Herzaktion und Kreislauf erhalten sind, ist davon auszugehen, dass die Anforderungen, die an eine mutmaßliche Einwilligung zu stellen sind, nicht erfüllt sind. 31

Damit hat T den Totschlagstatbestand (§ 212) rechtswidrig verwirklicht. Eine etwaige Fehlvorstellung über die Strafbarkeit seines Verhaltens ist lediglich im Bereich des Unrechtsbewusstseins als Verbotsirrtum (§ 17) von Bedeutung. Der BGH hat in einer solchen Grenzsituation die Annahme eines unvermeidbaren Verbotsirrtums (§ 17 S.1) für möglich erachtet.[46] 32-33

---

42 BGHZ 154, 205-230 (217) = **juris**byhemmer.

43 In diesem Sinne etwa OTTO, Die strafrechtliche Problematik der Sterbehilfe, Jura 1999, 434-441 (438), der i.E. aber ebenfalls zur Straflosigkeit gelangt.

44 Vgl. ROXIN, Die Sterbehilfe im Spannungsfeld von Suizidteilnahme, erlaubtem Behandlungsabbruch und Tötung auf Verlangen, NStZ 1987, 345-350 (349) m.w.N.

45 Vgl. BGHSt 40, 257-272 = **juris**byhemmer.

46 BGH, a.a.O.

hemmer-Methode: Sollte für den entscheidungsunfähigen Patienten ein Betreuer gem. §§ 1896 ff. BGB bestellt worden sein, kann dieser den Willen zu sterben für den Patienten äußern. Nach BGH ist in diesem Fall für den Behandlungsabbruch eine Genehmigung durch das Vormundschaftsgericht erforderlich.[47] Hieran ist der behandelnde Arzt dann grundsätzlich gebunden. Dies ergibt sich aus dem Rechtsgedanken, welcher den Regeln des Betreuungsrechts zugrunde liegt. Teilweise wird in der Literatur insoweit § 1904 BGB analog herangezogen.

b) Sonderfall: „Behandlungsabbruch“

Einen Sonderfall stellt die Situation des sog. „Behandlungsabbruchs“ dar. Der BGH hat diese besondere Fallgruppe geschaffen, da gerade beim Abbruch einer lebenserhaltenden medizinischen Behandlung (z.B. Abschalten eines Respirators oder Entfernung einer Ernährungssonde) häufig eine trennscharfe Abgrenzung von Tun und Unterlassen normativ nur schwer möglich ist. Nach der früheren Rechtsprechung war in diesen Fällen nur bei einem Behandlungsabbruch durch den behandelnden Arzt von einem Unterlassen der Weiterbehandlung auszugehen. Dies hatte zur Folge, dass nur dann eine straffreie passive Sterbehilfe in Betracht kam. Bei einem Behandlungsabbruch durch andere Personen, und sei es auch durch den Betreuer oder Bevollmächtigten, wäre demnach von einer strafbaren aktiven Sterbehilfe auszugehen.

Die Grenze zwischen erlaubter Sterbehilfe und einer nach den §§ 211 ff. strafbaren Tötung kann jedoch nicht sinnvoll nach Maßgabe einer naturalistischen Unterscheidung von aktivem und passivem Handeln bestimmt werden. Zudem macht § 1901a III BGB den gesetzgeberischen Willen hinreichend deutlich, dass dem Patientenwillen eine besondere Bedeutung zukommt, auch wenn dieser später seinen Willen nicht mehr aktuell kundtun kann. Vor diesem Hintergrund erscheint es sachgerecht, in der Sondersituation des „Behandlungsabbruchs“ ausnahmsweise eine rechtfertigende Einwilligung für möglich zu erachten.[48]

Die Kriterien für eine wirksame Einwilligung im Rahmen eines „Behandlungsabbruchs“ ergeben sich aus den Begriffen „Sterbehilfe“ sowie „Behandlungsabbruch“ vor dem Hintergrund der verfassungsrechtlichen Ordnung. Folgende Voraussetzungen sind beachtlich:

⇨ die betroffene Person muss lebensbedrohlich erkrankt sein und die betreffende Maßnahme, welche unterbrochen wird, muss medizinisch zur Erhaltung bzw. Verlängerung des Lebens geeignet sein

⇨ die durch Einwilligung gerechtfertigte Handlung muss objektiv wie subjektiv unmittelbar auf eine medizinische Behandlung im obigen Sinn bezogen sein (sog. „Behandlungsbezug“)

⇨ das Handeln muss sich darauf beschränken, einen Zustand (wieder-)herzustellen, der einem bereits begonnenen Krankheitsprozess seinen Lauf lässt, so dass der Patient letztlich dem Sterben überlassen wird. Dies muss dem Patientenwillen entsprechen

⇨ die dargelegten Grundsätze sind nicht auf das Handeln der den Patienten behandelnden Ärzte sowie Betreuer und Bevollmächtigte beschränkt, sondern kann auch das Handeln Dritter erfassen, soweit sie als von dem Arzt, dem Betreuer oder dem Bevollmächtigten für die Behandlung oder Betreuung hinzugezogene Hilfspersonen tätig werden

---

47 BGHSt 40, 257-272 = **juris**byhemmer.

48 BGHSt 55, 191-206 = **juris**byhemmer = **Life&Law 2010, Heft 10, 681-687**.

hemmer-Methode: Beachten Sie, dass für die Feststellung des behandlungsbezogenen Patientenwillens beweismäßig strenge Maßstäbe gelten. In Zweifelsfällen wird der Lebensschutz überwiegen. Vor diesem Hintergrund ist eine Patientenverfügung nach § 1901a BGB in der Praxis von großer Bedeutung. Die zivilrechtlichen Vorschriften enthalten insoweit verfahrensrechtliche Absicherungen, so dass gewährleistet werden kann, dass der Wille des Betroffenen auch wirklich in der Praxis umgesetzt wird.[49]

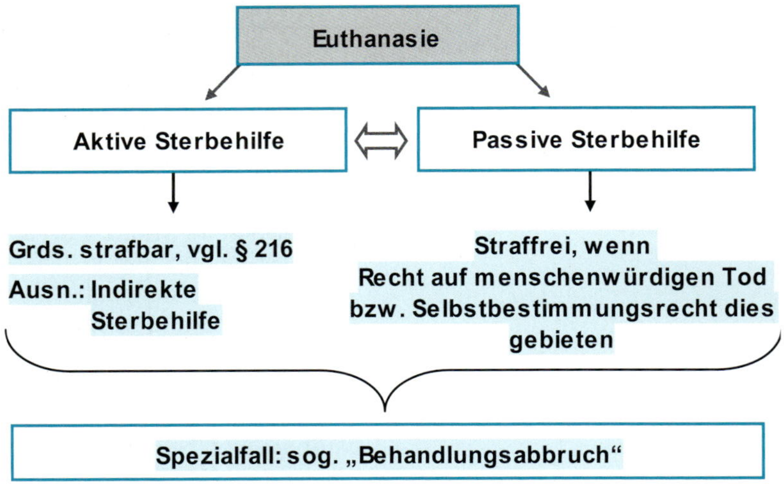

III. Mord, § 211

Mord

Die Tötung eines anderen Menschen wird vom Totschlag zum Mord, wenn der Täter ein Mordmerkmal des § 211 II erfüllt. Nach § 211 I ist der Mord mit lebenslanger Freiheitsstrafe bedroht. 34

Problem: Aufbau der §§ 211 ff.

Schwierigkeiten bereitet i.R.d. §§ 211 ff. schon der Aufbau der Tatbestände, weil das Verhältnis von § 212 und § 211 insgesamt umstritten ist. Hat der Täter ein Mordmerkmal erfüllt, so gibt es grundsätzlich zwei verschiedene Aufbaumöglichkeiten:

Aufbau entsprechend der Rspr.

Wer der Ansicht der Rspr. folgt und den Mord als ein *eigenständiges Delikt* ansieht, muss mit § 211 beginnen und dabei das Mordmerkmal an der richtigen Stelle (s.u.) im Deliktsaufbau behandeln. 35

Aufbau entsprechend der h.L.

Wer dagegen § 211 mit der h.L. als *Qualifikation* zu § 212 ansieht, kann entweder mit einer vollständigen Prüfung des § 212 beginnen und die Prüfung des § 211 anschließen. Möglich ist es aber auch, beide Delikte zusammen zu prüfen. 36

hemmer-Methode: Vorzugswürdig ist es, § 211 als Qualifikation aufzufassen. Sie können daher regelmäßig die §§ 212, 211 zusammen prüfen, so sparen Sie Zeit in der Klausursituation. Beachten Sie, dass der Prüfungsaufbau nicht erklärt werden darf. Vielmehr sollte der von Ihnen gewählte Aufbau aus sich heraus überzeugen, weil die jeweiligen Probleme des Falles sachgerecht und übersichtlich gelöst werden.

[49] Instruktiv hierzu BGH, NJW 2011, 161-163 = jurisbyhemmer = **Life&Law 2011, Heft 5, 315-322**.

<u>Prüfung der §§ 212, 211 nach dem Kombinationsaufbau:</u>

I. Tatbestand

1. Objektiver Tatbestand

a) des § 212 I

b) ggfs. tatbezogene Mordmerkmale, § 211 II Gruppe 2

2. Subjektiver Tatbestand

a) Vorsatz bezügl. § 212 I

b) ggfs. Vorsatz bezügl. tatbezog. Mordmerkmale Gruppe 2

c) ggfs. täterbezogene Mordmerkmale, § 211 II Gruppe 1, 3

II. Rechtswidrigkeit

III. Schuld

1. „Minder schwere Fälle des Mordes“

Problem: absolute Strafdrohung des § 211 I

Die absolute Strafdrohung des § 211 I und die Schwere der Strafe („lebenslang“) werden mit Blick auf das allgemeine Verhältnismäßigkeitsprinzip und den Schuldgrundsatz als problematisch empfunden: 37

Neben der Erfüllung eines Mordmerkmals können auch strafmildernde Umstände vorliegen, wie z.B. bei der gemeingefährlichen Tötung eines verhassten Diktators oder einer heimtückischen Tötung aus achtenswerten Motiven.

Lebenslange Freiheitsstrafe erlaubt keine Abstufungen

Die Berücksichtigung der mildernden Umstände bereitet Schwierigkeiten, da die lebenslange Freiheitsstrafe keine Abstufungen erlaubt. 38
Nach BVerfGE 45, 187 ist eine lebenslange Freiheitsstrafe nur dann mit dem *Rechtsstaatsprinzip und dem Grundsatz der Verhältnismäßigkeit* vereinbar, wenn die Bestrafung des Täters im Verhältnis zu der Schwere und dem Schuldgehalt der Tat *angemessen* ist.

Im Einzelfall muss der Richter bei der Verhängung der lebenslangen Freiheitsstrafe dem Grundsatz des *sinn- und maßvollen Strafens* Rechnung tragen. Dabei bleibt es jedoch der Strafrechtsprechung überlassen, auf welche Weise sie diese verfassungsrechtlichen Vorgaben erfüllt. Die Rspr. und die Lehre haben hierfür verschiedene Lösungsmöglichkeiten entwickelt. 39

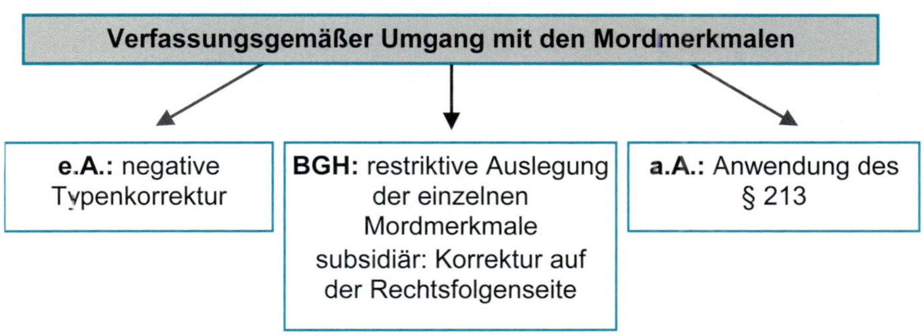

Lösungsansätze zur Erfüllung des verfassungsrechtlichen Auftrags

a) Eine Ansicht in der Literatur[50] versucht (über eine restriktive Auslegung der einzelnen Mordmerkmale hinaus), auf Tatbestandsebene im Wege einer sog. negativen Typenkorrektur zu einer Einschränkung des Anwendungsbereichs von § 211 zu kommen.

[50] SCH-SCH, § 211 StGB, Rn. 10; SK, § 211 StGB, Rn. 6.

Gesamtwürdigung der Tat

Der Mord enthalte den Grundgedanken, dass nur *besonders verwerfliche* Tötungen erfasst werden sollen. Zwar sei bei Vorliegen eines Mordmerkmales diese besondere Verwerflichkeit indiziert, so dass eine positive Feststellung der besonderen Verwerflichkeit nicht nötig sei. In besonders gelagerten Einzelfällen sei es dem Tatrichter jedoch unbenommen, im Wege einer *Gesamtwürdigung* der Tat die indizielle Wirkung der Mordmerkmale zu entkräften und die besondere Verwerflichkeit zu verneinen. In diesen Fällen sei der Tatbestand des § 211 nicht erfüllt, so dass lediglich eine Bestrafung wegen Totschlags in Betracht komme.

Gegen diese Ansicht spricht jedoch der Wortlaut des § 211: es sprechen keine Anhaltspunkte dafür, dass der enumerativen Aufzählung des § 211 II lediglich indizielle Bedeutung zukommen solle. Hier ist im Gegenteil eine abschließende Regelung des Mordtatbestands beabsichtigt. Diese sind gerade nicht als Regelbeispiele (= bloße Strafzumessungsregelungen) ausgestaltet worden.

Lit.: Problembewältigung durch Anwendung von § 213

b) Teilweise wird in der Literatur[51] versucht, die lebenslange Haftstrafe bei der Strafzumessung durch Anwendung des § 213 zu umgehen.

Hiergegen lässt sich schon der Wortlaut („Totschläger") der Vorschrift anführen. Danach bezieht sich § 213 ersichtlich nur auf § 212. Zudem eröffnet § 213 nur einen Strafrahmen bis höchstens 5 Jahre, der für einen minder schweren Fall des Totschlags angemessen sein mag, in der Regel jedoch nicht für einen derart konstruierten „minder schweren Fall des Mordes".[52] Deshalb überzeugt es auch nicht, § 213 analog heranzuziehen.

Rspr.: sog. Strafzumessungslösung

c) In Folge von BVerfGE 45, 187 wählt die Rspr.[53] dagegen - ebenfalls auf der Rechtsfolgenseite - die sog. *Strafzumessungslösung* ohne Anwendung des § 213.

Dabei geht sie zunächst von einem tatbestandlich abschließenden Charakter der Mordmerkmale aus. Auf der Ebene der Strafzumessung sei jedoch wegen des rechtsstaatlichen Verhältnismäßigkeitsprinzips von einer lebenslangen Haftstrafe bei Vorliegen von *außergewöhnlichen Umständen* abzusehen.

In Anlehnung an die gesetzlichen Strafmilderungsgründe der §§ 13 II, 17 S.2, 21 und 23 II sei für diese Fälle der Strafrahmen dem *§ 49 I Nr.1 analog* zu entnehmen und auf Freiheitsstrafe nicht unter 3 Jahren zu erkennen. Das Höchstmaß der Freiheitsstrafe ist dann 15 Jahre über die Anwendung des § 38 II.

> **Bsp.:**[54] *M misshandelt schon seit Jahren seine Frau (F) und den gemeinsamen Sohn (S). Als er wieder einmal der F gegenüber androht, dass er den Sohn ordentlich verprügeln will, tötet F in ihrer Verzweiflung den schlafenden Gatten.*
>
> Der BGH hat in dieser Entscheidung betont, die Annahme von „außergewöhnlichen Umständen" im Sinne der Strafzumessungslösung könne lediglich ultima ratio sein. Vielmehr sei sorgfältig zu prüfen, ob die Verhängung der lebenslangen Freiheitsstrafe nicht schon über eine restriktive Auslegung der Mordmerkmale, die Annahme eines Rechtfertigungs- oder Entschuldigungsgrundes oder andere gesetzliche Strafmilderungsvorschriften vermieden werden kann.

---

51 MAURACH/SCHRÖDER, Strafrecht BT-1, § 2, Rn. 28 f.

52 SK, § 211 StGB, Rn. 5.

53 BGHSt 30, 105-122 = **juris**byhemmer.

54 BGH, JZ 1983, 967 = **juris**byhemmer.

hemmer-Methode: Gerade bei einem Aufbegehren von tyrannisierten Personen, die jahrelang massiv misshandelt wurden (sog. „Haustyrannenfälle"), stellt sich die Frage, ob bei einer Tötung des schlafenden Peinigers eine Bestrafung wegen Heimtückemordes schuldangemessen ist. Nur falls kein anderer Lösungsweg greift, ist daran zu denken, die Strafe analog § 49 I zu mildern („Rechtsfolgenlösung" des BGH).[55]

§ 216: privilegierende Wirkung

d) Einigkeit herrscht jedoch in Rspr. und Lehre darüber, dass jedenfalls die Privilegierung des § 216 einen Rückgriff auf § 211 ausschließt.[56] 40

Dafür, dass § 216 somit auch eine „Sperrwirkung" gegenüber § 211 entfaltet, spricht schon der Wortlaut. Denn § 216 spricht in genereller Form von einem „Bestimmtsein zur Tötung", nicht zum Totschlag. Somit wird von dieser Formulierung auch § 211 erfasst, welcher in § 211 II von einem „Töten" als Anknüpfungspunkt der Strafbarkeit ausgeht.

Einen „grausamen Mord auf Verlangen" nach §§ 211, 216 gibt es demzufolge nicht; die Verwirklichung eines Mordmerkmals bleibt außer Betracht, wenn zugleich die Voraussetzungen des § 216 vorliegen.

2. Die einzelnen Mordmerkmale

Die Mordmerkmale der 1.- 3. Gruppe lassen sich ihrem Inhalt nach in *tatbezogene und täterbezogene Mordmerkmale* einteilen: 41

a) Tatbezogene Mordmerkmale

§ 211 II, 2. Gruppe = tatbezogene Merkmale

Die Mordmerkmale des § 211 II, 2. Gruppe sind die sog. tatbezogenen Mordmerkmale. Diese Mordmerkmale betreffen eine *bestimmte Art und Weise* der Tatbegehung, die der Gesetzgeber als besonders verwerflich angesehen hat. 42

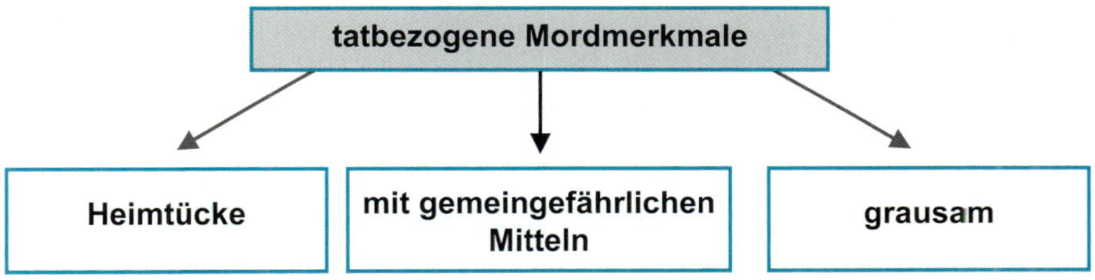

Die Auslegung der Mordmerkmale „Heimtücke" und „mit gemeingefährlichen Mitteln" ist im Einzelnen umstritten:

aa) Heimtücke

Heimtückischer Mord

Nach der *h.M.*[57] ist für einen *heimtückischen* Mord erforderlich, dass der Täter die Arg- und Wehrlosigkeit des Opfers bewusst ausnutzt und dies in feindlicher Willensrichtung geschieht. 43

---

[55] Ausführlich dazu **Fall 4 aus HEMMER/WÜST, Die 44 wichtigsten Fälle zum BT II** sowie ROTSCH, Die Tötung des Familientyrannen: heimtückischer Mord?, JuS 2005, 12-18.

[56] SCH-SCH, § 216 StGB, Rn. 2.

[57] BGHSt 30, 105-122 = **juris**byhemmer; BGHSt 11, 139-145 = **juris**byhemmer; SCH-SCH, § 211 StGB, Rn. 23 ff.; WESSELS/HETTINGER, BT-1, Rn. 107; FISCHER, § 211 StGB, Rn. 34 ff.

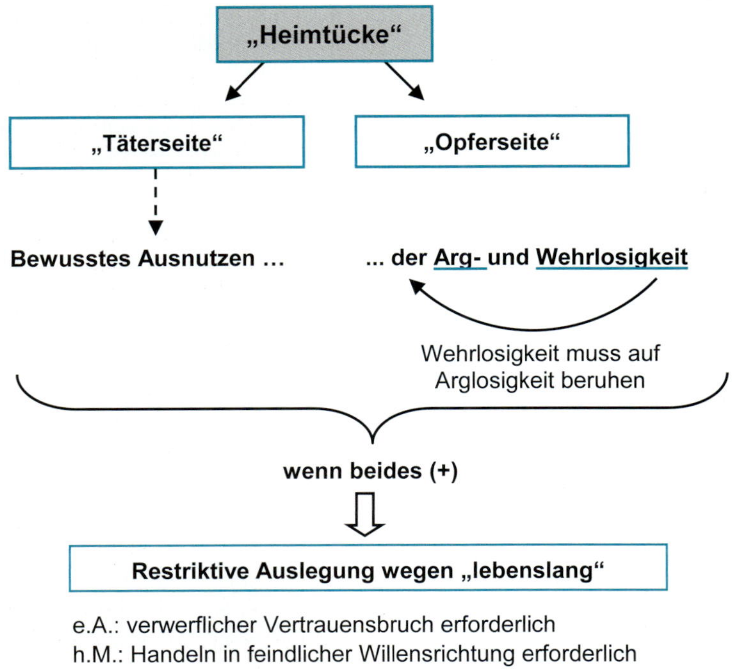

(1.) „Opferseite“

Arg- und Wehrlosigkeit des Opfers

Zunächst müsste das Opfer arglos sein. „Arglos“ ist das Opfer, wenn es bei Eintritt der Tat in das Versuchsstadium nicht mit einem Angriff des Täters rechnet. Nicht mehr arglos ist, wer einen „tätlichen Angriff“ von Seiten des Täters erwartet - wobei nicht notwendigerweise auch ein Angriff auf das Leben erwartet werden muss.[58] Erforderlich für fehlende Arglosigkeit ist, dass das Opfer in der konkreten Tatsituation mit ernsthaften Angriffen auf seine körperliche Unversehrtheit rechnet. Allerdings können Arg- und Wehrlosigkeit auch dann gegeben sein, wenn der Täter dem Opfer feindselig gegenübertritt, das Opfer die drohende Gefahr aber erst im letzten Augenblick erkennt, so dass ihm keine Möglichkeit bleibt, dem Angriff zu begegnen.[59] *44*

hemmer-Methode: Beachten Sie, dass verbale Streitigkeiten, selbst wenn sie der Tötungshandlung unmittelbar vorausgehen, der Heimtücke nicht entgegenstehen. Nur wenn das Opfer mit einem gegen seine körperliche Unversehrtheit gerichteten „schweren“ Angriff rechnet.[60]

Gerade „aufgrund“ dieser Arglosigkeit muss das Opfer *wehrlos* sein, d.h. wegen seiner Arglosigkeit keine oder nur eine reduzierte Möglichkeit zur Verteidigung besitzen.[61]

Konstitutionelle Arglosigkeit

Einschränkend wird jedoch ein Heimtückemord grundsätzlich verneint, wenn das Opfer konstitutionell gar nicht fähig ist, Argwohn zu entwickeln und daher weder die böse Absicht des Täters erkennen noch ihr wirksam entgegentreten kann. Dies wird damit begründet, dass bereits der Wortlaut des § 211 II Gr.1 Var.1 („heimtückisch“) insoweit eine Möglichkeit des Opfers voraussetze, argwöhnisch zu reagieren. *45*

Bei Bewusstlosen fehlt die Fähigkeit zum Argwohn, ebenso bei Kleinkindern. Deshalb scheidet insoweit ein Heimtückemord regelmäßig aus. Möglich ist es jedoch, auf einen schutzbereiten Dritten abzustellen. Wenn dessen Arg- und Wehrlosigkeit im Hinblick auf den Bewusstlosen oder das Kleinkind ausgenutzt wird, liegt ein Heimtückemord vor.

---

58 Vgl. Fall bei Rn. 50.

59 BGH, NStZ 1999, 506-507 = **juris**byhemmer.

60 BGH, NSTZ-RR 2012, 371 = **juris**byhemmer.

61 Sch-Sch, § 211 StGB, Rn. 24a.

Dafür, auf einen schutzbereiten Dritten hinsichtlich der Arg- und Wehrlosigkeit abstellen zu können, spricht der Wortlaut und Sinn und Zweck des § 211 II Gr.2 Var.1. „Heimtückisch" setzt ein „tückisches" Verhalten des Täters voraus, wobei es keinen Unterschied macht, ob der Täter die Arglosigkeit gerade des Opfers selbst oder einer schutzbereiten dritten Person ausnutzt.

Bsp.:[62] *Krankenschwester A assistiert dem Arzt B, welcher gerade versucht, das Leben des schwer verletzten X zu retten. Von B unbemerkt mengt A ein blutdrucksenkendes Mittel in die Infusion mit bei, so dass X daraufhin stirbt. Ohne dieses Mittel, wäre dem Arzt es gelungen, das Leben des X jedenfalls zu verlängern.*

Indem die Krankenschwester A die Arg- und Wehrlosigkeit des Arztes als schutzbereiten Dritten des X bewusst ausnutzt, begeht sie vorliegend einen Heimtückemord.

Bei Schlafenden geht der BGH davon aus, dass diese ihre Arglosigkeit „mit in den Schlaf" nehmen können. Demzufolge ist bei der Tötung eines Schlafenden regelmäßig eine heimtückische Begehungsweise zu bejahen. Anders läge der Fall nur, wenn das Opfer argwöhnisch war, aber schließlich vom Schlaf übermannt wurde.[63]

hemmer-Methode: Denkbar ist auch, eine partielle Fähigkeit zum Argwohn bei Kleinkindern zu bejahen. Das wäre beispielsweise der Fall, wenn der Täter einem Zweijährigen einen vergifteten Brei, der mit viel Zucker angereichert ist, anbietet, so dass das Kind den bitteren Geschmack des Giftes nicht wahrnimmt und deswegen den Brei nicht ausspuckt, sondern verzehrt.
Dagegen könnte angeführt werden, dass bei bitterem Geschmack das Ausspucken nicht aufgrund eines entwickelten Argwohns geschieht, sondern allein aus geschmacklichen Gründen. Dann wäre Heimtücke bei Versüßen des vergifteten Breis zu verneinen.

(2.) „Täterseite"

Bewusstes Ausnutzen der Arg- und Wehrlosigkeit

Heimtücke setzt ferner ein *bewusstes Ausnutzen* der Arg- und Wehrlosigkeit des Opfers voraus. Der Täter darf die Tatumstände, aus denen sich die Arg- und Wehrlosigkeit ergibt, nicht nur in äußerlicher Weise wahrgenommen haben; er muss sich vielmehr bewusst gewesen sein, dass diese Umstände die Durchführung seiner Tat erleichtern. Deshalb wird ein Ausnutzungsbewusstsein vor allem in den Fällen vorliegen, in denen der Täter sich für seine Tat (möglicherweise auch spontan) *bewusst* einen günstigen Augenblick ausgesucht hat. 46

(3.) Restriktive Auslegung im Einzelfall

Allein ein bewusstes Ausnutzen der Arg- und Wehrlosigkeit genügt allerdings nach h.M. nicht für die Bejahung der Heimtücke. Aufgrund der verfassungsrechtlich gebotenen *restriktiven Auslegung* der Mordmerkmale werden weitere Einschränkungen diskutiert.

Handeln in feindlicher Willensrichtung

Nach BGH und h.M. muss der Täter ferner *in feindlicher Willensrichtung* handeln. Da notwendigerweise in jeder Tötung ein feindliches Element enthalten ist, sollen damit nur diejenigen Fälle ausgeschlossen werden, in denen der Täter zum vermeintlich Besten des Opfers handeln wollte. 47

[62] Siehe dazu BGH, StV 2009, 58-61 = **juris**byhemmer = **Life&Law 2008, Heft 7, 461-466**.

[63] Instruktiv zur Heimtücke BGH, NStZ 2006, 167-169 (168) = **juris**byhemmer = **Life&Law 2006, Heft 5, 323-326** mit background.

Nach anderer Auffassung in der Literatur[64] ist der Begriff der Heimtücke noch enger auszulegen: Hiernach wird die Heimtücke durch einen *besonders verwerflichen Vertrauensbruch* des Täters bestimmt. Dieser setzt eine persönliche Beziehung zwischen Täter und Opfer dergestalt voraus, dass das Opfer dem Täter ein bestimmtes Maß an Vertrauen entgegenbringt, das dieser zur Tatbegehung ausnutzt.

Diese Ansicht ist allerdings richtigerweise abzulehnen, da ein „heimtückisches" Verhalten dem Wortlaut nach nicht zwingend eine Vertrauensbeziehung zwischen Täter und Opfer voraussetzt. Auch wäre es im Hinblick auf den Bestimmtheitsgrundsatz problematisch, auf das recht unbestimmte Merkmal „Vertrauensverhältnis" abzustellen. Schließlich wäre es kriminalpolitisch nicht sachgerecht, gerade den typischen Fall des Meuchelmordes (bei dem kein Vertrauensverhältnis vorausgesetzt wird!) als Totschlag i.S.d. § 212 I zu bewerten.

Fall: *T bringt seinen schwerkranken Sohn O um, indem er ihn während des Schlafs mit einem Kissen erstickt. Motiv seiner Tat ist jedoch, den O von seinen Schmerzen zu erlösen.* **48**

Strafbarkeit des T aus § 211?

Lösung:

In Betracht käme eine Strafbarkeit wegen Mordes, wenn T heimtückisch gehandelt hätte. Dafür ist Voraussetzung, dass O arglos und deshalb wehrlos war und dass T dies zur Tötung bewusst ausnutzte.

Fraglich ist zunächst, ob Schlafende überhaupt fähig zum Argwohn sein können.

Der BGH[65] differenziert hier und stellt darauf ab, ob das Opfer seine Arglosigkeit „mit in den Schlaf genommen" hat. Dies ist bei Personen, die sich nichts ahnend schlafen gelegt haben, der Fall, nicht hingegen bei Menschen, die vom Schlaf übermannt wurden oder bewusstlos sind. Letztere sind gar nicht fähig zu Argwohn und Verteidigung.

Vorliegend ist die Arglosigkeit bei O zu bejahen. Jedenfalls hatte O das Bewusstsein, keiner werde ihm ein Leid antun, mit in den Schlaf genommen und sich so der Wehrlosigkeit hingegeben. T hatte den Schlaf des O auch ausgenutzt, um ihn „kurz und schmerzlos" ins Jenseits zu bringen.

Eine Bewertung der Tat als Mord wird aber gerade in den Fällen, in denen der Täter nur „das Beste" des Opfers wollte, nach nahezu allgemeiner Ansicht als unbefriedigend empfunden; die Stigmatisierung des Täters als „Mörder" wie auch die lebenslange Strafdrohung entsprächen nicht mehr dem verfassungsrechtlichen Verhältnismäßigkeitsgebot. Strittig ist nur die dogmatische Begründung.

Gegen die von einem Teil der Lit. vertretene „Lehre von der negativen Typenkorrektur" wird vorgebracht, sie überschreite die Grenzen richterlicher Rechtsfortbildung und führe zu Entscheidungen contra legem. Die Lösung des Problems sei vielmehr in der restriktiven Auslegung einzelner Mordmerkmale zu suchen.[66]

Viele gehen daher davon aus, dass zu den bereits oben genannten Merkmalen ein „verwerflicher Vertrauensbruch" zu treten habe.[67] Diese Auffassung überzeugt jedoch nicht, da ein „tückisches" Verhalten nicht zwingend einen Vertrauensbruch voraussetzt. Zudem erscheint dieses Kriterium im Hinblick auf den Bestimmtheitsgrundsatz als Differenzierungsmerkmal ungeeignet.

---

64 Vgl. die Nachw. bei SCH-SCH, § 211 StGB, Rn. 26 und bei WESSELS/HETTINGER, BT-1, Rn. 108.

65 BGHSt 23, 119-121 = **juris**byhemmer.

66 So z.B. WESSELS/HETTINGER, BT-1, Rn. 133.

67 Vgl. oben Rn. 47.

Der BGH[68] fordert hingegen in verfassungskonformer Auslegung des § 211, dass der Täter dem Opfer „in feindlicher Gesinnung" gegenübertreten müsse. In einem Fall wie dem vorliegenden ist dies nicht gegeben, so dass eine Strafbarkeit wegen Heimtückemordes ausscheiden muss. T hat sich somit nicht wegen § 211, sondern allein wegen § 212 I (ggfs. in Verbindung mit § 213) strafbar gemacht.

Da aber sämtliche Ansichten eine Bestrafung aus § 211 ablehnen, kann der Streit dahingestellt bleiben, so dass eine Strafbarkeit des T aus § 211 ausscheidet.

(4.) Maßgeblicher Zeitpunkt

Voraussetzungen müssen im Zeitpunkt des Eintritts in das Versuchsstadium vorliegen

Maßgeblicher Zeitpunkt für das Vorliegen der oben genannten Voraussetzungen ist der Eintritt in das Versuchsstadium.[69] Es reicht daher aus, dass das Opfer zum Zeitpunkt des unmittelbaren Ansetzens zur Tat arg- und wehrlos ist.

Nicht erforderlich ist dagegen, dass die Arglosigkeit zum Zeitpunkt der Tatausführung noch fortgedauert hat.

Bsp.: *T bittet O, sich im Rahmen eines „Spiels" fesseln zu lassen. O lässt dies arglos geschehen. Unmittelbar nach erfolgter Fesselung eröffnet T dem O, dass er ihn erwürgen werde, was dann auch geschieht.*

Im vorliegenden Fall scheitert ein Heimtückemord nicht daran, dass O nach der Fesselung sich eines Angriffs versah. Entscheidender Zeitpunkt ist das unmittelbare Ansetzen zur Tat. Dies ist jedenfalls dann anzunehmen, als T beginnt, O zu fesseln. Zu diesem Zeitpunkt war O noch arg- und wehrlos. T nutzte dies auch bewusst aus und handelte in feindlicher Willensrichtung. Ein Heimtückemord liegt somit vor.

Wird das Opfer dagegen noch vor Beginn des Tötungsversuchs argwöhnisch, so scheidet ein Heimtückemord aus. *49*

Fall: *T, der von O schon häufig gedemütigt und zusammengeschlagen wurde, sinnt auf Rache. Er will eine tätliche Auseinandersetzung provozieren und führt ein Messer bei sich. Das Messer hinter dem Rücken versteckt, spricht er den O, der gerade im Kofferraum seines Pkw hantiert, an und sagt ihm, als dieser sich umdreht, er habe von seinen Machenschaften die Schnauze voll und werde ihm nun zeigen, wo es langgeht. O gibt darauf dem T eine Ohrfeige, woraufhin T das Messer zieht und O ersticht.* *50*

Strafbarkeit des T wegen Heimtückemordes?

Lösung:

Maßgeblicher Zeitpunkt für das Vorliegen der Arglosigkeit beim Opfer ist der Beginn des ersten mit Tötungsvorsatz geführten Angriffs, wobei auf den Eintritt in das Versuchsstadium abzustellen ist.[70]

Entscheidend ist daher hier, wann T in das Stadium des Totschlagsversuchs eingetreten ist. Dies könnte bereits der Zeitpunkt gewesen sein, als T den O, der ihm den Rücken zudrehte, angesprochen hat.

Fraglich ist aber, ob er in diesem Zeitpunkt bereits unmittelbar zur Tatbestandsverwirklichung angesetzt hat, also subjektiv die Schwelle zum „jetzt geht's los" überschritten und eine Handlung vorgenommen hat, die nach seiner Vorstellung im Falle des ungestörten Fortlaufs des Geschehens ohne wesentliche Zwischenschritte zur Tatbestandsverwirklichung geführt hätte und dadurch eine unmittelbare Gefährdung des geschützten Rechtsguts begründen würde.

---

68 BGHSt 30, 105 (119).

69 BGHSt 32, 382-384 = **juris**byhemmer; SCH-SCH, § 211 StGB, Rn. 24.

70 SCH-SCH, § 211 StGB, Rn. 24.

Zu beachten ist jedoch, dass T nicht einfach zu O hingehen und diesen niederstechen wollte, sondern vielmehr im Rahmen einer tätlichen Auseinandersetzung, mit der er rechnete, das Messer einsetzen wollte. Voraussetzung für das Überschreiten der Schwelle zum „jetzt geht's los" als Beginn der Tötungshandlung war somit, dass es überhaupt zu einer tätlichen Auseinandersetzung kommen würde, was vom Verhalten des O abhing. Dieses Verhalten des O konnte auch nicht als automatische Reaktion von T ausgelöst werden, so dass die Schwelle zum Versuchsstadium erst dann erreicht und überschritten wurde, als O dem T die Ohrfeige versetzte und mit den Tätlichkeiten begann und T daraufhin mit dem Messer ausholte.[71]

O müsste in diesem Zeitpunkt des Eintritts der Tat in das Versuchsstadium arglos gewesen sein. Arglos ist das Opfer dann, wenn es weder mit einem lebensbedrohlichen, noch mit einem nur gegen die körperliche Unversehrtheit gerichteten erheblichen Angriff rechnet.

Ob das Tatopfer einen tätlichen Angriff in Rechnung gestellt hat, kann unter Umständen bereits nach dem vorausgegangenen Verhalten des später Getöteten beurteilt werden. Hat er selbst derart mit einer Tätlichkeit begonnen, die geeignet war, einen - wenn auch nicht durch Notwehr gerechtfertigten - „Angriff" des Täters herauszufordern, so stellt er sich selbst als Angreifer dar, der tätliche Gegenreaktionen des späteren Gegners einkalkuliert.

Maßgeblich ist dabei nicht, ob O bemerkt hat, dass T ein Messer mit sich führte und sich somit in der Gefährlichkeit des zu erwartenden Angriffs verschätzte.

Das richtige Erfassen der lebensbedrohenden Gefährlichkeit des bevorstehenden Angriffs und das Wissen von den vorgesehenen Waffen sind nämlich nicht erforderlich für den Ausschluss der Arglosigkeit. Hierfür genügt vielmehr, dass das Tatopfer mit einem erheblichen Angriff gegen die körperliche Unversehrtheit rechnet.[72]

O war damit bei Beginn der Tatausführung nicht mehr arglos, so dass ein Heimtückemord ausscheidet.

bb) Gemeingefährliche Mittel

Gemeingefährliches Mittel

Ein Mord ist auch durch die Verwendung *gemeingefährlicher Mittel*[73] begehbar: 51

Nach h.M.[74] versteht man hierunter, dass sich der Täter zur Tatbegehung

- ⇨ Mittel bedient, die er *im Einzelfall* nicht sicher beherrschen kann

  und

- ⇨ deren Einsatz im konkreten Einzelfall geeignet ist, eine Vielzahl von anderen Menschen an Leib oder Leben zu gefährden.

Diese Qualifikation hat ihren Grund in der besonderen Rücksichtslosigkeit des Täters, der sein Ziel durch die Schaffung einer unberechenbaren Gefahrenquelle für andere durchzusetzen versucht.

Bspe.: *Tötung durch Brandstiftung, Handgranaten, Sprengstoff, Überschwemmung, wenn dabei eine größere Personengruppe gefährdet wird.* 52

---

71 Vgl. BGH, NStZ 1991, 233-234 = **juris**byhemmer.

72 Vgl. BGH, NStZ 1991, 233-234 = **juris**byhemmer.

73 Zum Merkmal der Gemeingefährlichkeit vgl. BGH, NStZ 2006, 167-169 (168) = **juris**byhemmer = **Life&Law 2006, Heft 5, 323-326** mit background.

74 SCH-SCH, § 211 StGB, Rn. 29 m.w.N.

Kein Fall der Tötung durch gemeingefährliche Mittel ist dagegen anzunehmen, wenn der Täter einen Pistolenschuss auf das Opfer abgibt, auch wenn sich dieses in einer Menschenmenge befindet.[75] In Abgrenzung zu einer bloßen Mehrfachtötung (z.B. wenn der Täter gezielt mehrere Personen in einer Menschenmenge erschießt) kommt es folglich entscheidend darauf an, dass der Täter das Mittel im konkreten Einzelfall nicht sicher beherrschen kann. So kann auch ausnahmsweise eine Tötung durch Brandstiftung nicht als Mord einzustufen sein, wenn der Täter in beherrschbarer Weise lediglich zwei Personen gefährdet, auf deren Tötung sich sein Vorsatz bezog.[76]

Ein Sonderproblem stellt sich bei der Frage, ob eine Tötung mit gemeingefährlichen Mitteln durch Unterlassen in Betracht kommt. Dies ist etwa dann der Fall, wenn der Täter einen Gashahn ohne Tötungsvorsatz in einem Mehrfamilienhaus öffnet, später aber nicht einschreitet, obwohl eine Person eine Zigarette anzünden will und der Täter nun erkennt, dass das gesamte Haus zum Einsturz kommen wird. Der BGH verneint eine Strafbarkeit wegen Mordes im Hinblick auf die Anwendung gemeingefährlicher Mittel durch Unterlassen. Dies soll nur dann in Betracht kommen, wenn der Täter bei der Gefahrsetzung bereits mit Tötungsvorsatz handelte. Andernfalls entspreche das spätere Unterlassen nicht einem Tun im Sinne des § 13. Die Gegenauffassung ist allerdings auch gut vertretbar[77].

cc) Grausamkeit

Grausam

Eine Tötung ist *grausam,* wenn die Tötung für das Opfer 53

⇨ mit *besonderen Schmerzen oder Qualen* verbunden ist und die Zufügung derselben

⇨ einer gefühllosen und unbarmherzigen Gesinnung des Täters entspringt.

***Bsp.:** Bevor T den O tötet, foltert er ihn aus Freude am Quälen noch eine halbe Stunde.*

Die Voraussetzung einer gefühllosen und unbarmherzigen Gesinnung hat streng genommen täterbezogenen Charakter, da sie auf dessen besonders verwerfliche Gesinnung abstellt. Dennoch ist schon aufgrund des Schutzzwecks der Norm (Schutz des Opfers vor besonderen Qualen) davon auszugehen, dass der tatbezogene Charakter dieser Norm dominiert.[78]

Fraglich ist diese subjektive Voraussetzung insbesondere bei Handlungen im Affekt. Der BGH fordert hier eine Gesamtabwägung der Tat.[79]

hemmer-Methode: Wann das Opfer bei der Tötung Schmerzen erleidet, die nach Stärke oder Dauer über das für die Tötung erforderliche Maß hinausgehen, ist schwer ermittelbar. Für eine Bejahung einer grausamen Tötung benötigen Sie deshalb insoweit eindeutige Hinweise im Sachverhalt, um sich vom Vorliegen einer grausamen Begehungsweise überzeugen zu können.

---

75 Vgl. BGHSt 38, 353-356 = **juris**byhemmer.

76 So MITSCH, Straftatverdeckung mit bedingtem Tötungsvorsatz als Mordversuch, JuS 1997, 788-794.

77 Vgl. BGH, NStZ 2010, 87-88 = **juris**byhemmer mit kritischer Würdigung in **Life&Law 2010, Heft 5, 310-314**.

78 Vgl. KREY, BT-1, Rn. 41.

79 Vgl. näher BGH, NStZ 1982, 380-381 = **juris**byhemmer.

b) Täterbezogene Mordmerkmale

§ 211 II, 1.+ 3. Gruppe = täterbez. Mordmerkmale

Bei den Mordmerkmalen des *§ 211 II, 1.+ 3. Gruppe* handelt es sich 54
um sog. *täterbezogene Mordmerkmale*, da sie nicht eine besondere Art und Weise der Tatbegehung, sondern die *Person des Täters charakterisieren:*

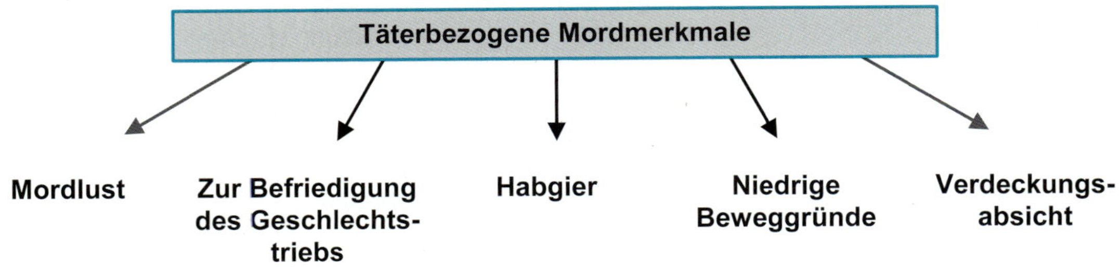

aa) Mordlust

Mordlust

Mordlust setzt voraus, dass der Täter die Tötung aus unnatürlicher 55
Freude an der Vernichtung eines Menschenlebens durchführt.[80]

Dies ist der Fall, wenn der Tatantrieb einzig und allein auf dem Wunsch beruht, einen anderen Menschen sterben zu sehen. Da die Tötung „bezweckt" werden muss, scheidet Mordlust bei bedingtem Tötungsvorsatz aus. Voraussetzung ist vielmehr dolus directus 1. Grades, so dass es dem Täter gerade darauf ankommen muss, sich durch das Töten Spaß zu verschaffen. Ob dies tatsächlich geschieht, spielt aufgrund der subjektiven Formulierung hingegen keine Rolle.

bb) Zur Befriedigung des Geschlechtstriebs

Zur Befriedigung des Geschlechtstriebs

Eine Tötung *zur Befriedigung des Geschlechtstriebs* liegt vor, wenn 56
der Täter durch die Tötung sexuelle Befriedigung erlangen will. Hierher gehören in erster Linie die Fälle des sog. Lustmordes, bei denen der Täter sexuelle Befriedigung gerade in der Tötung eines anderen sucht oder sich an der Leiche vergehen will. Ausreichend ist aber auch, dass der Täter den Tod des Opfers mit *bedingtem Tötungsvorsatz* zumindest in Kauf nimmt (z.B. als unbeabsichtigte Nebenfolge einer Vergewaltigung).[81]

> **Bsp.:** *T will sich sexuelle Befriedigung verschaffen, indem er O vergewaltigt. Dabei kommt es ihm nicht darauf an, dass O aufgrund des erzwungenen Geschlechtsverkehrs stirbt, nimmt dies jedoch billigend in Kauf.*

hemmer-Methode: Der „Kannibale von Rotenburg" tötete einen Menschen, um dessen Fleisch essen zu können. Dabei filmte er den Tötungsvorgang, um sich später beim Betrachten der Bild-Ton-Aufzeichnung sexuell zu befriedigen. Fraglich ist, ob in einem Fall, bei dem die sexuelle Befriedigung erst erhebliche Zeit nach der Tat eintreten soll, das Merkmal „zur Befriedigung des Geschlechtstriebs" bejaht werden kann. Dies wäre zu verneinen, wenn ein unmittelbarer zeitlich-räumlicher Zusammenhang bestehen müsste. Jedoch ist dem Gesetzeswortlaut eine solche Restriktion nicht zu entnehmen. Allein entscheidend ist, dass der Getötete selbst Bezugsobjekt der Sinneslust des Täters bleibt. Der BGH hat demzufolge zu Recht das Mordmerkmal „zur Befriedigung des Geschlechtstriebs" bejaht.[82]

[80] BGH, NJW 1953, 1440; ähnlich: BGHSt 34, 59-63 = **juris**byhemmer; SCH-SCH, § 211 StGB, Rn. 15.

[81] BGHSt 19, 101-106 (105); FISCHER, § 211 StGB, Rn. 9; WESSELS/HETTINGER, BT-1, Rn. 94.

[82] So BGH, NJW 2005, 1876-1879 = **juris**byhemmer = **Life&Law 2005, Heft 8, 535-541**.

cc) Habgier

Habgier

Unter *Habgier* versteht man nicht lediglich eine Bereicherungsabsicht im Sinne der Vermögensdelikte, sondern ein *rücksichtsloses Streben nach Gewinn „um jeden Preis“*, also auch um den Preis eines Menschenlebens.[83] Das Gewinnstreben muss dabei „tatbeherrschend“ und „bewusstseinsdominant“ sein.[84] 57

Das Streben nach „Gewinn“ kann nach h.M. auch in der Vermeidung von Aufwendungen liegen.[85] Die Gegenansicht charakterisiert die Habgier als Vermögensmehrung und will in diesen Fällen lediglich einen niedrigen Beweggrund annehmen.[86]

Bsp.: *Der Vater (V) tötet sein nichteheliches Kind (K), um sich die Unterhaltszahlungen in Zukunft zu ersparen.*

dd) Niedrige Beweggründe

Sonstige niedrige Beweggründe

Das Merkmal der sonstigen niedrigen Beweggründe stellt innerhalb der 1. Gruppe einen Auffangtatbestand dar und ist erst dann zu prüfen, wenn keine der bereits aufgeführten Motivationen eingreift. Sonstige *niedrige Beweggründe* können nicht schon dann angenommen werden, wenn die Motivation der Tat besonders verachtenswert ist. 58

Erforderlich ist vielmehr, dass der Tatantrieb *auf sittlich tiefster Stufe steht und als besonders verachtenswert erscheint*. Wenn ein Motivbündel vorliegt, müssen die vorherrschenden Beweggründe, die der Tat ihr Gepräge geben, die genannten Züge aufweisen und bewusstseinsdominant sein.

Das Mordmerkmal der niedrigen Beweggründe stellt damit einen Auffangtatbestand für alle diejenigen Fälle dar, in denen die Tat wegen der Gesinnung des Täters besonders strafwürdig ist. Charakteristisch ist vor allem ein besonders krasses Missverhältnis zwischen Tatmotiv oder Tatzweck im Verhältnis zur Tötung eines Menschen.

Eifersucht

Eifersucht ist nicht ohne weiteres ein als niedrig zu beurteilender Beweggrund. Hierbei ist stets auf die Umstände des Einzelfalls abzustellen.

Fall:[87] *Der verheiratete Landwirt L hat ein Auge auf die bei ihm arbeitende Landwirtschaftsgehilfin geworfen. Als diese seine Annäherungsversuche zurückweist, tötet L sie, weil er sie keinem anderen Mann gönnt.*

Der BGH ging in diesem Fall von einem niedrigen Beweggrund aus, da die Tat des L nicht einer menschlich verständlichen Enttäuschung entsprungen war. Vielmehr sei die Tat aus rücksichtsloser Eigensucht durchgeführt worden, ohne dass eine achtenswerte innere Bindung zwischen Täter und Opfer bestanden hätte.

Blutrache

Die „Blutrache“ ist regelmäßig ein niederer Beweggrund. Jedoch sind auch hierbei stets die Besonderheiten des Einzelfalls mit zu berücksichtigen. Eine Ausnahme kann etwa gelten, wenn dem Täter durch das Opfer ein erhebliches Leid zugefügt wurde, das ihn zur Tatzeit noch gravierend belastete.[88]

---

83 BGH, NJW 1981, 932-933 = **juris**byhemmer; Wessels/Hettinger, BT-1, Rn. 95 m.w.N.

84 BGHSt 42, 301-305 (304) = **juris**byhemmer.

85 BGHSt 10, 399; Fischer, § 211 StGB, Rn. 11 (a.A. noch 49. Aufl.); a.A. aber SK, § 211 StGB, Rn. 14 m.w.N., der in diesen Fall niedrige Beweggründe annimmt.

86 Lackner/Kühl, § 211 StGB, Rn. 4.

87 Vgl. BGHSt 3, 180-183.

88 BGH, NJW 2006, 1008-1013 = **juris**byhemmer = **Life&Law 2006, Heft 7, 459-465**.

„Ehrenmord“

Wenn das Tötungsmotiv aus fremden soziokulturellen Wertvorstellungen entstammt (z.B. zur Rettung der Familienehre), stellt sich die Frage, welcher Maßstab für die Bewertung des Beweggrundes als niedrig anzulegen ist. Grundsätzlich ist der Maßstab der Rechtsgemeinschaft der Bundesrepublik Deutschland zugrunde zu legen.[89] Denn bei der Bestrafung geht es auch um die Ordnung innerhalb der Bundesrepublik Deutschland. Jedoch können bei Ausländern im Einzelfall (!) auch die Wertvorstellungen ihres heimatlichen Kulturkreises eine Rolle spielen, etwa wenn Ausländer nachvollziehbar von ihrer heimatlichen Kultur subjektiv geprägt sind.

ee) Ermöglichung einer anderen Straftat

Zur Ermöglichung einer anderen Straftat

Einen Mord nach § 211 II, 3. Gruppe begeht, wer einen anderen Menschen tötet, *um eine andere Straftat zu ermöglichen.* Hier dient die Tötung dem Täter als Mittel zur Begehung weiteren kriminellen Unrechts. 59

Bsp.: *Tötung, um dem Anderen Wertgegenstände entwenden zu können (sog. Raubmord).*

Auch bedarf es keines unmittelbaren zeitlichen oder räumlichen Zusammenhangs zwischen der Tötung und der zu ermöglichenden Tat.

Bsp.: *Tötung der Schutzperson des späteren Opfers.*

ff) Verdeckungsabsicht

Verdeckungsabsicht

Problematischer ist die Tötung mit Verdeckungsabsicht, d.h. der Tötung, um eine *andere* Straftat zu verdecken. Aus dieser subjektiven Formulierung ergibt sich, dass die zu verdeckende Tat überhaupt nicht begangen worden sein muss. 60

Bsp.: *T schlägt den O in Notwehr nieder. Da er irrtümlicherweise annimmt, sich strafbar gemacht zu haben, erschießt er kurz darauf den noch bewusstlosen O, um eine Strafverfolgung zu verhindern.*

Nicht erforderlich ist weiterhin, dass die zu verdeckende Straftat vom Täter selbst begangen wurde. Es genügt insoweit die Tat eines Dritten.[90]

hemmer-Methode: Diese Konstellation ist deswegen besonders klausurträchtig, da regelmäßig in diesen Fällen auch die §§ 257, 258 einschlägig sein können. Kommentieren Sie sich daher diese Vorschriften neben das Merkmal der Verdeckungsabsicht, soweit dies nach ihrer Prüfungsordnung zulässig ist.

Heftig diskutiert ist die Auslegung der Verdeckungsabsicht insbesondere deshalb, weil der Gesetzgeber die Absicht, sich selbst hinsichtlich der eigenen Strafverfolgung besser zu stellen, in der Regel als entlastenden Umstand berücksichtigt (vgl. nur die §§ 257, 258). Die Tötung mit Verdeckungsabsicht wirkt sich dagegen strafschärfend aus.

Rspr.: Einschränkungsversuch

Die Rspr.[91] hat deshalb immer wieder versucht, den Anwendungsbereich der Verdeckungsabsicht einzuschränken: Zunächst hat das BVerfG erwogen, den § 211 auf die Fälle der im Voraus geplanten Verdeckungstötung zu beschränken.[92] Eine *andere* Straftat lag nach früherer Rspr. jedenfalls dann *nicht* vor, wenn: 61

89 BGH, NJW 2004, 1466-1468 = **juris**byhemmer = **Life&Law 2004, Heft 7, 464-467**.

90 Vgl. Krey, BT-1, Rn. 79.

91 BGHSt 27, 346-349 = **juris**byhemmer; vgl. Sch-Sch, § 211 StGB, Rn. 32a m.w.N.

92 Vgl. BVerfGE 45, 187-271 (265) = **juris**byhemmer.

- ⇨ Vortat und Verdeckungstötung mit der gleichen Angriffsrichtung vorgenommen wurden,
- ⇨ der Täter sich nicht in rechtsfeindlicher Gesinnung in die zur Tat führende Situation begeben hat (sog. Doppelspontaneität) und
- ⇨ ein enger räumlich-zeitlicher Zusammenhang zwischen Vortat und Verdeckungstötung besteht.

Damit sollten vor allem diejenigen Fälle aus dem Anwendungsbereich der Verdeckungsabsicht genommen werden, in denen der Täter aus Angst vor Aufdeckung seines Tatbeitrags, z.B. nach einem spontanen Körperverletzungsdelikt, sofort zur Tötung übergeht.[93]

Neuere Rspr.: Verdeckungsabsicht als gesetzlich normierter Fall des niedrigen Beweggrundes

Diesem kasuistischen Ansatz ist die neuere Rspr.[94] durch das Erfordernis einer Gesamtbetrachtung entgegengetreten: die Verdeckungsabsicht solle vor allem als gesetzlich normierter Fall der *niedrigen Beweggründe* angesehen werden. Im Einzelfall könne - trotz festgestellter Verdeckungsabsicht - ein Mord dann ausscheiden, wenn eine Gesamtwürdigung der Tatmotive eine Einschränkung gebiete. Nunmehr gelten folgende Aspekte in der Rspr. als anerkannt:

- ⇨ Eine „andere“ Tat setzt keine prozessual selbständige Tat voraus; auch die in rechtlicher Tateinheit stehende Verwirklichung eines gegen ein anderes Rechtsgut gerichteten anderen materiellen Straftatbestandes reicht grundsätzlich aus (z.B.: „Raubmord“)
- ⇨ Auch Verdeckungsmord durch Unterlassen ist grundsätzlich möglich[95]

Der Tod als Mittel der Verdeckung

Eine weitere Einschränkung des Mordmerkmals Verdeckungsabsicht wurde dadurch erreicht, dass von der früheren Rechtsprechung die Forderung aufgestellt wurde, der Tod müsse gerade Mittel der Verdeckung sein und keine bloße Folge einer Verdeckungshandlung.[96]

Somit fiel die Tötung von Personen, die von der Vortat keine Kenntnis hatten und von denen damit keine Aufdeckungsgefahr ausging, nicht unter den Anwendungsbereich dieses Mordmerkmals. Dem ist die neuere Rechtsprechung zu Recht entgegen getreten.

***Fall:**[97] Norbert hat in einer Auseinandersetzung einen Bekannten getötet. Nunmehr will er die Tatspuren verwischen. Er legt daher in der Nacht in dem kleinen Mehrfamilienhaus, in dem sich der Vorfall vollzog, Feuer. In diesem Haus leben zwei ältere, gebrechliche Damen, die von dem Vorfall nichts mitbekommen haben. Norbert weiß von ihnen und es ist ihm egal, ob sie im Brand umkommen. Mangels Sauerstoffzufuhr erlischt das Feuer jedoch, bevor es selbständig weiterbrennen kann.*

Strafbarkeit des N aus §§ 211 II Gr.3, 22, 23 I ?

Lösung:

Problem: Verhältnis Eventualvorsatz und Verdeckungsabsicht

Früher haben die Rspr. und die h.M.[98] das Merkmal der Verdeckungsabsicht nur bejaht, wenn die Tötung gerade als *Mittel* zur Verdeckung eingesetzt wird, und nicht lediglich als Folge der Flucht vorausgesehen und gebilligt wird.

---

93 Vgl. BGHSt 27, 346-349 = **juris**byhemmer

94 BGHSt 35, 116-128 = **juris**byhemmer.

95 BGHSt 38, 356-362 (361) = **juris**byhemmer.

96 Vgl. BGH, GA 1962, 143.

97 BGHSt 41, 358-363 = **juris**byhemmer.

98 Vgl. SCH-SCH, § 211 StGB, Rn. 35.

Entscheidend ist daher, ob das Opfer den Täter bereits identifiziert hat (Tötung als Mittel zur Verdeckung) oder ob vom Opfer keine Aufdeckung der Tat zu befürchten ist (Tötung als Folge der Verdeckungshandlung). Nach dieser Ansicht wäre N nicht des Verdeckungsmordes schuldig, da sich der Tod der Damen *lediglich als Begleiterscheinung* der der Verdeckung dienenden Brandstiftung (=Tötungs*handlung*!) darstellt.

Fraglich ist jedoch ob diese Auslegung der Wortlautinterpretation des § 211 II Gr.3 gerecht wird. Maßgeblich für das „richtige" Auslegungsergebnis im Falle einer mit dolus eventualis verwirklichten Tötung und dem Willen der Verdeckung ist die Frage, ob mit der Formulierung „um" eine andere Straftat zu verdecken die Absicht der Verdeckung *durch* Tötung oder die Absicht der Verdeckung *bei* der Tötung gemeint ist.

Der BGH hat sich mittlerweile für letzteres entschieden und klargestellt, dass der Tod nicht unbedingt das Mittel der Verdeckung sein muss. Für die bisher vertretene Differenzierung gebe es keine hinreichende Stütze im Gesetz. Darüber hinaus sei die Tötung eines völlig Unbeteiligten genauso verwerflich wie die Tötung eines Tatzeugen. In dieser Konstellation kann nach Ansicht des BGH Verdeckungsabsicht auch bei nur bedingtem Tötungsvorsatz gegeben sein. Die Absicht müsse sich lediglich auf die Verdeckungs*handlung* und damit die Beseitigung der Tatspuren beziehen, eine Tötungsabsicht i.e.S. werde vom Gesetz gerade nicht gefordert.[99] Dementsprechend hat N sich im Beispiel wegen versuchten Mordes gem. §§ 211 II Gr.3, 22, 23 I strafbar gemacht.

c) Prüfungsort der Mordmerkmale und Anwendbarkeit des § 28[100]

Stellung im 3-stufigen Verbrechensaufbau

Die Einordnung der einzelnen Mordmerkmale in den dreistufigen Verbrechensaufbau (also Tatbestandsmäßigkeit, Rechtswidrigkeit und Schuld) ist im Einzelnen nicht unproblematisch. 62

Dabei betrifft § 28 den Bereich des Unrechts, also die Tatbestandsmäßigkeit und Rechtswidrigkeit, sowie die persönlichen Strafaufhebungs- und -ausschließungsgründe, § 29 dagegen den Bereich der Schuld.

aa) Tatbezogene Mordmerkmale

Tatbezogene Mordmerkmale = obj. Tatbestandsmerkmale

Einigkeit herrscht insoweit darüber, dass die *tatbezogenen Mordmerkmale* des § 211 II, 2. Gruppe objektive Tatbestandsmerkmale sind. 63

hemmer-Methode: Die Prüfung, ob das Mordmerkmal der „Grausamkeit", der „Heimtücke" oder „mit gemeingefährlichen Mittel" erfüllt ist, hat damit im *objektiven Tatbestand* zu erfolgen. Zu beachten ist hier, dass insoweit auch subjektive Tatsachen im objektiven Tatbestand geprüft werden.
Dies gilt z.B. für die Prüfung der „unbarmherzigen Gesinnung" i.R.d. Mordmerkmals „Grausamkeit" oder das „bewusste Ausnutzen" i.R.d. Mordmerkmals „Heimtücke".

Bedeutung hat dies vor allem für das Eingreifen von Irrtumskonstellationen, da Tatbestandsvorsatz und objektiver Tatbestand grundsätzlich deckungsgleich sein müssen.

> ***Bsp.:*** *A will einen Taxifahrer von seinem Platz auf dem Rücksitz des Wagens überfallen und mit einem Strick erwürgen. Er geht davon aus, dass der Fahrer einen derartigen Angriff nicht erwartet. Tatsächlich rechnet T aber mit einem derartigen Angriff und wehrt sich - allerdings erfolglos - gegen den Angriff.*

---

[99] BGHSt 41, 358-363 = **juris**byhemmer.

[100] Zu der „28er- Problematik" und denkbaren Fallkonstellationen siehe auch **HEMMER/WÜST, Grundwissen StrafR BT, Rn. 74 ff.**

Der BGH hat in dieser Konstellation den A wegen vollendeten Totschlags in Tateinheit mit versuchtem Mord bestraft, da A zum Zeitpunkt des unmittelbaren Ansetzens von einer Arglosigkeit seines Opfers ausging und damit ein untauglicher Versuch des Heimtückemordes vorlag.

§§ 26, 27 für Teilnehmer

Für den *Teilnehmer* gelten selbstverständlich die allgemeinen Regeln der §§ 26, 27: wegen „Mordes“ ist auch der Teilnehmer nach § 211 zu bestrafen, sofern der Vorsatz des Teilnehmers hinsichtlich des betreffenden Mordmerkmals vorliegt.

Bei den Mordmerkmalen des § 211 II, 2. Gruppe handelt es sich nach ganz überwiegender Ansicht[101] auch nicht um „besondere persönliche Merkmale“ i.S.d. § 28, da sie eine besondere Begehungsweise und damit das Verhaltensunrecht der Tat näher kennzeichnen.

bb) Täterbezogene Mordmerkmale

Einordnung der täterbez. Merkmale str.

Umstritten ist dagegen die Einordnung der täterbezogenen Mordmerkmale: 64

Ansicht der Rspr.

Der BGH[102] sieht in ihnen subjektive Unrechtsmerkmale, d.h. die Verwirklichung eines Mordmerkmals erhöht das „Unrecht“ einer Tat im Vergleich zum Totschlag. 65

Zu prüfen sind die täterbezogenen Mordmerkmale demnach im subjektiven Tatbestand des § 211.

Für Teilnehmer gilt, wenn der „Haupttäter“ ein Mordmerkmal nach § 211 II, 1. bzw. 3. Gruppe verwirklicht hat, *nach dieser Ansicht § 28:* da täterbezogene Merkmale nicht eine bestimmte Art und Weise der Tatbegehung, sondern den Täter als solchen charakterisieren, stellen sie „besondere persönliche Merkmale“ dar.

Rspr.: § 28 I

Da die Rspr. § 211 als selbständigen Tatbestand ansieht, handelt es sich bei den täterbezogenen Mordmerkmalen um strafbegründende besondere persönliche Merkmale. Diese Ansicht gelangt zur Anwendung des § 28 I und bestraft den Teilnehmer zwar aus § 211, mildert seine Strafe jedoch nach § 49 I.

Das führt zu einem im Vergleich zu § 212 geringfügig niedrigeren Strafrahmen (§ 28 I = Einschränkung des Prinzips der Akzessorietät durch Milderung der Strafe für den Teilnehmer). Dem Gehilfen kommt so nach § 27 II S.2 und § 28 I eine doppelte Strafmilderung zugute.[103]

hemmer-Methode: Bei einem Gehilfen zum Totschlag ermäßigt sich das Mindestmaß der Strafe von fünf Jahren (vgl. § 212 I) auf zwei Jahre (vgl. § 49 I Nr.3). Bei einem Gehilfen zum Mord, dessen Strafe gem. § 28 I zusätzlich zu mildern ist, beträgt das Mindestmaß der Strafe nur noch sechs Monate! Denn „Lebenslang“ wird über eine erste Milderung gem. § 49 I Nr.1 auf ein Mindestmaß nicht unter drei Jahren gemildert, über § 49 I Nr.3 erfolgt eine zweite Milderung auf sechs Monate.
Damit würde in einer solchen Konstellation der Gehilfe zum bloßen Totschlag härter bestraft als der Gehilfe zum Mord. Dieses sicherlich unbillige Ergebnis stellt sich erst gar nicht, wenn mit der Literatur § 28 II angewendet wird.[104]

---

101 BGHSt 22, 375-385 (378) = **juris**byhemmer; BGHSt 23, 104; BGHSt 24, 106-111 (108); WESSELS/HETTINGER, BT-1, Rn. 140; für die „Heimtücke“ einschränkend: SCH-SCH, § 211 StGB, Rn. 49.

102 BGHSt 1, 368-372 (371) = **juris**byhemmer; BGHSt 6, 329-333 (331); SK, § 211 StGB, Rn. 3; WESSELS/BEULKE, AT, Rn. 557.

103 BGH, StV 1984, 69 = **juris**byhemmer.

104 Ausführlich zu dieser Problematik, wenn man dem Ansatz der Rechtsprechung folgt, BGH, NStZ 2006, 34-35 = **juris**byhemmer = **Life&Law 2006, Heft 4, 257-259**.

Lit.: § 28 II

Die Lit. wendet (sofern nicht § 29 - siehe unten - angewendet wird) 66
nach ihrem Verständnis des Verhältnisses zwischen § 211 und § 212 folgerichtig § 28 II an und bestraft den Teilnehmer nur aus §§ 212, 26/27 (§ 28 II = Durchbrechung des Prinzips der Akzessorietät, d.h. der Teilnehmer wird nicht aus dem gleichen Tatbestand wie der Täter bestraft). Die Ansicht der Literatur erscheint insgesamt widerspruchsfreier.[105]

Die Regelung des § 28

	§ 28 I	**§ 28 II**
Anwendungsbereich:	**Strafbegründende persönliche Merkmale des Täters fehlen beim Teilnehmer**	**Strafschärfende persönliche Merkmale gelten nur für den Beteiligten, bei dem sie vorliegen**
Rechtsfolge:	**Zwingende Milderung nach § 49 I beim Teilnehmer**	**Strafschärfende Wirkung des Merkmals nur bei dem Beteiligten, bei dem es vorliegt („Tatbestands-verschiebung“ möglich)**

A.A.: § 29

Nach anderer Ansicht[106] betreffen die Mordmerkmale der 1. und 67
3. Gruppe lediglich den Bereich der Schuld und bilden damit sog. *spezielle Schuldmerkmale*. Zu prüfen wären die Mordmerkmale im Deliktsaufbau demnach i.R.d. *Schuld*. Für Teilnehmer wäre insoweit *§ 29 anwendbar.*

Die Existenz solcher speziell schuldsteigernden Tatbestandsmerkmale wird jedoch von der Rspr. und Teilen der Lit. ganz allgemein bestritten: „Schuld“ bedeute richtigerweise nur, dass der Täter das Unrecht seiner Tat auch kenne und ihm die Tat deshalb vorwerfbar sei. Tatbestandsmerkmale, die nicht das Unrecht einer Tat, sondern lediglich die Schuld des Täters betreffen, könne es insoweit gar nicht geben. Unter § 29 fallen daher nur die allgemein anerkannten Entschuldigungs- und Schuldausschließungsgründe.

hemmer-Methode: Im Ergebnis wirkt sich dieser Streit allerdings nur aus, wenn Gesinnungsmerkmale strafbegründend sind (z.B. Rücksichtslosigkeit i.S. des § 315c). Über § 29 wäre der Beteiligte, der dieses Merkmal nicht verwirklicht, straflos, während er bei Anwendung des § 28 I nur zu einer Strafmilderung käme. Nur in solchen Fällen muss dieser Streit um die dogmatische Einordnung auch ausführlich diskutiert werden.

d) „Gekreuzte“ Mordmerkmale

„Gekreuzte“ Mordmerkmale

Problematisch und damit prüfungsrelevant sind im Bereich der 68
Mordmerkmale vor allem die Fälle, in denen ein Teilnehmer - anders als der Haupttäter - ein Mordmerkmal verwirklicht. Gleiches gilt im Fall sog. „gekreuzter Mordmerkmale“.[107] Hierzu folgender Fall:

105 Vgl. Rn. 68.

106 WESSELS/HETTINGER, BT-1, Rn. 141 ff.

107 Vgl. zu dieser Problematik die Beispielsfälle bei WESSELS/HETTINGER, BT-1, Rn. 144 ff.

Fall: *O ist ein ebenso verhasster wie reicher Erbonkel des A, welcher bereits seit Jahren im Koma liegt. Um in den Genuss der Erbschaft zu kommen, überredet A den T, den O umzubringen. A übergibt dem T zu diesem Zweck ein nach seinen Worten „schnell und schmerzlos“ wirkendes Gift. Wie besprochen begibt sich T in das Krankenzimmer des A, als gerade kein Personal vor Ort ist. O stirbt durch das Gift - wie A wusste - einen langsamen und qualvollen Tod. Strafbarkeit des T und des A?* 69

Abwandlung: *T erklärt sich zu der Tat sofort bereit, da er - wie er A mitteilte - besondere Freude daran empfindet, andere Menschen umzubringen.*

Lösung:

I. Strafbarkeit des T: § 212

T hat sich wegen Totschlags nach § 212 strafbar gemacht. Die Annahme von Mord, § 211, scheitert daran, dass T hinsichtlich des von ihm objektiv erfüllten Mordmerkmals „Grausamkeit“ keinen Vorsatz hatte. Auch ein Heimtückemord scheidet nach h.M. aus. Denn A lag zum Zeitpunkt der Tat im Koma, so dass ihm bereits die Fähigkeit zum Argwohn fehlte. Auch schutzbereite Dritte waren nicht anwesend.[108]

II. Strafbarkeit des A:

1. §§ 211, 25 I Alt.2

A könnte sich eines Mordes in mittelbarer Täterschaft nach §§ 211, 25 I Alt.2 strafbar gemacht haben, da er die Tat nicht eigenhändig ausgeführt hat. In Betracht kommt eine mittelbare Täterschaft in Form einer Täterschaft kraft überlegenen Wissens, da nur A um die grausame Wirkung des Giftes wusste.

Fraglich ist, ob A den tatbestandsmäßigen Geschehensablauf durch diese überlegene Kenntnis im Verhältnis zum Haupttäter T beherrscht hat. Gegen diese Annahme spricht jedoch, dass T hier die Tötung des O eigenhändig und in voller Kenntnis der Tatumstände des § 212 durchführte.

Allein die Erfüllung eines (zusätzlichen) Mordmerkmals macht A in dem konkreten Tatgeschehen noch nicht zu einer beherrschenden Figur. Darüber hinaus muss die Anwendung des § 25 I Alt.2 daran scheitern, dass anderenfalls die Akzessorietätsregeln der §§ 28, 29 umgangen würden. Mittelbare Täterschaft kraft überlegenen Wissens kann deshalb in diesem Fall nicht damit begründet werden, dass der „Teilnehmer“ im Gegensatz zum Haupttäter ein „tatbezogenes Merkmal“ erfüllt, wenn der Haupttäter ansonsten voll eigenverantwortlich handelt.

2. §§ 211, 26

A könnte sich einer Anstiftung zum Mord nach §§ 211, 26 schuldig gemacht haben. Als vorsätzliche, rechtswidrige Haupttat i.S.d. § 26 kommt der von T begangene Totschlag, § 212, in Betracht. A hat darüber hinaus eine Anstiftungshandlung begangen, indem er T zur Begehung dieser Tat überredet und so den Tatentschluss in ihm hervorgerufen hat. Der doppelte Anstiftervorsatz liegt insoweit vor.

a) Berücksichtigung der „grausamen“ Begehungsweise

Fraglich ist, ob A deshalb wegen Anstiftung zum Mord nach §§ 211, 26 zu bestrafen ist, weil T die Tötung - wie A wusste - objektiv „grausam“ durchgeführt hat. 70

Unproblematisch wäre dies dann, wenn auch T Kenntnis hinsichtlich dieses Mordmerkmals gehabt hätte. Für eine Bestrafung aus § 211 würden dann auch für A die allgemeinen Regeln der Täterschaft und Teilnahme gelten, d.h. A würde ebenso wie T aus § 211 bestraft, da auch der entsprechende Teilnehmervorsatz vorliegt.

[108] Näher dazu siehe Rn. 44, 45.

Im vorliegenden Fall könnte die Kenntnis des A hinsichtlich der „grausamen" Begehungsweise lediglich über eine Anwendung des § 28 II berücksichtigt werden. Das Mordmerkmal „Grausamkeit" ist jedoch kein besonderes persönliches Merkmal in diesem Sinne. Hier wird nicht eine Eigenschaft des Täters oder dessen Person näher beschrieben, sondern eine besonders verwerfliche Art und Weise der Tatbegehung. Eine Tatbestandsverschiebung nach § 28 II scheidet insoweit aus.

Auch eine versuchte Anstiftung zum „grausamen Mord" nach §§ 211, 30 I kann nicht begründet werden: diese Annahme würde voraussetzen, dass A den T zu einem *vorsätzlich begangenen* grausamen Mord anstiften wollte. Im vorliegenden Fall hat der dem T jedoch die grausame Wirkung des Gifts gerade verschwiegen.

b) Berücksichtigung der „Habgier"

Da A in den Genuss der Erbschaft kommen wollte, hat er „habgierig" gehandelt. Fraglich ist, ob dieser Umstand überhaupt berücksichtigt werden kann, da der Haupttäter T selbst kein Mordmerkmal verwirklicht hat. 71

aa) Eine Ansicht sieht in den Mordmerkmalen des § 211 II, 1. + 3. Gruppe spezielle Schuldmerkmale. So soll z.B. das Handeln „in Habgier" nicht den Bereich des tatbestandlichen Unrechts, sondern den Bereich der Schuld betreffen. Hier handele es sich insoweit nicht um ein gesteigertes, kriminelles Unrecht, sondern um eine innere Motivation des Täters und damit um einen besonderen Gesinnungsunwert der Tat. Dieser erhöhe - im Gegensatz zum Handlungsunrecht - die Schuld des Täters und nicht das Unrecht der Tat. Da jeder Beteiligte aber nach seiner eigenen Schuld bestraft werde, komme es nicht darauf an, ob der Haupttäter selbst ein Mordmerkmal verwirklicht habe, § 29.

Diese Ansicht übersieht jedoch, dass sich das Unrecht einer Tat nicht unbedingt aus objektiven Tatumständen ergeben muss; vielmehr sieht das Gesetz oft auch subjektive Tatbestandsmerkmale als unrechtssteigernd an. Richtigerweise bedeutet „Schuld" nur, dass der Täter das Unrecht seiner Tat kennt und dieses ihm deshalb vorwerfbar ist.

bb) Das Mordmerkmal der „Habgier" ist vielmehr als „besonderes persönliches Merkmal" i.S.d. § 28 anzusehen. Hier wird die Person des Täters in einer bestimmten Eigenschaft näher beschrieben.

Sieht man mit der Rspr. § 211 als selbständigen Tatbestand an, so muss man folgerichtig § 28 I anwenden. Jedoch gilt die obligatorische Strafmilderung des § 28 I nur für den Teilnehmer, dem ein Mordmerkmal fehlt. Für den hier vorliegenden umgekehrten Fall, dass ein Teilnehmer ein strafbegründendes besonderes persönliches Merkmal im Gegensatz zum Haupttäter verwirklicht, wird keine Regelung getroffen.

Eine analoge Anwendung scheitert jedenfalls am strafrechtlichen Analogieverbot. A könnte demnach nur wegen Anstiftung zum Totschlag nach § 212 bestraft werden.

Geht man dagegen richtigerweise mit der h.L. davon aus, dass § 211 eine Qualifikation zu § 212 darstellt, kommt § 28 II zur Anwendung: A wird, da er das strafschärfende besondere persönliche Merkmal der „Habgier" verwirklicht, nicht aus § 212, sondern aus § 211 wegen Anstiftung zum Mord bestraft.

Die Ansicht der Lit. erscheint sachgerecht: es kann dem A nicht zugutekommen, dass T selbst nicht habgierig gehandelt hat.

Im Ergebnis ist A daher wegen Anstiftung zum „habgierigen" Mord nach §§ 211, 26, 28 II strafbar.

hemmer-Methode: A wird damit – anders als Täter T – wegen Mordes bestraft. Die Anwendung des § 28 II führt daher zu einer Durchbrechung des bei der Teilnahme geltenden Prinzips der Akzessorietät. Über § 28 II erfolgt also eine „Tatbestandsverschiebung", so dass dieser Problemkreis im Tatbestand anzusprechen ist.[109]

---

109 Instruktives Fallbeispiel zur Problematik, ob § 28 I oder § 28 II bei täterbezogenen Mordmerkmalen anzuwenden ist siehe BGH, NStZ 2005, 381-383 = **juris**byhemmer = **Life&Law 2005, Heft 9, 603-609**.

Abwandlung: Lösung wie oben, mit folgenden Unterschieden: 72

Zu I (Strafbarkeit des T): T wird nicht wegen Totschlags, sondern wegen Mordes aus „Mordlust" nach § 211 II, 1. Gruppe bestraft.

Zu II (Strafbarkeit des A): Fraglich ist, ob sich an der Bestrafung des A wegen Anstiftung zum Mord aus „Habgier" etwas ändert, wenn T seinerseits das Mordmerkmal „Mordlust" verwirklicht hat.

zu b) (s.o.) Berücksichtigung des Mordmerkmals ‚Habgier", wenn der Haupttäter aus „Mordlust" handelt:

(1) Betrachtet man die täterbezogenen Mordmerkmale als spezielle Schuldmerkmale, so ändert sich an der Lösung des Falles nichts: T und A werden jeweils nach ihrer Schuld bestraft, so dass die „Mordlust" des T nur dessen Schuld betrifft, § 29.

(2) Sieht man mit der Rspr. in den Mordmerkmalen der 1. und 3. Gruppe strafbegründende besondere persönliche Merkmale, so müsste konsequenterweise die fehlende Mordlust des A zu einer Bestrafung des A wegen Anstiftung zum Mord nach §§ 211, 26, 28 I, 49 I führen. Dabei wäre die Strafe noch unter die Strafe für eine Anstiftung zum Totschlag nach §§ 212, 26 zu mildern.

Da § 28 I wiederum keine Strafschärfung für das „habgierige" Handeln des A vorsieht, bliebe dieses insoweit außer Betracht. Ein solches Ergebnis erscheint jedoch auch der Rspr. nicht annehmbar: so ist auch A wegen Anstiftung zum Mord ohne Strafmilderung nach § 28 I zu bestrafen, da A zumindest ein „gleichartiges" Mordmerkmal verwirklicht hat.

Die „Habgier" stellt ebenso wie die „Mordlust" eigentlich nur einen speziellen Fall der niedrigen Beweggründe dar. Insoweit sind die von Täter und Teilnehmer verwirklichten Mordmerkmale vergleichbar, so dass das besondere persönliche Merkmal beim Teilnehmer A gerade nicht i.S.d. § 28 I „fehlt"[110] (Konstellation der sog. gekreuzten Mordmerkmale).

Die h.L. würde auch hier § 28 II anwenden: das strafschärfende besondere persönliche Merkmal der „Mordlust" für die Bestrafung des A bleibt außer Betracht. Strafschärfend wird jedoch berücksichtigt, dass A aus „Habgier" gehandelt hat. Im Ergebnis kommen somit BGH und h.L. zu ähnlichen Ergebnissen bei „sich kreuzenden Mordmerkmalen". In dogmatischer Hinsicht erscheint die Lösung der h.L. jedoch überzeugender.

hemmer-Methode: Der Unterschied zwischen BGH und h.L. besteht im soeben geschilderten Fallbeispiel (nur) darin, dass nach BGH der Anstifter A wegen Anstiftung zum Mord wegen „Mordlust" bestraft wird, wohingegen nach der h.L. der Anstifter wegen Anstiftung zum Mord aus „Habgier" zu bestrafen ist.

Außerdem werden die Ergebnisse von Rspr. und herrschender Lehre beim Fehlen von täterbezogenen Merkmalen beim Teilnehmer dadurch angenähert, dass die Rspr. für eine Bestrafung des Teilnehmers aus § 211 verlangt, dass dieser die Verwirklichung des Merkmals durch den Haupttäter kennen muss.

Sie unterwirft damit im Gegensatz zur Rechtslehre auch diese täterbezogenen Merkmale dem doppelten Anstifter- bzw. Gehilfenvorsatz.

***Bsp.:** T erschießt O, damit dieser ihn nicht wegen eines begangenen Raubüberfalls anzeigt. B hat dem T die Waffe zur Tatausführung überlassen, ohne von dessen Beweggründen Kenntnis zu haben. Zu unterstellen ist, dass kein tatbezogenes Mordmerkmal verwirklicht ist.*

110 BGHSt 23, 39-40; vgl. SCH-SCH, § 211 StGB, Rn. 54.

Nach BGH wäre T wegen Verdeckungsmord zu bestrafen, B allerdings nur wegen Beihilfe zum Totschlag. Denn insoweit fehlt bei B der erforderliche Vorsatz hinsichtlich des Merkmals der Verdeckungsabsicht. Die Rechtslehre käme bei B zu einer Anwendung von § 28 II, da B selbst keine Verdeckungsabsicht hegt. Mangels sonstiger subjektiver Mordmerkmale bei B wäre somit B ebenfalls nur wegen Beihilfe zum Totschlag zu bestrafen.

Anders läge der Fall, wenn B das Motiv des T gekannt hätte: nach BGH würde B dann wegen Beihilfe zum Mord zu bestrafen sein. Dabei käme ihm aber die Strafmilderung des § 28 I zugute. Nach der h.L. käme wiederum in Anwendung von § 28 II lediglich eine Bestrafung wegen Beihilfe zum Totschlag in Betracht.

IV. Tötung auf Verlangen, § 216

§ 216 stellt eine Privilegierung zu § 212 dar, die häufig von der straflosen Suizidteilnahme abzugrenzen ist.[111] Im Hinblick auf den Aufbau erscheint es vorzugswürdig, bei unproblematischem Eingreifen der Voraussetzungen des § 216 sofort auf diese Vorschrift einzugehen, ohne zunächst den Grundtatbestand § 212 zu prüfen. 73

Relevant wird der § 216 insbesondere in den „Suizidfällen" bei einer Tötung durch tatherrschaftliches aktives Tun.[112]

Verlangen bedeutet hierbei mehr als bloße Einwilligung.[113] Das Opfer muss seine Tötung ernstlich begehrt und dieses Begehren ausdrücklich kundgetan haben. 74

hemmer-Methode: Hieran fehlte es etwa im Kannibalen-Fall von Rotenburg.[114] Das spätere Opfer wünschte nicht seinen Tod, sondern war lediglich damit einverstanden. Merken Sie sich, dass das Tötungsverlangen „handlungsleitend" für den Täter gewesen sein muss.

Ernstliches Verlangen

Ernstlich kann dieses Verlangen nur sein, wenn es auf einem frei verantwortlichen Willensentschluss und einer fehlerfreien Willensbildung beruht; es muss frei von Täuschung, Zwang, Irrtum und anderen wesentlichen Willensmängeln sein.

hemmer-Methode: Dabei reicht das bloße Fehlen von Willensmängeln nicht, um die Ernstlichkeit eines Tötungsverlangens zu bejahen. Ansonsten liefe der Ausnahmecharakter von § 216 leer. Insbesondere bei einer „depressiven Augenblicksstimmung" fehlt es nach BGH an der erforderlichen Ernstlichkeit des Verlangens, es sei denn es ist nachweislich von einer tieferen Reflexion des Tatopfers getragen.[115]

Des Weiteren wird vorausgesetzt, dass der Lebensmüde nach den Maßstäben der natürlichen Einsichtsfähigkeit imstande war, die Tragweite seiner Entscheidung zu erfassen und sich dementsprechend zu verhalten.[116]

§ 16 II

Liegt objektiv gesehen ein derartiges ernstliches Tötungsverlangen nicht vor, glaubt der Täter jedoch irrtümlicherweise an ein derartiges Eingreifen, so kann der Täter wegen § 16 II nur aus § 216 bestraft werden.

***Bsp.:** O bittet den T aus Spaß, ihn doch bei nächster Gelegenheit zu töten. T hält das Tötungsverlangen für ernst und tötet O.*

---

111 Vgl. oben Rn. 10 ff.

112 Vgl. oben Rn. 16 ff.

113 Vgl. RGSt 68, 306.

114 Siehe BGH, NJW 2005, 1876-1879 = **juris**byhemmer = **Life&Law 2005, Heft 8, 535-541**.

115 BGH, NStZ 2011, 340-341 = **juris**byhemmer = **Life&Law 2011, Heft 8, 569-574**.

116 Vgl. Wessels/Hettinger, BT-1, Rn. 156.

T hat sich lediglich wegen § 216 in Verbindung mit 16 II strafbar gemacht. Zwar liegt objektiv kein ernstliches Verlangen vor. Jedoch kann keine Bestrafung wegen § 212 erfolgen, da T gem. § 16 II so zu behandeln ist, als ob tatsächlich das privilegierende Merkmal eines Tötungsverlangens vorliegen würde.

V. Fahrlässige Tötung, § 222

§ 222

Im Bereich der fahrlässigen Tötung treten keine Spezialprobleme auf. Verwiesen sei in diesem Zusammenhang auf die fahrlässige Ermöglichung eines fremden Selbstmordes[117] sowie die allgemeinen Ausführungen zum Fahrlässigkeitsdelikt.[118] 75

VI. Aussetzung, § 221

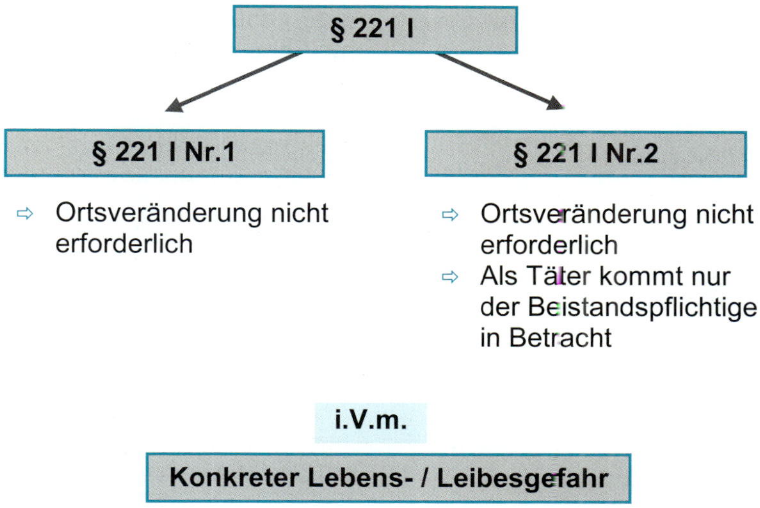

Qualifkationen:

§ 221 II Nr.1: TB- Qualifikation

§§ 221 II Nr.2, III: Erfolgsqualifikationen

1. Überblick

Aussetzung = konkretes Lebensgefährdungsdelikt

Die Aussetzung ist kein Verletzungsdelikt, sondern ein *konkretes Gefährdungsdelikt.* Wie sich aus der Neufassung des Abs.1 ergibt, ist geschütztes Rechtsgut aber nicht nur das Leben (was durch die Einordnung im 16. Abschnitt des StGB nahe läge), sondern auch die körperliche Unversehrtheit des Opfers. 76

hemmer-Methode: Denken sie stets an § 221, wenn eine Verwirklichung des Totschlags durch Unterlassen gem. §§ 212, 13 an dem „in dubio pro reo"-Grundsatz bzw. am fehlenden Tötungsvorsatz scheitert, da dem Täter zumindest die Lebensgefährdung zugerechnet werden kann. Kommt auch dies nicht in Betracht, so ist weiterhin an die unterlassene Hilfeleistung zu denken.
Prägen Sie sich diese typische Prüfungskette (§§ 212, 13; 221; 323c) ein, und helfen Sie gegebenenfalls durch eine entsprechende Kommentierung in ihrem Gesetz nach, falls dies nach Ihrer Prüfungsordnung zulässig ist.

[117] Vgl. WESSELS/HETTINGER, BT-1, Rn. 65 f.

[118] Vgl. **Hemmer/Wüst, Strafrecht AT I, Rn. 616 ff.**

§ 221 I umschreibt zwei mögliche Ausführungsarten: die Nr.1 („in hilflose Lage versetzen") kann von jedermann erfüllt werden, die Tat ist insoweit ein *Allgemeindelikt.* § 221 I Nr.2 („im Stich lassen") ist dagegen ein *Sonderdelikt,* d.h. als Täter kommen hier nur solche Personen in Betracht, die wegen ihrer Stellung im Verhältnis zum Opfer eine besondere Pflichtenbindung haben.

Opfer: grundsätzlich jeder Mensch

Gegenüber § 221 a.F. ist der Kreis der möglichen Tatopfer erweitert worden: beide Ausführungsarten erfassen jeden (erwachsenen und gesunden) Menschen. Darauf, dass das Opfer wegen Alter, Gebrechlichkeit oder Krankheit besonders hilflos ist, kommt es nach § 221 n.F. nicht mehr an.

Bsp.: *Als Opfer einer Aussetzung kommt nun auch ein Bergtourist in Betracht, der vom Bergführer im Hochgebirge allein zurückgelassen wird.*[119]

§ 221 II Nr.1: Qualifikation

§ 221 II Nr.1 stellt eine *Qualifikation* dar. Diese ist nicht nur bei leiblichen Kindern erfüllt. Vielmehr werden nach der Neufassung auch Fälle erfasst, bei denen das Opfer dem Täter „zur Erziehung oder zur Betreuung in der Lebensführung anvertraut ist". Die Formulierung ist § 174 I Nr.1 entnommen, eine Altersbegrenzung sieht § 221 II Nr.1 aber nicht vor.[120]

Erfasst werden v.a. Stief- und Pflegekinder. Nach der neuen – weiten – Fassung käme aber auch beispielsweise der Trainer einer Fußballmannschaft in Betracht.[121]

§ 221 II Nr.2 ist wie Abs.3 als *Erfolgsqualifikation* einzuordnen. Je nachdem, ob eine schwere Gesundheitsschädigung oder der Tod des Opfers mindestens fahrlässig (vgl. § 18) verursacht wird, steigt der Strafrahmen stufenweise an.

2. Tathandlungen

§ 221 I Nr.1

Tathandlung der Nr.1 ist das *Versetzen in eine hilflose Lage*. Diese Formulierung ist an die Stelle des Begriffs „aussetzen" in § 221 I a.F. getreten. Früher war unstreitig, dass diese Begehungsvariante stets eine *räumliche Veränderung des Opfers* erfordert. Nach der Neufassung scheint dies nicht mehr zwingend. 77

E.A.: Ortsveränderung erforderlich

Eine Ansicht hält gleichwohl daran fest, dass eine Ortsveränderung des Opfers erforderlich ist. Begründet wird dies damit, dass andernfalls eine gefährliche Körperverletzung – insbesondere bei einer lebensgefährdenden Behandlung, § 224 I Nr.5 – meist gleichzeitig eine Aussetzung gem. § 221 I Nr.1 darstellt. Damit würde die Aussetzung durch die Neufassung klassisches Strafrecht überlagern, was durch die Gesetzesänderung nicht intendiert war.

H.L.: keine Ortsveränderung mehr erforderlich

Die h.L. geht dagegen davon aus, dass mit der Gesetzesänderung auch das Erfordernis einer Ortsveränderung bei § 221 I Nr.1 entfallen ist.[122] Eine drohende Überlagerung der Körperverletzungsdelikte wird dadurch vermieden, dass das Verhältnis zwischen Tathandlung und dem Aussetzungserfolg – der hilflosen Lage – so auszulegen ist, dass § 221 I Nr.1 nur dann einschlägig ist, wenn die konkrete Gefährdung *aus der hilflosen Lage* sich entwickelt. Ist hingegen die konkrete Gefährdung unmittelbare Folge der Tathandlung (und nicht der dadurch entstandenen Lage), scheidet eine Strafbarkeit wegen Aussetzung gem. § 221 I Nr.1 hingegen aus.

---

119 BT-Drucks. 13/8587, 34.

120 Begründungen des Rechtsausschusses, BT-Drucks. 13/9064, 15.

121 Vgl. HÖRNLE, Das 6. Gesetz zur Reform des Strafrechts, Jura 1998, 169-182 (177), m.w.N.

122 SCHROTH, Zentrale Interpretationsprobleme des 6 Strafrechtsreformgesetzes, NJW 1998, 2861-2866 (2863); JÄGER, Die Delikte gegen Leben und körperliche Unversehrtheit nach dem 6 Strafrechtsreformgesetz, JuS 2000, 31-39 (32 f.).

Bsp.: A schlägt B so nieder, dass dieser eine lebensgefährliche Verletzung erleidet.

§§ 223 I, 224 I Nr.5 sind unproblematisch erfüllt.

Daneben könnte § 221 I Nr.1 einschlägig sein. Fraglich ist, ob A den B in eine hilflose Lage versetzt hat. Dies wäre jedenfalls dann abzulehnen, wenn das „Versetzen" eine Ortsveränderung voraussetzt. Entgegen dem früheren Wortlaut „aussetzen" erfordert jedoch das bloße „Versetzen" gerade keine Ortsveränderung mehr.

Dementsprechend ist ein Versetzen des B in eine hilflose Lage durch den Schlag zu bejahen. Auch erlitt B lebensgefährliche Verletzungen, so dass der Eintritt einer konkreten Lebensgefahr vorliegt. Anders als bei den Körperverletzungen setzt jedoch die Aussetzung ihrem Charakter nach voraus, dass sich der Eintritt der konkreten Gefahr gerade aus der hilflosen Lage entwickelt. Dies ist vorliegend nicht der Fall. Die konkrete Gefährdung des B war bereits unmittelbare Folge der Tathandlung und nicht erst aufgrund einer hilflosen Lage des Opfers entstanden. Eine Aussetzung gem. § 221 I Nr.1 scheidet damit aus[123].

§ 221 I Nr.2

§ 221 I Nr.2 ist erfüllt, wenn der Täter das Opfer „im Stich lässt". Darunter kann jedes Verhalten verstanden werden, durch das sich der Täter einer Beistandspflicht entzieht; auf eine räumliche Trennung des Täters vom Opfer kommt es nicht an.[124] **78**

Nach alter Fassung war umstritten, ob die Formulierung „in hilfloser Lage verlässt" in § 221 a.F. eine räumliche Trennung des Täters vom Opfer verlangt.[125] Diesbezüglich fand eine Klarstellung durch den Gesetzgeber statt.

Klassisches Bsp.: *Die kaltblütige Krankenschwester K sitzt am Bett des Patienten P, der sich vor Qualen windet und dem Tode nahe ist. Während P seinen Todeskampf führt, schaut die K einfach zu. Sie entfernt sich jedoch nicht aus dem Zimmer.*

Weiteres Bsp.:[126] *T verlässt ihren Säugling und ihre 5-jährige Tochter am Abend in der Absicht, am nächsten Morgen wieder zurückzukehren. Vor ihrem Weggehen hat sie den Säugling versorgt und die Tochter beauftragt, diesem am nächsten Morgen die Milch zu verabreichen. Am nächsten Tag beschließt sie jedoch, erst in vier Tagen wieder zurückzukehren.*

Beide Fälle bereiten nach der Neufassung keine Probleme mehr: es liegt ein „Im-Stich-Lassen" i.S.v. § 221 I Nr.2 vor, denn in beiden Fällen wurde eine Beistandspflicht verletzt.

Beistandspflicht = Garantenstellung im Sinne von § 13

§ 221 I Nr.2 („Im-Stich-Lassen") kann nur verwirklicht werden, wenn das Opfer in der Obhut des Täters steht oder diesen eine sonstige Beistandspflicht trifft. **79**

Dies entspricht den Voraussetzungen für eine *Garantenpflicht* nach § 13 I, so dass hier auf die allgemeinen Grundsätze zurückgegriffen werden kann.[127] Es bedarf also wie im Bereich der „unechten Unterlassungsdelikte" eines besonderen Rechtsgrundes, aus dem sich die Pflicht ergeben kann (Gesetz, Vertrag, Ingerenz usw.).

---

123 Anders wäre es etwa, wenn T dem O im Dschungel lediglich ein Bein bricht und O dadurch in konkrete Lebensgefahr gerät, weil er sich nicht fortbewegen kann.

124 BT-Drucks. 13/8587, 34.

125 Umfangreiche Nachweise dazu bei KÜPER, Die Aussetzung (§ 221 Abs 1 StGB) als konkretes Gefährdungsdelikt, Jura 1994, 513-524 (519).

126 Vgl. BGHSt 21, 44-49 = **juris**byhemmer.

127 Die Neuformulierung dürfte insoweit keine Änderung mit sich bringen, vgl. HÖRNLE, Die wichtigsten Änderungen des Besonderen Teils des StGB durch das 6 Gesetz zur Reform des Strafrechts, Jura 1998, 169-182 (177).

Deshalb reicht die nach § 323c für jedermann begründete Hilfspflicht *nicht* zur Begründung der in § 221 I Nr.2 vorausgesetzten Beistandspflicht aus.[128]

Fall: T findet die infolge starken Alkoholkonsums besinnungslos auf dem Gehsteig liegende O und nimmt sie in seinem Wagen mit. Zu Hause angekommen, bringt er sie jedoch nicht in seine Wohnung oder zu einem Arzt, sondern lässt sie trotz der enormen Kälte (minus 10 Grad) im Auto liegen. Am nächsten Morgen ist O tot.

Strafbarkeit des T aus § 221 I, III?

I. § 221 I: Grundtatbestand

In Betracht kommt § 221 I Nr.2.[129] Die dazu erforderliche Beistandspflicht muss aus einem besonderen Rechtsgrund entspringen, der einer Garantenstellung i.S.v. § 13 entspricht. Eine solche Garantenstellung könnte sich hier unter dem Gesichtspunkt der freiwilligen Übernahme daraus ergeben, dass der Täter dem Opfer zunächst geholfen hatte, es dann aber bewusstlos in hilfloser Lage liegen ließ.

Allerdings führt die Aufnahme einer beschützenden oder rettenden Tätigkeit für sich allein noch nicht dazu, dass eine Garantenstellung begründet wird.[130]

Etwas anderes kann aber gelten, wenn der Täter die Situation des Hilfsbedürftigen wesentlich verändert. Der entscheidende, die Garantenpflicht begründende Gesichtspunkt ist die Beseitigung bestehender oder Verhinderung bevorstehender alternativer Schutz- oder Rettungsleistungen.

Dann soll nach BGH[131] tatsächlich eine Garantenstellung entstehen. Die tätige Hilfsbereitschaft lässt eine Pflicht des Helfers zur Vollendung der Hilfe entstehen, wenn seine Aktion andere hilfsbereite Personen veranlasst, sich im Vertrauen auf ausreichende Versorgung des Opfers zurückzuhalten.[132]

Das Gleiche muss gelten, wenn das Opfer durch eine mit der Hilfe verbundene Ortsveränderung dem Wirkungsbereich anderer hilfsbereiter Personen entzogen wird. Folglich muss ihrer ratio entsprechend diese Garantenstellung auch in der im vorliegenden Fall gegebenen Situation bejaht werden, in der alternative Helfer noch gar nicht präsent sind, aber mit deren Erscheinen zu rechnen ist.

T hat die O „im Stich gelassen“, dadurch kam es zur konkreten Todesgefahr. Dabei handelte T vorsätzlich, rechtswidrig und schuldhaft.

II. § 221 III: Erfolgsqualifikation

Der Todeserfolg ist eingetreten. Auch der tatbestandsspezifische Gefahrzusammenhang liegt vor, durch den Tod hat sich die besondere Gefahr des Grunddelikts verwirklicht. Dabei handelte T fahrlässig (§ 18). T ist daher aus § 221 III strafbar.

hemmer-Methode: Beachten Sie die Eigenschaft des § 221 I Nr.2 als Sonderdelikt: als Täter der „Im-Stich-Lassen“-Alternative kommt lediglich eine Person in Betracht, die eine mit den unechten Unterlassungsdelikten nach § 13 I vergleichbare Pflichtenstellung hat. Für Teilnehmer ist jedoch eine solche „Garantenstellung“ nicht erforderlich - hier reicht es aus, dass der Teilnehmer die Umstände kennt, aus denen sich die Garantenstellung des Täters ergibt (= „doppelter Teilnehmervorsatz“). Der Teilnehmer wird in diesem Fall z.B. wegen Beihilfe gem. §§ 221 I Nr.2, 27 bestraft.

---

128 BT-Drucks. 13/8587, 34.

129 Nach dem Wortlaut der Neufassung ist auch § 221 I Nr.1 denkbar. Hier muss aber wohl von einem Vorrang der Nr.2 ausgegangen werden, da ansonsten deren strengere Voraussetzungen (Garantenstellung!) unterlaufen würden.

130 Vgl. MITSCH, Unvollendete Hilfeleistung als Straftat, JuS 1994, 555-559.

131 BGH, NJW 1993, 2628-2629 = **juris**byhemmer.

132 Vgl. SCH-SCH, § 13 StGB, Rn. 27.

Wenn den Teilnehmer keine Garantenstellung trifft, so ist umstritten, ob dem Teilnehmer die Strafmilderung des § 28 I zugutekommen kann: Nach einer Ansicht[133] ist die „Garantenstellung" kein „besonderes persönliches Merkmal" i.S.d. § 28 I, sondern Voraussetzung für die Strafbarkeit des Unterlassens. Die Garantenstellung ist in diesem Sinne nicht täter-, sondern tatbezogen. Für die Gegenansicht[134] spricht, dass eine „Garantenstellung" eine besondere persönliche Pflichtenbindung darstellt, die für den Teilnehmer entfällt.
Eine Strafmilderung erscheint daher angemessen. Diese Problematik stellt sich nicht nur für die echten Unterlassungsdelikte (= Delikte, bei denen sich die Strafbarkeit des Unterlassens aus dem Tatbestand selbst ergibt), sofern sie eine „Garantenstellung" voraussetzen, sondern ebenso für die unechten Unterlassungsdelikte (= Delikte, bei denen sich die Strafbarkeit des Unterlassens über die Anwendbarkeit des § 13 I ergibt).

3. Konkrete Lebensgefährdung

Konkrete Gefährdung des Opfers

§ 221 I verlangt eine *konkrete Gefährdung* im Sinne einer Todesgefahr oder der Gefahr einer schweren Gesundheitsbeschädigung. 80

Dabei handelt es sich um ein Tatbestandsmerkmal, auf das sich der Vorsatz erstrecken muss, es gilt § 15.

Der Begriff der „schweren Gesundheitsbeschädigung" ist seit der 6. Strafrechtsreform sehr häufig im Gesetz zu finden.[135] Damit sollen auch Fälle erfasst werden, bei denen es nicht zur (Gefahr einer) schweren Körperverletzung i.S.v. § 226 kommt, d.h. beispielsweise bei langwierigen Krankheiten oder beim Verlust der Arbeitskraft.

Durch die Formulierung „der Gefahr... aussetzt", wird zum Ausdruck gebracht, dass die Verstärkung einer bereits bestehenden Gefahr als konkrete Gefährdung genügt.[136]

Verknüpfung zwischen hilfloser Lage und konkreter Gefährdung

Überdies muss die konkrete Gefährdung gerade Folge der hilflosen Lage des Opfers sein und nicht unmittelbar durch die Tathandlung bereits eingetreten sein.[137] Ein anderes Verständnis würde dem Sinn und Zweck des § 221 nicht gerecht.

4. Erfolgsqualifikationen, § 221 II Nr.2 und § 221 III

Erfolgsqualifikationen

Bei § 221 II Nr.2 und bei § 221 III handelt es sich um Erfolgsqualifikationen zu § 221, mit der Konsequenz, dass hier nicht § 15, sondern der speziellere § 18 gilt: die schwere Folge muss nicht vorsätzlich herbeigeführt worden sein, sondern *wenigstens fahrlässig*. 81

Für § 221 II Nr.2 ergibt sich dies zwar nicht auf den ersten Blick, zumal § 221 II Nr.1 eine Tatbestandsqualifikation darstellt. Doch wurde der Wortlaut aus § 221 III a.F. weitgehend übernommen, so dass davon auszugehen ist, dass der Gesetzgeber nichts Grundsätzliches ändern wollte. Die Einordnung in Abs.2 n.F. erklärt sich durch die Abstufung der Strafrahmen. Dafür, dass es sich um ein erfolgsqualifiziertes Delikt handelt, spricht zudem die Wahl der Formulierung „verursacht".[138]

---

133 SCH-SCH, § 28 StGB, Rn. 19 m.w.N.

134 SK, § 221 StGB, Rn. 12; WESSELS/BEULKE, AT, Rn. 558, 733.

135 Z.B. in den §§ 113 II, 239, 250; vgl. dazu KREß, Das Sechste Gesetz zur Reform des Strafrechts, NJW 1998, 633-644 (638).

136 Begründungen des Rechtsausschusses, BT-Drucks. 13/9064, 14.

137 Siehe dazu bereits oben Rn. 77.

138 Anders beispielsweise in § 250 I Nr.1c), hier ist Vorsatz erforderlich.

Problem: Versuch des Grunddelikts nicht strafbar

Klausurrelevant ist – neben anderen typischen Problemen der erfolgsqualifizierten Delikte[139] - die Frage, ob ein Versuch eines erfolgsqualifizierten Delikts[140] auch dann möglich ist, wenn der Versuch des Grunddelikts als solcher nicht strafbar ist. Das Problem besteht darin, dass § 221 I kein Verbrechen i.S.d. §§ 12 I, 23 I und auch nicht explizit die Versuchsstrafbarkeit gesetzlich angeordnet ist.

Eine Auffassung hält bei § 221 II Nr.2, III einen Versuch für möglich. Begründet wird dies mit einer Änderung der Deliktsnatur durch die Erfolgsqualifikation. § 221 II Nr.2, III sind anders als § 221 I Verbrechen i.S.d. § 12 I. Die Vorschrift § 12 III findet insoweit keine Anwendung, da diese nur für Strafzumessungsvorschriften gilt und nicht für (Erfolgs-)Qualifikationen. Entsprechend der Regelung des § 23 I Alt.1 müsse daher der Versuch bei § 221 II Nr.2, III strafbar sein.[141]

Nach anderer Ansicht[142] ist ein Versuch bei § 221 II Nr.2, III nicht möglich. Zwar handelt es sich dabei um Verbrechen. Jedoch setze der Wortlaut des § 18 eindeutig voraus, dass der Eintritt der Erfolgsqualifikation „strafschärfenden“ Charakter habe. Wenn aber der Versuch des Grundtatbestandes nicht unter Strafe stehe, müsse auch eine Versuchsstrafbarkeit bei der Erfolgsqualifikation ausscheiden. Andernfalls käme dem Erfolgseintritt entgegen des Wortlauts des § 18 eine strafbegründende Funktion zu.

Vorzugswürdig erscheint die letztere Auffassung angesichts des eindeutigen Wortlauts des § 18.

hemmer-Methode: Die Frage stellt sich in neuem Gewand auch bei dem 2007 eingeführten Tatbestand der Nachstellung, vgl. § 238 III! Da der BGH diese Problematik dort noch nicht entschieden hat, ist damit zu rechnen, dass die Streitfrage an Klausurrelevanz gewinnt.

5. Konkurrenzen

⇨ § 221 I Nr.2 verdrängt § 323c im Wege der Spezialität 82

⇨ § 221 III ist ebenso lex specialis zu § 222

⇨ §§ 211 ff. als Verletzungsdelikte verdrängen dagegen § 221, der nur eine Gefährdung voraussetzt[143]

⇨ Tateinheit ist mit den Körperverletzungsdelikten der §§ 223, 224 möglich[144]

139 Vgl. **HEMMER/WÜST, Strafrecht AT I, Rn. 679 ff.**, exemplarisch an § 251 dargestellt in **HEMMER/WÜST, Strafrecht BT I, Rn. 76 ff**.

140 Die Frage stellt sich in der Konstellation des „erfolgsqualifizierten Versuchs“ genauso wie beim „Versuch der Erfolgsqualifikation“, vgl. zu diesen Begriffen **HEMMER/WÜST, Strafrecht AT II, Rn. 33 ff**.

141 Vgl. LACKNER/KÜHL, § 18 StGB, Rn. 11, m.w.N.; LAUBENTHAL, Der Versuch des qualifizierten Delikts einschließlich des Versuchs im besonders schweren Fall bei Regelbeispielen, JZ 1987, 1062-1070 (1067); SOWADA, Die erfolgsqualifizierten Delikte im Spannungsfeld zwischen Allgemeinen und Besonderem Teil des Strafrechts, Jura 1995, 644-653 (650).

142 So etwa KÜHL, Grundfälle zu Vorbereitung, Versuch, Vollendung und Beendigung, JuS 1981, 193-196.

143 BGHSt 4, 113-119 (116).

144 SCH-SCH, § 221 StGB, Rn. 14.

§ 2 KÖRPERVERLETZUNGSDELIKTE

Schutzgut

Der 17. Abschnitt des StGB enthält die Delikte, deren Schutzgut die *körperliche Unversehrtheit* ist. 83

Grundtatbestand

Den *Grundtatbestand* der Körperverletzung enthält § 223. Die Tat wird in der Regel nur auf *Antrag gem.* § 230 I verfolgt. 84

Qualifikationen

Unselbständige Abwandlungen, sog. *Qualifikationen*, sind die gefährliche Körperverletzung, § 224, die schwere Körperverletzung, § 226, die Körperverletzung mit Todesfolge, § 227, und die Körperverletzung im Amt, § 340. 85

§§ 226 und 227 sind dabei sog. *erfolgsqualifizierte Delikte* (vgl. § 18). Wie der Grundtatbestand (vgl. § 223 II) sind sämtliche Qualifikationen auch in Form des Versuchs strafbar (z.B. § 224 II; § 340 II).

Selbständige Abwandlungen

Eine *selbständige Abwandlung* stellt die Beteiligung an einer Schlägerei, § 231, dar. Umstritten ist dagegen die Einordnung der Misshandlung von Schutzbefohlenen, § 225, die teilweise als selbständiger Tatbestand angesehen wird[145], während die h.M. von einem erschwerten Fall der Körperverletzung ausgeht.[146] 86

hemmer-Methode: Die Frage nach der Selbständigkeit eines derartigen Tatbestandes ist nicht nur theoretischer Natur. Maßgebliche Bedeutung gewinnt sie im Bereich der Konkurrenzen. Sieht man § 225 als verselbständigtes Delikt mit arteigenem Unrechtsgehalt an, kann es mit § 223 in Tateinheit verwirklicht werden. Geht man dagegen von einem erschwerten Fall der Körperverletzung aus, so wird § 223 von der Spezialvorschrift infolge Gesetzeseinheit (Spezialität) verdrängt. Runden Sie also gerade im Bereich der Körperverletzungsdelikte Ihre Klausur mit kurzen Ausführungen zu den Konkurrenzfragen ab.

Die *fahrlässige Körperverletzung* ist nach § 229 strafbar.[147] Die Tat wird in der Regel nur auf *Antrag* nach § 230 verfolgt.

Rechtfertigende Einwilligung und § 228

Eine *rechtfertigende Einwilligung* des Opfers ist i.R.d. Körperverletzungsdelikte nur in den Grenzen des § 228 möglich: verstößt die Einwilligung des Opfers gegen die guten Sitten, ist sie unbeachtlich. Dies ist der Fall, „wenn sie auch bei grundsätzlicher Anerkennung des Verfügungsrechts über die eigene Körperintegrität nach Ziel, Beweggründen, Mittel und Art der Verletzung gegen das Anstandsgefühl aller billig und gerecht Denkenden nach der für das Zusammenleben grundlegenden Ordnung zu versagen ist".[148] Der BGH hat etwa entschieden, dass einverständlich vorgenommene sadomasochistische Praktiken, die zu Körperverletzungen führen, nicht allein aufgrund der sexuellen Motivation einen Sittenverstoß begründen. Sittenwidrig ist die Tat jedoch, wenn bei vorausschauender objektiver Betrachtung der Einwilligende durch die Körperverletzungshandlung in konkrete Todesgefahr gebracht wird.[149]

hemmer-Methode: Beachten Sie: in diesen Fällen ist eine Strafbarkeit wegen Anstiftung oder Beihilfe des Opfers zu seiner eigenen (!) Körperverletzung natürlich nicht möglich, da ja sogar eine Selbstverletzung des Einwilligenden nicht tatbestandsmäßig wäre. Schließlich fordert § 223 I ausdrücklich die Verletzung eines *„anderen"* Menschen.

---

145 LACKNER/KÜHL, § 225 StGB, Rn. 1.

146 Vgl. BGHSt 41, 113-119 = **juris**byhemmer.

147 Vgl. zur fahrlässigen Körperverletzung durch Überlassung von Horrorvideos an Jugendliche BayObLG, NJW 1998, 3580-3581 = **Life&Law 1999, Heft 2, 103-106**.

148 BGHSt 4, 88-94 (91); BayObLG, NJW 1999, 372-373 = **juris**byhemmer = **Life&Law 1999, Heft 4, 242-245 (244 f.)**, zur Einwilligung in eine Körperverletzung als Voraussetzung für die Aufnahme in eine Jugend-Gang.

149 BGH NStZ 2004, 620-621 = **juris**byhemmer.

Problematisch ist im Kontext der Rechtwidrigkeit auch die Frage, ob bei einer religiös motivierten Beschneidung eine Strafbarkeit des Arztes aufgrund Einwilligung der Eltern auszuscheiden hat. Dies hat das LG Köln zu Recht verneint, da das Elternrecht und die Religionsfreiheit der Eltern hinter den Interessen des Kindes an Selbstbestimmung und körperlicher Unversehrtheit zurücktreten müssen.[150] Um eine drohende Strafbarkeit in solchen Fällen zu vermeiden, hat der Gesetzgeber reagiert und § 1631d BGB als speziellen Rechtfertigungsgrund geschaffen.[151]

Überblick zu den Körperverletzungsdelikten:

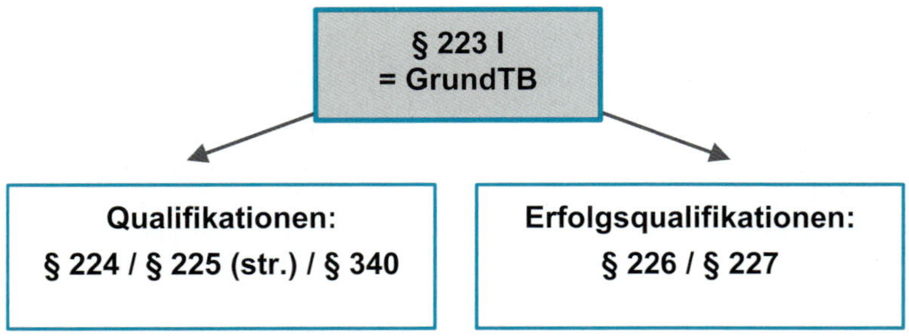

Selbständige Tatbestände:

§ 231: Schlägerei

§ 229: fahrlässige Körperverletzung

I. Einfache Körperverletzung, § 223 I

§ 223

Die Körperverletzung nach § 223 I ist ein *Erfolgsdelikt:* 87

Der Täter muss sein Opfer entweder *körperlich misshandeln* oder *an seiner Gesundheit schädigen.*

Körperliche Misshandlung

Unter einer körperlichen Misshandlung versteht die h.M.[152] alle substanzverletzenden Einwirkungen auf den Körper des Opfers sowie jede üble, unangemessene Behandlung, durch die das körperliche Wohlbefinden nicht nur unerheblich beeinträchtigt wird. 88

Zu beachten ist, dass es bei der Substanzbeeinträchtigung nicht auf eine Schmerzempfindung ankommt, weswegen auch das Abschneiden eines Zopfes oder von Fingernägeln erfasst sein kann.[153] Darüber hinaus sind auch solche Einwirkungen erfasst, die zwar die Substanz unverletzt lassen, aber dennoch zu einer Beeinträchtigung des körperlichen Wohlbefindens führen (z.B. Ohrfeige). Andererseits stellt noch nicht jeder leichte Schlag oder Stoß, der das Opfer trifft, eine tatbestandliche Körperverletzung dar.[154]

Gesundheitsschädigung

Eine Gesundheitsschädigung ist dagegen jedes *Hervorrufen oder Steigern eines krankhaften Zustandes*[155], wobei dieser Zustand auch vorübergehend sein kann. Der pathologische Zustand kann hierbei körperlicher oder psychischer Natur sein. 89

---

150 Soweit nach Ihrer Prüfungsordnung zulässig können Sie diese Vorschrift an § 223 kommentieren.

151 LG Köln, NJW 2012, 2128-2129 = **juris**byhemmer = **Life&Law 2012, Heft 11, 808-812**.

152 BGHSt 25, 277-280 = **juris**byhemmer; SCH-SCH, § 223 StGB, Rn. 2 m.w.N.

153 Vgl. BGH, NJW 1953, 1440-1441.

154 BGH, StV 2001, 680 = **juris**byhemmer = **Life&Law 2002, Heft 2, 107-110 (108 f.)**.

155 SCH-SCH, § 223 StGB, Rn. 5.

Beispiele sind das Anstecken mit einer Krankheit, die Verursachung von Volltrunkenheit[156], das exzessive Röntgen[157] oder die Herbeiführung eines Schocks oder Nervenzusammenbruchs.

hemmer-Methode: Arbeiten Sie genau, selbst bei einem so „einfachen" Tatbestand wie dem des § 223 kann man sich so von anderen Klausurbearbeitern positiv absetzen:
Entscheiden Sie daher immer, welche der Tatbestandsalternativen des § 223 erfüllt sind. Das kostet Sie in einer Klausur nur wenig mehr Zeit, aber das Ergebnis unterscheidet oft eine überdurchschnittliche von einer durchschnittlichen Klausur.

Konkurrenzen

Greift der Täter einzelne Personen unabhängig voneinander nacheinander an, um jeden von ihnen zu verletzen, so besteht sowohl bei natürlicher als auch bei rechtsethisch wertender Betrachtung regelmäßig kein Anlass, diese Vorgänge rechtlich als eine Tat zusammenzufassen. Etwas anderes kann aber gelten, wenn eine Aufspaltung in Einzeltaten wegen eines außergewöhnlich engen zeitlichen und situativen Zusammenhangs willkürlich und gekünstelt erscheint.[158]

II. Gefährliche Körperverletzung, § 224

§ 224 I Nr.1 bis Nr.5

Die gefährliche Körperverletzung, § 224, stellt auf eine *besonders gefährliche Begehungsweise* ab. In der Fallbearbeitung sind alle möglicherweise einschlägigen Qualifikationsgründe zu prüfen. Die Vorschrift enthält fünf Fallgruppen: 90

Die Fallgruppen des § 224 I

§ 224 I Nr.1	§ 224 I Nr.2	§ 224 I Nr.3	§ 224 I Nr.4	§ 224 I Nr.5
Beibringung von Gift oder anderen gesundheitsschädlichen Stoffen	Mittels einer Waffe oder eines anderen gefährlichen Werkzeugs	Mittels eines hinterlistigen Überfalls	Mit einem anderen Beteiligten gemeinschaftlich	Mittels einer das Leben gefährdenden Behandlung

1. Beibringung von Gift oder anderen gesundheitsschädlichen Stoffen

§ 224 I Nr.1 wurde an Stelle des abgeschafften § 229 a.F. (Vergiftung) eingefügt. 90a

Gift

Tatmittel ist nach dem Gesetzeswortlaut jeder gesundheitsschädliche Stoff. Speziell genannt wird das Gift. Darunter fallen alle (organischen und anorganischen) Stoffe, die chemisch oder chemisch-physikalisch wirken.[159]

Bspe.: *Zyankali, Arsen, Blausäure, Salzsäure*

156 Vgl. BGH, NJW 1983, 462-463 = **juris**byhemmer.

157 Vgl. BGHSt 43, 346-356 = **juris**byhemmer.

158 BGH, NStZ-RR 1998, 233 = **juris**byhemmer = **Life&Law 1998, Heft 11, 722-724 (723)**.

159 FISCHER, § 224 StGB, Rn. 3 f.

Andere Stoffe

Zu den anderen Stoffen gehören v.a. die thermisch wirkenden Substanzen wie z.B. Brennspiritus oder kochendes Wasser. Ferner sind dazu auch verschiedene Bakterien und Viren zu zählen, nach h.M. auch der HIV-Virus. Schließlich fallen auch Stoffe darunter, die mechanisch wirken, wie z.B. zerstoßenes Glas. Insoweit kommt es allerdings zu Überschneidungen mit § 224 I Nr.2.

Strittig ist, ob § 224 I Nr.1 auch dann zu bejahen ist, wenn zwar ein gesundheitsschädlicher Stoff dem Opfer beigebracht wird, die konkrete Menge jedoch keine erhebliche Gesundheitsschädigung hervorrufen kann.

> ***Bsp.:*** *A bringt dem B heimlich eine Menge Alkohol bei, die ihn an der Gesundheit schädigt, jedoch nicht geeignet ist, eine erhebliche Körperverletzung hervorzurufen.*

Eine Bestrafung im Beispiel gem. §§ 223 I, 224 I Nr.1 überzeugt nicht, da der erhöhte Strafrahmen vorliegend nicht sachgerecht erscheint. Um § 224 I Nr.1 außerdem mit § 224 I Nr.2 in Einklang zu bringen – bei welchem eine konkrete ernsthafte gesundheitliche Schädigung erforderlich ist – muss daher nach h.M. auch i.R.d. § 224 I Nr.1 der Stoff die Eignung aufweisen, eine erhebliche Gesundheitsschädigung zu verursachen.[160]

Eine weitere Streitfrage ist, ob auch Stoffe des täglichen Bedarfs als „gesundheitsschädliche Stoffe" verstanden werden können. Dies wäre zu verneinen, falls der Stoff – einem Gift vergleichbar – an sich eine Gesundheitsschädlichkeit aufweisen müsste. Nach Auffassung des BGH genügt jedoch, dass der Stoff im konkreten Einzelfall erhebliche Schädigungen hervorrufen kann.

hemmer-Methode: Im konkreten Fall ging es darum, dass die Täterin ein vierjähriges Kind zwang, einen Becher Joghurt zu verspeisen, in welchem 32 g Salz eingerührt waren. Das Kind verstarb, da die Aufnahme von Salz von 0,5 bis 1 Gramm pro Kilogramm Körpergewicht in aller Regel zum Tode führt. Die Täterin wurde gem. § 224 I Nr.1 bestraft.[161]

Beibringen

„Beibringen" heißt, den Stoff mit dem Körper so in Verbindung zu bringen, dass er seine gesundheitliche Wirkung entfalten kann. Dabei ist streitig, ob das „Beibringen" eine Wirkung im Körperinneren voraussetzt, oder ob es genügt, dass das Gift nur von außen her einwirkt. Nach richtiger Ansicht kann es keine Rolle spielen, ob der Stoff seine schädigende Wirkung von innen oder außen entfaltet.[162]

hemmer-Methode: Die Streitfrage, ob ein „Beibringen" das Eindringen in den Körper voraussetzt, ist eher akademischer Natur. Denn jedenfalls wird § 224 I Nr.2 in diesen Fällen zu bejahen sein.

2. Körperverletzung mittels einer Waffe oder eines anderen gefährlichen Werkzeugs

Waffe

„Waffe" ist ein Gegenstand, der nach seiner Art dazu bestimmt ist, erhebliche Verletzungen von Menschen zu verursachen. Dieser, im technischen Sinne zu verstehende Waffenbegriff erfasst insbesondere Gegenstände gemäß § 1 WaffG, also v.a. Hieb-, Stoß- und Schusswaffen. Nach ständiger Rechtsprechung sind **Gaspistolen** Waffen in diesem Sinne[163], während es bei Messern auf ihre konkrete Bauart und Bestimmung ankommt.[164] 91

160 Wessels/Hettinger, BT-1, Rn. 267.

161 BGH, NJW 2006, 1822-1824= **juris**byhemmer = **Life&Law 2006, Heft 8, 538-543**.

162 Fischer, § 224 StGB, Rn. 6.

163 Vgl. z.B. BGH, NStZ 2002, 31-33 = **juris**byhemmer = **Life&Law 2002, Heft 4, 249-255 (254)**.

164 Fischer, § 224 StGB, Rn. 9d.

Zu beachten ist in diesem Zusammenhang eine Entscheidung des Großen Senats:[165] hiernach ist auch eine **geladene Schreckschusswaffe**, bei der der Explosionsdruck nach vorn austritt, eine Waffe, da durch diese, insbesondere wenn sie direkt auf der Haut des Opfers aufgesetzt wird, schwerste Verletzungen verursacht werden können.

Teilweise wird der Einordnung der Schreckschusswaffe als „Waffe" i.S.d. StGB mit der Begründung widersprochen, dass eine solche gerade nicht dazu bestimmt sei, Verletzungen an Menschen zu verursachen.

Jedoch greift dieser Einwand nicht durch, da das StGB eine solche Definition des Waffenbegriffs nicht vorgibt und damit eine Anlehnung an die Regelungen des Waffengesetzes – welche nun auch die Schreckschusspistolen mit erfassen – verfassungsrechtlich unbedenklich ist.

hemmer-Methode: Merken Sie sich, dass die Rechtsprechung sich beim Waffenbegriff an den Regelungen des Waffengesetzes orientiert. Indem der Gesetzgeber dieses verschärfte, sind nun u.a. auch Schreckschusspistolen als „Waffen" einzuordnen. Beachten Sie aber, dass die Einordnung eines Gegenstandes als „Waffe" i.S.d. Waffengesetzes nicht zwingend zu einer Bejahung einer „Waffe" im strafrechtlichen Sinne führt. Voraussetzung ist stets, dass eine abstrakt erhöhte Gefahr besteht. Demzufolge ist ein ungeladener Revolver ebenso keine Waffe im strafrechtlichen Sinne wie eine täuschend echt aussehende, aber völlig ungefährliche Pistole, auch wenn für letztere seit 2008 ein „kleiner Waffenschein" erforderlich ist.

Gefährliches Werkzeug

Unter „gefährlichem Werkzeug" wird jeder Gegenstand verstanden, der nach seiner objektiven Beschaffenheit und nach der Art seiner Benutzung im Einzelfall geeignet ist, erhebliche Körperverletzungen zuzufügen.[166] **91a**

Damit fallen auch Gegenstände unter § 224 I Nr.2, die zwar generell nicht als gefährlich angesehen werden können, aber durch die konkrete Art der Verwendung gefährlich werden: z.B. gespitzter Bleistift bei Stich ins Auge, Bierseidel bei Schlag auf den Kopf, brennende Zigarette, die auf der Haut des Opfers ausgedrückt wird[167], Schuh am Fuß bei Tritt in die Genitalien.

Insbesondere der beschuhte Fuß war bereits Gegenstand zahlreicher Rechtsprechungsentscheidungen. Entscheidend ist in diesem Zusammenhang insbesondere, auf welche Körperteile des Opfers eingetreten wird. So hat der BGH auch einen Turnschuh als gefährliches Werkzeug eingestuft, wenn mit diesem in das Gesicht des Opfers getreten wird.[168]

Nach ganz herrschender Auffassung *nicht* erfasst sind eigene Körperteile wie die Faust des Boxers oder die Handkante des Karatemeisters, da diese keine „Werkzeuge" nach dem allgemeinen Sprachgebrauch darstellen.

hemmer-Methode: Der Begriff des „gefährlichen Werkzeugs" bereitet vor allem an anderer Stelle Probleme, nämlich bei § 244 I Nr.1a und § 250 I Nr.1a. Denn die obige Definition macht hier keinen Sinn, solange der Gegenstand nur „bei sich geführt" wird. Es gibt gerade keine konkrete Verwendung im Einzelfall (anders als z.B. wiederum bei § 250 II Nr.1). Umfassend zu diesem Problem Life&Law 2003, 58 ff.[169]

[165] BGH GSSt, NJW 2003, 1677-1679 = **juris**byhemmer; Ausführlich dazu **Life&Law 2003, Heft 6, 409-416**.

[166] FISCHER, § 224 StGB, Rn. 9 ff.; instruktiv auch der Fall in **Life&Law 2002, Heft 11, 760-762**.

[167] BGH, NStZ 2002, 30-31 = **juris**byhemmer = **Life&Law 2002, Heft 3, 185-189**.

[168] Vgl. BGH, NStZ 1999, 616-617 = **juris**byhemmer = **Life&Law 2000, Heft 5, 318-321**.

[169] Vgl. auch **HEMMER/WÜST, Strafrecht BT I, Rn. 37**; das Problem behandelt auch HÖRNLE, Jura 1998, 169-182 (171 f.) vgl. Fn. 131.

„Andere gefährliche Werkzeuge“

Unter „anderen gefährlichen Werkzeugen“ versteht die h.M.[170] lediglich *bewegliche Gegenstände*, die gegen das Opfer geführt werden. Auslegungsgrenze sei der natürliche Sprachgebrauch, wonach unter einer „Waffe“ eben nur bewegliche Gegenstände verstanden würden. Würden unbewegliche Gegenstände (z.B. wenn das Opfer gegen eine Hauswand geschlagen wird) als Hilfsmittel zur Körperverletzung eingesetzt, seien diese Begehungsweisen ausreichend über § 224 I Nr.5 („mittels einer das Leben gefährdenden Behandlung“) erfasst.

Gegenansicht

Nach der Gegenmeinung[171] ist jeder (bewegliche oder unbewegliche) Gegenstand ein gefährliches Werkzeug, der sowohl nach seiner Art und Beschaffenheit als auch in seiner konkreten Verwendung geeignet ist, dem Opfer erhebliche Körperverletzungen zuzufügen.

Hier komme es lediglich darauf an, ob der Täter den Gegenstand auch bewusst als Mittel für eine erhebliche Körperverletzung einsetze. Daran fehle es jedoch, wenn der Täter nur mit dolus eventualis damit rechne, das Opfer könne (z.B. durch den Aufprall an der Hauswand) eine erhebliche Körperverletzung davontragen.

Für diese Auslegung spreche, dass es keinen Unterschied machen könne, ob der Körper des Opfers oder der Gegenstand bewegt werde. Da die Gefahr von erheblichen Körperverletzungen (wie z.B. Knochenbrüchen) über die Tatbestandsalternative „mittels einer das Leben gefährdenden Behandlung“ nicht ausreichend erfasst würde, sei eine extensive Auslegung geboten.

Der Gegenmeinung ist zuzugeben, dass sie zu gerechteren Ergebnissen kommen kann. Jedoch steht diesem Rechtsgedanken der Wortlaut des § 224 I Nr.2 entgegen. Statt „Werkzeug“ müsste der Gesetzgeber ganz allgemein von „Gegenständen“ sprechen, damit auch unbewegliche Gegenstände darunter fallen können. Diese Wortlautgrenze ist seitens der Rechtsprechung zu beachten, andernfalls würde sie gegen das Analogieverbot gem. Art. 103 II GG verstoßen. Um die Rechtslage insoweit zu ändern, hat der Gesetzgeber tätig zu werden.

3. Körperverletzung mittels eines hinterlistigen Überfalls

Mittels eines hinterlistigen Überfalls

Ein „Überfall“ ist ein unvorhergesehener Angriff, auf den sich der Angegriffene nicht rechtzeitig einstellen kann. „Hinterlistig“ ist der Überfall nicht bereits dann, wenn die Voraussetzungen der Heimtücke i.S.d. § 211 II, 2. Gruppe vorliegen. 92

I.R.d. § 224 I Nr.3 ist vielmehr erforderlich, dass der Täter besondere kriminelle Energie dahingehend aufwendet, dass er durch ein *planmäßiges Vorgehen* die Abwehr des Angriffs seitens des Opfers erschweren möchte.

> ***Bsp.:*** *T nähert sich der Oma O und gibt vor, dieser über die Straße helfen zu wollen. Als O ihren Arm zu T dankend ausstreckt, nutzt T dies wie geplant und reißt O um.*

Ein bloßes Ausnutzen des Überraschungsmoments genügt damit nicht; vielmehr muss der Täter zur Verschleierung des Angriffs weitere Vorkehrungen getroffen haben.[172]

---

170 BGHSt 22, 235-237 = **juris**byhemmer; BGH, NStZ 1988, 361-362 = **juris**byhemmer; Wessels/Hettinger, BT-1, Rn. 274.

171 SK, § 224 StGB, Rn. 18.

172 Vgl. Wessels/Hettinger, BT-1, Rn. 279.

hemmer-Methode: Die Grenzen der Hinterlist sind damit enger gesteckt als bei der Heimtücke. Dies ergibt sich aus dem Wortlaut: ein „listiges" Verhalten setzt ein planmäßiges Ausnutzen einer besonderen Situation voraus, während „tückisches" Verhalten dies nicht zwingend verlangt.

4. Mit einem anderen Beteiligten gemeinschaftlich begangene Körperverletzung

Mit einem anderen Beteiligten gemeinschaftlich begangen

Die *mit einem anderen Beteiligten gemeinschaftlich* begangene Körperverletzung liegt vor, wenn mindestens zwei Personen zusammenwirken. Grund für die Strafschärfung ist die abstrakte Gefahr, der sich das Opfer ausgesetzt sieht, wenn ihm mehrere Angreifer gegenüberstehen. Erforderlich ist nicht, dass alle Beteiligte Körperverletzungshandlungen vorgenommen haben. 93

Durch die Neuformulierung „mit einem anderen Beteiligten" wird nach nun *h.M.* ein früherer Streit klargestellt: *„Beteiligte"* brauchen nicht Mittäter zu sein. Dies ergibt sich auch aus dem Sinn und Zweck der Qualifikation. Strafschärfungsgrund ist nämlich der Umstand, dass das Opfer sich mehreren Personen gegenüber sieht und deshalb eine unterlegene Stellung einnimmt. Es kommen folglich z.B. auch Gehilfen als „andere Beteiligte" i.S.d. § 224 I Nr.4 in Betracht. Dies ist jedenfalls dann der Fall, wenn der am Tatort anwesende Gehilfe die Wirkung der Körperverletzungshandlung des Täters bewusst in einer Weise verstärkt, welche die Lage des Verletzten zu verschlechtern geeignet ist.[173] Aus dem Merkmal „gemeinschaftlich" wird dabei überwiegend geschlossen, dass das *Zusammenwirken am Tatort* grundsätzlich erforderlich ist.[174]

> **Bsp.:** *T und A beschließen, den O körperlich zu traktieren. Dabei schlägt T brutal auf O ein. A steht daneben und feuert seinen Kumpel begeistert an.*

Die *Gegenansicht* argumentiert, der Wortlaut „gemeinschaftlich begeht" sei als Verweis auf § 25 II zu verstehen. Die Wendung „Beteiligte" sei hingegen untechnisch gemeint und sei im Sinne von Mittätern zu verstehen.[175]

5. Mittels einer das Leben gefährdenden Behandlung

Mittels einer das Leben gefährdenden Behandlung

Die Körperverletzung ist *mittels einer das Leben gefährdenden Behandlung* begangen, wenn die Körperverletzung nach den Umständen geeignet war, das Leben des Opfers zu gefährden. 94

> **Bsp.:** *T stößt O von einem fahrenden Motorrad. Dieser landet jedoch zufällig weich in einem Heuhaufen.*

H.M.: abstrakt-generelle Gefährlichkeit

Umstritten ist, ob mit der h.M.[176] die abstrakt-generelle Gefährlichkeit der Behandlung als ausreichend anzusehen ist. Sie stützt sich auf das Argument, § 224 sei, wie der Vergleich mit den anderen Tatbestandsalternativen zeige, gerade kein konkretes Gefährdungsdelikt.

Lit.: Eintritt einer konkreten Lebensgefährdung

Nach vereinzelten Stimmen in der Lit.[177] ist jedoch der Eintritt einer konkreten Lebensgefährdung erforderlich. Gegen diese Ansicht spricht allerdings, dass der Gesetzgeber in seiner Begründung zum 6. StrRG der Ansicht der herrschenden Meinung zugestimmt hat.[178]

---

173 BGH, JuS 2003, 301 = **juris**byhemmer = **Life&Law 2003, Heft 3, 194-197 (196)**.

174 Vgl. WESSELS/HETTINGER, BT-1, Rn. 281.

175 Vgl. m.w.N. JÄGER, Die Delikte gegen Leben und körperliche Unversehrtheit nach dem 6 Strafrechtsreformgesetz, JuS 2000, 31-39 (35f.).

176 BGHSt 36, 1-20 (9) = **juris**byhemmer; WESSELS/HETTINGER, BT-1, Rn. 282; FISCHER, § 224 StGB, Rn. 12.

177 Vgl. WESSELS/HETTINGER, BT-1, Rn. 282 m.w.N.

178 Vgl. BT-Drs. 13/8587, 83.

Außerdem wäre sonst die eigenständige Bedeutung des § 224 I Nr.5 zweifelhaft, da bei der Bejahung des Vorsatzes hinsichtlich des Eintritts einer konkreten Lebensgefährdung häufig auch dolus eventualis bezüglich eines Totschlags in Betracht käme.

Die Körperverletzung wird also dann mittels einer das Leben gefährdenden Behandlung begangen, wenn *ex-ante* betrachtet das Verhalten im Allgemeinen *(objektiv-generell)* geeignet ist, den Tod eines Menschen herbeizuführen.

Unter den Begriff der „das Leben gefährdenden Behandlung" fällt beispielsweise auch die Infizierung mit dem HIV-Virus. Zu beachten ist hier, dass eine Bestrafung wegen vollendeter Tat nur dann in Betracht kommen kann, wenn der Nachweis gelingt, dass das Opfer tatsächlich durch den Täter infiziert wurde. Andernfalls kommt lediglich ein strafbarer Versuch nach §§ 223 I, II, 224 I Nr.1, Nr. 5, 22 in Betracht.[179]

III. Schwere Körperverletzung, § 226

1. Überblick

§ 226

Die erhöhte Strafdrohung des § 226 rechtfertigt sich durch die *Schwere des Taterfolges.* Das Opfer wird hier durch die beigebrachte Verletzung in seiner Lebensqualität dauernd und empfindlich beeinträchtigt. 95

Erfolgsqualifikation

Da es sich bei § 226 um ein *erfolgsqualifiziertes Delikt* handelt, muss nur das Grunddelikt (§ 223) vorsätzlich verwirklicht werden (vgl. § 15). Hinsichtlich der schweren Folge genügt einfache Fahrlässigkeit, § 18. Die einfache Fahrlässigkeit stellt jedoch nur die Untergrenze dar (vgl. § 18: „wenigstens"), so dass bei § 226 I auch leichtfertiges oder bedingt vorsätzliches Handeln in Betracht kommt.[180]

§ 226 II: dolus directus

Handelt der Täter hingegen sogar mit *dolus directus* (ersten oder zweiten Grades), so greift § 226 II mit einer höheren Strafdrohung.[181] *Absicht* bedeutet hier, dass es dem Täter auf den Eintritt der schweren Folge ankommt. *Wissentlichkeit* bedeutet, dass der Täter die Folge als sicheres Resultat seiner Körperverletzungshandlung voraussieht.

2. Die einzelnen tatbestandlichen Erfolge

a) § 226 I Nr.1

§ 226 I Nr.1

§ 226 I Nr.1 erfasst die Fälle, in denen eine Körperverletzung zum Verlust des Seh- oder Sprechvermögens, des Gehörs oder der Fortpflanzungsfähigkeit führt. 95a

In § 224 a.F. war von „Zeugungsfähigkeit" die Rede. Die Neufassung bringt unmissverständlich zum Ausdruck, dass auch die Empfängnisfähigkeit einer Frau erfasst ist.

---

179 So z.B. SCH-SCH, § 223a StGB, Rn. 12a.

180 Es handelt sich damit um ein „unechtes erfolgsqualifiziertes Delikt", vgl. zu diesen Begriffen **HEMMER/WÜST, Strafrecht BT I, Rn. 75**.

181 Zur Systematik des § 226 StGB n.F. vgl. auch HÖRNLE, Die wichtigsten Änderungen des Besonderen Teils des StGB durch das 6 Gesetz zur Reform des Strafrechts, Jura 1998, 169-182 (179).

b) § 226 I Nr.2

§ 226 I Nr.2

§ 226 I Nr.2 greift für den Fall, dass das Opfer ein *wichtiges Glied* des Körpers verliert oder dauernd nicht mehr gebrauchen kann. 95b

> **Bsp.:** *Verlust eines Daumens oder eines Beins.*

Mit der Einfügung der Wörter „dauernd nicht mehr gebrauchen kann" ist einer der Streitpunkte zur alten Fassung abgeschafft worden. Heute ist klargestellt, dass auch die dauerhafte Unbrauchbarkeit des Gl edes erfasst wird, was früher Probleme bei der Subsumtion unter den Begriff „Verlust" bereitete.

Problem: innere Organe

Probleme kann weiterhin der Begriff des *„Gliedes"* bereiten. Während die engere Ansicht nur die Körperteile unter § 226 subsumieren will, die mit dem Rumpf oder einem anderen Körperteil durch ein Gelenk verbunden sind[182], will die Gegenansicht jeden in sich abgeschlossenen Körperteil, der nach außen in Erscheinung tritt und Eigenaufgaben im Gesamtorganismus erfüllt (z.B. die Nase), von diesem Merkmal erfasst sehen. Innere Organe (z.B. Niere) sind aber jedenfalls keine Körperteile in diesem Sinne.[183]

Bei einem Verlust eines inneren Organs kommt damit angesichts der zu beachtenden Grenze des möglichen Wortlautverständnisses keine Strafbarkeit gem. § 226 I Nr.2 in Betracht, auch wenn dies kriminalpolitisch wünschenswert sein mag. Auch eine Analogie zu Lasten des Täters verbietet sich (Art. 103 II GG).

Wichtigkeit

Bei der Beurteilung der *Wichtigkeit* ist zunächst auf die generelle Bedeutung des Gliedes für den Gesamtorganismus abzustellen. Daraus ergibt sich, dass z.B. von den Fingern grundsätzlich nur die Daumen und der Zeigefinger der rechten Hand als wichtige Glieder anerkannt werden.[184] Strittig ist, ob darüber hinaus auch die individuellen Verhältnisse des Verletzten berücksichtigt werden.

Mit Blick auf den Wortlaut, wonach auf den Verlust eines wichtigen Gliedes „des" Körpers abgestellt wird, liegt grundsätzlich die Anwendung eines generalisierenden Maßstabs nahe. „Nichtkörperliche" Aspekte – z.B. der Beruf des Opfers – sind demzufolge außer Acht zu lassen. Nach aktueller Rechtsprechung[185] muss hingegen die *individuelle körperliche Verfassung und mögliche Vorschäden* (z.B. Rechts- oder Linkshändigkeit etc.) bei der Auslegung Berücksichtigung finden.

> **Bsp.:** *Grundsätzlich gilt der Ringfinger nicht als wichtiges Glied. Anders liegt allerdings der Fall, wenn das Opfer zuvor nur noch einen Ringfinger hatte.*

hemmer-Methode: Der BGH legt also immer noch objektiv aus, welche Bedeutung ein bestimmtes Glied hat, berücksichtigt dabei allerdings die konkreten objektiven Umstände des Einzelfalles im Hinblick auf körperliche Aspekte.

c) § 226 I Nr.3

§ 226 I Nr.3

Hier werden Fälle dauernder erheblicher Entstellung, des Siechtums, der Lähmung, geistiger Krankheit oder Behinderung erfasst. 95c

---

182 LACKNER/KÜHL, § 226 StGB, Rn. 3.

183 FISCHER, § 226 StGB, Rn. 6 ff.

184 Vgl. BGH, MDR 1953, 597.

185 BGH NStZ 2007, 470-471 = **juris**byhemmer = **Life&Law2007, Heft 9, 613-615**.

Bei der „dauernden Entstellung“ stellt sich die Frage, ob eine solche auch dann anzunehmen ist, wenn die Beseitigung der Entstellung medizinisch-technisch möglich ist (z.B. durch kosmetische Operation oder Zahnprothese), das Opfer einen derartigen Schritt aber nicht geplant hat. Zumindest dann, wenn ein derartiges Verhalten für das Opfer zumutbar ist, muss bereits das Bestehen einer solchen Möglichkeit die Anwendbarkeit des § 226 I Nr.3 ausschließen.[186] Andernfalls hätte das Opfer es willkürlich in der Hand, über die Anwendbarkeit der Qualifikation zu entscheiden.

Nachträglich eingefügt wurde der Begriff der „Behinderung“. Es spricht einiges dafür, hierunter nur eine geistige Behinderung zu verstehen, schon weil die Begriffe „Siechtum“ bzw. „Lähmung“ ansonsten überflüssig wären.[187]

3. § 226 und Versuch

Erfolgsqualifizierter Versuch

I.R.d. § 226 kommt die Konstellation des *sog. erfolgsqualifizierten Versuchs* in Betracht, falls die schwere Folge bereits beim Versuch des Grunddelikts eintritt. 96

Bsp.: *T stürzt sich mit einer Schere auf seine Ex-Freundin F, um ihr ihre Haare abzuschneiden (Körperverletzung i.S. des § 223). Dabei stolpert er und sticht ihr infolge dessen ein Auge aus (§ 226 I Nr.1).*

Ein vorsätzliches, vollendetes Grunddelikt (§ 223 I) scheidet aus, da T keinen Vorsatz bzgl. der Zerstörung des Auges hatte.[188] Auch handelt es sich bei diesem Geschehensablauf auch nicht um eine bloß unerhebliche Abweichung vom Kausalverlauf. Hinsichtlich des Haareabschneidens liegt jedoch ein Versuch (§§ 223 II, 22, 23 I) vor.

Dieser Versuch könnte zur Erfolgsqualifikation des § 226 I Nr.1 geführt haben. Versuch ist bei § 226 auch bei fahrlässiger Herbeiführung des Erfolges grundsätzlich denkbar, da Vorsatz-Fahrlässigkeitskombinationen grundsätzlich wie Vorsatzdelikte zu behandeln sind, vgl. § 11 II. Die Möglichkeit des erfolgsqualifizierten Versuchs setzt nach h.M. aber voraus, dass sich der Anknüpfungspunkt für die besondere Folge aus der Gefährlichkeit der *Handlung* des Grunddelikts ergibt.

Knüpft die besondere Folge an einen besonders gefährlichen *Erfolg* des Grunddelikts, so würde es bei nur versuchtem Grunddelikt am *tatbestandsspezifischen Gefahrzusammenhang* fehlen, der bei der Zurechnung eines qualifizierten Erfolges stets festzustellen ist (sog. Unmittelbarkeit).[189]

Fraglich ist, ob bei § 226 die Handlungs- oder die Erfolgsgefährlichkeit Anknüpfungspunkt für den Eintritt der schweren Folge ist. Da die Gefahr, ein Auge zu verlieren, hier nicht von der Vollendung des Grunddeliktes ausgeht („Haare ab“), sondern darin liegt, dass T mit einer Schere auf die F losging, ist Anknüpfungspunkt für die Erfolgsqualifikation bei § 226 I richtigerweise die *Handlung*. Da T hinsichtlich des Verlustes des Auges auch fahrlässig handelte (§ 18), ist er folglich wegen eines erfolgsqualifizierten Versuchs gem. §§ 226 I Nr.1, 22, 23 I strafbar.

Versuch der Erfolgsqualifikation

I.R.d. § 226, der in Abs.1 auch die bedingt vorsätzliche Begehungsweise erfasst (vgl. § 18: *wenigstens* fahrlässig), kommt der sog. *Versuch der Erfolgsqualifikation* in Betracht, d.h. der Täter handelt vorsätzlich hinsichtlich der schweren Folge. 97

186 Vgl. KREY, BT-1, Rn. 259.

187 Vgl. dazu HÖRNLE, Die wichtigsten Änderungen des Besonderen Teils des StGB durch das 6. Gesetz zur Reform des Strafrechts, Jura 1998, 169-182 (179).

188 Siehe dazu auch den Fall unter Rn. 106.

189 Ausführlicher dazu: **HEMMER/WÜST, Strafrecht BT I, Rn. 76 ff.**

Falls der Täter mit einer stärkeren Vorsatzform, d.h. mit dolus directus 1. (Absicht) oder 2. (Wissentlichkeit) Grades handelt, gilt dasselbe für § 226 II.

Bsp.: *T will seine Ex-Freundin mit Salzsäure überschütten, um sie derart zu entstellen, dass sich kein anderer Mann mehr für sie interessiert. Als er die Flüssigkeit über ihr ausschütten will, kann sie jedoch gerade noch ausweichen, so dass sie nicht von der Salzsäure erfasst wird.*

T ist hier wegen Versuchs der Erfolgsqualifikation gem. den §§ 226 I Nr.3, II; 22; 23 I; 12 I strafbar.

Versuchskonstellation bei erfolgsqualifizierten Delikten

Grundtatbestand	Erfolgsqualifikation	
vollendet	versucht	⇨ Versuch der Erfolgsqualifikation
versucht	versucht	
versucht	verwirklicht	⇨ Erfolgsqualifizierter Versuch

IV. Körperverletzung mit Todesfolge, § 227

§ 227 = erfolgsqualifiziertes Delikt

Auch die Körperverletzung mit Todesfolge gem. § 227 ist ein *erfolgsqualifiziertes Delikt:* Voraussetzung für eine Vollendungsstrafbarkeit ist die vorsätzliche Verwirklichung des Grunddeliktes und die Verursachung der schweren Folge. Hinsichtlich des Todeseintritts muss dem Täter wenigstens Fahrlässigkeit zur Last fallen, d.h. für den Täter müsste der Eintritt der schweren Folge zumindest vorhersehbar und vermeidbar gewesen sein, § 18. 98

hemmer-Methode: § 18 ist insoweit eine Ausnahme von § 15, der festlegt, dass grundsätzlich Vorsatz bei der Unrechtsverwirklichung erforderlich ist.

1. Verursachung der schweren Folge

Problem: Anforderungen an die Verursachung der schweren Folge

Problematisch ist, welche Anforderungen an die *Verursachung* der schweren Folge hinsichtlich der Zurechnung des Erfolges zu stellen sind. 99

H.M.: Verwirklichung der tatbestandsspezifischen Gefahr des Grunddelikts

Nach h.M.[190] ist wegen der hohen Strafandrohung des § 227 die bloße Kausalität i.S.d. Äquivalenztheorie nicht ausreichend. Vielmehr muss sich gerade die *tatbestandsspezifische Gefahr* des Körperverletzungsdelikts in dem Eintritt des Todes realisiert haben. Hierbei kann im Wesentlichen auf die Kriterien der objektiven Zurechnung zurückgegriffen werden.

hemmer-Methode: Bei dem Problem der Verwirklichung der tatbestandsspezifischen Gefahr handelt es sich um ein AT-Problem. Arbeiten Sie daher noch einmal die entsprechenden Passagen des Skriptes Strafrecht AT-I zu den erfolgsqualifizierten Delikten (§ 5, Rn. 679 ff.) durch. Auf diese Weise ersparen Sie sich das unnötige Einpauken von Detailwissen.

---

190 BGHSt 32, 25-32 = **juris**byhemmer; WESSELS/HETTINGER, BT-1, Rn. 297.

Umstritten ist, ob i.R.d. § 227 auf die tatbestandsspezifische Gefahr der *Körperverletzungshandlung* oder des *Körperverletzungserfolges* abzustellen ist. 100

Fall: *T will den O mit einer Pistole niederschlagen. Als T mit der Pistole auf den Kopf des O auftrifft, löst sich versehentlich ein Schuss, der den O tötet.* 101

Strafbarkeit des T aus § 227?

Lösung:

Bei erfolgsqualifizierten Delikten muss der Verwirklichung des Grunddelikts gerade eine ihm eigentümliche (tatbestandsspezifische) Gefahr anhaften, die sich im tödlichen Ausgang *unmittelbar* niedergeschlagen hat. Der Anwendbarkeit des § 227 könnte hier entgegenstehen, dass die tödliche Folge nicht erst nach dem Körperverletzungs*erfolg*, sondern bereits durch die Körperverletzungs*handlung* eingetreten ist.

Ob die tödliche Folge aus dem gewollten Körperverletzungserfolg hervorgegangen sein muss und ob zwischen der Körperverletzung und der tödlichen Folge noch weitere Ursachen für den Todeseintritt liegen können, ist strittig.

Vielfach wird die Ansicht vertreten, § 227 könne dann nicht eingreifen, wenn nur die zur Körperverletzung bestimmte *Handlung*, nicht jedoch der gewollte Körperverletzungs*erfolg* den Tod bewirke (sog. *Letalitätsthese*).[191]

Es bedürfe einer feststellbaren Durchgangskausalität in dem Sinne, dass die eingetretene Verletzung den Tod herbeiführt. Es müsse sich folglich die Verletzung als tödlich erweisen.

Vor allem die Rechtsprechung lässt demgegenüber die spezifische Gefahr der Körperverletzungs*handlung* genügen.[192] Unter Körperverletzung i.S.d. § 227 ist nach dieser Ansicht nicht lediglich der diesbezügliche Erfolg, sondern der ganze Vorgang zu verstehen, und zwar unter Einschluss der die Verletzung bewirkenden Ausführungshandlung.[193] Danach hat sich T wegen Körperverletzung mit Todesfolge (§ 227 I) strafbar gemacht.

hemmer-Methode: Die Neufassung des § 227 sollte eigentlich keine inhaltlichen Änderungen zu § 226 a.F. mit sich bringen. Dennoch sei hier darauf hingewiesen, dass die Formulierung „... den Tod der *verletzten* Person ...“ darauf hindeuten könnte, dass es doch auf den Körperverletzungs*erfolg* ankommt.[194] Gerade auf diesen nachträglich veränderten Wortlaut stützt sich nun auch die „Letalitätsthese“. Dem hat der BGH jedoch nunmehr ein anderes Wortlautargument i.R.d. § 227 I entgegengestellt: Die „Körperverletzung“ wird durch den Klammerzusatz auf die §§ 223 bis 226 näher definiert. Von dieser Verweisung erfasst sind somit z.B. § 223 II oder auch § 224 II. Durch diesen Verweis habe der Gesetzgeber damit gerade auch den bloßen Versuch einer Körperverletzung als ausreichend für eine Anknüpfung der schweren Folge des § 227 angesehen. Klausurtaktisch wird es am besten sein, mit diesen beiden Wortlautargumenten zu punkten und dann der Rechtsprechung aus kriminalpolitischen Gründen zu folgen.

Selbstgefährdendes Opferverhalten

Umstritten ist weiterhin, ob eine Verwirklichung des § 227 dann ausscheidet, wenn die Todesfolge direkt auf eigenes Opferverhalten zurückzuführen ist.

---

191 Vgl. RGSt 44, 137, KREY, BT-1, Rn. 267 ff, m.w.N. Umfassend zur Problematik: SOWADA, Das sog "Unmittelbarkeits"-Erfordernis als zentrales Problem erfolgsqualifizierter Delikte, Jura 1994, 643-652.

192 BGH, NJW 2003, 150-155 = **juris**byhemmer = **Life&Law 2003, Heft 3, 185-193 (188 f.)**.

193 Vgl. BGHSt 14, 110-113; FISCHER, § 227 StGB, Rn. 3f.; BGH, NStZ 1997, 341 = **juris**byhemmer.

194 Zu einer frühen Entwurfsfassung hat dies schon FREUND, Der Entwurf eines 6. Gesetzes zur Reform des Strafrechts, ZStW 109 (1997), 473, festgestellt.

Fall: T schlägt auf den ihm körperlich unterlegenen O ein. Als er auch noch ein Messer zieht, flieht O vor dem ihm nacheilenden T und springt aus dem Fenster, wobei er zu Tode stürzt. 102

Lösung:

Früher hat der BGH in einem vergleichbaren Fall das von ihm i.R.d. § 227 geforderte *Unmittelbarkeitserfordernis* verneint, da sich die schwere Folge direkt auf ein Eigenverhalten des Opfers zurückführen lasse.[195]

Dieser Auffassung ist die Literatur nahezu einhellig entgegengetreten. Zu den spezifischen Gefahren, denen das Gesetz begegnen wolle, gehöre auch der Umstand, dass das verängstigte Opfer bei einem gegenwärtigen Angriff auf seine körperliche Unversehrtheit aus Furcht vor schweren Verletzungen unbesonnen reagiere. Solche Reaktionen, die dem elementaren Selbsterhaltungstrieb des Menschen entspringen, seien naheliegend und deliktstypisch, so dass der tatbestandsspezifische Gefahrenzusammenhang zu bejahen sei.[196]

Dogmatisch lässt sich dieses Ergebnis damit begründen, dass O sich in einer notstandsähnlichen Situation befindet und in diesen Fällen, wie sich aus § 35 entnehmen lässt, gerade keine Zurechnung des eigenen Fehlverhaltens erfolgt und hier der Verfolger das Geschehen beherrscht.

Der BGH hat in weiteren Entscheidungen seinen strengen Standpunkt zum Unmittelbarkeitserfordernis gelockert und dieses in einem Fall, in dem das durch mehrere Schläge mit dem Baseballschläger bereits benommene Opfer sich aus Furcht vor weiteren Misshandlungen in die Tiefe stürzte, bejaht.[197]

Ebenso wurde das Unmittelbarkeitserfordernis vom BGH in einem Fall als erfüllt angesehen, in dem das Opfer glaubte, nach wie vor von Angreifern verfolgt zu werden und deshalb in Panik die Tür zu einem Haus aufbrach, um sich darin zu verstecken. Beim Aufbrechen der Tür schnitt sich das Opfer die Schlagader an Glasteilen auf und verblutete („Gubener Hetzjagd“).[198]

Nach Ansicht des BGH[199] ist § 227 aber nicht auf Körperverletzungen beschränkt, die nach Art, Ausmaß und Schwere den Eintritt des Todes besorgen lassen, sondern es genügt, dass der Körperverletzungs*handlung* das Risiko eines tödlichen Ausgangs anhaftet, und dass sich dann dieses dem Handeln des Täters eigentümliche Risiko beim Eintritt des Todes verwirklicht.

Bsp.: Militante Tierschützer haben den Jäger J von einem 3,50 m hohen Hochsitz gestürzt. Dieser erleidet dabei einen Knöchelbruch. Er bleibt daher für längere Zeit ans Krankenbett gefesselt und stirbt an Kreislaufkomplikationen.

Unterlassen

Nur äußerst zurückhaltend bejaht der BGH[200] das *Unmittelbarkeitserfordernis beim Unterlassungstäter*. Hierbei ist zunächst danach zu unterscheiden, woran der Unterlassungsvorwurf angeknüpft wird. Hier kommt das Nichteinschreiten gegen die Körperverletzungshandlung an sich in Betracht (Fall 1) oder die Unterlassung von Rettungshandlungen zugunsten des bereits verletzten Opfers (Fall 2).

Fall 1:[201] T misshandelt über Monate hinweg ihren 2-jährigen Sohn durch gezielte Tritte und Schläge gegen dessen Körper. Ihr Ehemann (E), der fast nie zu Hause ist, wird von dritter Seite darauf aufmerksam gemacht, ohne jedoch nähere Einzelheiten über den genauen Tathergang zu erfahren.

---

195 Vgl. BGH, NJW 1971, 152 = **juris**byhemmer sog. „Rötzel-Fall“.

196 Vgl. WESSELS/HETTINGER, BT-1, Rn. 301.

197 Vgl. BGH, NJW 1992, 1708-1709 = **juris**byhemmer.

198 BGH, NJW 2003, 150-155 = **juris**byhemmer = **Life&Law 2003, Heft 3, 185-193 (189 f.)**.

199 Vgl. BGHSt 31, 96-101= **juris**byhemmer.

200 Vgl. BGH, NJW 1995, 2045-2047 = **juris**byhemmer und BGH, NStZ 1995, 589-590 = **juris**byhemmer.

201 Angelehnt an BGH, NJW 1995, 2045-2047 = **juris**byhemmer.

Er unternimmt nichts gegen seine Ehefrau. Kurz darauf schlägt T dem Kind dermaßen heftig ins Gesicht, dass dieses mit dem Kopf gegen den dahinterstehenden Schrank prallt und an den Kopfverletzungen verstirbt.

Strafbarkeit des E aus §§ 227, 13?

Lösung:

Die Garantenstellung des E ergibt sich im vorliegenden Fall aus §§ 1626, 1629 BGB. E hätte aufgrund seiner Stellung als Vater des Kindes seine Ehefrau an weiteren Misshandlungen hindern müssen, notfalls auch durch Einschalten der Polizei oder des Jugendamtes.

Fraglich ist, ob E aufgrund dieses Verhaltens als *Unterlassungstäter* bestraft werden kann, insbesondere, ob er die nötige *Tatherrschaft* besaß, wenn doch seine Frau bereits als Begehungstäterin eingestuft wurde.

Nach der wohl h.L. kann ein unterlassender Garant neben einem vorsätzlichen Begehungstäter nur Gehilfe sein. Eine eigene Täterschaft wird im Sinne der Tatherrschaftslehre nur dann angenommen, wenn der Begehungstäter den Tatablauf nicht mehr beherrscht. Nach a.A. sind Unterlassungsdelikte Pflichtdelikte, bei denen jeder Täter ist, welcher die ihm obliegende Garantenpflicht verletzt. Nur wenn der Garant eine von ihm zu verhindernde Beihilfehandlung geschehen lässt, kommt eine Teilnahme in Betracht.

Die vermittelnde Ansicht grenzt nach dem jeweiligen Inhalt der Garantenpflicht ab. Ein „Beschützergarant" ist bei Nichthindern deliktischer Angriffe Unterlassungstäter, ein „Überwachungsgarant" nur Teilnehmer in Form der Beihilfe. Da E hier als Beschützergarant einzustufen ist, kann man eine Verwirklichung des § 223 als *Nebentäter* annehmen.

Fraglich ist allerdings der Tatbestandsvorsatz, der sowohl den *Grundtatbestand* als auch das *Unmittelbarkeitserfordernis* umfassen muss. § 227 umfasst nur solche Körperverletzungen, denen die spezifische Gefahr anhaftet, zum Tode des Opfers zu führen.[202] Es reicht daher zur Erfüllung des Tatbestandes nicht aus, dass sich der Vorsatz des Unterlassungstäters auf eine - wie auch immer geartete - Körperverletzung des aktiv Handelnden bezieht. Vielmehr muss seine Vorstellung gerade auf eine Körperverletzung gerichtet sein, die nach Art, Ausmaß und Schwere den Tod des Opfers besorgen lässt.

Die gefahrerhöhenden Umstände lagen im konkreten Fall in der Angriffsrichtung (Kopfbereich des Kleinkindes) sowie den örtlichen Gegebenheiten (Stellung des Kindes unmittelbar neben einem Schrank). Da E die Misshandlungen niemals unmittelbar miterlebt hat, ist davon auszugehen, dass sich seine Vorstellung von den in seiner Abwesenheit zu erwartenden Tätlichkeiten seiner Ehefrau *nicht* auf die oben angeführten gefahrerhöhenden Momente bezogen hat.[203]

Ergebnis: E hat sich daher nicht wegen Körperverletzung mit Todesfolge durch Unterlassen (§§ 227, 13) strafbar gemacht (vgl. BGH, a.a.O.).

Fall 2: *Der Ehemann schlug aus einer Laune heraus derart brutal auf das gemeinsame Kind ein, dass es eine Darmquetschung erlitt, an der es zwei Tage später starb. Die Mutter (M) erkannte den Zustand des Kindes und unternahm nichts.*

Strafbarkeit der M aus § 227?

Lösung:

Der BGH bejaht im vorliegenden Fall die Grundtatbestandsverwirklichung, da es unabhängig von der Möglichkeit, die Gesundheit des Kindes wiederherzustellen, der Mutter oblag, dafür Sorge zu tragen, dessen Schmerzen i.R.d. Möglichen zu lindern.

---

202 BGH, NJW 1982, 2831-2832 = **juris**byhemmer; BGH, NJW 1995, 2045-2047 = **juris**byhemmer.

203 Vgl. BGH, a.a.O.

Eine Bestrafung aus der Erfolgsqualifikation scheitert im vorliegenden Fall jedoch daran, dass die Todesgefahr nicht erst durch das Unterlassen der gebotenen Handlung geschaffen wurde, sondern bereits vorher bestand, so dass es am Unmittelbarkeitserfordernis fehlt.[204]

Dagegen käme eine Strafbarkeit nach §§ 227, 13 wiederum in Betracht, wenn M anzulasten wäre, die Gewaltanwendung gegenüber dem Kind nicht verhindert zu haben, und sie deshalb für die dadurch verursachten Verletzungen selbst rechtlich einzustehen hätte.

2. Versuchsstrafbarkeit

Versuchsstrafbarkeit

Auch i.R.d. § 227 ist strittig, ob die Tat als *Versuch* verwirklicht werden kann. Da § 227 ein Verbrechen ist, ist der Versuch auch grundsätzlich strafbar. Zu unterscheiden sind folgende Fälle: 103

(1) Der Tod des Opfers ist - obwohl gewollt - *nicht eingetreten:*

H.M.: Kein „Versuch der Erfolgsqualifikation" neben versuchtem Totschlag bzw. Mord

Hier stellt sich die Frage, ob der Täter nur wegen Totschlags- oder Mordversuchs in Tateinheit mit vollendeter (oder ggf. versuchter) Körperverletzung oder daneben noch wegen „versuchter" Körperverletzung mit Todesfolge bestraft wird (= Konstellation des Versuchs der Erfolgsqualifikation). Die wohl überwiegende Ansicht sieht in § 227 ein sog. *echtes erfolgsqualifiziertes Delikt,* so dass eine Strafbarkeit des Versuchs ausscheidet. 104

„Echtes erfolgsqualifiziertes Delikt" bezeichnet insoweit solche erfolgsqualifizierten Delikte, die bezüglich der schweren Folge nur fahrlässig und nicht vorsätzlich begangen werden können. Bei § 227 wird dies deshalb vertreten, weil der Versuch der Erfolgsqualifikation gem. §§ 227, 22, keine eigenständige Bedeutung im Verhältnis zu §§ 212 I, 22 hätte. Nach anderer Ansicht ist auch bei § 227 der Versuch der Erfolgsqualifikation möglich; dieser tritt dann lediglich auf Konkurrenzebene hinter § 212 I, 22 zurück. Der Wortlaut lässt wohl beide Interpretationen zu.

hemmer-Methode: Eine praktische Relevanz hat dieser Streit nicht, so dass eine Streitentscheidung regelmäßig offen bleiben kann. Entweder sind bei Tötungsvorsatz die §§ 227, 22 gar nicht möglich, da § 227 eine „echte" Erfolgsqualifikation ist, oder §§ 227, 22 sind erfüllt, aber auf Gesetzeskonkurrenzebene von § 212 I, 22 verdrängt.

(2) Der Tod des Opfers *ist eingetreten,* wobei dem Täter hier hinsichtlich des Todeseintritts lediglich Fahrlässigkeit nachgewiesen werden muss: 105

Erfolgsqualifizierter Versuch

Ein „Versuch" des § 227 kommt nur in der Form in Betracht, dass die gewollte Körperverletzung (= das Grunddelikt) nicht eingetreten ist, das Opfer jedoch durch einen anderen Kausalverlauf zu Tode gekommen ist.

Fall: *T will den O mit einer Pistole niederschlagen (vgl. oben). Diesmal löst sich der Schuss jedoch schon bei der Ausholbewegung.* 106

Strafbarkeit des T aus § 227?

Lösung:

Eine Vollendungsstrafbarkeit scheidet hier bereits deswegen aus, da eine wesentliche Abweichung vom Kausalverlauf vorliegt und somit der eingetretene Körperverletzungserfolg zumindest nicht vom Vorsatz des T umfasst ist.

---

[204] Vgl. BGH, NStZ 1995, 589-590 = **juris**byhemmer.

Eine Versuchsstrafbarkeit kann jedoch bejaht werden, wenn man davon ausgeht, dass es ausreicht, wenn sich die tatbestandsspezifische Gefahr der Körper*verletzungshandlung* verwirklicht (s.o.). Das Vorliegen dieser tatbestandsspezifischen Gefahr ist zu bejahen, da es zur besonderen Gefährlichkeit von Schusswaffen zählt, dass beim Hantieren mit ihnen auch ungewollt ein Schuss ausgelöst werden kann. Ebenso kann dem T Fahrlässigkeit hinsichtlich des Todeseintritts vorgeworfen werden, so dass er sich wegen versuchter Körperverletzung mit Todesfolge (§§ 227 I, 22, 23 I) strafbar gemacht hat.

Nach anderer Ansicht wird eine Versuchsstrafbarkeit in diesen Fällen regelmäßig ausscheiden, da sich im Todeserfolg nicht die tatbestandsspezifische Gefahr der Körper*verletzung* niedergeschlagen hat.[205] T ist demzufolge wegen versuchter gefährlicher Körperverletzung gem. §§ 224 I Nr.2 und Nr.5, II, 22 in Tateinheit (§ 52) mit fahrlässiger Tötung gem. § 222 zu bestrafen.

hemmer-Methode: § 227 ist einer der letzten Fälle, in denen die Konstellation des „erfolgsqualifizierten Versuchs" wirklich umstritten ist. Ansonsten wohnt regelmäßig der konkreten Tathandlung bereits die typische Gefahr inne, dass ein bestimmter schwerer Erfolg dadurch herbeigeführt werden kann.

3. Konkurrenzen

Konkurrenzen

- § 227 verdrängt als lex specialis die §§ 222, 223 und § 224 I Nr.5 („mittels einer das Leben gefährdenden Behandlung"). 107

- Wegen des besonderen Unrechtsgehalts kann *Tateinheit* mit den §§ 224 I Nr.1 - 4 angenommen werden. *Gesetzeskonkurrenz* besteht zu § 226 nur dann, wenn der Tod quasi im Durchgangsstadium die schwere Körperverletzung enthält (Tod durch „Siechtum" usw.). Führt die Tat dagegen zu einer schweren Körperverletzung und *unabhängig* davon zum Tod des Opfers, ist Tateinheit von § 226 und § 227 anzunehmen (z.B. die Körperverletzungshandlung führt zu einem Verlust eines Beins und - quasi daneben - aus anderen Gründen zum Tod des Opfers).

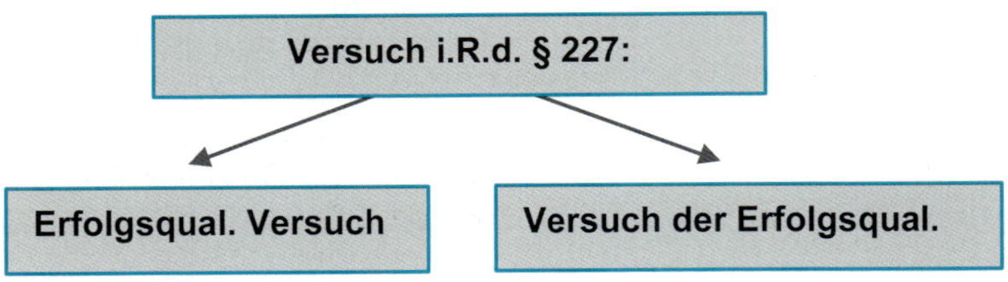

(P1): möglich, obwohl Erfolg fahrlässig verwirklicht wurde? Ja, vgl. § 11 II!

(P2): Anknüpfung an Körperverletzungshandlung für die Bejahung des Gefahrenzusammenhangs möglich? Str., nach BGH (+)

(P): bei § 227 möglich?

e.A. (-), da keine eigenständige Bedeutung gegenüber §§ 212 I, 22

a.A. (+), vgl. Wortlaut § 18 §§ 227, 22 tritt aber hinter §§ 212 I, 22 zurück

[205] Zur Letalitätsthese s.o. Rn. 101.

V. Misshandlung von Schutzbefohlenen, § 225

1. Der Grundtatbestand

§ 225

Teilweise wird § 225 als Qualifikationstatbestand zu § 223 angesehen. Eine andere Ansicht differenziert: soweit § 225 – anders als § 223 – rein seelischen Einwirkungen erfasst, soll ein echtes Sonderdelikt, d.h. ein eigenständiger Tatbestand, vorliegen. In den übrigen Fällen sieht jedoch auch diese Ansicht § 225 als Qualifikation zu § 223 an. Der eigenständige Anwendungsbereich des § 225 ist daher jedenfalls nur von untergeordneter Bedeutung (vgl. oben Rn. 86).[206] **108**

Die Vorschrift schützt Minderjährige und Personen, die wegen Gebrechlichkeit und Krankheit wehrlos sind, gegen bestimmte Formen der Misshandlung. Täter kann hier nur derjenige sein, zu dem das Opfer in einem bestimmten Abhängigkeitsverhältnis steht. Dieser Umstand ist für den Täter ein besonderes persönliches Merkmal i.S.d. § 28. Da es sich nach h.M. um einen strafschärfenden Umstand (Qualifikation) handelt, ist insoweit Abs.2 einschlägig.

hemmer-Methode: Nach h.L. ist für nicht schutzpflichtige Teilnehmer daher generell § 28 II einschlägig, es sei denn, es handelt sich um einen (strafbarkeits*begründenden*) Fall des rein psychischen Quälens, der wegen des Erfordernisses der körperlichen Beeinträchtigung nicht als Körperverletzung gem. § 223 I gewertet werden kann und deshalb § 28 I für den Anstifter oder Gehilfen Anwendung finden muss.

Als Tathandlungen nennt das Gesetz Quälen, rohe Misshandlung und die Gesundheitsbeschädigung durch böswillige Vernachlässigung der Sorgfaltspflicht.

Zu beachten ist hier insoweit, dass das Quälen als *Dauerdelikt* ausgestaltet ist, da es das Verursachen länger dauernder oder sich wiederholender Schmerzen verlangt.[207]

Für den 1. Kindesmisshandlungsfall zu § 227[208] bedeutet dies, dass die Ehefrau trotz des längeren Zeitraums, über den sich die Misshandlungen erstreckt haben, nur einmal den Tatbestand des Quälens verwirklicht hat. Darüber hinaus ist noch die Qualifikation des § 225 III Nr.1 einschlägig.

Die Rspr.[209] und Teile der Lit.[210] gehen davon aus, dass das Quälen und die rohe Misshandlung auch durch ein *Unterlassen* verwirklicht werden können. Dagegen spricht jedoch die Tatsache, dass das Unterlassen selbständig in der dritten Variante („Vernachlässigung der Sorgfaltspflicht") geregelt ist, und nur bei der dritten Variante das Erfordernis der Böswilligkeit besteht, das ansonsten umgangen werden kann.[211]

Fraglich ist daher im oben geschilderten Kindesmisshandlungsfall, ob der Ehemann auch § 225 im Wege des Unterlassens verwirklicht hat. Selbst wenn man davon ausgeht, dass die Tatbestandsalternative des „Quälens" grundsätzlich durch ein Unterlassen verwirklicht werden kann, so erscheint doch fraglich, ob im konkreten Fall die von § 13 I geforderte Modalitätenäquivalenz gegeben ist, d.h. die Frage, ob das Nichteinschreiten wertungsmäßig dem Tun gleichsteht.

206 FISCHER, § 225 StGB, Rn. 2 m.w.N..

207 FISCHER, § 225 StGB, Rn. 8a.

208 Vgl. oben Rn. 102.

209 Vgl. BGH, NStZ 1991, 234-235 = **juris**byhemmer.

210 Vgl. SCH-SCH, § 225 StGB, Rn. 11; Fischer, § 225 StGB, Rn. 8a.

211 WESSELS/HETTINGER, BT-1, Rn. 313.

Eine böswillige Vernachlässigung der Sorgepflicht scheitert hier am täterbezogenen Merkmal der Böswilligkeit, da die bloße Gleichgültigkeit (wenigstens dann, wenn sie nicht Ausdruck böswilliger Motive ist), die dem Ehemann vorgehalten werden kann, keine Böswilligkeit i.S. dieser Vorschrift darstellt.[212] Daher keine Strafbarkeit des Ehemanns aus §§ 225, 13.

2. Der Qualifikationstatbestand des § 225 III Nr.1

Das 6. StrRG hat in zahlreichen Tatbeständen den Begriff der schweren Gesundheitsschädigung neu eingeführt.[213] Dieser Begriff ist weiter auszulegen als die früher an den entsprechenden Stellen vorzufindende „schwere Körperverletzung i.S.d. § 226 I“. 108a

Ausreichend für eine schwere Gesundheitsschädigung ist es nach h.M.[214] bereits, wenn ein physischer oder psychischer Krankheitszustand bewirkt worden ist, der die Gesundheit des Opfers ernstlich, einschneidend und nachhaltig beeinträchtigt. Eine erhebliche Beeinträchtigung der körperlichen oder geistigen Arbeitskraft für längere Zeit reicht insoweit aus.[215]

VI. Ärztliche Heilbehandlung als Körperverletzung

Strafrechtl. Behandlung von ärztl. Heilbehandlungen

Seit jeher umstritten ist die strafrechtliche Behandlung von ärztlichen Heileingriffen: 109

Rspr.: tatbestandsmäßige Körperverletzung

Die Rspr.[216] sieht in jedem ärztlichen Heileingriff, der die körperliche Integrität nicht nur unerheblich beeinträchtigt, eine *tatbestandsmäßige Körperverletzung.* Nach dieser Ansicht kommt es nicht darauf an, ob der Eingriff aus medizinischen Gründen angezeigt ist und ob er *„lege artis“* durchgeführt wird. Die Rechtswidrigkeit der Körperverletzung entfällt jedoch, sofern eine *wirksame Einwilligung* des Patienten vorliegt („Rechtfertigungslösung“).

Diese muss frei von Willensmängeln jeder Art sein, so dass es auf eine umfassende Aufklärung durch den behandelnden Arzt ankommt.

A.A.: keine tatbestandsmäßige Körperverletzung

Die Gegenansicht[217] sieht dagegen in jeder zu Heilzwecken vorgenommenen Behandlung schon keine tatbestandsmäßige Körperverletzung, wenn die Behandlung *medizinisch angezeigt ist* und *„lege artis“* vorgenommen wird („Tatbestandslösung“). Dies gilt auch dann, wenn der Heileingriff im Ergebnis misslingt, da es dem Arzt hier bereits am Körperverletzungsvorsatz fehlt. So sei die ärztliche Heilbehandlung gerade nicht auf eine Verletzung des Körpers, sondern auf eine Verbesserung des Gesundheitszustandes gerichtet.

Insoweit sei es ungerechtfertigt, den Arzt mit dem „Messerstecher“ auf eine Stufe zu stellen. Nur der nicht nach den Regeln der ärztlichen Kunst durchgeführte Eingriff ist demnach gem. §§ 223, 229 strafbar. Die Rspr. führt dagegen an, dass das körperliche Selbstbestimmungsrecht des Patienten nur dann wirksam geschützt werden könne, wenn auch der ärztliche Heileingriff allein aufgrund einer willensfehlerfreien Einwilligung vorgenommen werden dürfe.

---

212 Vgl. Fischer, § 225 StGB, Rn. 10 f.

213 Vgl. nur §§ 113 II 2 Nr.2, 315 III Nr.2, 315b III.

214 vgl. Wessels/Hettinger, BT-1, Rn. 315 m.w.N.

215 Wessels/Hettinger, a.a.O.

216 BGHSt 11, 111-116; BGHSt 12, 379-386; BGHSt 16, 309-316; **alle Entscheidungen = jurisbyhemmer.**

217 Krey, BT-1, Rn. 215 ff.

hemmer-Methode: Hinter solchen scheinbar begrifflichen Streitigkeiten stehen tiefgreifende weltanschauliche[218] Fragen. Für die Rechtsprechung spricht nicht nur, dass sie das Selbstbestimmungsrecht des Patienten besser schützt (vgl. Art. 2 II, 1 I GG). Auch andere „ehrenwerte Berufe" führen regelmäßig deliktstatbestandsmäßige, aber gerechtfertigte Handlungen durch (z.B. Polizisten).

Einigkeit herrscht darüber, dass das „Operationsbesteck" des Chirurgen jedenfalls kein „gefährliches Werkzeug" i.S.d. § 224 I Nr.2 darstellt, wenn es „lege artis" (= kunstgerecht) eingesetzt wurde.

VII. Konkurrenzen

1. Interne Konkurrenzen

Konkurrenzen

Die Körperverletzungsdelikte der §§ 223, 224, 226 stehen nach h.M. zueinander in einer Art Stufenfolge.[219] Die jeweils „höhere" Qualifikation verdrängt im Wege der Gesetzeskonkurrenz (Spezialität) die i.d.R. ebenfalls verwirklichten „niedrigeren" Qualifikationsformen. Zu beachten ist jedoch die allgemeine Regel, dass zwischen dem „Versuch" einer „höheren" Qualifikation und einer vollendeten „niedrigeren" Qualifikation Tateinheit besteht (= „Klarstellungsfunktion" der Tateinheit). 110

2. Externe Konkurrenzen

Im Verhältnis zu den vollendeten *Tötungsdelikten* treten die Körperverletzungsdelikte im Wege der Gesetzeskonkurrenz zurück: nach der sog. *Einheitstheorie*[220] enthält jedes Tötungsdelikt als notwendiges Durchgangsstadium eine Körperverletzung. Auch subjektiv enthält daher jeder Tötungsvorsatz auch einen Körperverletzungsvorsatz (ganz h.M., anders nur die sog. Exklusivitätstheorie).

Nach der früheren Rechtsprechung aller Senate des BGH[221] verdrängte nicht nur ein vollendetes, sondern auch ein „nur" versuchtes Tötungsdelikt eine damit zusammentreffende vorsätzliche (vollendete) Körperverletzung i.S.d. §§ 223, 223a und 224 a.F. (= §§ 223, 224 und 226 n.F.). Zur Begründung wurde angeführt, es sei nicht notwendig, im Urteilstenor zum Ausdruck zu bringen, dass ein Tötungsversuch mit einer vollendeten Körperverletzung zusammengetroffen sei, da auch die Strafe für den versuchten Totschlag den Strafrahmen des vollendeten Tötungsdeliktes voll ausschöpfen könne, vgl. § 23 II („kann"). Diese Rechtsprechung wurde ausdrücklich aufgegeben.[222] Gesetzeseinheit liegt nur vor, „wenn der Unrechtsgehalt einer Handlung durch einen von mehreren dem Wortlaut nach anwendbaren Straftatbeständen erschöpfend erfasst wird".

Wenn das Opfer bei der Tat verletzt wird, wird die Verurteilung allein wegen eines versuchten Tötungsdelikts dem Unrechtsgehalt der Tat aber nicht gerecht. Dies wurde von der Literatur bereits seit längerem vorgebracht. Der Unrechtsgehalt eines versuchten Tötungsdelikts mit (erheblichen) Verletzungsfolgen unterscheidet sich wesentlich von dem eines folgenlosen versuchten Tötungsdelikts.

---

218 Und auch dogmatische: Vergleichen Sie die Einwände, die gegen die „Lehre von den negativen Tatbeständen" vorgebracht werden, z.B. WESSELS/BEULKE, AT, Rn. 126 f.

219 Vgl. hierzu WESSELS/HETTINGER, BT-1, Rn. 319 f. m.w.N.

220 BGHSt 16, 122-124; SK, § 212 StGB, Rn. 30 m.w.N; a.A. die ältere „Gegensatztheorie": Tötungsvorsatz und Körperverletzungsvorsatz schließen sich gegenseitig aus.

221 BGHSt 21, 265-267 = **juris**byhemmer; BGHSt 22, 248-250 (249) = **juris**byhemmer.

222 BGH, NJW 1993, 1662-1664 = **juris**byhemmer.

Nach der Rechtsprechung[223] wird eine vollendete Körperverletzung durch eine nur versuchte Tötung nicht mehr verdrängt, es liegt keine Gesetzeskonkurrenz vor. Die Klarstellungsfunktion der Tateinheit gebietet es, die vollendete Körperverletzung als tateinheitlich verwirklicht auch im Schuldspruch zum Ausdruck zu bringen.[224]

Denn dass die Körperverletzung ein notwendiges Durchgangsstadium zur Tötung bildet und deshalb auch vom Tötungswillen mitumfasst wird, ändert nichts daran, dass eben nicht mit jeder versuchten Tötung das Opfer notwendig auch verletzt wird.

VIII. Beteiligung an einer Schlägerei, § 231

§ 231 I = abstraktes Gefährdungsdelikt

Die Beteiligung an einer Schlägerei, § 231 I, ist als *abstraktes Gefährdungsdelikt* konstruiert. Strafgrund ist die generelle Gefährlichkeit von „Raufereien". Deshalb ist es i.R.d. objektiven Tatbestandes auch unerheblich, ob der Einzelne konkret gefährliche Handlungen vorgenommen hat. Allein die Beteiligung an einer Schlägerei bzw. an einem von mehreren verübten Angriff ist die Tathandlung, an welche die Strafbarkeit anknüpft. 111

Daneben hat § 231 I kriminalpolitisch auch den Sinn, Beweisschwierigkeiten im Einzelfall entgegen zu treten, wenn zwar der Tod oder eine schwere Körperverletzung eines Menschen eintritt, aber unklar bleibt, wer dies verursacht hat. Dann können „wenigstens" alle wegen § 231 I bestraft werden.

hemmer-Methode: Beachten Sie aber, dass eine Strafbarkeit gem. § 231 I auch dann grundsätzlich zu bejahen ist, wenn nachgewiesen werden kann, wer die besondere Tatfolge verursacht hat. Strafgrund ist damit primär die Schaffung einer abstrakten Gefahr durch die Beteiligung an einer Schlägerei. Beweisschwierigkeiten im Einzelfall entgegen zu treten ist vielmehr eine erwünschte „Nebenfolge".

Obj. Strafbarkeitsbedingung

Zwingende Voraussetzung für eine Bestrafung nach § 231 I ist, dass durch den Gesamtvorgang der Schlägerei eine (beteiligte oder unbeteiligte) Person entweder zu Tode gekommen ist oder eine schwere Körperverletzung i.S.d. § 226 davongetragen hat. Dieses Erfordernis ist als eine *objektive Strafbarkeitsbedingung* nach dem Tatbestand zu prüfen. Damit muss sich der Vorsatz des Täters gerade nicht auf die schwere Folge erstrecken. Der Charakter der schweren Folge als objektive Bedingung der Strafbarkeit ergibt sich daraus, dass andernfalls der Tatbestand des § 231 I in den seltensten Fällen einschlägig wäre. Denn in aller Regel wird ein entsprechender Vorsatz der Tatbeteiligten nicht nachweisbar sein. § 231 I kann daher seine kriminalpolitische Bedeutung, die ihm vom Gesetzgeber zugedacht ist, nur erfüllen, wenn die schwere Folge als objektive Bedingung der Strafbarkeit zu verstehen ist.

hemmer-Methode: Der Eintritt der schweren Folge ist i.R.d. § 226 oder des § 227 Tatbestandsmerkmal, i.R.d. § 231 I nur objektive Bedingung der Strafbarkeit. Dies hat zur Konsequenz, dass der Täter, dem die schwere Folge i.R.d. § 226 oder § 227 mangels Eingreifens des Unmittelbarkeitserfordernisses oder mangels Fahrlässigkeit hinsichtlich des Erfolgseintritts nicht zugerechnet werden kann, hieraus nicht bestraft werden kann. Eine Bestrafung gem. § 231 I (bei Vorliegen der weiteren Tatbestandserfordernissen) bleibt hingegen möglich. Dass es sich bei § 231 I gerade nicht um eine Erfolgsqualifikation handelt, erkennen Sie daran, dass beim Hinwegdenken der schweren Folge kein Grundtatbestand einschlägig ist.

---

[223] BGHSt 44, 196-202 = **juris**byhemmer = **Life&Law 1999, Heft 3, 175-182 (179 f.)**.

[224] Vgl. zur weiteren Begründung **Life&Law 1999, Heft 3, 175-182 (179 f.)**.

Nicht erforderlich ist in diesem Zusammenhang, dass die schwere Folge bei einem Tatbeteiligten eintritt. Es genügt, dass ein Zuschauer ein herbeieilender Polizeibeamter oder ein Friedensstifter verletzt werden.[225] Unerheblich ist weiterhin, ob die Folge selbst durch eine strafbare Handlung eintritt.[226] Demnach ist § 231 I auch dann erfüllt, wenn z.B. die Tötung der betreffenden Person durch Notwehr gerechtfertigt ist.

<u>Struktur des § 231 I</u>

I. Tatbestand

1. Objektiver Tatbestand

Tathandlung:

- Beteiligung an einer Schlägerei bzw.
- Beteiligung an einem von mehreren verübten Angriff

2. Subjektiver Tatbestand:

Vorsatz

3. Objektive Bedingung der Strafbarkeit:

Kausale Verursachung von

- Tod eines anderen Menschen bzw.
- einer schweren Körperverletzung (§ 226)

durch die Schlägerei oder den Angriff

II. Rechtswidrigkeit

III. Schuld

1. Tathandlung

Obj. Tatbestand

Der objektive Tatbestand setzt eine schuldhafte Beteiligung an einer Schlägerei oder einem von mehreren durchgeführten Angriff voraus. **112**

Eine Schlägerei ist dabei eine tätliche Auseinandersetzung zwischen *mindestens drei Personen.* Ein von mehreren vollzogener Angriff liegt vor, wenn *mindestens zwei Personen* eine auf Körperverletzung eines anderen gerichtete Handlung vornehmen.

Abs.2

Beteiligt ist allerdings nur derjenige, der am Tatort anwesend ist und in feindseliger Weise an den Tätlichkeiten teilnimmt. gem. Abs.2 entfällt die Strafbarkeit bei Personen, denen die Beteiligung nicht vorzuwerfen ist. Dies ist beispielsweise der Fall, wenn der Täter aufgrund einer wirklichen oder vermeintlichen Notwehrsituation in die Auseinandersetzung geraten ist.

Allerdings ist erforderlich, dass diese Notwehrsituation während der gesamten Beteiligung andauert. Sobald der Betroffene freiwillig „mitmischt", ist er Beteiligter wie die anderen auch. Die Voraussetzungen des Abs.2 (Vorwerfbarkeit der Beteiligung) dürften auch nach der Neufassung im objektiven Tatbestand zu prüfen sein, obwohl in diesem Zusammenhang auf Rechtswidrigkeitsprobleme eingegangen werden muss.

[225] BGH, NJW 1961, 1732.

[226] BGHSt 33, 100-104 (103) = jurisbyhemmer.

Fall: A und B beginnen eine tätliche Auseinandersetzung. Daraufhin tritt C heran und versucht, den Streit zu schlichten, wobei er sich auf Maßnahmen der Schutzwehr beschränkt. In der Folge steigt auch D begeistert ins Kampfgeschehen ein. E hingegen beschränkt sich darauf, den D von außen anzufeuern. Im Verlauf der Schlägerei wird D von A ein Auge ausgeschlagen. 113

Strafbarkeit der Beteiligten gem. § 231?

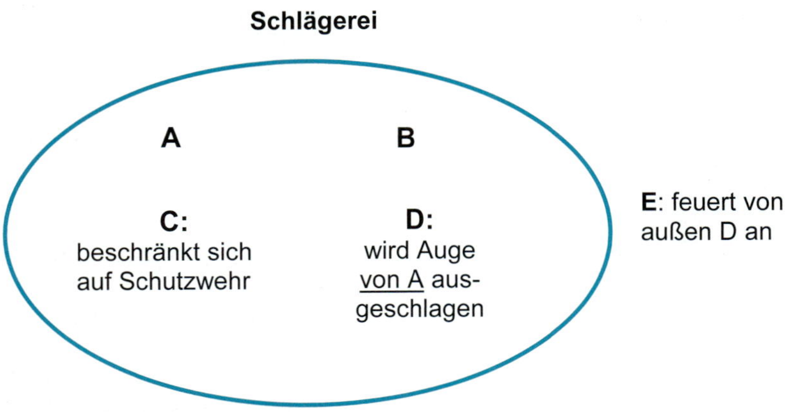

hemmer-Methode: Sobald der Sachverhalt mehrere Personen aufweist, sollten Sie eine Skizze anfertigen! Damit steuern Sie effektiv einer Personenverwechslung entgegen und bewahren so den Überblick.

Lösung:

Strafbarkeit von A und B:

Eine Schlägerei ist der tätliche Streit mit gegenseitigen Körperverletzungen zwischen mindestens drei Personen.

Solange sich nur A und B schlugen, lag noch keine Schlägerei vor. Als C hinzukam, waren zwar 3 Personen in den Streit verwickelt; da C aber nur versuchte, den Kampf zu beenden, also nicht aktiv Körperverletzungshandlungen vornahm, war auch hierbei noch keine Schlägerei entstanden. Erst als auch D ins Kampfgeschehen einstieg, lag eine Schlägerei vor.

Beteiligung i.S.d. § 231 setzt voraus, dass der Täter bei der Schlägerei anwesend ist und physisch oder geistig dazu beiträgt, dass geschlagen wird. 114

Da A und B zu einem Zeitpunkt, als die Schlägerei vorlag, am Tatort anwesend waren und in feindseliger Weise an den Tätlichkeiten teilnahmen, beteiligten sie sich an der Schlägerei. Sie wurden auch nicht in die Schlägerei hineingezogen, ohne dass ihnen das vorzuwerfen wäre (Abs.2).

Der i.R.d. subjektiven Tatbestandes zu prüfende Vorsatz muss neben der willentlichen Mitwirkung die Kenntnis derjenigen Tatumstände umfassen, aus denen das Vorliegen einer Schlägerei folgt. A und B handelten vorsätzlich in diesem Sinne, da sie wussten, dass eine Schlägerei stattfand und sie sich willentlich hieran beteiligten.

Durch die Schlägerei wurde auch eine schwere Körperverletzung verursacht. Unerheblich ist in diesem Zusammenhang für die Bestrafung aus § 231, dass sie nur von A unmittelbar verursacht wurde. A und B haben sich damit jeweils gem. § 231 strafbar gemacht.

Strafbarkeit von C:

Bei C scheitert die Strafbarkeit aus § 231 bereits daran, dass er sich nicht an der vorliegenden Schlägerei beteiligte, da er sich nur auf Schutzwehrhandlungen beschränkte und damit nicht in feindseliger Weise an den Tätlichkeiten teilnahm. C bleibt damit straflos.

Strafbarkeit von D:

D beteiligte sich an der Schlägerei vorsätzlich. Fraglich ist allein, ob D als Opfer ebenfalls aus § 231 bestraft werden kann. Dagegen könnte sprechen, dass D nicht „Täter" und „Opfer" zugleich sein kann. Dem hält jedoch der BGH entgegen, dass Strafgrund nicht die Verursachung der schweren Körperverletzung ist, sondern die Schaffung einer Gefahr; daran war D aber genauso beteiligt wie A und B. Trotz der Opferstellung des D ist er daher gem. § 231 zu bestrafen. Um Unbilligkeiten zu vermeiden, kann auf der Rechtsfolgenseite § 60 angewendet werden.

Strafbarkeit von E:

Auch E hat sich vorsätzlich an der Schlägerei beteiligt. Auch wenn er nicht aktiv an der Rauferei beteiligt war und damit nicht zu den drei Personen zählte, die das Merkmal der Schlägerei erst erfüllten, konnte er sich an dieser bestehenden Schlägerei beteiligen. Denn nach h.M. genügt hierbei auch die bloße psychische Unterstützung von außen.[227] E hat sich gem. § 231 strafbar gemacht.

2. Zeitpunkt der Beteiligung

Zeitpunkt der Beteiligung

Da der Tatbestand des § 231 lediglich die Beteiligung an einer Schlägerei voraussetzt, ist es ohne Bedeutung, ob der konkrete Tatbeitrag des Einzelnen für den Eintritt der objektiven Strafbarkeitsbedingung ursächlich geworden ist. 115

Ohne Bedeutung ist nach h.M.[228] deshalb auch, zu *welchem Zeitpunkt* sich der Täter an der Schlägerei beteiligt hat. Der Zeitpunkt der Beteiligung kann hier vor, während oder nach dem Eintritt des Todes oder der schweren Körperverletzung liegen. 116

Für diese Ansicht spricht zum einen der Charakter des § 231 als abstraktes Gefährdungsdelikt, zum anderen auch der Wortlaut, wonach der Tod oder die schwere Körperverletzung lediglich durch die Schlägerei oder den Angriff verursacht worden sein muss. 117

Zudem wollte der Gesetzgeber die Bestrafung des einzelnen Beteiligten gerade unabhängig davon erreichen, ob die Ursächlichkeit seines Tatbeitrages nachgewiesen werden kann.

Nach der Gegenansicht[229] muss von einer Bestrafung jedoch zumindest dann abgesehen werden, wenn der Tatbeitrag des Beteiligten für den Eintritt des Todes oder der schweren Körperverletzung *nicht ursächlich geworden sein kann.* 118

Dies sei immer dann der Fall, wenn sich jemand erst *nach* Eintritt der Folge an der Schlägerei beteiligt hat. § 231 sei zwar ein abstraktes Gefährdungsdelikt; eine Bestrafung sei dennoch nach dem Sinn und Zweck der Vorschrift nur dann gerechtfertigt, wenn der Tatbeitrag des Einzelnen zur Gefährlichkeit im konkreten Fall beigetragen haben kann. 119

227 WESSELS/HETTINGER, BT-1, Rn. 349.

228 BGHSt 14, 132-136 = **juris**byhemmer; BGHSt 16, 130-133 = **juris**byhemmer; FISCHER, § 231 StGB, Rn. 8.

229 KREY, BT-1, Rn. 297.

Die h.M.[230] hält dem entgegen, der Gesetzgeber habe gerade das Ziel verfolgt, zu verhindern, dass im Falle von Beweisschwierigkeiten Schutzbehauptungen dieser Art aufgrund des „in dubio pro reo“-Grundsatzes zur Straflosigkeit führen. 120

hemmer-Methode: Versuchen Sie, Einzelprobleme in einen Gesamtzusammenhang zu stellen. Auf diese Weise profitieren Sie von einem „Wiedererkennungseffekt“, wenn das „gleiche“ Problem an anderer Stelle wieder auftaucht. So ist bei nahezu allen abstrakten Gefährdungsdelikten die (zufällige) Ungefährlichkeit im konkreten Einzelfall problematisch (vgl. z.B. bei § 306a I): die Strafandrohung der abstrakten Gefährdungsdelikte rechtfertigt sich nämlich häufig aus der Tatsache, dass nach der Art und Weise der Tatbegehung auch eine konkrete Gefährdung aus der Sicht des Gesetzgebers typischerweise vorliegt: „Abstrakte Gefährlichkeit“ bedeutet nichts weiter, als dass in der betreffenden Situation auch typischerweise „konkrete Gefahren“ auftreten. Gleichwohl ist (oft aus kriminalpolitischen Gründen) der Nachweis einer konkreten Gefahr im objektiven Tatbestand gerade nicht erforderlich. Es wird in diesen Fällen daher durch Auslegung oder teleologische Einschränkung des objektiven Tatbestandes versucht, eine Bestrafung des Täters zu vermeiden, wenn von vornherein eine Gefährlichkeit nach der Art und Weise der Tatbegehung im konkreten Fall ausgeschlossen erscheint.[231] Anhaltspunkt für eine Argumentation kann § 326 VI sein, der freilich sowohl als allgemeiner Rechtsgedanke als auch als vereinzelte Ausnahmevorschrift gedeutet werden kann.

---

230 Vgl. Nachweise bei WESSELS/HETTINGER, BT-1, Rn. 360.

231 Siehe unten Rn. 294.

§ 3 STRAFTATEN GEGEN DIE PERSÖNLICHE FREIHEIT

Straftaten gegen die persönliche Freiheit

Straftaten gegen die persönliche Freiheit sind nicht nur im so benannten 18. Abschnitt des StGB enthalten, sondern im ganzen StGB: so sind z.B. die Straftaten gegen die sexuelle Selbstbestimmung im 13. Abschnitt (§§ 174 - 184c) geregelt. Nachfolgend werden die wichtigsten Vorschriften erörtert, welche die persönliche Freiheit schützen. Begonnen wird mit § 240, bevor die §§ 238 ff. näher erläutert werden. 121

I. Nötigung, § 240

§ 240

Die Nötigung, § 240, stellt einen *Grund- und Auffangtatbestand* aller Delikte gegen die persönliche Freiheit dar und ist deshalb - neben seiner großen praktischen Bedeutung - überaus klausurrelevant. Schutzgut ist die persönliche Freiheit der Willensentschließung und Willensbetätigung. 122

1. Tathandlung

Obj. Tatbestand

Der **objektive Tatbestand der Nötigung** setzt voraus, dass der Täter sein Opfer 123

⇨ mit Gewalt oder durch Drohung mit einem empfindlichen Übel (Nötigungsmittel)

⇨ zu einer Duldung, Handlung oder Unterlassung (Nötigungserfolg) nötigt.

a) Nötigungsmittel

aa) Die Entwicklung des Gewaltbegriffs

Reichsgerichtlicher Gewaltbegriff

Kennzeichnend für diesen Gewaltbegriff war eine schrittweise Abkehr vom reichsgerichtlichen Gewaltbegriff, der zunächst die Anwendung körperlicher Kraft zur Überwindung eines geleisteten oder erwarteten Widerstandes verlangte.[232] Entscheidender Gesichtspunkt war nach dieser Ansicht das *Angriffsverhalten* des Täters und damit die Frage, ob eine *körperliche Kraftentfaltung* bejaht werden konnte. Keine Gewalt übte nach dieser Ansicht z.B. aus, wer einem Schlafenden ein Narkosemittel beibrachte. 124

Der BGH verzichtete – nicht zuletzt um unbillige Strafbarkeitslücken zu schließen – auf die *körperliche Kraftentfaltung* und wertete als entscheidendes Moment die beim Opfer auftretende körperliche Zwangswirkung.[233]

Verzicht auf Kraftentfaltung

Dieses Merkmal der körperlichen Zwangswirkung, an dem der BGH zumindest begrifflich lange festgehalten hat, wurde jedoch dadurch unterwandert, dass die psychosomatischen Wirkungen einer geäußerten Drohung, wie etwa die Nervenerregung beim Opfer, auch unter den Gewaltbegriff subsumiert wurde.[234]

> **Bsp.:** *Bedrohung des Opfers mit einer Schusswaffe, dichtes Auffahren auf der Autobahn.*

---

[232] RGSt 56, 88.

[233] BGHSt 1, 145-148.

[234] Vgl. BGHSt 19, 263-269; BGHSt 23, 126-128 = **juris**byhemmer.

Laepple-Urteil

Logische Konsequenz dieser Entwicklung war schließlich das Laepple-Urteil, bei dem ein Sitzstreik auf den Straßenbahnschienen als Gewalt i.S. des § 240 angesehen wurde. Hierbei wurde nicht mehr zur Begründung auf die Nervenerregung des Straßenbahnfahrers zurückgegriffen. Ausreichend für den Gewaltbegriff sei vielmehr auch der psychisch wirkende Zwang, sofern er von einigem Gewicht sei.[235] Für die Abgrenzung zur Drohungsalternative sei daher nur noch die *Gegenwärtigkeit* der Übelzufügung entscheidend.

Intervention des BVerfG

Das BVerfG sah sich schließlich dazu veranlasst, dieser Entwicklung entgegenzusteuern. Es hatte zu beurteilen, ob der für die Strafbarkeit von Sitzdemonstranten aus § 240 zugrunde gelegte Gewaltbegriff gegen das *Bestimmtheitsgebot des Art. 103 II GG* verstößt. Hierbei geht das BVerfG davon aus, dass zumindest die Fälle, in denen der Täter auf sein Opfer allein durch seine körperliche Anwesenheit an einer Stelle, die dieses passieren möchte, einwirkt, nicht unter den Gewaltbegriff subsumiert werden können, sofern das Opfer nur psychisch gehemmt ist, seinen Willen durchzusetzen.[236]

Hierbei brachten die Richter in ihrem umstrittenen Urteil (5:3 Stimmen) zum Ausdruck, dass der gleichzeitige Verzicht auf eine gewisse körperliche Kraftentfaltung und der körperlichen Zwangswirkung den Gewaltbegriff ausufern lässt (sog. „Entmaterialisierung des Gewaltbegriffs“) und beauftragten die Strafgerichte, eine mit Art. 103 II GG vereinbare Auslegung des Gewaltbegriffes vorzunehmen.

Reaktion des BGH

Der BGH hat hierauf reagiert und fordert deshalb wie schon früher eine physische Zwangswirkung beim Opfer, bei einer auch nur unerheblichen Kraftentfaltung des Täters.[237]

hemmer-Methode: Das BVerfG billigt diesen dogmatischen Ansatz, insbesondere das in Art. 103 II GG verankerte Analogieverbot wird nicht dadurch verletzt, dass bei Sitzblockaden eine physische Zwangswirkung und damit Gewalt im Sinne des § 240 I dahingehend angenommen wird, dass nachfolgende Fahrzeugführer aufgrund des Anhaltens des ersten Fahrzeugführers an einer Weiterfahrt gehindert werden (sog. „Zweite-Reihe-Rechtsprechung“). Im Rahmen der Verwerflichkeitsprüfung des § 240 II betont das BVerfG allerdings, dass nicht allein bei Feststellung einer entsprechenden Freiheitsbeschränkung anderer Verkehrsteilnehmer die Tat als verwerflich anzusehen sei. Vielmehr müssen hierbei die konkrete Art und das Maß der Auswirkungen auf betroffene Dritte und deren Grundrechte berücksichtigt werden. Dabei ist das Gewicht der demonstrationsspezifischen Umstände mit Blick auf das kommunikative Anliegen der Versammlung (vgl. Art. 8 GG) zu bestimmen.[238]

---

235 Vgl. BGHSt 23, 46-60 = **juris**byhemmer.

236 Vgl. BVerfG, NStZ 1995, 275-278 (276) = **juris**byhemmer.

237 Vgl. BVerfG, NJW 2011, 3020-3023 = **Life&Law 2011, Heft 6, 443-445**.

238 Vgl. BGHSt 35, 270-283 = **juris**byhemmer.

'Täterseite'	'Opferseite'
Ursprünglicher Gewaltbegriff des RG:	
Kraftentfaltung erforderl.	Körperliche Zwangswirkung erforderlich
Erste „Aufweichung" des Gewaltbegriffs:	
Keine wesentliche Kraftentfaltung erforderlich	Körperliche Zwangswirkung erforderlich
Zweite „Aufweichung" des Gewaltbegriffs: (sog. „vergeistigter" Gewaltbegriff)	
Keine wesentliche Kraftentfaltung erforderlich	psychische Zwangswirkung ausreichend
Aktueller Gewaltbegriff:	
Keine wesentliche Kraftentfaltung erforderlich	Körperliche Zwangswirkung erforderlich

bb) Vis absoluta und vis compulsiva

Vis absoluta

Von *vis absoluta* (= „unwiderstehliche" Gewalt) spricht man bei einer physisch vermittelten Zwangswirkung durch Schaffen eines unüberwindlichen Hindernisses. 125

Bsp.: *Einschließen des Opfers in ein Zimmer; Betäuben des Opfers durch ein Narkosemittel; Bewusstlosschlagen des Opfers.*

Vis compulsiva

Vis compulsiva (= „willensbeugende" Gewalt) zielt dagegen darauf ab, den Willen des Opfers zu beugen und einen rein tatsächlich noch möglichen Widerstand zu brechen. Beispielsweise fällt die Abgabe von Schreckschüssen unter vis compulsiva.

hemmer-Methode: Die Unterscheidung zwischen vis absoluta und vis compulsiva ist im Ergebnis ohne Belang; entscheiden Sie sich trotzdem, welche Form der Gewalt vorliegt. Sie können sich dadurch im Detail von anderen Bearbeitern abheben.

cc) Einzelfälle zum Tatbestandsmerkmal „Gewalt"

(1) Gewalt gegen Sachen

Umstritten ist die Behandlung der Gewalt gegen Sachen in Nötigungsabsicht.

Bsp.: *T zerkratzt das Auto des O, um diesen dazu zu veranlassen, sein Auto woanders zu parken.*

Körperlich vermittelter Zwang

Während die Rspr. und ein Teil der Literatur in diesem Fall mangels Körper- und Personenbezugs die Gewaltanwendung ablehnen will[239], bejaht die Gegenansicht das Vorliegen von Kompulsivgewalt durch aktuelle Übelzufügung.[240]

Für diese Ansicht spricht vor allem der Vergleich mit der Alternative der Drohung. Eine Drohung mit einer derartigen Maßnahme ist unproblematisch unter § 240 zu subsumieren, so dass letztlich der Fall der tatsächlichen Ausführung nicht anders beurteilt werden kann.

Einhellig wird die Gewaltanwendung bejaht, wenn die Gewalt gegen Sachen Fälle des *körperlich vermittelten Zwangs* darstellen.

> ***Bsp.:***[241] *Der Vermieter hängt im Winter die Fenster in der Mietwohnung aus, um den Mieter angesichts der klirrenden Kälte zum Auszug zu bewegen.*

(2) Gewalt gegen Dritte

Auch Gewalt gegenüber Dritten kann mit vis absoluta-Wirkung gegenüber dem Genötigten ausgeführt werden.

> ***Bsp.:*** *Nötigung eines Blinden durch Niederschlagen seines Führers; Nötigung der Businsassen durch Betäubung des Fahrers.*

Ebenso kann vis compulsiva in der Form angenommen werden, dass durch die Gewalt gegen die eine Person ein psychischer Zwang auf eine andere ausgeübt wird.

> ***Bsp.:*** *T schlägt den kleinen Bruder des O solange, bis dieser ihm 20 € Schutzgeld zahlt. Die Gewaltanwendung kann für diesen Fall der „Dreiecksnötigung" nach h.M. unabhängig davon bejaht werden, ob eine Nähebeziehung zwischen dem Genötigten und dem unmittelbaren Gewaltopfer bestand.*[242]

dd) Der Begriff der Drohung

Begriff der Drohung

Unter einer *Drohung* versteht man allgemein

- ⇨ das In-Aussicht-Stellen eines empfindlichen Übels,
- ⇨ auf dessen Verwirklichung der Täter Einfluss hat oder zu haben vorgibt,
- ⇨ zwecks Erreichung eines Nötigungserfolges.

ee) Die Drohung mit einem Unterlassen

Heftig diskutiert wird diese Problematik anhand folgenden Falles:

> ***Fall:*** *Gegen ein 16-jähriges Mädchen (M) schwebte ein Ermittlungsverfahren wegen Ladendiebstahls. Der zuständige Staatsanwalt gab sich als Rechtsanwalt aus, der für die geschädigte Firma die Bearbeitung der Diebstahlsanzeige übernommen habe, und bot an, dass er die Strafanzeige zurücknehmen werde, falls sie mit ihm schliefe.*

---

239 Vgl. KREY, BT-1, Rn. 354; RGSt 3, 180.

240 Vgl. SCH-SCH, vor §§ 234 ff. StGB, Rn. 17.

241 Vgl. KREY, BT-1, Rn. 354.

242 Vgl. KREY, BT-1, Rn 355; SCH-SCH, vor §§ 234 ff. StGB, Rn. 19.

Problem: Drohung mit dem Unterlassen einer (rechtl. nicht gebotenen) Handlung

Das OLG Hamburg hat in einem ähnlich gelagerten Fall bereits das Vorliegen einer Drohung verneint.[243] Der Staatsanwalt habe im vorliegenden Fall nur das *Unterlassen* einer Hilfeleistung in Aussicht gestellt, falls die M seinem Ansinnen nicht nachkäme. Wer einem anderen lediglich eine Hilfeleistung anbiete, zu der er rechtlich nicht verpflichtet sei, weise lediglich auf eine bestehende Notlage hin und zeige einen möglichen Ausweg auf, *drohe* aber nicht mit einem von ihm zu verwirklichenden Übel.

Die Grundthese dieser Entscheidung, dass eine Drohung mit einem Unterlassen nur dann unter § 240 subsumiert werden könne, wenn eine Rechtspflicht zum Handeln anzunehmen ist, wurde vom BGH inzwischen verworfen. Die Ankündigung einer Unterlassung sei zumindest dann als Drohung anzusehen, wenn sie sozialwidrig als Druckmittel zu dem Zweck eingesetzt wird, den widerstrebenden Willen des Opfers in eine bestimmte Richtung zu lenken. Einen ausufernden Anwendungsbereich des § 240 will der BGH in erster Linie durch die Verwerflichkeitsprüfung des Abs.2 verhindern.

Eine verwerfliche Verquickung von Mittel und Zweck sei jedenfalls dann anzunehmen, wenn die Autonomie der Entschlüsse des Opfers in strafwürdiger Weise angetastet werde, was für den vorliegenden Fall durchaus zu bejahen ist.

Im Ergebnis ist der Entscheidung des BGH zuzustimmen. Allerdings scheint es fraglich, ob in diesem Fall überhaupt der Umweg über die Drohung mit dem Unterlassen beschritten werden muss. Bei lebensnaher Sachverhaltsinterpretation hätte man nämlich genauso gut eine Drohung durch positives Tun (= die Weiterverfolgung des Strafverfahrens) annehmen können.

b) Nötigungserfolg

Nötigungserfolg

Die Nötigungsmittel müssen vom Täter zur Erreichung eines bestimmten Nötigungserfolges eingesetzt werden. In Betracht kommt hier jedes dem Opfer abgenötigte Handeln, Dulden oder Unterlassen. Die Vollendung der Tat tritt daher mit dem abgenötigten Verhalten des Opfers ein. Hierbei ist jedoch zu differenzieren. **126**

Will der Täter das Opfer zu einer Handlung nötigen, so ist die Nötigung erst dann vollendet, wenn auf Opferseite die Handlung auch vorgenommen wird. Will der Täter das Opfer dagegen zu einer Duldung nötigen, so ist die Nötigung bereits vollendet, wenn das Opfer an der Entschlussfassung gehindert wird.[244]

> **Bsp.:** *A will B bestehlen. Als dieser Widerstand leistet, erschießt er den B, um die Wegnahme zu ermöglichen. Die Nötigung ist damit bereits zu dem Zeitpunkt vollendet, als B erschossen wird. Ein Abstandnehmen von der Tat spielt daher nur noch für die Vollendung des Raubes (§ 249), aber nicht mehr für die Vollendung der Nötigung eine Rolle.*

2. Verwerflichkeitsprüfung, § 240 II

Verwerflichkeitsprüfung

Der objektive Tatbestand des § 240 I hat strukturell einen sehr weiten Anwendungsbereich, der durch den modernen Gewaltbegriff noch eine Ausweitung erfahren hat. So erfasst § 240 I manche Handlungsweise, die nach ihrer sozialen Bedeutung nicht strafwürdig ist: **127**

> **Bsp.:** *A sagt zu B: „Wenn Du heute mit mir nicht ins Theater gehst (Nötigungserfolg), dann leihe ich Dir mein Auto nicht (Drohung mit einem empfindlichen Übel)."*

---

[243] Vgl. OLG Hamburg, NJW 1980, 2592.

[244] SCH-SCH, § 240 StGB, Rn. 13.

a) Systematische Einordnung

Allgemeines Rechtswidrigkeitsmerkmal

§ 240 II enthält daher eine einschränkende zusätzliche Verwerflichkeitsprüfung: Die „Nötigung" ist nur rechtswidrig, wenn die Anwendung der Gewalt oder die Androhung des Übels zu dem angestrebten Zweck als verwerflich anzusehen ist. 128

Nach der Rspr.[245] handelt es sich hierbei um ein allgemeines Rechtswidrigkeitsmerkmal und nicht - wie Teile der Lit.[246] meinen - um eine Ergänzung des objektiven Tatbestandes. Für diese Ansicht spricht schon der insoweit eindeutige Wortlaut des § 240 II.

b) Inhalt

Verwerflichkeit

Unter „Verwerflichkeit" i.S.d. § 240 II ist ein erhöhter Grad sittlicher Missbilligung zu verstehen.[247] Diese Missbilligung ist weder an moralischen Gesichtspunkten noch nach anderen Gesinnungsmaßstäben zu messen. Entscheidend ist hier die Sozialwidrigkeit des Handelns.[248] Die Prüfung der Verwerflichkeit verlangt daher ein soziales Werturteil über die Tat: 129

Ein Verhalten ist allgemein sozialwidrig, wenn es die dem Opfer gegenüber dem Täter rechtlich garantierte Freiheit verletzt. Im o.g. Beispielsfall hatte B keinen rechtlichen Anspruch darauf, das Auto des A benutzen zu dürfen, so dass die „Nötigung" des A nicht verwerflich und damit nicht rechtswidrig ist. 130

Die Rechtswidrigkeit der Nötigung i.S.d. § 240 II ist dann anzunehmen, wenn die Anwendung von Gewalt oder die Androhung des Übels zu dem angestrebten Zweck verwerflich ist. Die Verwerflichkeit muss sich also aus der Zweck-Mittel-Relation ergeben: 131

> ***Bsp.:*** *Eine Drohung mit einer fristgerechten Kündigung ist dann sozialwidrig, wenn damit den „Annäherungsversuchen" des Arbeitgebers „Nachdruck" verliehen werden soll.*

Zweck

Unter dem erstrebten Zweck ist der *unmittelbare Nötigungserfolg* i.S.d. § 240 I, also das abgenötigte Handeln, Dulden oder Unterlassen, zu verstehen. Fernziele des Täters, die über den unmittelbaren Nötigungserfolg hinausgehen (etwa das Demonstrieren für den Frieden), müssen ebenfalls Berücksichtigung finden. [249]. 132

> ***Bsp.:*** *T und seine Freunde führen eine Sitzdemonstration vor einem Munitionsdepot durch, um die weltweite Abrüstung voranzutreiben.*

Vorrangig: allgemeine Rechtfertigungsgründe

Aufbauhinweis: Die *allgemeinen Rechtfertigungsgründe* sind *vorrangig* zu § 240 II zu prüfen. Ein Verhalten, das nach allgemeinen Regeln gerechtfertigt ist, kann niemals „verwerflich" sein. Falls also bereits ein anerkannter Rechtfertigungsgrund greift, erübrigt sich eine unter Umständen komplexe Verwerflichkeitsprüfung. 133

c) Irrtümer

Irrtumsproblematik

I.R.d. § 240 II sind zwei Arten von Irrtümern zu unterscheiden: 134

---

[245] Vgl. BGHSt 35, 270-283 = **juris**byhemmer.

[246] Vgl. BGHSt 35, 270-283 = **juris**byhemmer.

[247] Vgl. BGHSt 35, 270-283 = **juris**byhemmer.

[248] Vgl. BGHSt 35, 270-283 = **juris**byhemmer.

[249] Vgl. BVerfG, NJW 2011, 3020-3023 = **juris**byhemmer = **Life&Law 2011, Heft 6, 443-445** entgegen der früheren Rechtsprechung des BGH.

Irrtum über Wertungsbestandteile

Zum einen der Irrtum über *Wertungsbestandteile* in tatsächlicher Hinsicht. Wer z.B. tatsächliche Umstände annimmt, die sein Handeln bei tatsächlichem Vorliegen als nicht verwerflich erscheinen lassen, unterliegt einem sog. „Erlaubnistatbestandsirrtum". Somit entfällt nach der eingeschränkten rechtsfolgenverweisenden Schuldtheorie der Vorsatzschuldvorwurf nach § 16 I analog.[250] 135

> **Bsp.:** *A geht fälschlicherweise davon aus, dass er eine bestimmte Vase von B gekauft und bereits bezahlt habe. Weil B nicht bereit ist, die Vase herauszugeben, hält A ihn für einen Betrüger. A droht dem B damit, dass er ihn wegen Betrugs anzeigen werde, wenn er nicht sofort die Vase herausgebe.*
>
> *A geht von einem Sachverhalt aus, bei dessen Vorliegen er nach h.M. nicht verwerflich gehandelt hätte. Unter Zugrundelegung der eingeschränkten rechtsfolgenverweisenden Schuldtheorie entfällt i.R.d. Schuld der sog. „Vorsatzschuldvorwurf".*

Die Ansicht der Literatur, die in § 240 II ein tatbestandsergänzendes Korrektiv - und keinen allgemeinen Rechtfertigungsgrund - sieht, muss dagegen folgerichtig § 16 I direkt anwenden. Im Unterschied zur ersten Ansicht ist eine Teilnahme an der Tat durch einen nicht irrenden Dritten damit nicht mehr möglich.

Irrtum im Werturteil

Anders ist ein Irrtum im *Werturteil* selbst zu behandeln: glaubt der Täter bei zutreffender Kenntnis aller tatsächlichen Umstände, dass sein Handeln nicht verwerflich ist, so liegt ein normativer Wertungsirrtum vor. Dieser ist nach § 17 wie ein Verbotsirrtum (Vermeidbarkeitsprüfung nach § 17 S.2!) zu behandeln.[251] 136

> **Bsp.:** *A hat von B eine bestimmte Vase gekauft und bereits bezahlt. Weil B nicht bereit ist, die Vase herauszugeben, droht A damit, ihn wegen angeblicher Steuerhinterziehung anonym beim Finanzamt anzuzeigen, damit dieser mit einer Steuerprüfung rechnen müsse. A meint, dass es erlaubt sein müsse, „etwas Druck" gegenüber Schuldnern aufzubauen.*
>
> *Nach h.M. ist das Verhalten des A verwerflich i.S.d. § 240 II. Da A zu Unrecht davon ausgeht, erlaubt zu handeln, liegt ein vermeidbarer Irrtum i.S.d. § 17 vor.*

3. Besonders schwere Fälle, § 240 IV

§ 240 IV: Regelbeispiele

§ 240 IV enthält drei Regelbeispiele für besonders schwere Fälle einer Nötigung: Die Nötigung zu einer sexuellen Handlung (Nr.1), die Nötigung einer Schwangeren zum Schwangerschaftsabbruch (Nr.2) und der Missbrauch der Befugnisse oder der Stellung als Amtsträger (Nr.3). Wegen § 177 dürfte der Nr.1 nur geringe Bedeutung zukommen. Sind in einer Klausur einmal diesbezüglich Konkurrenzfragen zu erörtern, so ist bei der Argumentation darauf zu achten, dass es sich bei § 240 IV um Regelbeispiele handelt, d.h. nicht um (qualifizierende) Tatbestandsmerkmale.[252] Die Strafzumessungsregelungen sind prüfungstechnisch nach der Schuld unterzubringen.

4. Konkurrenzen

Konkurrenzen

a) Da § 240 als ein Auffangtatbestand unter den Delikten gegen die persönliche Freiheit konstruiert ist, tritt er gegenüber diesen Delikten im Wege der *Spezialität* zurück. 137

---

250 Vgl. **HEMMER/WÜST, Strafrecht AT II, Rn. 287.**

251 BGHSt 2, 194-212 = **juris**byhemmer; SK, § 240 StGB, Rn. 54.

252 Allgemein zur Regelbeispielmethode: **HEMMER/WÜST, Strafrecht BT I, Rn. 29.**

Dies gilt z.B. gegenüber § 177 („Sexuelle Nötigung, Vergewaltigung“), § 249 („Raub“), § 253 („Erpressung“) und § 239 („Freiheitsberaubung“), sofern sich die Nötigung in der Erreichung des tatbestandlichen Erfolges des spezielleren Deliktes erschöpft.

Andernfalls kann in Ausnahmefällen auch Tateinheit mit § 240 bestehen, wenn klargestellt werden muss, dass der konkrete Nötigungserfolg nicht im Unrechtsgehalt eines anderen verwirklichten Tatbestands aufgeht.

> ***Bsp.:*** *A beraubt B der Freiheit. Dann bedroht A den B, so dass dieser die Wohnung des A gründlich aufräumt und putzt.*
>
> *§ 239 und § 240 stehen hier zueinander in Tateinheit. Der konkrete Nötigungserfolg geht über die Freiheitsberaubung hinaus.*

b) Hinsichtlich der Nötigungsprivilegierungen gilt: § 105 („Nötigung von Verfassungsorganen“) und § 113 („Widerstand gegen Vollstreckungsbeamte“) stellen *privilegierte Formen* der Nötigung dar: Ist daher z.B. § 113 erfüllt, scheidet unstreitig eine Bestrafung nach § 240 aus Gründen der Spezialität aus.

c) Dagegen tritt § 241 (Bedrohung mit der Begehung eines Verbrechens) gegenüber § 240 zurück. Dies gilt trotz der Klarstellungsfunktion der Tateinheit auch für den Fall, dass § 241 vollendet, § 240 dagegen nur versucht ist.[253]

Exkurs zu § 113

<u>Struktur des § 113</u>

I. Tatbestand

1. Objektiver Tatbestand:

a) Tathandlung:

- Widerstand leisten → mit Gewalt / → durch Drohung mit Gewalt
- tätlich angreifen

b) Tatobjekt:

- Amtsträger
- Soldaten der Bundeswehr

} zur Vollstreckung von Gesetzen, u.a. berufen

c) Tatsituation:

bei Vornahme einer vollstreckbaren Diensthandlung

2. Subjektiver Tatbestand:

Vorsatz

3. Objektive Bedingung der Strafbarkeit

Rechtmäßigkeit der Diensthandlung, § 113 III 1 (h.M.)

Beachten Sie: Irrtumsregelungen in § 113 III 2, IV

II. / III. Rechtswidrigkeit / Schuld

IV. Regelbeispiele, § 113 II

[253] SCH-SCH, § 241 StGB, Rn. 16.

Allgemeines

§ 113 dient nicht - wie § 240 - der freien individuellen Willensbildung und Willensbetätigung, sondern bezweckt den Schutz der *rechtmäßig betätigten staatlichen Vollstreckungsgewalt und der zu ihrer Ausübung berufenen Organe.* Voraussetzung ist daher grundsätzlich, dass ein Amtsträger eine Diensthandlung vornimmt. Allerdings hat der Gesetzgeber es für erforderlich erachtet, den Kreis der geschützten Personen zu erweitern: nach § 114 kommen nunmehr auch sonstige Personen in Betracht, wie etwa Hilfeleistende der Feuerwehr oder des Rettungsdienstes, vgl. § 114 III. 138

Tathandlung ist das *Widerstandleisten durch Gewalt oder Drohung mit Gewalt* oder ein *tätlicher Angriff.* Unter den Begriff des Widerstandleistens subsumiert man grundsätzlich nur *aktive Tätigkeiten*, so dass bloßer passiver Widerstand nicht ausreicht.

Bsp.: *Nichtaufstehen oder Liegenbleiben bei Sitzstreiks fällt nicht unter § 113.*

Die Tathandlungen des § 113 I sind somit gegenüber der einfachen Nötigung qualifiziert. Gleichwohl ist der Strafrahmen des § 113 I gegenüber § 240 I milder. Hintergrund ist, dass der Gesetzgeber dem begreiflichen Erregungszustand des von der Vollstreckung Betroffenen mit Nachsicht begegnen wollte.[254]

§ 113 = sog. unechtes Unternehmensdelikt

§ 113 stellt ein sog. *unechtes Unternehmensdelikt* dar, d.h. tatbestandsmäßig ist hier nicht nur das *erfolgreiche Widerstandleisten* (also das Verhindern der Diensthandlung), sondern jede Handlung, die mit der Tendenz vorgenommen wird, die Diensthandlung zu behindern. Die Tat ist damit bereits mit der Vornahme, d.h. mit dem „Unternehmen" dieser Handlung vollendet.

Rechtmäßigkeit der Diensthandlung

Nach § 113 III ist die Tat nur dann strafbar, wenn die Diensthandlung *rechtmäßig* war. Nach überwiegender Ansicht[255] handelt es sich dabei um eine *objektive Strafbarkeitsbedingung.*

§ 113 III 2 hat demnach nur die klarstellende Bedeutung, dass eine Bestrafung nach dieser Vorschrift jedenfalls nur dann in Betracht kommt, wenn die Diensthandlung tatsächlich objektiv rechtmäßig war. Unbeachtlich ist dagegen gem. § 113 III 2 die Vorstellung des Täters bezüglich der Rechtmäßigkeit. Deshalb scheidet eine Bestrafung gem. § 113 I aus, wenn die Diensthandlung objektiv rechtswidrig ist, auch wenn der Täter irrig von der Rechtmäßigkeit der Diensthandlung ausgeht.

§ 113 IV enthält dagegen eine Regelung des umgekehrten Falles: Der Täter nimmt – gleichgültig aus welchen Gründen – an, eine rechtmäßige Diensthandlung sei rechtswidrig. Hier unterscheidet das Gesetz wie in § 17 zwischen dem vermeidbaren und dem unvermeidbaren Irrtum.

§ 113 IV enthält somit eine für eine objektive Strafbarkeitsbedingung *atypische Irrtumsregelung,* denn ein Irrtum des Täters über eine objektive Bedingung der Strafbarkeit ist normalerweise unbeachtlich und kann den Täter nicht entlasten. Wegen dieser Einordnungsschwierigkeiten stellt § 113 III nach a.A. ein „unrechtskonstituierendes Tatbestandselement"[256] oder einen „Rechtfertigungsgrund"[257] dar.

---

[254] BT-Drucksache VI/502, S. 3.

[255] BGHSt 21, 344-367 (365) = **juris**byhemmer; WESSELS/HETTINGER, BT-1, Rn. 633.

[256] SCH-SCH, § 113 StGB, Rn. 20; SK, § 136 StGB, Rn. 30.

[257] FISCHER, § 113 StGB, Rn. 10 m.w.N.

Regelbeispiele

§ 113 II enthält eine erhöhte Strafdrohung für einen *besonders schweren Fall* und entsprechende Regelbeispiele.

Begriff der „Rechtmäßigkeit" i.S.d. § 113 III

Begriff der Rechtmäßigkeit i.S.d. § 113 III

Strittig ist insbesondere, wie der Begriff der *Begriff der Rechtmäßigkeit* der Diensthandlung i.S.d. § 113 III kriminalpolitisch auszulegen ist.

Formeller Rechtmäßigkeitsbegriff

Nach einer Auffassung ist der Begriff der Rechtmäßigkeit i.R.d. § 113 III spezifisch strafrechtlich zu bestimmen. Dies bedeutet, dass nicht jeder Verstoß gegen das einschlägige materielle Recht auch zur Rechtswidrigkeit i.S.d. § 113 III StGB führt.

hemmer-Methode: Es kommt also nicht auf die materielle Richtigkeit, sondern „nur" auf die formelle Rechtmäßigkeit an.[258]

Nach diesem Ansatz kommt es allein darauf an, dass die „wesentlichen Förmlichkeiten" eingehalten wurden.[259] Ein Verstoß gegen reine Ordnungsvorschriften steht hingegen der Rechtmäßigkeit der Vollstreckungshandlung nicht entgegen.

Ausreichend ist i.R.d. § 113 für die *formelle* Rechtmäßigkeit der Diensthandlung, dass der Beamte

⇨ seine örtliche und sachliche Zuständigkeit beachtet,

⇨ die wesentlichen Förmlichkeiten gewahrt,

⇨ sein ihm ggf. zukommendes Ermessen pflichtgemäß ausgeübt und

⇨ verbindliche Weisungen beachtet hat.

Zu den wesentlichen Förmlichkeiten, die zu beachten sind, zählen z.B.:

⇨ bei der Zwangsvollstreckung das Vorliegen eines vollstreckbaren Titels[260],

⇨ weiterhin das Zuziehen eines Zeugen gem. § 759 ZPO[261],

⇨ bei der Anwendung unmittelbaren Zwangs die vorherige Androhung.

Begründet wird dieser Ansatz vor allem damit, dass ein Vollstreckungsbeamter in einem schwierig gelagerten Fall eine schnelle Entscheidung treffen muss. Der Amtsträger müsse daher vor entsprechenden Irrtümern geschützt werden.

Materieller Rechtmäßigkeitsbegriff

Nach der Gegenauffassung hat sich der Begriff der Rechtmäßigkeit vollständig an der sich aus dem Strafprozess- bzw. Verwaltungsrecht ergebenden Rechtslage zu orientieren. Eine Vollstreckungsmaßnahme sei deshalb auch i.S.d. § 113 III rechtswidrig, wenn diese gegen das zugrunde liegende materielle Recht verstoße.

Für den „materiellen" Rechtmäßigkeitsbegriff wird vor allem angeführt, dass es ein „Irrtumsprivileg" des Staates zu Lasten des Bürgers nicht geben könne. Außerdem würden so – jedenfalls in strafrechtlicher Hinsicht – Eingriffsrechte außerhalb des Gesetzesvorbehalts geschaffen.

---

258 So schon BGHSt 4, 161-166 (164).

259 BGHSt 21, 334-367= **juris**byhemmer.

260 RGSt 16, 275.

261 BGHSt 5, 93-95.

Denn der Bürger dürfte sich faktisch aufgrund der drohenden Strafbarkeit gem. § 113 auch dann nicht zur Wehr setzen, wenn er materiell „im Recht" ist. Dies könne nicht hingenommen werden. Schließlich entspreche ein einheitliches Verständnis des Begriffs der „Rechtmäßigkeit" in allen Rechtsbereichen dem Grundsatz der „Einheit der Rechtsordnung".[262]

Auffassung des BVerfG

Nach Auffassung des BVerfG ist es nicht zu beanstanden, dass die Rechtsprechung einen formellen Rechtmäßigkeitsbegriff i.R.d. § 113 III zugrunde legt[263]. Der Schutz der Vollstreckungsbeamten genießt insoweit Vorrang. Denn § 113 I erfasst Verhaltensweisen, die sich nicht nur auf eine bloße Nichtbefolgung behördlicher Anordnungen beschränken. Vielmehr haben die Tathandlungen des § 113 I häufig Rechtsgutsbeeinträchtigungen von erheblichem Gewicht zur Folge.

hemmer-Methode: Einfach formuliert hat der Bürger nach BVerfG unter bestimmten Umständen die Pflicht, eine wirksame, wenn auch gegebenenfalls rechtswidrige Diensthandlung zu dulden. Andernfalls würde er sich gem. § 113 strafbar machen. Dies hält das BVerfG deshalb für verfassungsrechtlich zulässig, weil § 113 gewichtige Interessen schützt.[264] Dieser Auffassung ist daher zu folgen.

Konkurrenzverhältnis § 113 / § 240

Umstritten und damit prüfungsrelevant ist schließlich die Frage, ob § 240 auch dann ausgeschlossen ist, wenn ein Fall des *„versuchten* Widerstandes gegen Vollstreckungsbeamte" vorliegt.

Fall: *T sieht, als er mit seinem Auto auf der Landstraße unterwegs ist, am Straßenrand einen Mann in Polizeiuniform stehen, der ihm „Halt!" gebietet. T hält den Mann für einen echten Polizeibeamten, obwohl es sich in Wirklichkeit um einen entlaufenen Sträfling S handelt. T gibt Vollgas und fährt direkt auf den noch immer auf der Straße stehenden Mann zu, der im letzten Moment in den Straßengraben springt.*

Strafbarkeit des T? Verkehrsdelikte sind nicht zu prüfen.

Lösung:

I. § 113 I, Widerstand gegen Vollstreckungsbeamte

§ 113 I setzt voraus, dass T einem Beamten bei der Vornahme einer vollstreckbaren Diensthandlung Widerstand leistet oder ihn tätlich angreift. Vorliegend gebietet der Sträfling S in Polizeiuniform „Halt!" und damit gerade kein Polizist. Der objektive Tatbestand des § 113 I ist daher nicht erfüllt. T handelt zwar mit einem entsprechenden Tatentschluss, so dass eine Bestrafung wegen eines untauglichen Versuchs in Betracht käme. Doch der Versuch ist i.R.d. § 113 I nicht strafbar, vgl. §§ 23 I, 12.

§ 240, Nötigung

Indem T mit seinem Kfz auf S zufuhr, hat er ihm angedroht, ihn zu überfahren, wenn er nicht die Fahrbahn verlässt. Es liegt also eine Drohung mit einem empfindlichen Übel vor. Durch die Drohung hat T den S gezwungen, die Fahrbahn zu verlassen. T hat auch vorsätzlich insoweit gehandelt.

Fraglich ist, wie der Umstand zu berücksichtigen ist, dass bei § 113 der (untaugliche) Versuch nicht strafbar ist. Da § 113 wegen der besonderen Tatsituation nach allgemeiner Auffassung § 240 verdrängt, könnte man erwägen, dass ähnliches auch im hier vorliegenden Fall gilt.

---

262 Siehe dazu auch Roxin AT I § 17 Rn. 1 ff.

263 Siehe BVerfG, NJW 2008, 3627-3629 = **juris**byhemmer = **Life&Law 2009, Heft 2, 102-108**.

264 Der Bürger kann dann nur nachträglich die Feststellung der Rechtswidrigkeit der Maßnahme erreichen. In diese Richtung auch BVerfGE 92, 191-203 (201) = **juris**byhemmer.

Denn würde man eine Strafbarkeit wegen vollendeter Nötigung vorliegend bejahen, würde die Wertentscheidung des Gesetzgebers, den (untauglichen) Versuch bei § 113 nicht unter Strafe zu stellen, unterlaufen. Hiergegen könnte allerdings angeführt werden, dass § 113 keine Sperrwirkung entfalten kann, wenn der Tatbestand gar nicht erfüllt ist. Dies überzeugt jedoch nicht. Andernfalls hätte § 113 neben § 240 kaum eine eigenständige Bedeutung. Damit scheidet vorliegend auch eine Strafbarkeit gemäß § 240 aus.

hemmer-Methode: Beachten Sie, dass früher § 113 einen milderen Strafrahmen aufwies als § 240. Mittlerweile hat der Gesetzgeber jedoch das Strafmaß angeglichen (im Grundtatbestand jeweils Freiheitsstrafe bis zu drei Jahre bzw. Geldstrafe). Im Kern hat dies aber nichts daran geändert, dass § 113 wegen der besonderen Tatsituation als spezieller gilt. Hintergrund ist, dass es als nachvollziehbar erscheint, wenn Bürger in der Konfrontation mit der Staatsgewalt sich zu einfachen Widerstandshandlungen „hinreißen“ lassen. Dann soll nur beim Vorliegen der Voraussetzungen des § 113 eine Strafbarkeit die Folge sein. Dieser Gedanke würde ins Leere laufen, wenn der leichter zu verwirklichende Nötigungstatbestand (mit derselben Strafandrohung) stets eingreifen würde.[265]

Exkurs Ende

II. Nachstellung, § 238[266]

Seit dem 31.03.2007 ist das unbefugte Nachstellen (sog. *„Stalking“*) in § 238 StGB unter Strafe gestellt. Damit hat der Gesetzgeber Strafbarkeitslücken geschlossen, die mit der vielfältigen Vorgehensweise der „Stalker“ einhergingen, da bestimmte Einzelhandlungen, wie ein mehrfaches Auflauern vor der Wohnung oder das Zusenden unzähliger SMS, bei isolierter Betrachtung regelmäßig nicht unter den Tatbestand der Nötigung bzw. Körperverletzung fallen. **138a**

hemmer-Methode: Im Einzelfall kann darüber hinaus eine Bestrafung gem. § 4 GewSchG in Betracht kommen. Das Gewaltschutzgesetz dient primär der Verbesserung des zivilrechtlichen Schutzes bei Gewalttaten und Nachstellungen. Allerdings sieht § 4 GewSchG auch eine strafbewehrte Sanktionsmöglichkeit vor, die immer dann eingreift, wenn gegen vorangegangene Kontakt-, Näherungs- und Belästigungsverbote verstoßen wurde.

Geschütztes Rechtsgut

Mit Blick auf die systematische Stellung im 18. Abschnitt des StGB mit der Überschrift „Straftaten gegen die persönliche Freiheit“ dient § 238 dem Schutz des *„individuellen Rechtsfriedens“*. Nach der Gesetzesbegründung soll der Nachstellungstatbestand den Gefahren für die *eigene Lebensführung durch gezielt hartnäckige und schwerwiegende Belästigungen* vorbeugen.

Systematik

Systematisch ist der Grundtatbestand des § 238 in Absatz 1 als *Erfolgsdelikt* ausgestaltet. Die *konkrete Gefährdungsnorm* des Absatzes 2 ist einfache Tatbestandsqualifikation. Hingegen stellt sich § 238 III (Verbrechen i.S.d. § 12 I) als *erfolgsqualifiziertes Delikt* dar, für das § 18 gilt.

[265] Ausführlich hierzu und allgemein zum Tatbestand des § 113 vgl. BERBERICH/GUTOWSKI, **Life&Law 2012, Heft 6, 445-452**.

[266] Ausführlich dazu siehe BERBERICH, **Life&Law 2007, Heft 7, 492-500**.

1. Grundtatbestand, § 238 I

Def.: „Nachstellen“

Oberbegriff für die Tathandlungen des § 238 I bildet das *unbefugte* und *beharrliche „Nachstellen“*. Hierunter sind alle Verhaltensweisen zu verstehen, die darauf gerichtet sind, durch unmittelbare oder mittelbare Annäherungen an das Opfer in dessen persönlichen Lebensbereich einzugreifen. 138b

hemmer-Methode: Der Begriff des „Nachstellens“ findet sich auch in § 292 I Nr.1. Die Jagdwilderei ist im Gegensatz zu § 238 jedoch als *unechtes Unternehmensdelikt* ausgestaltet. Für Unternehmensdelikte ist charakteristisch, dass bereits typische Versuchshandlungen die Tatbestandsvollendung auslösen (vgl. § 11 I Nr.6), womit eine wesentliche Vorverlagerung des Vollendungszeitpunkts einhergeht. Eine derartige Deliktsstruktur weist § 238 hingegen nicht auf. Hier fungiert das Merkmal „Nachstellen“ lediglich als Oberbegriff und beschreibt das strafbarkeitsbegründende Täterverhalten. Es geht also nicht wie bei § 292 I Nr.1 darum, im Falle eines unmittelbaren Ansetzens schon die formelle Vollendung der Tat bejahen zu können.

Problem: „Unbefugtheit“

Bezüglich der *„Unbefugtheit“* des Nachstellungsverhaltens ist strittig, ob es sich dabei um ein *Tatbestandsmerkmal* oder lediglich um einen *deklaratorischen Hinweis auf die Rechtswidrigkeit* handelt.

Gesetzgeber: „Tatbestandsmerkmal“

Nach der gesetzgeberischen Intention[267] ist die „Unbefugtheit“ bereits auf Tatbestandsebene zu berücksichtigen, um den Anwendungsbereich der Norm auf strafwürdige Fälle zu beschränken.

A.A.: „Doppelfunktion“

Diese Einordnung überzeugt allerdings nicht uneingeschränkt, da eine Berücksichtigung des Merkmals der Unbefugtheit auf Tatbestandsebene voraussetzt, dass die in Rede stehende Verhaltensnorm im Übrigen das strafwürdige Unrecht nicht hinreichend konkretisiert. I.R.d. § 238 I ist deshalb nach vorzugswürdiger Ansicht[268] wie folgt zu differenzieren: bei den ersten beiden Begehungsvarianten („räumlich Nähe aufsuchen“; „Kontakt herstellen“) ist das strafwürdige Verhalten in nicht ausreichendem Maße umschrieben. Folglich ist hier die „Unbefugtheit“ eine tatbestandskonstituierende Komponente. Anders verhält es sich jedoch bei § 238 I Nr.3 – 5. Die dort beschriebenen Verhaltensweisen sind eindeutig strafwürdig, so dass in diesen Fällen das Merkmal der Unbefugtheit erst auf Rechtswidrigkeitsebene als Hinweis auf das Fehlen von Rechtfertigungsgründen Berücksichtigung findet.

hemmer-Methode: Fallrelevanz wird diese exakte dogmatische Einordnung nur selten gewinnen. Intensiver müssen Sie sich allerdings mit dem Streit auseinandersetzen, wenn sich der Täter über das Merkmal der Unbefugtheit in tatsächlicher Hinsicht irrt. Je nach Verständnis ist dann entweder ein Tatbestandsirrtum (§ 16 I 1) oder ein Erlaubnistatbestandsirrtum zu diskutieren.

Def.: „Beharrlichkeit“

Die *„Beharrlichkeit“* (= täterbezogenes Merkmal i.S.d. *§ 28 I*) setzt im *objektiven Sinne* ein wiederholtes oder andauerndes Verhalten i.S.d. § 238 I Nr.1 – 5 und in *subjektiver Hinsicht* eine besondere Hartnäckigkeit und Gleichgültigkeit gegenüber den Wünschen des Opfers voraus. Eine in jedem Einzelfall Gültigkeit beanspruchende, zur Begründung der Beharrlichkeit erforderliche (Mindest-)Anzahl von Angriffen des Täters kann nicht festgelegt werden.[269]

Entscheidend ist aber stets eine *Gesamtwürdigung* der Tatumstände. So ist beispielsweise bei einer mehrfachen Kontaktaufnahme getrennter Eltern zwecks Regelung des Umgangsrechts mit dem gemeinsamen Kind oder ein mehrfaches Anmahnen fälliger Zahlungen nicht als beharrliches Nachstellen i.S.d. § 238 I zu werten.

---

267 BT-Dr. 16/575 S. 7.

268 MITSCH, Strafrechtsdogmatische Probleme des neuen Stalking-Tatbestandes, Jura 2007, 401-407.

269 Vgl. BGH, NJW 2010, 1680-1684 = **juris**byhemmer = **Life&Law 2010, Heft 4, 247-253**.

Bsp.: T wurde von seiner Freundin F verlassen. A überredet T daraufhin, dass er F über einen längeren Zeitraum täglich an ihrer Wohnungstür abpassen solle. Dann werde sie schon wieder einlenken. T tut dies, wodurch F schwerwiegend beeinträchtigt wird.

T ist hier gem. § 238 I Nr.1 zu bestrafen. A ist der Anstiftung zur Nachstellung nach §§ 238 I Nr.1, 26 schuldig. Seine Strafe ist jedoch zu mildern, §§ 28 I, 49 I.

a) Formen des Nachstellens, § 238 I Nr.1 – 5

In § 238 I Nr.1 – 4 hat der Gesetzgeber die nach derzeitigen Erkenntnissen häufigsten Nachstellungshandlungen erfasst, wohingegen Nr.5 den Tatbestand für sonstige, gegenwärtig noch unbekannte Nachstellungsmethoden öffnet. 138c

Nr.1: „Aufsuchen der räumlichen Nähe"

Die Tatmodalität des § 238 I Nr.1 erfordert eine *zielgerichtete, physische Annäherung* an das Opfer (Bsp.: Auflauern, Verfolgen, häufige Präsenz am Arbeitsplatz, etc.). Zufällige Begegnungen genügen folgerichtig nicht.

Das Merkmal des Aufsuchens impliziert eine *aktive* Komponente. Das bloße Unterlassen des Sich-Entfernens – wie z.B. beim Verweigern des Auszugs aus der gemeinsamen Wohnung – genügt deshalb nicht.[270]

Nr.2: „Versuch der Kontaktaufnahme"

Unter § 238 I Nr.2 sollen vor allem die Fälle des Telefonterrors und des sog. „Cyberstalkings" (SMS, E-Mails, etc.) zu subsumieren sein. Der Versuch der Kontaktaufnahme kann einerseits durch den Täter selbst stattfinden. Der Tatbestand lässt darüber hinaus aber auch die Einschaltung *Dritter* zu. Wird ein Bote beispielsweise beauftragt, dem Tatopfer diverse Nachrichten zu übermitteln, findet § 238 I Nr.2 ebenfalls Anwendung.

Nr.3: „Missbräuchliche Datenverwendung"

Die dritte Begehungsvariante erfasst die Veranlassung der Kontaktaufnahme mit dem Opfer seitens Dritter. Dies kann zum einen durch unbefugtes Bestellen von Waren und Dienstleistungen auf allen denkbaren Kommunikationswegen im Namen des Opfers geschehen. Zum anderen kann Nr.3 durch das Schalten von Annoncen, in denen der Name des Opfers verwendet wird, um Dritte zur Kontaktaufnahme zu veranlassen, verwirklicht sein.

Bsp. 1: Der Ex-Geliebte T der O rächt sich, indem er mit ihrem Namen über einen Versandhandel V per Internet permanent Sextoys bestellt. O verweigert die Annahme der von V gelieferten Pakete.

1. T könnte sich hier wegen Betruges zu Lasten des V strafbar gemacht haben. Eine irrtumsbedingte Vermögensverfügung liegt in der Lieferung der Sexspielzeuge, die entsprechende Lieferkosten und damit auch einen kausalen Vermögensschaden verursacht hat. Im subjektiven Tatbestand ist ausschließlich zweifelhaft, ob die erforderliche Bereicherungsabsicht gegeben ist, da es T primär darum ging, O zu belästigen. Allerdings ist anerkannt, dass die angestrebte Bereicherung nicht das Endziel darstellen muss. Vorliegend ist die Vermögensmehrung darin zu sehen, dass T eigene Aufwendungen erspart, die i.R.d. Lieferkosten für ihn angefallen wären. Für die Bereicherungsabsicht reicht es aus, dass die Vermögensmehrung – wie hier – notwendiges Zwischenziel ist. Denn dann kommt es dem Täter regelmäßig zumindest auch auf seine Bereicherung an. Eine Strafbarkeit des T nach § 263 StGB liegt vor.

2. In Betracht kommt weiterhin ein Betrug zu Lasten der O. Allerdings mangelt es in dieser Konstellation an einem relevanten Vermögensschaden, so dass eine Bestrafung nach § 263 I ausscheiden muss.

3. Zudem erfüllt das Verhalten des T den Tatbestand des § 238 I Nr.3

---

270 FISCHER, StGB, § 238, Rn. 13.

***Bsp. 2:** T schaltet unter der Telefonnummer der O eine Kontaktanzeige mit dem Angebot sexueller Dienstleistungen.*

Vorliegend hat sich T ebenfalls gem. § 238 I Nr.3 strafbar gemacht, weil er Dritte dazu veranlasst hat, mit O Kontakt aufzunehmen.

Nr.4: „Qualifizierte Bedrohung“

Ein Nachstellen i.S.d. des § 238 I Nr.4 kann auch in einer Bedrohung zu sehen sein. Im Unterschied zu § 241 werden auch – soweit die aufgezählten Rechtsgüter (Verletzung von Leben, etc.) betroffen sind – Drohungen mit einem Vergehen erfasst.

Nr.5: „Vergleichbare Handlungen“

§ 238 I Nr.5 dient als Auffangtatbestand. Indem der Gesetzgeber als Tatmodalität eine „andere vergleichbare Handlung“ ausreichen lässt, wollte er möglichen Strafbarkeitslücken vorbeugen. Zwecks Wahrung des Bestimmtheitsgrundsatzes muss sich die Auslegung im Einzelfall an den Handlungsvarianten der Nr.1 – 5 orientieren

***Bsp.:** Unrichtige Todesanzeigen*

b) Taterfolg: „Schwerwiegende Beeinträchtigung der Lebensgestaltung“

Als Taterfolg ist eine *schwerwiegende Beeinträchtigung der Lebensgestaltung* vorausgesetzt. Eine solche ist stets zu bejahen, wenn das Opfer seine Lebensgewohnheiten in nicht nur unerheblichem Umfang auf Grund der Nachstellungen ändern muss. Dies kann bejaht werden, wenn das Opfer zu einem Verhalten veranlasst wird, welches es ohne Zutun des Täters nicht gezeigt hätte und das zu gravierenden, ernst zu nehmenden Folgen führt, die über das durchschnittliche, regelmäßig hinzunehmende Beeinträchtigungen der Lebensgestaltung erheblich und objektivierbar hinausgehen (z.B. wenn sich das Opfer überhaupt nicht mehr allein vor die Tür traut). ***138d***

hemmer-Methode: Wichtig ist, dass eine solche schwerwiegende Beeinträchtigung der Lebensgestaltung wirklich feststellbar ist. Fehlen insoweit hinreichende Angaben, kommt eine Strafbarkeit gemäß § 238 I mangels Erfolgseintritt nicht in Betracht. Da es sich bei § 238 I auch nur um ein Vergehen im Sinne des § 12 II handelt und keine Versuchsstrafbarkeit ausdrücklich angeordnet ist, kommt auch keine Versuchsstrafbarkeit in Betracht.

2. Qualifikationen, § 238 II, III

§ 238 II: Tatbestandsqualifikation

§ 238 II, III enthalten qualifizierende Fälle der Nachstellung. Als *Tatbestandsqualifikation* setzt § 238 II voraus, dass der Täter *vorsätzlich* das Opfer, einen Angehörigen des Opfers oder eine andere dem Opfer nahe stehende Person durch die Tat in die Gefahr des Todes oder einer schweren Gesundheitsschädigung bringt. Dieses konkrete Gefährdungsdelikt erfasst beispielsweise zurechenbare lebensgefährliche Panikreaktionen des Opfers oder Depressionen mit Krankheitswert. ***138e***

§ 238 III: erfolgsqualifiziertes Delikt

Bei § 238 III handelt es sich hingegen um ein *erfolgsqualifiziertes Delikt*, welches als Verbrechen i.S.d. § 12 I ausgestaltet ist. Die Erfolgsqualifikation kommt zur Anwendung, wenn der Täter durch die Tat (wenigstens fahrlässig, vgl. § 18!) den Tod des Opfers, eines Angehörigen des Opfers oder einer anderen dem Opfer nahe stehenden Person verursacht.

Problem: „Strafbarkeit des erfolgsqualifizierten Versuchs“

I.R.v. § 238 III stellt sich die klassische Streitfrage nach der Strafbarkeit des erfolgsqualifizierten Versuchs *bei fehlender Strafbarkeit des Versuchs des Grundtatbestandes*, da § 238 I nur ein Vergehen darstellt.

Bsp.: *T ist der Ex-Ehemann der O. T hat die Trennung nicht überwunden. Deshalb fasst er den Entschluss, die O immer wieder mit einer Pistole zu bedrohen, um sie dadurch zur Rückkehr zu bewegen. Als T die O erstmalig mit der Pistole bedroht, löst sich versehentlich ein Schuss und O verstirbt.*

Zwar hat T wenigstens fahrlässig die schwere Todesfolge i.S.d. § 238 III verursacht. Jedoch ist der Grundtatbestand des § 238 I Nr.4 nicht vollendet, sondern vielmehr im Versuchsstadium stecken geblieben, weil es jedenfalls an der „Beharrlichkeit" des Nachstellens fehlt. Es liegt also grundsätzlich die Konstellation eines erfolgsqualifizierten Versuchs vor. Fraglich ist allerdings, ob der erfolgsqualifizierte Versuch der Nachstellung überhaupt strafbar ist, da der Versuch des Grunddelikts mit Blick auf §§ 238, 12 II (Vergehen) an sich straflos bleibt.

Nach einer Ansicht lässt sich aus einem *Umkehrschluss zu § 12 III* eine Strafbarkeit gem. §§ 238 III, 22, 23 I, 12 I begründen. Gem. § 12 III bleiben Schärfungen oder Milderungen nur für besonders schwere Fälle für die Einteilung von Verbrechen und Vergehen außer Betracht. Dann ist also *argumentum e contrario* der Strafrahmen von Qualifikationen stets beachtlich. Folglich ist § 238 III ein Verbrechen, so dass nach der Regel des § 23 I Alt.1 eine Versuchsstrafbarkeit gegeben sei.

Überzeugender erscheint jedoch die Gegenauffassung, die hier die Versuchsstrafbarkeit kategorisch ablehnt, weil andernfalls eine Einführung der Versuchsstrafbarkeit des Grunddelikts „durch die Hintertür" stattfindet. Außerdem verlangt der Wortlaut des § 18, dass an eine besondere Folge der Tat eine „schwerere" Strafe geknüpft wird, was gerade eine Strafbarkeit des Grunddelikts voraussetzt, da sonst der Erfolgseintritt nicht „strafschärfend", sondern „strafbarkeitsbegründend" wirkt.

3. Konkurrenzfragen

Von besonderer Bedeutung sind schließlich die Konkurrenzen in Fallkonstellationen, in denen eine Nachstellung zu bejahen ist. § 238 ist insoweit gerade kein Dauerdelikt. Einzelne Handlungen des Täters, welche erst in ihrer Gesamtheit zu der erforderlichen Beeinträchtigung des Opfers führen, werden jedoch zu einer tatbestandlichen Handlungseinheit zusammengefasst, wenn sie einen ausreichenden räumlichen und zeitlichen Zusammenhang aufweisen und von einem fortbestehenden einheitlichen Willen des Täters getragen sind. Zudem ist zu beachten, dass die Nachstellung überdies die an sich rechtlich selbständigen Begleitdelikte (wie z.B. Bedrohungen, Beleidigungen, Körperverletzungen) zu einer insgesamt einheitlichen Tat im materiellen Sinn verklammert[271]. Vom Aufbau her erscheint es deshalb vorzugswürdig, gar nicht erst in verschiedene Tatkomplexe einzuteilen.

III. Freiheitsberaubung, § 239

Erfolgsbezogenes Dauerdelikt

Die Freiheitsberaubung hat den Charakter eines *erfolgsbezogenen Dauerdelikts:* der Tatbestand des § 239 ist erfüllt, wenn das Opfer sich für eine nicht unerhebliche Zeitspanne nicht von dem Ort fortbewegen kann, an dem es sich befindet. Als erforderliche Zeitspanne forderte etwa das Reichsgericht „ein Vater Unser lang".[272] Die Tat ist mit Eintritt der Freiheitsbeschränkung bereits *vollendet*. *Beendigung* tritt dagegen erst mit Aufhebung der Freiheitsbeschränkung ein. **139**

[271] Vgl. BGH, NJW 2010, 1680-1684 = **juris**byhemmer = **Life&Law 2010, Heft 4, 247-253**.

[272] Die Formulierung stammt aus RGSt 7, 260.

hemmer-Methode: Im Zusammenhang mit der Freiheitsberaubung lassen sich aufgrund seiner Rechtsnatur als Dauerdelikt auch konkurrenzrechtliche Probleme einbauen. Arbeiten Sie in diesem Zusammenhang noch einmal die Teilidentität der Ausführungshandlungen sowie die Klammerwirkung von Dauerdelikten anhand von § 9 im Skript Strafrecht AT II durch.[273]

H.M.: potentieller Wille zur Fortbewegung

Die Freiheitsberaubung, § 239, schützt nach h.M. die *potentielle persönliche Fortbewegungsfreiheit* des Einzelnen.[274] Der Tatbestand setzt demnach nicht voraus, dass der Wille des Opfers zur Ortsveränderung gebrochen wird. Tatbestandlich handelt damit, wer es dem Opfer unmöglich macht, seinen Aufenthaltsort nach eigenem Belieben zu verändern. Ob sich der Betroffene überhaupt fortbewegen will, spielt keine Rolle.[275] 140

Bsp.: *Der Student Streb lernt den ganzen Tag in seinem Zimmer, das er zur Untermiete bewohnt, für sein Examen. Sein Vermieter V schließt ihn eines Tages für mehrere Stunden in dem Zimmer ein, was Streb aufgrund seines Arbeitseifers gar nicht bemerkt.*

Nach h.M. ist V aus § 239 strafbar. Für die h.M. spricht, dass zur „Freiheit“ auch die bloße Möglichkeit gehört, zu gehen wann man will.

hemmer-Methode: Eine andere Ansicht ist natürlich vertretbar. Die weite Interpretation des Schutzbereichs beruht vor allem darauf, dass bei § 239 bis zum 01.04.1998 der Versuch nicht strafbar war und dies kompensiert werden sollte. Da der Versuch mittlerweile strafbar ist, ist der Hauptgrund dafür, bei fehlendem Erfolgsunrecht bereits Vollendung anzunehmen, weggefallen.

Vor.: Fähigkeit, Willen zur Fortbewegung zu bilden

Voraussetzung für eine Bestrafung gem. § 239 ist jedoch, dass das Opfer überhaupt einen Fortbewegungswillen bilden kann. So scheiden beispielsweise Säuglinge als Tatopfer aus. Streitig ist, inwieweit dies auch für Schlafende und Bewusstlose gilt, bei denen der Fortbewegungswille nur vorübergehend fehlt.[276] Richtigerweise kann für Schlafende oder Bewusstlose nichts anderes gelten als beim Säugling, da sie während der Dauer ihres Zustandes nicht die Möglichkeit einer Willensbildung haben. Der Tatbestand des § 239 kann damit erst mit dem Aufwachen vollendet werden.

Fall: *A schließt B in seinem Zimmer für eine Stunde ein, um ihn für diese Zeit daran zu hindern, den Raum zu verlassen. B bemerkt dies jedoch nicht,*

Var. 1: *da er gefesselt ein Buch liest.*

Var. 2: *weil er schläft.*

Var. 3: *da er zunächst schläft, dann nach 20 Minuten aufwacht und in seinem Lieblingsbuch liest.*

Lösung:

In Variante 1 hat sich A gem. § 239 I strafbar gemacht, da er die potentielle Fortbewegungsfreiheit des B eingeschränkt hat. Für die Vollendung des § 239 I kommt es nach seinem Schutzzweck richtigerweise gerade nicht darauf an, dass das Opfer tatsächlich sich fortbewegen möchte.

Dagegen ist in Variante 2 § 239 I nicht vollendet. Da B während der gesamten Zeit schlief, konnte er überhaupt nicht den erforderlichen Fortbewegungswillen fassen. A hat sich demnach „nur“ wegen eines untauglichen Versuchs strafbar gemacht, vgl. § 239 II.

---

273 Instruktiv zur möglichen Klammerwirkung durch § 239 vgl. BGH, Beschluss vom 04.04.2012 – 2 StR 70/12 = **Life&Law 2012, Heft 12, 888-894**.

274 Wessels/Hettinger, BT-1, Rn. 370.

275 BGHSt 32,183-189 (188) = **juris**byhemmer.

276 Siehe dazu Mitsch, Kein Kavalier der Straße, JuS 1993, 222-225 (223).

In der dritten Variante wurde zunächst § 239 I nicht vollendet, solange B schlief. Da B dann aber zu der Zeit, als er noch eingeschlossen war, erwachte, ist A wegen vollendeter Freiheitsberaubung zu bestrafen.

Mittel zur Freiheitsberaubung

Die Freiheitsberaubung kann nicht nur mit Mitteln der vis absoluta (Einsperren, Fesseln, Betäuben) begangen werden, sondern es genügt auch das bloße Errichten einer psychischen Schranke.

Bsp.: *Bedrohung mit einer Waffe; u.U. sogar durch Entfernen der Kleider eines Nacktbadenden.*[277]

Zustimmung des Betroffenen

Da durch den Begriff des „Beraubens" zum Ausdruck kommt, dass § 239 ein Handeln gegen den Willen des Berechtigten voraussetzt, schließt das Einverständnis der Betroffenen bereits die Tatbestandsmäßigkeit des Verhaltens und nicht erst die Rechtswidrigkeit aus.

§ 239 III Nr.2, IV = Erfolgsqualifikationen

§ 239 III Nr.2, IV enthalten erschwerte Fälle der Freiheitsberaubung, die als *Erfolgsqualifikationen* anzusehen sind. Hinsichtlich der schweren Tatfolge ist damit § 18 anwendbar. Es ist bei § 239 III Nr.2, IV wohl auch ein „erfolgsqualifizierter Versuch" denkbar, denn die Formulierungen „durch die Tat oder eine während der Tat begangene Handlung" deuten darauf hin, dass die spezifische Gefährlichkeit des Grunddeliktes schon durch die Handlung des Grundtatbestandes bewirkt wird.[278]

§ 239 III Nr.1 = Qualifikation

§ 239 III Nr.1 ist dagegen nach wohl h.M. als Qualifikationstatbestand einzustufen. Zwar ist auch in dieser Variante der Eintritt eines Erfolges Grund für die Verschärfung des Strafrahmens.

Jedoch wählte der Gesetzgeber anders als bei § 239 III Nr.2 einen „aktivistischen" Wortlaut, was gegen die Behandlung als Erfolgsqualifikation spricht.[279] Infolgedessen ist für die Verwirklichung dieser Variante Vorsatz erforderlich, § 15.

Mittelbare Täterschaft

§ 239 I kann auch in mittelbarer Täterschaft (§ 25 I Alt.2) begangen werden, insbesondere durch die Herbeiführung einer Verhaftung aufgrund unwahrer Anzeige.[280] In diesen Fällen ist oft Tateinheit mit § 164 (Falsche Verdächtigung) und § 187 (Verleumdung) anzunehmen.

Fall: *Um ihren Ex-Liebhaber O zu ärgern, spiegelt die A dem Staatsanwalt C vor, O hätte sie mehrfach geschlagen und dabei versucht, sie zu nötigen, für ihn „auf den Strich zu gehen". O wird daraufhin in Untersuchungshaft genommen, kommt aber nach drei Tagen wieder frei. A hatte gehofft, O würde für mindestens eine Woche eingesperrt.*

Lösung:

A ist gem. § 164 und § 187 strafbar.

Daneben hat sie eine Freiheitsberaubung in mittelbarer Täterschaft begangen, §§ 239 I, 25 I Alt.2.

Da der Vorsatz der A sich auch darauf erstreckte, dass O über eine Woche eingesperrt bleibt, kommt auch ein Versuch des § 239 III Nr.1 in Betracht. Nach vorzugswürdiger Auffassung handelt es sich dabei um eine Qualifikation A hat daher auch die §§ 239 III Nr.1, 22, 23 I verwirklicht.

---

277 Vgl. näher RGSt 6, 231.

278 Ausführlicher dazu: **Hemmer/Wüst, Strafrecht BT I, Rn. 76 ff.**

279 Fischer, StGB § 239, Rn. 15a.

280 BGHSt 3, 4-7.

Dabei stehen §§ 164, 187 und 239 III Nr.1, 22, 23 I in Idealkonkurrenz (§ 52). Auch hinsichtlich §§ 239 I, 25 I Alt.2 ist zur Klarstellung Tateinheit (§ 52) anzunehmen, um zum Ausdruck zu bringen, dass O tatsächlich einige Zeit eingesperrt war.[281]

IV. Menschenraub, Entziehung Minderjähriger, Kinderhandel, §§ 234 – 236

Menschenraub

Der *Menschenraub,* § 234, ist ein konkretes Gefährdungsdelikt, das Persönlichkeitsrechte des Opfers schützt. 141

Beachten Sie, dass der Menschenraub eine überschießende Innentendenz besitzt, d.h. für die Vollendung der Tat eine Verwirklichung der genannten Absicht erforderlich ist. Absicht bedeutet zielgerichtetes Wollen, *dolus directus* 1. Grades, bedingter Vorsatz oder *dolus directus* 2. Grades genügen gerade nicht. D.h. dass es dem Täter im Fall des § 234 I Alt.1 gerade darauf ankommen muss, das Opfer in eine Lage zu bringen, in der es – zur Selbsthilfe unfähig – auf fremde Hilfe angewiesen und auch konkret an Leib oder Leben gefährdet ist.[282]

§ 234 stellt einen speziellen Fall der Freiheitsentziehung nach § 239 dar.

Entziehung Minderjähriger

Das geschützte Rechtsgut der *Entziehung Minderjähriger,* § 235, ist nicht nur die freie Ausübung des Sorgerechts der Eltern. Auch die entzogene Person (Kind oder Jugendlicher) wird unmittelbar geschützt. 142

Dies ergibt sich insbesondere aus dem Wortlaut des § 235 IV Nr.1, wonach auf die ungestörte körperliche oder seelische Entwicklung des jungen Menschen abgestellt wird.[283]

Praktisch relevant dürfte § 235 I Nr.1 bei Streitigkeiten getrennt lebender Eltern werden, nämlich beim „Vorenthalten“ des Kindes.

hemmer-Methode: § 235 kann in einer Klausur dazu verwendet werden, Probleme der Erfolgsqualifikationen abzufragen (§ 235 V). Zu achten ist auch darauf, dass eine Einwilligung des Kindes oder Jugendlichen wohl schon deswegen nicht rechtfertigend wirkt (bzw. ein Einverständnis nicht tatbestandsausschließend), weil das – auch – geschützte Rechtsgut „familienrechtliches Sorgerecht“ nicht zu dessen Disposition steht. 143

Kinderhandel

Der mit dem 6. Strafrechtsreformgesetz von 1998 eingeführte § 236 (*Kinderhandel*) stellt eine Reaktion darauf dar, dass die Fälle deutlich zugenommen haben, in denen Kinder wie Handelsware zum Kauf angeboten werden. Klausurprobleme dürften sich hier aber kaum stellen. 144

V. Erpresserischer Menschenraub und Geiselnahme, §§ 239a, 239b

§ 239a

Der erpresserische Menschenraub, § 239a, hat zwei Schutzrichtungen: zum einen schützt er die *persönliche Freiheit und Unversehrtheit* des Entführungsopfers, zum anderen die *persönliche Freiheit und das Vermögen* des Erpressten. 145

281 A.A. (Gesetzeskonkurrenz zu § 239 III Nr.1, 22 f.) vertretbar, allerdings seit der Einführung des § 239 II nicht mehr mit dem Argument, der Versuch der Erfolgsqualifikation setze stets ein vollendetes Grunddelikt voraus. (So noch KREY in der 10. Aufl. des BT-1, Rn. 322).

282 BGH, NStZ 2001, 247-248 = **juris**byhemmer = **Life&Law 2001, Heft 8, 567-672**.

283 BT-Drucks. 13/8587, 38.

Übersicht zu den §§ 239a, 239b:

Alt.1: Entführen oder Sich-Bemächtigen

I. Objektiver Tatbestand:

(P) restriktive Auslegung im 2-Personen-Verhältnis bei einem Sich-Bemächtigen

⇨ „unvollkommen zweiaktiges" Delikt

II. Subjektiver Tatbestand:

1. Vorsatz bezügl. obj. TB

2. Überschießende Innentendenz:

a) bei § 239a: Nötigungsziel = Erpressung

b) bei § 239b: jedes Nötigungsziel sowie der Einsatz eines besonderen Mittels

Alt.2: Ausnutzen der geschaffenen Lage

I. Objektiver Tatbestand:

1. Bei § 239a: zu einer Erpressung

2. Bei § 239b: zu einer Nötigung

II. Subjektiver Tatbestand:

Vorsatz bezügl. obj. TB

Sonstiges:

⇨ Erfolgsqualifikation, vgl. § 239a III, (239b II)

⇨ Minder schwerer Fall, vgl. § 239a II, (239b II)

⇨ Tätige Reue, vgl. § 239a IV, (239b II)

1. Erpresserischer Menschenraub, § 239a

§ 239a I Alt.1

Der objektive Tatbestand enthält zwei Alternativen: § 239a I Alt.1 setzt voraus, dass der Täter eine Person *entführt* oder *sich dieser Person bemächtigt.* 146

Früher war dabei erforderlich, dass der Täter in der Absicht handelte, die Tat zu einer Erpressung *gegenüber einem Dritten* auszunutzen.

Durch die mit Gesetz vom 09.06.1989 eingeführte *Neufassung des § 239a* („...um die Sorge des Opfers um sein Wohl...") ist klargestellt, dass auch die Personengleichheit zwischen der in die Gewalt gebrachten und der erpressten Person der Anwendung jedenfalls *allein* nicht entgegensteht.[284]

Einschränkende Auslegung im Zwei-Personen-Verhältnis

Allerdings muss § 239a (ebenso wie § 239b) *in diesem sog. Zwei-Personen-Verhältnis eingeschränkt ausgelegt* werden.[285] Der 1. Strafsenat des BGH ging daher davon aus, dass die Vorschrift jedenfalls auf solche Fälle nicht anwendbar sei, in denen das bloße *Sich-Bemächtigen unmittelbares Nötigungsmittel* einer Vergewaltigung, sexuellen Nötigung oder räuberischen Erpressung sei *und* eine über das unmittelbare Gewaltverhältnis hinausgehende *Außenwirkung* des abgenötigten Verhaltens *nicht* eintreten solle. 147

284 FISCHER, § 239a StGB, Rn. 6; BGH, NStZ 1993, 39-40 = jurisbyhemmer.

285 BGH, NStZ 1993, 237-239 = jurisbyhemmer.

Würde man § 239a auf Fälle anwenden, in denen der Nötigungserfolg im unmittelbaren Gewaltzusammenhang des Sich-Bemächtigens eintrete, so würde dies dazu führen, dass ein großer Teil „typischer" räuberischer Erpressungen zugleich als erpresserischer Menschenraub zu beurteilen wäre; denn *in der Regel* „bemächtige" sich der Täter des Opfers, indem er es durch Bedrohung oder körperliche Kraft *in seine physische Gewalt bringt.* Konsequenz wäre, dass strafrechtliche Sachverhalte, die seit jeher zum Kernbestand des materiellen Strafrechts zählen, in einer Weise an Bedeutung verlieren würden, die der Gesetzgeber so eindeutig nicht vorgesehen habe. Außerdem spreche auch der hohe Strafrahmen der angesprochenen Vorschrift für dessen restriktive Auslegung.

hemmer-Methode: Das Problem liegt darin, dass mit der Wahl des Wortes „Sich-Bemächtigen" (= Erlangung der physischen Herrschaft über den Körper eines anderen[286]) eine sehr weitgehende Vorverlagerung der Vollendung des § 239a bewirkt wird, die so nicht gewollt war.
Dies reizt den Klausurersteller, denn beispielsweise ist bei fast jedem „normalen" Banküberfall auch der Wortlaut des § 239a erfüllt: der Bankangestellte bewegt sich so, wie es der Täter verlangt. Jeder Korrektor wird sich freuen, wenn Sie erkennen, dass § 239a einschlägig sein könnte, noch besser wird es, wenn Sie dann auch den richtigen Weg zur Restriktion des § 239a finden.

Entscheidung des Großen Senats

Der Große Senat des BGH hat schließlich bezogen auf § 239b, indem er ausdrücklich auf die Parallelen zu § 239a verweist, zu diesem Problem Stellung bezogen.[287] Er verwirft hier das Kriterium der Außenwirkung und stellt im Zwei-Personen-Verhältnis entscheidend darauf ab, ob über das Entführen bzw. Sich-Bemächtigen hinaus noch ein weiterer, den eigentlichen Zielen des Täters dienender Zwang ausgeübt wird. Nach der Rechtsprechung muss der Täter daher beabsichtigen, die durch das Sich-Bemächtigen für das Opfer geschaffene Lage für sein weiteres Vorgehen auszunutzen.[288]

Die restriktive Auslegung der §§ 239a, 239b im Zwei-Personen-Verhältnis wird also dogmatisch dadurch umgesetzt, dass der BGH diese Vorschriften als sogenannte „unvollkommen zweiaktige" Delikte versteht. Dies bedeutet, dass zeitlich bzw. räumlich der Sich-Bemächtigungssituation eine eigenständige Bedeutung gegenüber dem vom Täter angestrebten Nötigungsziel zukommen muss. „Unvollkommen" sind die §§ 239a, 239b deshalb, weil das Nötigungsziel in den genannten Vorschriften für die Vollendung dieser Delikte nicht tatsächlich verwirklicht, sondern lediglich vom Täter anvisiert sein muss.

Restriktive Auslegung im Zwei-Personen-Verhältnis:

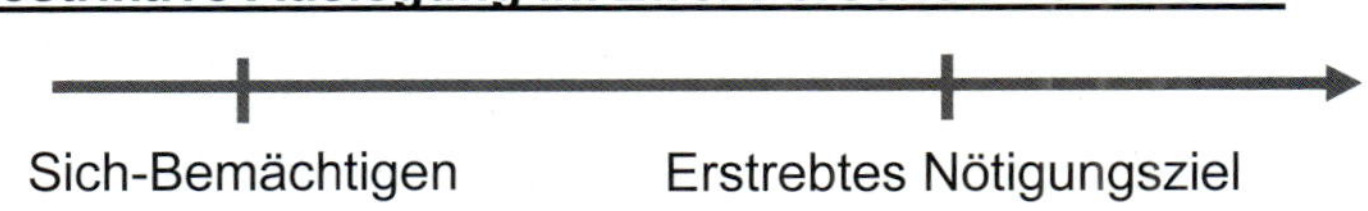

Der BGH stellt weiter fest, dass diese eigenständige Bedeutung der Tathandlung i.R.d. §§ 239a, 239b jedenfalls dann unproblematisch besteht, wenn das Opfer mit der entsprechenden Motivation entführt wird.[289]

---

286 LACKNER/KÜHL, § 239a StGB, Rn. 3.

287 BGH, NJW 1995, 471-472 = **juris**byhemmer.

288 BGH, JuS 2002, 300-301 = **juris**byhemmer.

289 Weitere Entscheidungen zu dieser Problematik: BGH, NJW 1997, 1082-1083 = **juris**byhemmer; BGH, NStZ 1999, 509-510 = **juris**byhemmer = **Life&Law 2000, Heft 1, 48-50** sowie BGH, NStZ 2006, 36-38 = **juris**byhemmer = **Life&Law 2006, Heft 6, 392-395**.

Bsp.: A zwingt den B mit vorgehaltener Pistole, ihm die Zahlenkombination seines Safes zu nennen. Im vorliegenden Beispiel kann man zwar das Merkmal des 'Sich-Bemächtigens' bejahen. Allerdings wird kein weiterer, darüber hinausgehender Zwang ausgeübt, so dass § 239a im vorliegenden Fall nicht einschlägig ist und A lediglich aus §§ 253, 255 bestraft werden kann.

hemmer-Methode: Beachten Sie, dass die hier dargestellte Problematik nach der Rechtsprechung des BGH nur das Zwei-Personen-Verhältnis, nicht aber Drei-Personen-Verhältnisse betrifft. In der letztgenannten Konstellation ist die Anwendbarkeit der §§ 239a, 239b schon wegen der Personenverschiedenheit der Rechtsgutträger gerechtfertigt. Dem kann jedoch entgegen gehalten werden, dass die §§ 239a, 239b ihrer Natur nach (unvollkommen) zweiaktige Delikte sind und demnach stets eine „zeitliche Komponente" erfordern. Es überzeugt daher, auch im Drei-Personen-Verhältnis eine eigenständige Bedeutung des Sich-Bemächtigens zu fordern.

§ 239a IAlt.2

§ 239a I Alt.2 betrifft den Fall, dass der Täter zunächst ohne die Absicht der Erpressung die *Entführung* oder das *Sich-Bemächtigen* durchführt – zu einem späteren Zeitpunkt aber die so geschaffene Situation zur Begehung einer *Erpressung ausnutzt.* Im Gegensatz zu Alt.1 genügt hier nicht die bloße Ausnutzungsabsicht; es muss eine vollendete (oder zumindest versuchte) Erpressung i.S.d. § 253 vorliegen. 148

§ 239a III

§ 239a III enthält eine *Erfolgsqualifikation.* Wegen der ratio legis und der hohen Strafdrohung muss der Todeseintritt hier durch eine tatbestandsspezifische Gefahr verursacht worden sein.[290] Voraussetzung ist daher, dass der Tod i.R.d. § 239a I Alt.1 infolge der Entführung, i.R.d. Alt.2 durch die Aufrechterhaltung dieses Zustandes eingetreten ist.

Daran fehlt es z.B., wenn das Opfer – nachdem es freigekommen ist – sich verläuft und durch einen Verkehrsunfall ums Leben kommt. Entgegen § 18 ist „Leichtfertigkeit" erforderlich.

Rücktritt

Die Vorschrift würde ansonsten weitgehend leer laufen.[291] Für den Rücktritt vom versuchten § 239a gelten die allgemeinen Rücktrittsregeln. 149

2. Konkurrenzen

Konkurrenzen

- § 239a ist gegenüber §§ 239, 240 das *speziellere Delikt.* 150
- Auch § 239a I Alt.2 ist gegenüber §§ 253, 255 *lex specialis*, da der Täter hier die Erpressung tatsächlich begehen muss.
- Zwischen § 239a I Alt.1 und den §§ 253, 255 besteht dagegen *tatbestandliche Handlungseinheit.* Denn im Tenor muss zum Ausdruck kommen, ob die Erpressung vollendet wurde, was § 239a I Alt.1 als Delikt mit überschießender Innentendenz gerade nicht erfordert und damit nicht hinreichend klarstellt.

3. Geiselnahme, § 239b

§ 239b

Die *Geiselnahme,* § 239b, ist im Wesentlichen § 239a nachgebildet. So wird in § 239b II auch auf die Abs.2 – 4 von § 239a verwiesen. Ebenso kann bezüglich der Geiselnahme im Zwei-Personen-Verhältnis auf die zu § 239a gemachten Ausführungen verwiesen werden. 151

290 Sch-Sch, § 239a StGB, Rn. 40 m.w.N.; a.A. BGHSt 19, 382-387.

291 Sch-Sch, § 239a StGB, Rn. 44.

Der Unterschied ist hier, dass einerseits qualifizierte Nötigungsmittel (Drohung mit dem Tod, einer Körperverletzung nach § 224 oder mit Freiheitsentziehung von über einer Woche Dauer) verwendet werden, andererseits an Stelle der erpresserischen Absicht jegliche Nötigungsabsicht tritt.

Die „Geiselnahme“ betrifft daher diejenigen Fälle, in denen es dem Täter nicht unbedingt auf einen Vermögensvorteil ankommt, sondern z.B. auf die Freilassung von Gefangenen u.Ä. Hinsichtlich § 239a tritt § 239b im Wege der Subsidiarität zurück.[292]

hemmer-Methode: Während § 239a typischerweise im Zusammenhang mit räuberischen Erpressungen anzuprüfen ist, kommt § 239b insbesondere bei Straftaten gegen die sexuelle Selbstbestimmung (§§ 177 ff.) oder aber beim Raub in Betracht.

VI. Bedrohung, § 241

§ 241 = abstraktes Gefährdungsdelikt

Die Bedrohung, § 241, ist ein oft übersehenes *abstraktes Gefährdungsdelikt.* Nach Abs.1 handelt hier tatbestandlich, wer einen Menschen mit der Begehung eines Verbrechens (§ 12 I) bedroht. Nicht erforderlich ist, dass diese Drohung ernst gemeint ist. Abs.2 betrifft den Fall, dass der Täter dem Opfer wider besseres Wissen vortäuscht, dass die Begehung eines solchen Verbrechens durch einen Dritten bevorsteht (§ 241 II). 152

Schutzgut

Schutzgut ist in beiden Fällen das Vertrauen auf den Rechtsfrieden.

Strafloser Versuch

Ein strafloser Versuch liegt vor, wenn das Opfer die Bedrohung nicht ernst nimmt oder dem Täter i.R.d. § 241 II keinen Glauben schenkt.

hemmer-Methode: Die Bedrohung ist tatbestandsmäßig in zahlreichen Klausuren enthalten, spielt aber dennoch i.d.R. keine größere Rolle, da sie typischerweise hinter einem begangenen Raub oder einer Nötigung zurücktritt. Es ist daher vertretbar, dieses typischerweise subsidiäre Delikt erst auf Konkurrenzebene anzusprechen.

292 BGHSt 25, 386-388 = **juris**byhemmer; BGHSt 26, 24-29 (28) = **juris**byhemmer.

§ 4 STRAFTATEN GEGEN DIE EHRE

I. Geschütztes Rechtsgut

H.M.: zweigeteilter Ehrbegriff

Schutzgut der §§ 185 ff. ist die Ehre. Teilweise wird von einem zweigeteilten Ehrbegriff ausgegangen (sog. dualistischer Ehrbegriff):[293] 153

Innere Ehre

Einer Person kommt als Träger geistiger und sittlicher Werte innere Ehre aufgrund ihrer Menschenwürde zu. Die innere Ehre besitzt daher jeder Mensch, also auch Kleinkinder oder Schwerverbrecher. 154

Äußere Ehre

Äußere Ehre wird dagegen vom Menschen kraft seiner eigenen Lebensleistungen erworben: Zur äußeren Ehre gehört daher der „gute Ruf“ innerhalb der Gesellschaft.

hemmer-Methode: Der dualistische Ehrbegriff ist deshalb kritikwürdig, weil er einer „Zweiklassen-Gesellschaft“ Vorschub leistet. Lehnt man ihn ab, ist der Ehrbegriff einzelfallbezogen normativ zu bestimmen. Letztlich ist die Ehre als geschütztes Rechtsgut abstrakt nicht präzise definierbar, so dass dies von Ihnen in der Prüfungssituation auch nicht verlangt werden kann.

II. Beleidigungsfähigkeit

Übersicht: Beleidigungsfähigkeit

Natürliche Personen	**Beleidigungsfähigkeit eines Kollektivs mögl. (Arg.: § 193 III, IV):**
Auch möglich: Beleidigung unter einer Kollektivbezeichnung **Voraussetzungen hierfür:** ⇨ „abgrenzbarer Personenkreis“ sowie ⇨ „individueller Bezug“ **Verstorbene:** § 189	**Voraussetzungen:** ⇨ „soziale Funktion“ des Kollektivs sowie ⇨ die Möglichkeit des Kollektivs, einen „einheitlichen Willen“ zu bilden

1. Einzelpersonen

Alle lebenden natürlichen Personen

Die ehrverletzende Behauptung muss sich in den §§ 185 ff. auf eine *beleidigungsfähige Person* beziehen. Als Träger von Ehre kommen zunächst alle lebenden natürlichen Personen in Betracht. Verstorbene sind dagegen über § 189 nur eingeschränkt geschützt. 155

[293] BGHSt 11, 67-74 (68).

2. Personengesamtheiten

Personengesamtheiten

156 Aber auch Personengesamtheiten können nach h.M.[294] beleidigungsfähig sein – und dies unabhängig von ihrer Rechtsform: § 194 III, IV zeigt, dass jedenfalls Behörden und politische Körperschaften beleidigungsfähig sein müssen. Andernfalls würde die Regelung, wer zur Stellung des Strafantrags berechtigt ist, keinen Sinn machen. Dieser Rechtsgedanke kann auf andere Personengesamtheiten übertragen werden, wenn diese eine rechtlich anerkannte soziale Funktion erfüllen und einen einheitlichen Willen bilden können.

Die Gegenansicht geht davon aus, dass – abgesehen von der gesetzlichen Ausnahme i.R.d. § 194 III, IV – im Grundsatz nur natürlichen Personen Ehre zukommen könne. Ein strafrechtlicher „Ehrschutz“ für Personengesamtheiten sei deshalb nicht geboten. Die Mitglieder der Personengesamtheit würden zudem ausreichend über die Grundsätze der Kollektivbeleidigung geschützt.[295]

hemmer-Methode: Entscheiden Sie sich klausurtaktisch für die h.M., dann schneiden Sie sich nicht die Subsumtion der Begriffsmerkmale „soziale Funktion“ und „einheitliche Willensbildung“ ab. Bei letzterem ist in der Klausur dann näher auf die Struktur der Personengesamtheit einzugehen.

Nach h.M. sind beispielsweise beleidigungsfähig: politische Parteien, das Deutsche Rote Kreuz, Religions- und Ordensgemeinschaften sowie Fakultäten, auch die Bundeswehr.

Nicht dagegen: gesellige Vereinigungen wie Kegelclubs oder Stammtischrunden.

3. Beleidigung von Einzelpersonen unter einer Kollektivbezeichnung

Beleidigung unter Kollektivbezeichnung

157 Von der Frage der Beleidigungsfähigkeit einer Personengesamtheit (= Frage, ob jemand beleidigt werden kann) ist strikt die Frage zu trennen, wann die Beleidigung von Einzelpersonen unter einer Kollektivbezeichnung vorliegt (= Frage, wer beleidigt wird). Dabei ist eine Beleidigung unter einer Kollektivbezeichnung nur dann als Beleidigung der einzelnen Mitglieder anzusehen, wenn sich – allgemein formuliert – der Einzelne angesprochen fühlen muss. Hier sind folgende Fallgruppen zu unterscheiden:

Kollektivbehauptung, aber Beleidigung nur des Einzelnen

158 **a)** Verwendet der Täter eine ehrverletzende Kollektivbehauptung, um ein einzelnes Mitglied der Gruppe zu beleidigen, so ist ersichtlich nur das betreffende Mitglied in seiner Ehre verletzt.

Bsp.: *A sagt zu dem Richter X, der ihn gerade verurteilt hat: „Alle Richter sind bestechlich!“*

Keine Offenlegung, welches spezielle Mitglied der Gruppe betroffen

159 **b)** Verwendet der Täter eine ehrverletzende Kollektivbehauptung, ohne offen zu legen, welches spezielle Mitglied der Gruppe er meint, so kommt es darauf an, ob die Gruppe aus einem verhältnismäßig kleinen und überschaubaren Personenkreis besteht.

Bsp.: *So sind alle Richter des Amtsgerichts in X beleidigt, wenn A behauptet: „Einer der 10 Amtsrichter in X ist bestechlich.“*

Keine Beleidigung liegt daher vor, wenn A behauptet, dass „einer der Einwohner von X ein Dieb ist“.

---

294 Seit der grundlegenden Entscheidung BGHSt 6, 186-192; kritisch WESSELS/HETTINGER, BT-1, Rn. 468 und FISCHER, vor § 185-200 StGB, Rn. 9 f.; a.A. SK, vor § 185 StGB, Rn. 8 f., der nur Menschen eine „Ehre“ zuspricht.

295 Siehe dazu nachfolgende Ausführungen unter Rn. 159.

Beleidigung aller Mitglieder einer Gruppe

c) Am schwierigsten liegt der Fall, wenn alle Mitglieder einer bestimmten Gruppe unter einer Kollektivbezeichnung beleidigt werden sollen. Hier ist jedes Mitglied der Gruppe beleidigt, wenn die Kollektivbezeichnung den *Kreis der Betroffenen so scharf kennzeichnet, dass er deutlich von der Allgemeinheit abgegrenzt werden kann.* Es muss - mit anderen Worten - klar sein, welche Personen der Gruppe angehören. *160*

> ***Bsp.:*** *Ausreichend individualisiert sind daher die Sammelbezeichnungen: „der preußische Richterstand“*[296]*, die „heute in Deutschland lebenden Juden“*[297].
>
> *Nicht dagegen die „Polizei“ in ihrer Gesamtheit*[298]*, „alle an der Entnazifizierung beteiligten Personen“*[299]*, „die Christen“*[300] *oder „die Akademiker“.*[301]
>
> ***Bsp.:***[302] *Der Journalist J publiziert einen Artikel mit dem Aussage: „Soldaten sind potentielle Mörder. Weltweit. Auch bei der Bundeswehr“.*
>
> Zum einen liegt hier aufgrund der Kundgabe eines Werturteils die Beleidigung der Institution Bundeswehr vor. Fraglich ist jedoch, ob auch die einzelnen Soldaten der Bundeswehr unter einer Kollektivbezeichnung beleidigt wurden.
>
> Dies wäre dann der Fall, wenn der betroffene Personenkreis aufgrund bestimmter Merkmale so klar umgrenzt ist, dass er deutlich aus der Allgemeinheit hervortritt. Dies wäre zwar hier denkbar[303], jedoch nimmt das BVerfG im Lichte der Meinungsfreiheit (Art. 5 I GG) eine verfassungskonforme Auslegung der Äußerung vor. Es kommt zu dem Ergebnis, dass durch Voranstellen des Wortes „Weltweit“ nicht deutlich dargelegt wird, dass gerade die Soldaten der Bundeswehr durch die Äußerung betroffen sind; es könnte auch das Soldatentum schlechthin gemeint sein. Je größer das Kollektiv jedoch sei, auf das sich die herabsetzende Äußerung beziehe, desto schwächer sei die persönliche Betroffenheit. Damit hat das BVerfG die Beleidigung der Soldaten unter einer Kollektivbezeichnung i.E. verneint.

hemmer-Methode: Instruktives Fallbeispiel für die Frage, ob eine Kollektivbeleidigung bzw. eine Beleidigung unter einer Kollektivbezeichnung in Betracht kommt, ist ein Fall des OLG Karlsruhe, bei dem Anhänger eines Fußballclubs im Stadion ein Plakat mit der Aufschrift „ACAB“ (für: „all cops are bastards“) hochgehalten haben. Das Gericht hat im Ergebnis eine Beleidigung der anwesenden Polizisten in Form der Beleidigung unter einer Kollektivbezeichnung bejaht.[304] Beachten Sie gleichwohl, dass vor einer vorschnellen Bejahung von § 185 häufig zunächst eine verfassungskonforme Auslegung im Hinblick auf Art. 5 I GG zu erfolgen hat.[305]

III. Kundgabe

Kundgabe

Die §§ 185 ff. haben den Charakter von Kundgabedelikten. Tatbestandsmäßig ist hier immer nur die Kundgabe einer ehrverletzenden Behauptung, d.h. die Äußerungen müssen sich an einen anderen richten und zu dessen Kenntnisnahme bestimmt sein.[306] *161*

---

[296] RGSt 1, 292.

[297] BGH, NJW 1980, 45-47 = **juris**byhemmer.

[298] BGH, StV 1982, 222.

[299] BGHSt 2, 38-40 (39).

[300] LG Köln, MDR 1982, 771-772.

[301] BGHSt 11, 207-209.

[302] In Anlehnung an BVerfG, NJW 1995, 3303-3310 = **juris**byhemmer.

[303] So schon z.B. das BayObLG, NStZ 1991, 186-188 = **juris**byhemmer.

[304] OLG Karlsruhe, Urteil vom 19.07.2012 – 1 (8) Ss 64/12 – AK 40/12 = **Life&Law 2013, Heft 2.**

[305] Instruktiv hierzu bei der Bezeichnung als „rechtsradikal“ vgl. BVerfG, NJW 2012, 3712-3714 = **juris**byhemmer = **Life&Law 2013, Heft 2.**

[306] Wessels/Hettinger, BT-1, Rn. 479 f.

Es ist dabei gleichgültig, in welcher Form die Äußerungen nach außen dringen: dies kann in schriftlicher, bildlicher oder symbolischer Art und Weise sowie durch schlüssiges Handeln geschehen. Darüber hinaus kann die Kundgabe auch anonym geschehen.[307] An einer Kundgabe fehlt es bei Tagebuchaufzeichnungen, die nicht für andere bestimmt sind, oder bei einem zufällig mitgehörten Selbstgespräch.

Äußerungen im engsten Familienkreis

Teilweise wird das Vorliegen einer Kundgabe im Sinne der §§ 185, 186 ebenfalls verneint, wenn die Äußerung über Dritte *im engsten Familienkreis* stattfindet.

Die h.M.[308] geht dagegen von einer teleologischen Tatbestandsreduktion aus. Man müsse es jedem Menschen zubilligen, innerhalb seines engsten Lebenskreises ungezwungene und vertrauliche Gespräche führen zu können. An dieser Lebensnotwendigkeit könne die Rechtsordnung nicht vorbeigehen. Dies überzeugt. Die §§ 185, 186 sind deshalb insoweit teleologisch zu reduzieren.

Teilweise wird auch ein persönlicher Strafausschließungsgrund entsprechend § 36 angenommen.[309] Richtigerweise[310] ist diese Tatbestandsreduktion (etwa bei Alleinstehenden) auch auf *besonders enge Freundschaften* auszudehnen.

hemmer-Methode: Etwa die Äußerungen eines Strafgefangenen i.R. seiner Gefangenenpost an einen engen Vertrauten unterliegen dem Vertraulichkeitsschutz und damit dem beleidigungsfreien Bereich. Daran ändert auch nichts, dass eine Briefkontrolle angeordnet ist und damit Dritte Kenntnis vom Inhalt der Äußerungen erlangen.[311]

§ 187 findet dagegen auch auf Äußerungen im engsten Familienkreis Anwendung, da ehrverletzende Tatsachenbehauptungen wider besseres Wissen auch im engsten Lebenskreis keinen Schutz verdienen. Eine teleologische Reduktion scheidet daher hinsichtlich einer Verleumdung aus.

Beachten Sie schließlich, dass die §§ 185 ff. nur insoweit tatbestandlich zu reduzieren sind, soweit es um Äußerungen über Dritte geht. Für ehrenrührige Äußerungen gegenüber und in Bezug auf Familienangehörige oder enge Freunde selbst finden die §§ 185 ff. uneingeschränkt Anwendung.

IV. Die einzelnen Tatbestände

1. Systematik

§ 185 als Auffangtatbestand

§ 185 bildet nicht, wie vielfach angenommen, den Grundtatbestand der Beleidigungsdelikte, sondern einen Auffangtatbestand für alle Fälle, die in den §§ 186, 187 nicht enthalten sind. Diese speziellen Tatbestände erfassen lediglich die Kundgabe *ehrenrühriger Tatsachen gegenüber Dritten*. Demgemäß ergreift § 185 die Kundgabe ehrenrühriger *Tatsachen gegenüber dem Betroffenen* sowie die Kundgabe ehrenrühriger *Werturteile gegenüber Dritten und/oder dem Betroffenen*. 162

307 BGH, MDR 1984, 275.

308 SK, vor § 185 StGB, Rn. 18; BGHZ 84, 1105; vgl. WESSELS/HETTINGER, BT-1, Rn. 481 f.; anders noch: RGSt 71, 159.

309 SCH-SCH, vor § 185 StGB, Rn. 9.

310 WESSELS/HETTINGER, BT-1, Rn. 486 m.w.N.

311 Vgl. BverfG, NJW 2007, 1194-1195 = jurisbyhemmer = **Life&Law 2007, Heft 8, 547-551**.

Systematik der Beleidigungsdelikte

	Werturteil	**Tatsachen-behauptung**
Gegenüber Opfer	**§ 185**	**§ 185**
Gegenüber Dritten	**§ 185**	**§ 186 / § 187**

hemmer-Methode: Versuchen Sie, mit System zu lernen! Die Kenntnis des Anwendungsbereichs der einzelnen Tatbestände der Ehrdelikte ist in diesem Bereich überlebenswichtig. In der Klausur sollten Sie also immer anhand der Kriterien *Tatsachenbehauptung/Werturteil* und *Kundgabe gegenüber Dritten/gegenüber dem Betroffenen* differenzieren.

2. Die Verleumdung, § 187

Die Verleumdung erfasst die Kundgabe unwahrer, ehrenrühriger *Tatsachen* gegenüber *Dritten.* 163

Abgrenzung: Tatsachenbehauptung - Werturteile

Tatsachen: Umstände, die einem Beweis zugänglich sind

Nach der h.M.[312] sind unter Tatsachen alle Umstände zu verstehen, die einem *Beweis zugänglich* sind. Dazu gehören auch innere Umstände, wie z.B. das Vorhandensein bestimmter Absichten. In der Praxis gibt es kaum Aussagen, die reine Tatsachenbehauptungen oder reine Werturteile darstellen. Es kommt deshalb darauf an, ob eine Behauptung einen *greifbaren Tatsachenkern* enthält.

> ***Bsp.:*** *Die Aussage „A ist ein Dieb“ kann ein reines Werturteil über die Gesetzestreue des A sein oder aber auch eine Tatsachenbehauptung, wenn sich die Behauptung auf einen bestimmten Diebstahl bezieht („A hat am Mittwoch im Laden des B gestohlen“).*

Die neuere Rspr. tendiert mitunter dazu, den Anwendungsbereich der Tatsachenbehauptung beim Vorliegen auch wertender Elemente fast auf null zu reduzieren.[313]

Unwahrheit: Tatbestandsmerkmal

Bei § 187 ist die Unwahrheit der kundgegebenen Tatsache objektives Tatbestandsmerkmal. 164

hemmer-Methode: Beachten Sie die unwiderlegliche Wahrheitsfiktion des § 190. § 187 Alt.2 regelt einen erschwerten Fall, wenn die Tat öffentlich, in einer Versammlung oder durch Verbreiten von Schriften begangen wird.

Behaupten oder verbreiten

Tatbestandsmäßig handelt der Täter, der die unwahre Tatsache behauptet oder verbreitet. Behaupten bedeutet dabei, etwas nach eigener Überzeugung als gewiss oder richtig hinzustellen. Ein Verbreiten liegt dann vor, wenn etwas als Gegenstand fremden Wissens weitergeben wird.[314]

---

312 Wessels/Hettinger, BT-1, Rn. 492 m.w.N.

313 Hufen, JuS 1992, 961 ff.

314 Wessels/Hettinger, BT-1, Rn. 493.

Wider besseres Wissen = dolus directus

Subjektiv muss der Täter wider besseres Wissen handeln. Das ist nur dann Fall, wenn er die Unwahrheit der Tatsache positiv gekannt hat. Dolus eventualis reicht damit nicht.[315]

3. Üble Nachrede, § 186

Nichterweislichkeit der Tatsache: objektive Bedingung der Strafbarkeit

Auch § 186 erfasst die Kundgabe ehrenrühriger Tatsachen gegenüber Dritten. Jedoch ist die Nichterweislichkeit der Tatsache hier nicht Tatbestandsmerkmal, sondern nach h.M. objektive Bedingung der Strafbarkeit, auf die sich der Vorsatz des Täters nicht beziehen muss. Sie ist im Anschluss an den Tatbestand zu prüfen. Der Täter trägt hier das Risiko, dass die Wahrheit einer Tatsache nicht nachgewiesen werden kann. 165

hemmer-Methode: Wäre die Nichterweislichkeit der Tatsache nicht Voraussetzung für eine Strafbarkeit gem. § 186, müsste zugunsten des Täters angenommen werden, dass die behauptete Tatsache der Wahrheit entspreche („in dubio pro reo"-Grundsatz). Dann würde eine Strafbarkeit regelmäßig daran scheitern, dass das Gericht sich nicht von der Ehrenrührigkeit der Tatsache überzeugen kann (§ 261 StPO). Die objektive Bedingung der Strafbarkeit hat somit die Aufgabe, das Risiko einer Strafbarkeit grundsätzlich dem Sich Äußernden aufzubürden.

Bsp.: *Jurastudent J behauptet gegenüber seinen Freunden, sein Kommilitone K habe sich bisher alle Hausarbeiten schreiben lassen, was nicht bewiesen werden kann.*

§ 186 Alt.2 betrifft den erschwerten Fall, dass die Tat öffentlich oder durch Verbreiten von Schriften begangen wurde. § 188 enthält zu den §§ 186, 187 eine Qualifikation, wenn die Tat gegenüber bestimmten Personen des öffentlichen Lebens begangen wird.

4. Beleidigung, § 185

Die Beleidigung erfasst letztlich die Kundgabe ehrenrühriger *Tatsachen* gegenüber *dem Betroffenen* sowie ehrenrühriger *Werturteile* gegenüber *Dritten und/oder dem Betroffenen*. 166

Kundgabe von Miss- oder Nichtachtung

Beleidigung wird allgemein definiert als *Kundgabe von Nicht- oder Missachtung* durch den Täter. Dabei wird die ehrverletzende Wirkung in der Regel in einem Werturteil des Täters liegen.

Bsp.: *„Du Lump!"; „Du Nichtsnutz!" ...*

Aber auch Tatsachenbehauptungen gegenüber dem Betroffenen können ehrverletzenden Charakter haben.

Bsp.: *„Du hast mich bestohlen."*

Dies gilt jedoch in der Regel nicht, wenn die Tatsache selbst wahr ist, da der Betroffene nur in seiner erdienten Wertgeltung schützenswert ist. Die Unwahrheit ist im Bereich der Beleidigung ungeschriebenes Tatbestandsmerkmal.[316]

Sog. Formalbeleidigung

Ausnahmsweise kann jedoch in der Behauptung einer wahren Tatsache unter den Voraussetzungen des § 192 eine sog. „Formalbeleidigung" liegen. 167

---

315 KREY, BT-1, Rn. 398.

316 WESSELS/HETTINGER, BT-1, Rn. 513.

Eine Beleidigung kann sich in diesen Fällen aus der Form oder den Begleitumständen der Äußerung ergeben, sofern dadurch eine selbständige, durch die wahren Tatsachen nicht mehr gedeckte beleidigende Wertung zum Ausdruck gebracht wird.[317]

> **Bsp.:** *Auf einer Hochzeitsgesellschaft schildert ein Gast bei seiner Rede delikate Details aus dem Intimleben des Bräutigams.*

Allerdings ist zu beachten, dass § 185 keinen Auffangtatbestand für sämtliche Verletzungen des allgemeinen Persönlichkeitsrechts darstellt. So fallen z.B. das unbefugte Fotografieren und andere Verletzungen des Rechts am eigenen Bild ebenso wenig wie das Beobachten eines Liebespaares beim Austausch von Zärtlichkeiten unter § 185.

V. Rechtfertigung

Rechtfertigung

Die Straftaten nach den §§ 185 ff. können zunächst nach *allgemeinen Grundsätzen* – z.B. im Falle der Notwehr gem. § 32 oder aufgrund einer Einwilligung - gerechtfertigt sein. 168

Ein Fall der Ehrennotwehr liegt vor, wenn die Beleidigung zur Abwehr auf einen noch andauernden Angriff auf die eigene Ehre erforderlich ist.

Besonderer RF-Grund des § 193

Im Bereich der Beleidigungsdelikte besteht zudem der besondere Rechtfertigungsgrund des § 193 (bitte lesen!). 169

5. Var.: Wahrnehmung berechtigter Interessen

§ 193 enthält fünf verschiedene Varianten, deren letzte – die *„Wahrnehmung berechtigter Interessen“*[318] – den Hauptanwendungsfall der Vorschrift bildet. „Interessen“ i.S. dieser Vorschrift können nicht nur Individualinteressen, sondern auch das Informationsinteresse der Öffentlichkeit sein, so dass insbesondere Presseveröffentlichungen unter diesen Rechtfertigungsgrund subsumiert werden können.

Im Einzelfall kann der Täter der §§ 185 ff. gerechtfertigt sein, wenn

- ⇨ der Täter mit der Äußerung objektiv und subjektiv berechtigte Interessen verfolgt,
- ⇨ die Äußerung zur Wahrnehmung dieser Interessen geeignet und erforderlich ist und
- ⇨ sich auf Grund einer Interessensabwägung als angemessenes Mittel dazu erweist.

Interessensabwägung

Dabei liegt der Schwerpunkt der Prüfung in der Regel in der Interessensabwägung. Die Vorschrift ist hier im Lichte der Meinungsfreiheit nach Art. 5 GG auszulegen, und im Sinne der Wechselwirkungslehre des BVerfG ist eine Abwägung der Meinungsfreiheit mit dem Recht auf Ehre durchzuführen, wobei festzustellen ist, welchem Recht im konkreten Fall der Vorrang gebührt.[319]

Dabei trifft denjenigen, der eine ehrverletzende Tatsachenbehauptung aufstellt, je nach den Umständen des Einzelfalles eine *Informations- und* Nachforschungspflicht. Leichtfertig aufgestellte Behauptungen, haltlose Vermutungen oder unter Verletzung der Nachforschungspflicht erhobene Beschuldigungen genießen den Schutz des § 193 dagegen nicht.[320]

---

317 Sch-Sch, § 192 StGB, Rn. 1.

318 Vgl. hierzu OLG Düsseldorf, NStZ 1998, 516-517 = **Life&Law 1998, Heft 12, 795-802 (798)**.

319 Sch-Sch, § 193 StGB, Rn. 8.

320 BVerfGE 12, 130.

Andererseits stellt sachliche Kritik schon tatbestandsmäßig keine Beleidigung dar, soweit sie nicht ehrverletzend ist.[321]

§ 193 nicht bei § 187

I.R.d. Verleumdung ist eine Rechtfertigung nach § 193 nach h.M. grds. nicht möglich.[322] Dies lässt sich damit begründen, dass Art. 5 I GG auch nicht die bewusst unwahre Kundgabe von Tatsachen schützt. Das BVerfG fordert für den Schutz durch Art. 5 I GG die subjektive Wahrhaftigkeit des Geäußerten.[323]

Im Falle des § 186 ist eine Rechtfertigung nach § 193 trotz Nichterweislichkeit der Tatsache noch nicht per se ausgeschlossen. Dem Berichterstatter wird hier zur Rechtfertigung eine Art „erlaubtes Risiko“ zugebilligt, falls er seinen Informationspflichten Genüge getan und nicht leichtfertig Behauptungen aufgestellt hat.[324]

Keine Rechtfertigung nach § 193 ist bei der sog. Formalbeleidigung nach §§ 185, 192 möglich, da diese sich trotz Wahrheitsbeweises gerade aus der Form oder den Umständen der Äußerung ergibt.[325]

VI. Kompensation, Konkurrenzen und Strafantrag

Kompensation

Nach § 199 kann bei auf der Stelle erwiderten Beleidigungen eine sog. Kompensation eintreten: Sowohl der „Erst-“ als auch der „Zweitbeleidiger“ können straffrei ausgehen. 170

Konkurrenzen

Nach h.M.[326] stehen die §§ 186 – 188 mit § 185 in Idealkonkurrenz, wenn eine Tatsachenbehauptung sowohl dem Betroffenen als auch einem Dritten gegenüber geäußert wird, da hier sowohl eine Kundgabe eigener Missachtung als auch die Ermöglichung fremder Missachtung zu bejahen ist und damit verschiedene Rechtsgüter geschützt sind.

Antragsdelikte

Das Antragserfordernis des § 194 bezieht sich entgegen dem missverständlichen Wortlaut auf alle Beleidigungsdelikte.

---

321 WESSELS/HETTINGER, BT-1, Rn. 516.

322 KREY, BT-1, Rn. 402; SCH-SCH, § 193 StGB, Rn. 2.

323 PIEROTH/SCHLINK, Staatsrecht II (Grundrechte), Rn. 631; BGH, NStZ 1992, 535-536 = **juris**byhemmer.

324 SCH-SCH, § 193 StGB, Rn. 8.

325 SCH-SCH, § 192 StGB, Rn. 4.

326 BGHSt 6, 159-163 (161); BGHSt 12, 287-295 (292); SCH-SCH, § 186 StGB, Rn. 21; Fischer, § 185 StGB, Rn. 20.

§ 5 STRAFTATEN GEGEN DEN PERSÖNLICHEN LEBENS- UND GEHEIMBEREICH

I. §§ 201 ff.

§§ 201 - 205

Die §§ 201 ff. schützen bestimmte Rechtsgüter aus dem persönlichen Lebens- und Geheimbereich. Dabei ist stets auf das Strafantragserfordernis gem. § 205 zu achten. 171

§ 201

§ 201 stellt das *Aufnehmen* oder *Abhören* des nicht öffentlich gesprochenen Wortes unter Strafe. Schutzgegenstand ist hier die *Privat- bzw. Vertraulichkeitssphäre* natürlicher Personen.[327]

§ 201 III enthält eine Strafschärfung in Gestalt einer Tatbestandsqualifikation, wenn die Tat von einem Amtsträger begangen wird (= unechtes Amtsdelikt, da keine Begehung „in Ausübung" des Amtes). Für *Teilnehmer* ist in diesem Fall § 28 II anwendbar. Beachten Sie, dass das Strafantragerfordernis des § 205 im Falle des Absatzes 3 gerade nicht gilt.

Str.: Behandlung der mit Wissen, aber ohne Einwilligung gemachten Aufnahmen

Klassische Streitfrage i.S.d. § 201 ist, ob auch mit *Wissen, aber ohne Einwilligung des Betroffenen* gemachte Tonbandaufnahmen unter diese Vorschrift fallen. Während die h.M. dies grundsätzlich bejaht und lediglich auf die Möglichkeit einer mutmaßlichen Einwilligung verweist, geht die Gegenansicht davon aus, dass bei Kenntnis des Abgehörten von vornherein keine Vertraulichkeit und daraus resultierende unbefangene Äußerungen entstehen können.[328] 172

hemmer-Methode: I.R.d. § 201 lassen sich ohne größere Schwierigkeiten materielle und prozessuale Probleme kombinieren, da §§ 100a, 100b StPO sowie der § 100c I Nr.2 StPO den Strafverfolgungsbehörden i.R.d. sog. Lauschangriffes gerade die Befugnis zu derartigen Maßnahmen erteilen. Daraus ergibt sich für diese Vorschrift eine gewisse Examensrelevanz. Bei Privatpersonen kann sich die Befugnis zu heimlichen Tonaufnahmen aus § 32 oder § 34 ergeben, wenn dies erfolgt, um sich gegen erpresserische oder sonstige strafbare Äußerungen zur Wehr zu setzen.

§ 201a

Gem. § 201a wird zudem die Verletzung des höchstpersönlichen Lebensbereichs durch Bildaufnahmen sanktioniert. § 201a soll der *Bestimmungsbefugnis der Person* über Informationen ihres höchstpersönlichen Lebensbereichs Ausdruck verleihen. Im kriminalpolitischen Kontext ist die Vorschrift als Reaktion auf die zunehmende Entwicklung und Miniaturisierung der Technik (Fotohandys, etc.), mit der erhebliche Gefahren für die Persönlichkeitsrechte der Betroffenen verbunden sind, zu werten.

hemmer-Methode: Denken Sie bei Belästigungen (z.B. permanentes Fotografieren), die den Tatbestand des § 201a erfüllen, auch immer an eine etwaige Strafbarkeit wegen Nachstellung, § 238. Problematisch ist bei § 201a zudem, wenn die Bildaufnahmen in einem öffentlichen Bereich, wie z.B. einer öffentlichen Sauna, aufgenommen werden. Richtigerweise kann dieser Bereich nicht unter „besonders geschützter Raum" im Sinne des § 201a I subsumiert werden, so dass eine entsprechende Strafbarkeit ausscheidet.[329]

---

[327] Fischer, StGB, § 201, Rn. 2.

[328] Vgl. Fischer, StGB, § 201, Rn. 10 m.w.N.

[329] OLG Koblenz, NStZ 2009, 268-269 = **juris**byhemmer = **Life&Law 2009, Heft 6, 395-399**.

§ 202

§ 202 betrifft die Verletzung des *Briefgeheimnisses*. Geschützt wird die *private, aber auch geschäftliche oder behördliche Vertraulichkeitssphäre in Form eines formalen Geheimbereichs.*[330] Die Rechtswidrigkeit der Tat kann nach den allgemeinen Vorschriften entfallen. Spezielle Rechtfertigungsgründe können sich mithin aus den §§ 99, 100 III StPO (Beschlagnahme und Öffnung von Briefen) ergeben. 173

Gesetzesänderung vom 11.08.2007

Im Zuge des 41. StrafÄndG zur Bekämpfung der Computerkriminalität wurde zum einen § 202a neu gefasst und zusätzlich wurden die §§ 202b und c eingefügt.[331] Hiermit wird eine Erweiterung der Strafbarkeit bestimmter Handlungen im Bereich des „Hacking" und anderer Online-Straftaten erreicht.

§ 202a

§ 202a sanktioniert das unbefugte *Ausspähen von Daten*. Schutzobjekt ist das Interesse des Verfügungsberechtigten, die in elektronisch gespeicherten Daten verkörperten Informationen vor widerrechtlichem Zugriff abzuschirmen.[332] Im Schrifttum wird die Norm auch anschaulich als *„allgemeine Strafbestimmung gegen den elektronischen Hausfriedensbruch"* bezeichnet.[333]

„Hacking"

Tathandlung ist das unbefugte Zugangverschaffen zu besonders gesicherten Daten unter Überwindung von Sicherheitsvorkehrungen. Da im Gegensatz zur vorherigen Gesetzesfassung ein „Verschaffen" von Daten nicht mehr erforderlich ist, ist klargestellt, dass bereits das bloße „Hacking" die Strafbarkeit nach § 202a auslöst.

Tatbestandsbeschränkende Wirkung ist dem Merkmal der besonderen Zugangssicherung beizumessen. Eine besondere Sicherung von Daten liegt vor, wenn Vorkehrungen getroffen sind, die den unbefugten Zugriff ausschließen oder erheblich erschweren (Passworteingabe, etc.).[334]

Fraglich ist insoweit, ob das Auslesen der auf dem Magnetstreifen einer Zahlungskarte gespeicherten Informationen (wie die PIN) insoweit die Überwindung einer besonderen Zugangssicherung voraussetzt. Derzeit ist dies noch unter Einsatz eines handelsüblichen Kartenlesegeräts ohne weiteres möglich. Demzufolge hat der BGH zu Recht entschieden, dass es keine besondere Sicherung darstellt, wenn Daten magnetisch und damit nicht unmittelbar wahrnehmbar gespeichert sind und eine Strafbarkeit gemäß § 202a verneint.[335]

hemmer-Methode: Aufgrund dieser Entscheidung ist davon auszugehen, dass nach und nach gespeicherte Informationen besser gesichert werden, damit der Anwendungsbereich des § 202a für wichtige Bereiche wie Zahlungskarten nicht leerzulaufen droht. Halten Sie sich insoweit auf dem Laufenden, gerade auch für die Mündliche Prüfung!

Tatobjekt

Tatobjekt sind Daten, also nach der Legaldefinition des § 202a II nur solche Informationen, die elektronisch, magnetisch oder sonst nicht unmittelbar wahrnehmbar gespeichert sind oder übermittelt werden.

hemmer-Methode: § 202a ist insbesondere bei der strafrechtlichen Beurteilung des sog. „Phishings" von Relevanz. Teilweise wird nämlich das rechtswidrige Erlangen von Passwörtern als ein Ausspähen von Daten gewertet.[336] Näher zur strafrechtlichen Erfassung des „Phishing" siehe Life&Law 2008, 413 ff. Darüber hinaus stellt das Ausspähen von Daten häufig eine Vorbereitungshandlung für einen nachfolgenden Computerbetrug (§ 263a) dar. Kommentieren Sie daher § 202a – soweit zulässig – an den Rand des § 263a!

---

330 LK-SCHÜNEMANN, StGB, § 202, Rn. 2.

331 Weitere Änderungen wurden i.R.d. §§ 303a ff. vorgenommen.

332 FISCHER, StGB, § 202a, Rn. 2.

333 ERNST, Das neue Computerstrafrecht, NJW 2007, 2661-2666.

334 FISCHER, StGB, § 202a Rn. 8.

335 Vgl. BGH, NStZ 2010, 275-276 = **juris**byhemmer = **Life&Law 2011, Heft 4, 253-259**.

336 FISCHER, StGB, § 202a, Rn. 12.

§ 202b

Ergänzend ist auch das unbefugte Sich verschaffen von nicht für den Täter bestimmten Daten (vgl. § 202a II) aus einer nichtöffentlichen Datenübermittlung oder der elektromagnetischen Abstrahlung einer DV-Anlage unter Anwendung von technischen Mitteln strafbewehrt, § 202b. Die Norm erweitert also die Strafbewehrung auf die *Übermittlungsphase*. Vor dem Zugriff auf *vorher* oder *nachher* gespeicherte Daten schützt bei Bestehen besonderer Sicherungen § 202a I.[337]

§ 202c

Mit § 202c werden Vorbereitungshandlungen zu Taten nach §§ 202a, 202b erfasst. § 202c ist dogmatisch als *abstraktes Gefährdungsdelikt* einzustufen. Konkurrenzrechtlich tritt § 202c regelmäßig hinter die §§ 202a und b im Wege der Gesetzeskonkurrenz zurück.

§ 203

Im Gegensatz zu § 202, der auf die bloße Kenntnisnahme abstellt, setzt § 203 die *Offenbarung von Privatgeheimnissen* voraus.

Sonderdelikt

Die Tat ist ein Sonderdelikt und kann nur von Angehörigen bestimmter Berufsgruppen (oder deren Gehilfen, § 203 III) begangen werden.

Für Teilnehmer ist § 28 I anwendbar. § 203 V enthält eine Qualifikation, wenn der Täter mit der Tat bestimmte vermögensrelevante Absichten verfolgt.

Werden Privatgeheimnisse auf andere Weise als durch Offenbarung verwertet, so ist § 204 einschlägig.

Das Merkmal „unbefugt“

Das Merkmal der Unbefugtheit ist nach h.M. mit dem allgemeinen Verbrechenselement der Rechtswidrigkeit gleichzusetzen, so dass eine Zustimmung des Betroffenen zur Offenbarung derartiger Geheimnisse lediglich als rechtfertigende Einwilligung, nicht als tatbestandsausschließendes Einverständnis wirken kann. Die irrige Annahme einer Einwilligung des Betroffenen ist daher als Erlaubnistatbestandsirrtum zu werten.

Fall: *Der Arzt Dr. T hat einen Verkehrsunfall verursacht, bei dem O verletzt worden ist. O begibt sich zu Dr. A in ärztliche Behandlung. Eines Tages ruft Dr. T in der Praxis von Dr. A an und gibt an, O hätte sich aufgrund eines Wohnortwechsels mittlerweile bei ihm in Behandlung begeben. Dr. A möge ihm doch bitte die Behandlungsunterlagen bezüglich des Patienten O vorübergehend überlassen. O sei damit einverstanden. Dr. A glaubt dem Dr. T und übersendet ihm die gewünschten Unterlagen.*

Lösung:

A. Strafbarkeit des Dr. A

§ 203 I Nr.1

Fraglich ist zunächst, ob A den objektiven Tatbestand der Vorschrift verwirklicht hat, da er das Geheimnis gegenüber einem selbst Schweigepflichtigen weitergegeben hat. Die h.M. geht allerdings davon aus, dass ein „Offenbaren“ i.S. dieser Vorschrift auch in diesen Fällen anzunehmen ist.[338] Da nach h.M. die „Befugnis“ als Rechtfertigungsgrund und nicht als Tatbestandsmerkmal zu verstehen ist, führt die irrige Annahme der Zustimmung des O auch nicht zum Ausschluss des Tatbestandsvorsatzes. Dr. A glaubte daher an das Vorliegen des Rechtfertigungsgrundes „Einwilligung“. Dieser Erlaubnistatbestandsirrtum führt nach der vorzugswürdigen rechtsfolgenverweisenden Variante der eingeschränkten Schuldtheorie lediglich zum Entfallen des Vorsatz–Schuldvorwurfs im Hinblick auf die rechtswidrige Tat.

---

337 Fischer, StGB, § 202b Rn. 3.

338 Fischer, § 203 StGB, Rn. 30 m.w.N.

B. Strafbarkeit des Dr. T

§§ 203 I Nr.1, 25 I Alt.2 (–)

T hat zwar Tatherrschaft, da er A in einen Irrtum versetzt hat. A ist schuldloses Werkzeug. T hat aber nicht die notwendige Täterqualität, da das Geheimnis ihm nicht von einem Patienten in seiner Eigenschaft als Arzt anvertraut wurde. § 203 ist ein Sonderdelikt, mittelbare Täterschaft scheidet damit aus.

§§ 203 I Nr.1, 26 (+)

Die h.M. (rechtsfolgenverweisende eingeschränkte Schuldtheorie), die lediglich die Schuld entfallen lässt, kommt zu dem richtigen Ergebnis, dass Teilnahme möglich ist, denn eine vorsätzliche, rechtswidrige Tat liegt vor. Der Anstiftervorsatz ist als Minus im Tätervorsatz des T enthalten.

Zeugnisverweigerungsrechte

Zu beachten ist, dass die Zeugnisverweigerungsrechte der §§ 53, 53a StPO, § 383 ZPO mit den strafrechtlichen Vorschriften korrespondieren. **174**

Macht die Vertrauensperson von ihrem Verweigerungsrecht keinen Gebrauch – was prozessual möglich ist – so bleibt sie dennoch nach § 203 strafbar. Lediglich eine Entbindung der Vertrauensperson von ihrer Geheimhaltungspflicht durch den Betroffenen hat rechtfertigende Wirkung. In diesem Fall entfällt in prozessualer Hinsicht das Zeugnisverweigerungsrecht.

Antragserfordernis, § 205

Die §§ 201 ff. werden grundsätzlich nur auf Antrag verfolgt, § 205.

hemmer-Methode: Die §§ 201 ff. enthalten keine übermäßigen Schwierigkeiten, so dass dieser kurze Überblick über die einzelnen Vorschriften – die man allerdings wenigstens genau durchgelesen haben sollte – ausreicht.

II. Hausfriedensbruch, § 123

§ 123

Der Hausfriedensbruch, § 123, schützt – entgegen der Überschrift zum 7. Abschnitt des StGB – nicht die öffentliche Ordnung, sondern das *Hausrecht.* Hausrechtsinhaber ist dabei derjenige, der rechtmäßigerweise die unmittelbare Verfügungsgewalt innehat. Dies ist im Falle der Wohnraummiete der jeweilige Mieter, grundsätzlich nicht der Eigentümer. **175**

Fraglich ist, ob nach Ablauf des Nutzungsvertrags das Hausrecht automatisch an den Eigentümer zurück fällt. Dies wird nach einhelliger Auffassung verneint. Denn das Hausrecht des Mieters findet – auch gegenüber dem Eigentümer – seine Legitimation darin, dass diesem die Verfügungsbefugnis vom Eigentümer übertragen wurde. Deshalb endet das den Mieter schützende Hausrecht erst, wenn der Eigentümer wieder den unmittelbaren Besitz am Mietgegenstand erlangt hat, etwa auf Grund eines Räumungstitels.[339]

Schutz der Wohnung, der Geschäftsräume und des befriedeten Besitztums

Geschützt sind *die Wohnung, die Geschäftsräume und das befriedete Besitztum* des Hausrechtsinhabers. Unter den Wohnungsbegriff fallen neben der eigentlichen Wohnung auch alle Nebenräume (z.B. Treppenhaus, Keller). **176**

---

339 FISCHER, StGB § 123 Rn. 3. Ein instruktives Beispiel ist OLG Hamburg, NJW 2006, 2131-2132 = jurisbyhemmer = **Life&Law 2006, Heft 9, 617-620**.

Die Wohnungseigenschaft besteht allerdings nach h.M. nur solange, wie das Haus noch nicht zum Abbruch freigegeben ist.[340] Ebenfalls als Wohnung i.S. dieser Vorschrift können Wohnwagen, Campingbusse, ja sogar Zelte angesehen werden.[341] Strittig ist die Behandlung eines Hotelzimmers, das von einem Gast gemietet wird.[342]

Unter den Begriff des *befriedeten Besitztums* fallen Grundstücke, die in äußerlich erkennbarer Weise durch Schutzwehren gegen das Betreten durch Dritte gesichert sind (z.B. Friedhof, Lagerplätze u.Ä.). Diese sog. Schutzwehren (= Mauer, Zaun, Hecke) müssen keinen lückenlosen Schutz gegen das Betreten durch Unbefugte bieten. Entscheidend ist, dass der Wille des Berechtigten zum Ausschluss von Unbefugten noch hinreichend deutlich zum Ausdruck kommt.[343] Kein „befriedetes Besitztum" liegt vor, wenn z.B. ein abbruchreifes Gebäude keine Fenster oder Türen mehr besitzt und auch nicht anderweitig gegen Betreten gesichert ist (Warn- oder Verbotsschilder reichen nicht aus). 177

hemmer-Methode: Bei der Begrifflichkeit „befriedetes Besitztum" bleibt viel Spielraum für eine eigene Argumentation. Das OLG Frankfurt hatte etwa zu klären, ob eine Fußgängerpassage in einer U-Bahnstation darunter fällt, da eine städtische Verkehrsgesellschaft gegenüber einer Person ein Hausverbot erteilte und diese dort wieder angetroffen wurde. Im Ergebnis wurde „befriedetes Besitztum" und damit Hausfriedensbruch im konkreten Fall verneint. Insbesondere reichte als Eingrenzung nicht aus, dass die Passage unter dem Straßenniveau lag, da dies bei einer Fußgängerpassage naturgemäß so ist.[344]

§ 123 enthält zwei Alternativen, das *Eindringen* und das *unbefugte Verbleiben.*

Eindringen

Das „Eindringen" setzt begrifflich das Betreten gegen den Willen des Hausrechtsinhabers voraus. Dessen Einverständnis wirkt tatbestandsausschließend. Im Gegensatz zur Einwilligung sind hier Willensmängel unbeachtlich, solange das Einverständnis in tatsächlicher Hinsicht vorliegt. Auch ein erschlichenes, nicht dagegen ein durch Nötigung erzwungenes Einverständnis ist damit ausreichend.

Verfolgung widerrechtlicher Zwecke

Ein äußerst klausurrelevanter Fall des tatbestandsausschließenden Einverständnisses ist die vom Ladeninhaber erteilte generelle Befugnis zum Betreten der Geschäftsräume i.R.d. vorgegebenen Öffnungszeiten. Fraglich ist, ob dieses Einverständnis auch dann gilt, wenn die betreffende Person das Geschäft zur Begehung einer Straftat betritt.

Bsp.: *T betritt einen Supermarkt, um einen Ladendiebstahl zu begehen.*

Die h.M. geht auch in diesem Fall vom Eingreifen des tatbestandsausschließenden Einverständnisses aus.[345] Etwas anderes gelte nur, wenn bereits nach dem äußeren Erscheinungsbild des Täters kein Verhalten mehr vorliege, das von einem generellen Einverständnis gedeckt werde.

Bsp.: *Der Bankräuber stürmt maskiert in das Bankgebäude.*

Probleme bei Mietverhältnissen

I.R.v. Mietverhältnissen steht grundsätzlich nur dem Mieter das Hausrecht zu. Umstritten ist, inwieweit ausnahmsweise auch die Interessen des Vermieters berücksichtigt werden können.

---

340 Vgl. OLG Stuttgart, NStZ 1983, 123; LG Münster, NStZ 1982, 333.

341 Vgl. SCH-SCH, § 123 StGB, Rn. 4.

342 Vgl. SCH-SCH, a.a.O.

343 Vgl. WESSELS/HETTINGER, BT-1, Rn. 582.

344 So OLG Frankfurt, NJW 2006, 1746-1750 = **juris**byhemmer = **Life&Law 2006, Heft 9, 621-624**.

345 Vgl. SCH-SCH, § 123 StGB, Rn. 26 m.w.N.

Die Rspr. ging in einzelnen Entscheidungen davon aus, dass der Vermieter sich seines Hausrechts hinsichtlich Besuchern, die für ihn unzumutbar seien, nicht begeben habe[346], so dass in diesen Fällen eine Person, die sich mit Billigung des Mieters, aber entgegen einem vom Vermieter ausdrücklich erteilten Hausverbot in der Wohnung aufhält, Hausfriedensbruch begehen kann.

Bsp.: *Der Freund der Mieterin randaliert häufig lautstark in der Nacht. Der Vermieter erteilt dem Störenfried Hausverbot.*

In der Literatur wird diese Rechtsprechung weitgehend abgelehnt. Im Interesse der Rechtssicherheit dürften die zivilrechtlichen Probleme nicht ins Strafrecht verlagert werden. Der Vermieter besitze andere Sanktions- und Schutzmöglichkeiten, wie z.B. ein Antrag auf Erlass einer einstweiligen Verfügung.[347]

Untermiete

Anders ist die Situation i.R.v. Untermietverhältnissen innerhalb einer Wohnung. Hier behält nach ganz h.M.[348] der Untervermieter einen Teil des Hausrechts an dem vermieteten Zimmer und kann ein Hausverbot aussprechen, das jedoch u.U. wegen § 138 BGB sittenwidrig und damit unbeachtlich sein kann.

Bsp.:[349] *Die Untervermieterin Keusch verbietet dem bei ihr wohnenden volljährigen Studenten Lust, seine Verlobte nachts mit auf sein Zimmer zu nehmen. Die h.M. sieht ein derartiges Hausverbot mittlerweile als unbeachtlich an (§§ 157, 138 BGB).*

Unterlassensstrafbarkeit

§ 123 I Alt.1 kann auch durch Unterlassen verwirklicht werden. Zum einen dadurch, dass ein Garant eine von ihm zu überwachende Person nicht am Eindringen hindert.[350]

Bsp.: *Der bei der Bank angestellte Nachtwächter lässt seinen Freund widerspruchslos während seiner Dienstzeit in die Bank eindringen.*

Zum anderen nach h.M. auch dadurch, dass ein zunächst tatbestandslos, unvorsätzlich oder gerechtfertigt Handelnder nach Wegfall der ihn begünstigenden Sachlage in dem Gebäude weiter verweilt.[351] Insoweit ist die erforderliche Garantenstellung aus dem Vorverhalten bzw. dem Aufrechterhalten des Dauerzustandes abzuleiten.[352]

Bsp.: *T lässt sich nach Ende der Öffnungszeiten vom Personal unbemerkt in ein Schwimmbad einschließen, wodurch er seine zeitlich begrenzte Benutzungsberechtigung vorsätzlich überschreitet.*

Unbefugtes Verbleiben

Die Alt.2 des § 123 verwirklicht in Abgrenzung zu Alt.1 dagegen derjenige, der sich „auf *die Aufforderung* des Berechtigten hin nicht entfernt“ (echtes Unterlassungsdelikt).

Bsp.: *T weigert sich, der Aufforderung des Bademeisters, das Schwimmbad nach Beendigung der Öffnungszeiten zu verlassen, nachzukommen.*

---

346 Vgl. OLG Braunschweig, NJW 1966, 263 f.

347 Vgl. KREY, BT-1, Rn. 440.

348 Vgl. KREY, BT-1, Rn. 441 m.w.N.

349 Vgl. KREY, BT-1, Rn. 441.

350 Vgl. SCH-SCH, § 123 StGB, Rn. 13 ff.

351 Vgl. SCH-SCH, a.a.O.

352 A.A. RENGIER, BT II, Rn. 17, da der Wortlaut des § 123 I Alt.1 („Eindringen mit“) auf ein ausschließlich tätigkeitsgebundenes Verhalten hindeute und außerdem sonst das Aufforderungsmerkmal des § 123 I Alt.2 faktisch außer Kraft gesetzt würde.

Konkurrenzen

Hinsichtlich der *Konkurrenzen* gilt:

⇨ § 123 I Alt.2 ist subsidiär zu § 123 I Alt.1 178

⇨ § 123 wird nach h.M. vom Wohnungseinbruchsdiebstahl nach § 244 I Nr.3 im Wege der Konsumtion verdrängt.[353] Gegenüber dem einfachen Einbruchsdiebstahl gem. §§ 242 I, 243 I 2 Nr.1 ist dagegen richtigerweise Tateinheit anzunehmen, da § 243 als bloße Strafzumessungsvorschrift nicht geeignet ist, auf Konkurrenzebene den Tatbestand des § 123 zu verdrängen.[354]

III. Schwerer Hausfriedensbruch, § 124

§ 124 = Qualifikationstatbestand

Der schwere Hausfriedensbruch stellt einen *Qualifikationstatbestand* zu § 123 I Alt.1 dar. Geschütztes Rechtsgut ist hier neben dem Hausrecht auch die öffentliche Ordnung. 179

Das Delikt ist zweiaktig konstruiert: Voraussetzung für eine Strafbarkeit ist erstens *die Beteiligung an einer Zusammenrottung einer Menschenmenge* und zweitens das *Eindringen in die geschützten Räumlichkeiten* mit einer besonderen Absicht.

353 Wessels/Hillenkamp, BT-2, Rn. 236 (h.M.).

354 Siehe dazu BGH, NJW 2002, 150-152 = **juris**byhemmer sowie ausführlich dazu **Life&Law 2002, Heft 2, 100-107**.

B. ZWEITER TEIL:

STRAFTATEN GEGEN RECHTSGÜTER DER ALLGEMEINHEIT

§ 6 DELIKTE GEGEN DIE STAATSGEWALT

I. Gefangenenbefreiung, § 120

Staatliche Verwahrungsgewalt

Schutzgut der Gefangenenbefreiung ist die *staatliche Verwahrungsgewalt.* Unter den Begriff des Gefangenen (siehe auch § 120 IV) fällt jede Person, die sich aufgrund von formell ordnungsgemäß zustande gekommenem Freiheitsentzug in staatlichem Gewahrsam befindet. 180

1. Tathandlungen

Drei Tatbestandsvarianten

§ 120 enthält drei Tatbestandsvarianten: 181

⇨ Die Befreiung eines Gefangenen,

⇨ das Verleiten zum Entweichen und

⇨ das Fördern des Entweichens.

Erfolgsdelikt

Dabei ist § 120 ein *reines Erfolgsdelikt,* d.h. der Tatbestand ist in allen Varianten nur dann erfüllt, wenn der *amtliche Gewahrsam faktisch nicht mehr besteht.* Die erste Variante enthält den Fall, dass ein *Dritter* den Gefangenen täterschaftlich befreit.

Der Sache nach stellt die zweite Variante eine Anstiftung zur vollendeten Selbstbefreiung dar. Da die Selbstbefreiung (abgesehen von den Fällen des § 121) straflos ist, wird i.R.d. § 120 die Anstiftung hierzu als täterschaftliche Gefangenenbefreiung angesehen. Das gleiche gilt für § 120 I Var.3, der Beihilfehandlungen zur Selbstbefreiung betrifft, so dass „der Sache nach" nur Anstiftungs- und Beihilfehandlungen zu einer vollendeten Selbstbefreiung strafbar sind.

§ 120 II sieht eine *Strafschärfung* vor, wenn die Tat von einem Amtsträger begangen wird. Bei der Teilnahme ist § 28 II zu beachten.

2. Täterschaft und Teilnahme

Eine Reihe von Problemen entsteht bei § 120 im Bereich der Teilnahme. 182

Im Einzelnen sind folgende Fälle zu unterscheiden:

a) Abgrenzung von Täterschaft nach § 120 I, Var.2 und 3 und Teilnahme nach §§ 120 I Var.1, 26, 27

Abgrenzung: Täterschaft/Teilnahme

Obwohl Anstiftungs- und Beihilfehandlungen i.R.d. § 120 I Var.2 und 3 bereits zur täterschaftlichen Gefangenenbefreiung gemacht wurden, bleibt eine Beteiligung an § 120 nach allgemeinen Regeln weiterhin möglich. Dies betrifft *die Anstiftung oder Beihilfe zu einer (fremden) Gefangenenbefreiung* nach §§ 120 I, 26, 27. Die Abgrenzung zur täterschaftlichen Gefangenenbefreiung nach § 120 I Var.2 und 3 ist dabei nicht unproblematisch. 183

***Bsp.:** A befreit einen Gefangenen und B hilft ihm dabei. In dem Tatbeitrag des B kann man einerseits Beihilfe zur Befreiung eines Gefangenen nach §§ 120 I Var.1, 27 sehen oder aber auch eine täterschaftliche Gefangenenbefreiung durch Fördern des Entweichens nach § 120 I Var.3*

Lösung des Abgrenzungsproblems: da § 120 I Var.2 und 3 in der Sache nur die Fälle der Teilnahme an einer Selbstbefreiung regeln sollen, sind hier nur solche Handlungen tatbestandsmäßig, die *dem Gefangenen unmittelbar* helfen, nicht dagegen solche, die einem Dritten helfen, den Gefangenen zu befreien.

hemmer-Methode: Vergleichen Sie die Parallelproblematik i.R.d. § 259 bei dem Merkmal des Absetzens. Unterstützungshandlungen, die dem tatbestandslos handelnden Vortäter bzw. im Eigeninteresse handelnden Zwischentäter zugutekommen, werden unter das Merkmal der Absatzhilfe subsumiert. Unterstützungshandlungen, die einem tatbestandsmäßig handelnden Dritten geleistet werden, sind als Beihilfe (§ 27) zum Absetzen anzusehen.

b) Strafbarkeit des Gefangenen selbst

Str.: Strafbarkeit des Gefangenen selbst

Umstritten ist, inwieweit auch der *Gefangene selbst* nach § 120 strafbar sein kann. Der Gesetzgeber hat die Selbstbefreiung im Grundsatz von der Strafbarkeit nach § 120 ausgenommen. Grund hierfür ist die notstandsähnliche Lage, in der sich der Gefangene – ähnlich wie bei der Selbstbegünstigung – befindet. Eine Strafbarkeit des Gefangenen selbst kommt jedoch nach dem Wortlaut des § 120 trotzdem in folgenden Fallkonstellationen in Betracht: 184

***Fall 1:** Die Gefangenen A und B helfen sich gegenseitig beim Ausbruch.* 185

Die h.M.[355] bestraft A und B wegen der gegenseitigen Hilfe beim Ausbrechen entgegen dem Wortlaut des § 120 I Var.3 nicht. Voraussetzung sei aber, dass die Täter mit der Hilfe gegenüber dem anderen lediglich ihre eigene Befreiung ermöglichen wollen. Dies sei folgerichtig, da der Gesetzgeber die Selbstbefreiung grundsätzlich straflos lassen wollte (vgl. auch hierzu die ähnliche Konstruktion i.R.d. Begünstigung, § 258 V). Diese Wertentscheidung dürfe auch bei der mittäterschaftlichen Tatbegehung nicht unterlaufen werden. Die strafwürdigen Fälle seien ohnehin von § 121 erfasst. So sei die mittäterschaftliche Selbstbefreiung im Wege einer „Ganzheitsbetrachtung“[356] von einer Strafbarkeit ausgenommen. Gegen diese Ansicht spricht lediglich, dass der Täter eine Rechtsgutsverletzung nicht nur hinsichtlich der eigenen Befreiung fördert, sondern auch hinsichtlich der Befreiung eines anderen.

***Fall 2:** A stiftet den Wärter W an, ihn zu befreien.* 186

Nachdem W nach § 120 I Var.1, II (sowie § 258a) strafbar ist, kommt eine Strafbarkeit des A nach §§ 120 I Var.1, 26 in Betracht. Gegen diese Lösung spricht jedoch, dass es widersprüchlich wäre, die Selbstbefreiung straflos zu lassen, während die Anstiftung eines anderen zum Zwecke der eigenen Befreiung als „geringerer“ Angriff auf das Rechtsgut strafbar wäre. Darüber hinaus müssen dieser und der oben beschriebene Fall gleich behandelt werden, da es keinen entscheidenden Unterschied machen kann, ob der Dritte nun ein ausbrechender Mitgefangener ist oder ein Wärter. Die der Selbstbegünstigung eigentümliche notstandsähnliche Lage ist in beiden Fällen gegeben.[357]

Nach der Rspr.[358] wäre A dagegen strafbar. Gegen diese Ansicht spricht wiederum der Vergleich mit der Strafvereitelung, wo in § 258 V klargestellt ist, dass der Vortäter nicht wegen Anstiftung zu einer *ihm zugutekommenden* Strafvereitelung bestraft werden kann.

355 BGHSt 17, 369-376 (373) = **juris**byhemmer; Sch-Sch, § 120 StGB, Rn. 15; Fischer, § 120 StGB, Rn. 9.

356 BGHSt, a.a.O.

357 Sch-Sch, § 120 StGB, Rn. 15; SK, § 120 StGB, Rn. 13 a.E.

358 BGHSt, a.a.O.

hemmer-Methode: Sie sehen, dass sich auch i.R.v. unbekannten Problemen Argumente finden lassen, wenn man Vorschriften mit vergleichbarer Interessenlage kennt (hier § 258), die die identische Problematik (Selbstbefreiung – Strafvereitelung zu eigenen Gunsten) bereits explizit geregelt haben.

3. Konkurrenzen

Konkurrenzen

Mit den §§ 113, 223 ff., 303 und 258 besteht wegen der unterschiedlichen Schutzgüter Idealkonkurrenz. Beachten Sie, dass das Angehörigenprivileg des § 258 VI nicht auf § 120 übertragbar ist. *187*

II. Gefangenenmeuterei, § 121

Gemeinschaftliche Selbstbefreiung

Die *gemeinschaftliche Selbstbefreiung* wird dagegen in besonders schweren Fällen von § 121 erfasst. Täter kann hier nur sein, wer selbst *Gefangener* ist. Für Teilnehmer gelten die allgemeinen Regeln. Beachten Sie, dass § 28 auf die Gefangeneneigenschaft nicht anwendbar ist, da dieses Merkmal tatbezogen ist: Die Gefangeneneigenschaft bezeichnet keine besondere Pflichtenbindung des Täters, sondern dessen Nähe zum Rechtsgut und damit die Tat als solche.[359] *188*

Konkurrenzen

Hinsichtlich der *Konkurrenzen* gilt: Die §§ 113, 240 treten hinter § 121 im Wege der *Gesetzeskonkurrenz* zurück.

III. Amtsanmaßung, § 132

Der Tatbestand des § 132 setzt sich aus zwei Alternativen zusammen, von denen die erste Alternative lex specialis zur zweiten ist.[360] *189*

Die *erste Alternative* setzt voraus, dass sich der Täter als Inhaber eines öffentlichen Amtes ausgibt, das er in Wirklichkeit nicht bekleidet. Außerdem muss er noch eine Handlung vornehmen, die nur kraft öffentlichen Amtes vorgenommen werden darf.

Bsp.: *T gibt sich zu Unrecht als Polizeibeamter aus und ordnet eine Durchsuchung an.*

Die *zweite Alternative* des § 132 greift ein, wenn jemand ohne Vorspiegeln der Amtsinhaberschaft unbefugt Amtshandlungen vornimmt.

Bsp.: *T stellt nachts heimlich vor seinem Haus ein Halteverbotsschild auf.*

hemmer-Methode: § 132 taucht häufig im Zusammenhang mit den Urkundendelikten auf, da man die hierzu erforderliche Identitätstäuschung gut mit dem Vorspiegeln einer nicht existierenden Amtsträgereigenschaft kombinieren kann. Kommentieren Sie sich daher diese Vorschrift an den Rand des § 267, soweit dies nach Ihrer Prüfungsordnung zulässig ist.

---

359 H.M.: Sch-Sch, § 121 StGB, Rn. 15.

360 Str., vgl. Sch-Sch, § 132 StGB, Rn. 2.

§ 7 UNERLAUBTES ENTFERNEN VOM UNFALLORT, § 142

Schutzgut ist privates Interesse aller Unfallbeteiligten an der Aufklärung der Unfallursachen

Schutzgut des § 142 ist das *private Interesse aller Unfallbeteiligten an der Aufklärung der Unfallursachen*, um die zivilrechtliche Verantwortlichkeit der Beteiligten festzustellen.[361] Das öffentliche Interesse an der Strafverfolgung wird dagegen nicht geschützt. Die Vorschrift normiert damit ein *abstraktes Vermögensgefährdungsdelikt,* d.h. der Tatbestand setzt nicht voraus, dass die Beteiligten untereinander tatsächlich Schadensersatzansprüche haben oder dass die Verfolgung dieser Ansprüche durch die Unfallflucht erschwert wird. 190

Da § 142 damit maßgeblich dem Vermögensschutz der Unfallbeteiligten dient, ist eine Einwilligung in das geschützte Rechtsgut grundsätzlich möglich.

hemmer-Methode: Dies wird insbesondere dann relevant, wenn die Unfallbeteiligten einvernehmlich darauf verzichten, dass Feststellungen zu den Unfallursachen getroffen werden. Dann scheidet grundsätzlich eine Strafbarkeit gemäß § 142 aus. Denken Sie immer auch an die Verknüpfungen zum Allgemeinen Teil: wäre § 142 ein Delikt zum Schutze der Allgemeinheit, würde von vornherein eine Einwilligung mangels Disponibilität des Rechtsguts ausscheiden.

Um eine umfassende Aufklärung des Unfalls zu sichern, sind i.R.d. Vorschrift unterschiedliche Pflichten geschaffen worden, die teils alternativ, teils kumulativ gegeben sind. Der etwas verzwickte Aufbau des § 142 soll daher in der folgenden Übersicht dargestellt werden.

Prüfungsschema zur Unfallflucht, § 142

I. Tatbestand

1. Objektiver Tatbestand

a) Unfall im Straßenverkehr

b) Täter ist Unfallbeteiligter, § 142 V

c) Pflichtenverstoß

aa) Sind feststellungsbereite Personen (= andere Unfallbeteiligte bzw. Geschädigte) anwesend: Anwesenheits- und Vorstellungspflicht (§ 142 I Nr.1)

bb) Sind keine feststellungsbereiten Personen anwesend: zunächst Wartepflicht nach § 142 I Nr.1,

anschließend unverzügliche nachträgliche Ermöglichung der Feststellung (§ 142 II Nr.1).

cc) Sonderfall: berechtigtes/entschuldigtes Entfernen, § 142 II Nr.2

2. Subjektiver Tatbestand

II. Rechtswidrigkeit, Schuld

III. Evtl. Strafmilderung oder Strafaufhebung nach § 142 IV bei „Parkunfällen“

hemmer-Methode: Für die freiwillige Rückkehr bei sogenannten „Parkunfällen“ sieht § 142 IV in jedem Fall Strafminderung nach § 49 vor, der Richter kann sogar ganz von Strafe absehen. Ziel der Regelung ist es, einen Anreiz („goldene Brücke“) zur nachträglichen Meldung zu schaffen und damit dem Schutz privatrechtlicher Interessen der Unfallbeteiligten besser zu entsprechen.

361 Sch-Sch, § 142 StGB, Rn. 1.

Unfall

Unter einem *Unfall* i.S.d. § 142 versteht die h.M.:[362] 191

⇨ ein plötzliches Ereignis,

⇨ das im Zusammenhang mit den Gefahren des Straßenverkehrs steht und

⇨ einen nicht ganz unerheblichen Schaden verursacht.

Nicht jede kausale Verknüpfung mit einem Verkehrsgeschehen führt zu einem „Unfall im Straßenverkehr" i.S.d. § 142. Nach dem Schutzzweck der Norm ist vielmehr ein straßenverkehrsspezifischer Gefahrenzusammenhang erforderlich. Es müssen sich daher gerade die für den Straßenverkehr typischen Gefahren verwirklichen. Allein ein Handeln aus einem fahrenden Auto heraus genügt hierzu nicht.

Bsp.[363]*: A und B versuchen, aus einem fahrenden Auto heraus am Straßenrand stehende Mülltonnen zu greifen und nach einer gewissen Strecke wieder loszulassen. An geparkten PKWs entsteht erheblicher Sachschaden.*

Nach der Rechtsprechung ist es unbeachtlich, wenn ein an dem Unfall Beteiligter das Schadensereignis vorsätzlich herbeigeführt hat, wenn nur einem anderen ein von diesem ungewollter Schaden entstanden ist, weil es sich dann zumindest für diesen anderen um ein ungewolltes, ihn plötzlich von außen her treffendes Ereignis handelt.[364] Verkehrsunfall i.S.d. § 142 ist daher nicht nur die ungewollte (fahrlässige oder gänzlich schuldlose) Fremd- oder Selbstschädigung, vielmehr erfasst der Begriff auch die u.U. vorsätzliche Herbeiführung des Schadensereignisses. 192

Bsp.:[365] *T, der schlecht gelaunt von der Arbeit kommt, fährt auf dem Nachhauseweg die Leitpfosten um, um sich abzureagieren.*

Kein Verkehrsunfall liegt jedoch vor, wenn das Kraftfahrzeug nicht *auch* als Fortbewegungsmittel, sondern nur als Werkzeug zur Verwirklichung eines bestimmten Deliktplans und zur Herbeiführung eines außerhalb des Straßenverkehrs liegenden Erfolges benutzt wird.

Bsp.: *T sieht den frisch gestrichenen Gartenzaun seines Nachbarn N. Er hält den Wagen an und fährt rückwärts in den Gartenzaun, um diesen zu zerstören.*

hemmer-Methode: Schwierig sind auch die Fälle, in denen beim bloßen Be- oder Entladen von Fahrzeugen Schäden entstehen. Je nach Einzelfall sollten Sie entscheiden, ob es sich dabei um einen verkehrstypischen Schaden handelt. Das AG-Berlin-Tiergarten hat insoweit entschieden, dass kein Verkehrsunfall im Sinne des § 142 I vorliegt, wenn im stehenden Verkehr beim Be- oder Entladen von einem Lkw auf einen daneben stehenden Pkw fällt, da sich in diesem Geschehen in keiner Weise irgendein typisches Unfallrisiko gerade des Straßenverkehrs realisiere.[366]

Unbedeutender Schaden

Ein unbedeutender Schaden liegt – nach der Schutzrichtung der Vorschrift – immer dann vor, wenn vernünftigerweise nicht mit der Geltendmachung von Ersatzansprüchen zu rechnen ist. Eine absolute Grenze kann deshalb nicht gezogen werden. Rechtsprechung und Literatur nehmen einen ganz unbedeutenden Schaden aber in der Regel bei ca. 25 € an.[367]

---

362 BGHSt 8, 263-268 (264); BGHSt 12, 253-258 (255); SK, § 142 StGB, Rn. 7; SCH-SCH, § 142 StGB, Rn. 6.

363 BGH, NJW 2002, 626-628 = **juris**byhemmer = **Life&Law 2002, Heft 6, 393-397**.

364 BGHSt 24, 382-386 (383) = **juris**byhemmer.

365 Vgl. dazu auch BayObLG, VRS 69, 438-439 (1985).

366 AG Berlin-Tiergarten, Beschluss vom 16.07.2008, 3032 PLs 5850/08 = **Life&Law 2009, Heft 2, 99-101**.

367 SCH-SCH, § 142 StGB, Rn. 8; FISCHER, § 142 StGB, Rn. 11.

Ein belangloser Personenschaden wird angenommen bei geringfügigen Hautabschürfungen und bloßen Beschmutzungen des Körpers.

Unfallbeteiligter

Die Tat kann nur von einem *Unfallbeteiligten* begangen werden und ist damit ein Sonderdelikt. 193

Unter diesen Begriff fallen nach § 142 V alle Personen, deren Verhalten nach den Umständen zur Verursachung des Unfalls beigetragen haben kann. Als Täter kommen hier nicht nur der Fahrer eines Kfz, sondern auch Fußgänger, Fahrradfahrer oder auch Beifahrer in Betracht. Es genügt insoweit die bloße Möglichkeit, dass die betreffende Person zu dem Unfall beigetragen haben könnte. Nur wenn zweifelsfrei feststeht, dass eine Person unter keinen denkbaren Umständen zum Unfallgeschehen beigetragen haben kann, ist ihre Beteiligung zu verneinen.[368]

Allerdings hat das BayObLG[369] in einer Entscheidung den Halter des PKWs, dem nicht nachgewiesen werden konnte, ob er zum Zeitpunkt des Unfalls Fahrer oder Beifahrer war, nicht als Unfallbeteiligten angesehen.

Keine Unfallbeteiligten sind dagegen – obwohl insoweit ein Interesse an der Feststellung der Personalien bestehen kann – Personen, die lediglich als Zeugen in Betracht kommen. Die Definition des § 142 V ist anerkanntermaßen in ihrem Wortlaut („Verursachung“) insgesamt zu weit geraten. Nach dem Sinn und Zweck des § 142 sind hier nur solche Personen gemeint, die selbst am Unfallort anwesend sind.[370]

> **Bsp.:**[371] *T hat seinen Pkw verbotswidrig an einer unübersichtlichen Straßenkreuzung geparkt. O fährt mit seinem Pkw daher auf das Fahrzeug des T auf. Als T kurz nach dem Unfall zu seinem Pkw zurückkehrt und den Schaden an seinem Wagen erkennt, beschimpft er den O und macht sich aus dem Staub.*

I. Tathandlung

<u>Überblick über § 142</u>

Wenn feststellungsbereite Personen (= andere Unfallbeteiligte bzw. Geschädigte) vor Ort:

⇨ Anwesenheits- und Vorstellungspflicht des Unfallbeteiligten (vgl. § 142 V), § 142 I Nr.1

Wenn keine feststellungsbereite Personen vor Ort:

⇨ Wartepflicht gem. § 142 I Nr.2

Wenn keine Strafbarkeit gem. § 142 I:

⇨ Verstoß gegen „Nachholpflicht“ des § 142 II?

Wenn Strafbarkeit gem. § 142 I oder II (+):

Möglichkeit der „tätigen Reue“ gem. § 142 IV bei Bagatellfällen

§ 142 ist seiner Struktur nach ein schwer überschaubares Delikt. Er enthält mit Abs.1 und Abs.2 zwei vollständig *selbständige Tatbestände,* die einander jedoch ergänzen. 194

368 FISCHER, § 142 StGB, Rn. 15.

369 Vgl. NStZ-RR 2000, 140-141 = **juris**byhemmer = **Life&Law 2000, Heft 9, 634-640**.

370 Vgl. SCH-SCH, § 142 StGB, Rn. 21 m.w.N.

371 Vgl. OLG Köln, NJW 1989, 1683-1685.

1. Tatbestand des § 142 I

Tathandlung i.S.d. Abs.1 ist das *Sichentfernen vom Unfallort* unter bestimmten Voraussetzungen; Abs.2 betrifft dagegen das nachträgliche *Nichtermöglichen der relevanten Feststellungen.* Dabei ist Abs.1 vorrangig zu prüfen: Eine Strafbarkeit nach Abs.2 kommt immer nur dann in Betracht, wenn der Täter nicht schon nach Abs.1 strafbar ist.

Sichentfernen vom Unfallort

Das *Sichentfernen* vom Unfallort ist unter den Voraussetzungen von Abs.1 Nr.1 oder Nr.2 strafbar. Die Tatbestandsalternativen unterscheiden sich dadurch, dass *i.R.d. Nr.1 feststellbereite Personen anwesend* sind, i.R.d. Nr.2 dagegen nicht. 195

Als feststellungsbereite Personen in diesem Sinne kommen ausweislich des Wortlauts von § 142 I allein andere Unfallbeteiligte bzw. Geschädigte in Betracht. Untauglich sind hingegen Personen, von denen keine Feststellungen zugunsten des betroffenen Unfallbeteiligten zu erwarten sind, z.B. Passanten.[372]

Nicht unter die Tathandlung subsumiert werden können Personen, die vom Unfallort entfernt werden[373] (*Bsp.:* Der bewusstlose Fahrer eines PKWs wird abtransportiert). Umstritten ist in diesen Fällen, ob eine Bestrafung aus § 142 II in Betracht kommt[374], wenn der Unfallbeteiligte nicht nachträglich die entsprechenden Feststellungen ermöglicht.

Den Unfallbeteiligten trifft nach Abs.1 Nr.1 eine *Anwesenheits- und Vorstellungspflicht.* Die Vorstellungspflicht erfüllt der Beteiligte, indem er seine Unfallbeteiligung als solche offenlegt. Nicht erforderlich sind in diesem Zusammenhang genaue Angaben zu Art und Umfang der Unfallbeteiligung. Die Anwesenheitspflicht dagegen dauert so lange, bis eine feststellbereite Person alle erforderlichen Informationen bekommen hat.

Wartepflicht

Ist dagegen keine feststellbereite Person anwesend, so trifft den Unfallbeteiligten nach Abs.1 Nr.2 eine *Wartepflicht*. Ersatzmaßnahmen (z.B. Hinterlassen eines Zettels an der Windschutzscheibe) lassen die Wartepflicht grundsätzlich nicht entfallen.

Die Dauer der Wartepflicht hängt dabei von den Umständen des Einzelfalles ab, d.h. insbesondere von dem Grad des Feststellungsinteresses und von der Zumutbarkeit. Während bei einem sehr geringen Sachschaden nachts auf einem einsamen Feldweg im Einzelfall eine Wartezeit von 10 Minuten als ausreichend erachtet wurde[375], geht die h.M. bei Unfällen mit hohem Sachschaden oder Personenschäden grundsätzlich von einer Untergrenze von einer Stunde aus.[376] Entfernt sich der Beteiligte unter Verletzung dieser Pflichten, so ist er nach § 142 I strafbar.

Reichweite der Anwesenheitspflicht

Fraglich ist, welche Feststellungen durch die Anwesenheitspflicht i.R.d. § 142 I Nr.1 umfasst werden. Hier taucht das Sonderproblem auf, ob der Unfallbeteiligte auch die Durchführung einer Blutentnahme abwarten muss. In der Lit. wird teilweise die Ansicht vertreten, dass keine Feststellungspflicht dergestalt besteht, dass auch körperliche Untersuchungen ermöglicht werden müssen. Ein Entfernen vom Unfallort vor Ermöglichen der Blutentnahme würde dann den Tatbestand des § 142 nicht erfüllen.

---

372 Vgl. FISCHER, § 142 StGB, Rn. 24.

373 Vgl. SCH-SCH, § 142 StGB, Rn. 46.

374 Befürwortend BGHSt 28, 129-135 = **juris**byhemmer.

375 Vgl. SCH-SCH, § 142 StGB, Rn. 39.

376 Vgl. WESSELS/HETTINGER, BT-1, Rn. 1011.

Nach h.M. erstreckt sich jedoch die Feststellungspflicht auch auf eine mögliche Alkoholisierung.[377] Diese Auffassung entspricht dem Schutzzweck der Norm, die die Sicherung der Durchsetzbarkeit etwaiger zivilrechtlicher Ansprüche des Geschädigten bezweckt. Dem durch § 142 geschützten Beweisinteresse der anderen Unfallbeteiligten dient aber auch die Klärung eines vorherigen Alkoholgenusses eines Unfallbeteiligten.

2. Tatbestand des § 142 II

§ 142 II

§ 142 II betrifft die Fälle, in denen der Täter – obwohl er sich vom Unfallort entfernt hat – nicht schon nach Abs.1 strafbar ist. Entfernt sich der Täter nach *Ablauf der Wartefrist*, so muss er nach Abs.2 die erforderlichen Feststellungen unverzüglich nachholen. Das gleiche gilt, wenn der Täter sich *vor Ablauf der Wartefrist berechtigt oder entschuldigt* vom Unfallort entfernt hat. Abs.2 Nr.2 kommt in Betracht, wenn beim Entfernen vom Unfallort zugunsten des Täters ein Rechtfertigungs- oder Entschuldigungsgrund eingreift. 196

3. Sonderproblem: Unvorsätzliches Entfernen

„Unvorsätzliches Entfernen“

Streitig ist v.a. der Fall des vorsatzlosen Sichentfernens bzw. des Entferntwerdens, etwa wenn der Fahrer den Unfall zunächst nicht bemerkt. 197

In den Fällen des vorsatzlosen Entfernens entfällt eine Strafbarkeit gem. § 142 I mangels Vorsatzes des Täters. Fraglich ist, ob dann eine Strafbarkeit gem. § 142 II Nr.2 in Betracht kommt. Der Täter müsste sich „berechtigt oder entschuldigt“ entfernt haben.

E.A.: § 142 II Nr.2 (+)

Nach einer Ansicht wird eine Strafbarkeit gem. § 142 II Nr.2 bejaht. Auch das unvorsätzliche Entfernen wäre noch unter ein „berechtigtes oder entschuldigtes“ Entfernen subsumierbar. Für eine Erfassung des unvorsätzlichen Entfernens spreche auch die ratio legis des Straftatbestandes, die zivilrechtlichen Ansprüche der Unfallbeteiligten untereinander zu sichern.[378]

A.A.: § 142 II Nr.2 (-)

Dem ist das BVerfG entgegen getreten. Diese Auslegung verstößt gegen das Analogieverbot, Art. 103 II GG. Der Normadressat muss anhand der gesetzlichen Vorschrift voraussehen können, ob ein bestimmtes Verhalten strafbar ist. Insoweit ist der mögliche Wortsinn des Gesetzes die äußerste Grenze der Auslegung.

Bezüglich der Begrifflichkeit „unvorsätzlich“ ist insoweit festzustellen, dass diese nicht einem „berechtigten oder entschuldigten“ Entfernen nach dem allgemeinen Wortsinn gleichkommt. Denn ein solches Entfernen setzt ein bewusstes Handeln voraus, das nur ausnahmsweise erlaubt ist.

Zudem sprechen systematische Gründe gegen eine Anwendung des § 142 II Nr.2 bei einem unvorsätzlichen Entfernen. Nach § 142 II hat der Täter die Pflicht, die Feststellungen unverzüglich nachträglich zu ermöglichen. Wie dies aussieht, beschreibt beispielhaft der § 142 III. Diese Pflicht übersteigt allerdings bei weitem die Pflichten in § 142 I. Gerechtfertigt kann dies nur damit werden, dass in den Fällen des § 142 II der Täter immerhin bewusst den Unfallort verlassen hat.

---

[377] OLG Köln, NStZ-RR 1999, 251-252 = **juris**byhemmer = **Life&Law 1999, Heft 12, 800-805 (803)**.

[378] So etwa BGHSt 28, 129-135 = **juris**byhemmer.

Dem Täter die Pflichten des § 142 II, III bei einem unvorsätzlichen Entfernen aufzubürden, überzeugt in systematischer Hinsicht nicht. Nach alledem scheidet auch eine Strafbarkeit gem. § 142 II Nr. 2 beim unvorsätzlichen Entfernen vom Unfallort aus.

hemmer-Methode: Diese Argumentation des BVerfG überzeugt und sollte bekannt sein![379] Es ist Aufgabe des Gesetzgebers, eine entsprechende Strafbarkeitslücke im Gesetz zu schließen. Zeigen Sie in der Strafrechtsklausur, dass Sie die Bedeutung des Analogieverbots (Art. 103 II GG) kennen. Wegen der weitreichenden Rechtsfolgen im Strafrecht muss der Bestimmtheitsgrundsatz – anders als im Zivilrecht – besondere Beachtung finden.

Dieselbe Problematik ergibt sich im folgenden Fall:

Fall: *A verursacht mit einer BAK von 3,3 ‰ einen Verkehrsunfall und fährt, ohne anzuhalten, weiter. Im nüchternen Zustand erinnert er sich an den Unfall, meldet diesen aber trotzdem nicht.* **198**

Strafbarkeit des A nach dem Verkehrsunfall?

Lösung:

I. Unerlaubtes Entfernen vom Unfallort (§ 142 I)

§ 142 I ist mit dem Verlassen des Unfallortes tatbestandlich gegeben, jedoch muss davon ausgegangen werden, dass A mangels Schuldfähigkeit (§ 20) nicht bestraft werden kann.

II. Unerlaubtes Entfernen vom Unfallort (§ 142 II Nr.2, III)

1. A hat sich, ohne die notwendigen Feststellungen zu treffen, vom Unfallort entfernt (s.o.).

2. Mit dem Wegfall des Schuldausschließungsgrundes des § 20 könnte für ihn die Verpflichtung entstanden sein, unverzüglich nachträgliche Feststellungen zu ermöglichen.

Dies tat er nicht und erfüllte so nach einer Meinung den Unterlassenstatbestand des § 142 II, III. „Berechtigt oder entschuldigt" meine nämlich (zumindest) alle rechtlich anerkannten Rechtfertigungs- und Entschuldigungsgründe. Dazu gehöre auch § 20. § 323a sei subsidiär und trete daher auch hier gegenüber § 142 II zurück.[380] **199**

Überzeugender erscheint die Gegenmeinung:[381] § 142 II Nr.2 verwendet mit der Formulierung „berechtigt oder entschuldigt" Begrifflichkeiten, die sich dem Sinngehalt nach auf das Vorliegen von Rechtfertigungs- oder Entschuldigungsgründen beziehen. Sollten darüber hinaus auch andere Fälle von § 142 II Nr.2 erfasst werden, wie das schuldlose oder auch unvorsätzliche Entfernen, dann hat der Gesetzgeber dies durch eine „weitere" Formulierung klarzustellen. Eine dahingehende Auslegung des bestehenden Gesetzestextes verstößt gegen das Analogieverbot. **200**

Ein Entfernen im Zustand des § 20 ist damit kein entschuldigtes Entfernen i.S.d. § 142 II.

Ergebnis: Eine Strafbarkeit nach § 142 II Nr.2 entfällt.

III. Vollrausch (§ 323a)

---

379 Ausführlich dazu siehe BVerfG, NJW 2007, 1666-1668 = **juris**byhemmer = **Life&Law 2007, Heft 8, 540-547**.

380 Vgl. zu dem Streit FISCHER, § 142 StGB, Rn. 42 ff. m.w.N.

381 BayObLG, NJW 1989, 1685-1686; in diese Richtung auch BVerfG, NJW 2007, 1666-1668 = **Life&Law 2007, Heft 8, 540-547; alle Entscheidungen = juris**byhemmer.

Eine Strafbarkeit gem. § 323a ist zu bejahen. Ein ausreichender „Rausch" in diesem Sinne liegt hier vor (s.o.), und in diesen hat sich der A auch zumindest fahrlässig versetzt. Die objektive Bedingung der Strafbarkeit liegt in der rechtswidrigen Begehung von § 142 I.

II. Konkurrenzen

Konkurrenzen

Tateinheit besteht in diesem Rahmen mit denjenigen Delikten, die das Verlassen des Unfallortes ermöglichen (z.B. § 113) und mit Verkehrsdelikten, die auf der Flucht begangen werden (z.B. §§ 315c, 316, 248b). Das gleiche gilt für echte und unechte Unterlassungsdelikte (z.B. §§ 212, 223 ff., 323c).[382] 201

Tatmehrheit besteht dagegen mit den Delikten, die bei der Unfallverursachung verwirklicht wurden (z.B. §§ 222, 229); der Täter fasst hier nach der Unfallverursachung in der Regel einen neuen Tatentschluss, den Unfallort zu verlassen.

382 BGHSt 1, 288-292; BGH, VRS 32 [1967], 437; a.A. Sch-Sch, § 142 StGB, Rn. 81.

§ 8 STRAFTATEN GEGEN DIE RECHTSPFLEGE

I. Vortäuschen einer Straftat, § 145d

Schutzrichtungen

§ 145d hat zwei verschiedene Schutzrichtungen:[383] 202

Schutz der Rechtspflege

Abs.1 Nr.1 und Abs.2 Nr.1 dienen dem *Schutz der Rechtspflege* in ihrer Funktionstüchtigkeit. Die Strafverfolgungsbehörden sollen vor falschen Anzeigen geschützt werden, die ihre Tätigkeit in die falsche Richtung lenken und damit ihre übrige Arbeit behindern.

Schutz der Polizei als Präventivorgan

Abs.1 Nr.2 und Abs.2 Nr.2 schützen dagegen die *Polizei als Präventivorgan*. Die Funktionstüchtigkeit der Polizei soll nicht dadurch beeinträchtigt werden, dass sie zur „Verhinderung" nicht bevorstehender Straftaten tätig werden muss.

1. Schutz der Rechtspflege durch Abs.1 Nr.1 und Abs.2 Nr.1

Vortäuschen einer in der Vergangenheit liegenden Tat

Abs.1 Nr.1 und Abs.2 Nr.1 betreffen das Vortäuschen einer *in der Vergangenheit* liegenden rechtswidrigen Tat. Die rechtswidrige Tat muss den Tatbestand eines Strafgesetzes verwirklichen, eine bloße Ordnungswidrigkeit genügt hier nicht (§ 11 I Nr.5). Das Vortäuschen muss gegenüber einer Behörde (die auch ein Gericht sein kann, § 11 I Nr.7) oder einer anderen zuständigen Stelle geschehen (z.B. § 158 I StPO). 203

§ 145d I Nr.1

I.R.d. *Abs.1 Nr.1* täuscht der Täter vor, dass eine Straftat stattgefunden hat, die *nicht begangen worden* ist. 204

Dazu muss der Täter Tatsachenmitteilungen machen, die geeignet sind, eine Ermittlungstätigkeit der zuständigen Behörde auszulösen. Eine erfolgreiche Täuschung der Behörde ist ebenso wenig erforderlich wie ein tatsächliches Tätigwerden der zuständigen Stelle.[384]

Das „Aufbauschen" einer Tat durch Hinzufügen von Übertreibungen fällt nach h.M. grundsätzlich nicht unter § 145d I Nr.1.[385]

> **Bsp.:** *Ein Einbrecher wollte den Tresor des T ausräumen, der jedoch wider Erwarten leer war. T behauptet nun der Polizei und seiner Versicherung gegenüber, ihm seien aus dem Tresor 20.000 € entwendet worden. Die Tatsache, dass hier die Vollendung der Tat statt des bloßen Versuchs vorgegaukelt wurde, führt nicht zur Verwirklichung des § 145d I Nr.1, da die Ermittlungen der Strafverfolgungsbehörden nicht in eine falsche Richtung gelenkt werden. In Betracht kommt gegenüber der Versicherung jedoch § 263.*

Umstritten ist dies allerdings, wenn das tatsächlich vorliegende Geschehen derart entstellt wird, dass die tatsächlich begangene Tat in ihrem Charakter völlig verändert wird.

> **Bsp.:** *T wurde auf einem Volksfest von einem Unbekannten niedergeschlagen. Der Polizei gegenüber behauptet er, dieser habe ihm ebenfalls seine Brieftasche entwendet.*

Das „Aufbauschen" einer Körperverletzung zum Raub erfüllt nach Ansicht des OLG Hamm den Tatbestand des § 145d.[386]

---

383 SK, § 145d StGB, Rn. 1 ff.

384 SK, § 145 StGB, Rn. 11; Sch-Sch, § 145d StGB, Rn. 11.

385 Vgl. OLG Hamm, NStZ 1987, 558-559 = **juris**byhemmer; Sch-Sch, § 145d StGB, Rn. 7.

386 Vgl. OLG Hamm, NJW 1971, 1324; ablehnend Krey, BT-1, Rn. 605. Instruktiv hierzu auch OLG Oldenburg, NStZ 2011, 582-583 = **Life&Law 2011, Heft 3, 176-181**.

§ 145d II Nr.1

I.R.d. *Abs.2 Nr.1* täuscht der Täter die staatliche Stelle über einen *Beteiligten an einer tatsächlich begangenen Straftat.* Dies kann in der Form geschehen, dass der (wirkliche) Täter den Verdacht von sich auf eine andere Person lenken möchte. Voraussetzung ist, dass der Täter die Polizei auf eine *bestimmte* „falsche Fährte" lockt. Beim Täter ist weiterhin der Grundsatz der Straflosigkeit der Selbstbegünstigung zu beachten, so dass das bloße Leugnen der eigenen Tatbeteiligung auch dann nicht unter § 145d zu subsumieren ist, wenn dadurch der Verdacht zwangsläufig auf eine andere Person gelenkt wird.[387]

Unbeteiligte

Auch ein Unbeteiligter kann den Tatbestand verwirklichen, wenn er den Verdacht von dem wirklichen Täter ablenkt. So macht sich z.B. nach § 145d II Nr.1 strafbar, wer dem Täter (oder Teilnehmer) ein falsches Alibi verschafft oder eine andere Person als Täter bezeichnet. Auch die falsche Selbstbezichtigung erfüllt diesen Tatbestand; allerdings muss das vom Täter behauptete Geschehen selbst eine Straftat darstellen. **205**

> **Bsp.:** *T fährt im betrunkenen Zustand mit seinem Wagen gegen einen Baum. Sein hinzukommender Freund, der noch nüchtern ist, behauptet der Polizei gegenüber, er wäre gefahren. Da F hier lediglich vorspiegelt, es liege überhaupt keine Straftat vor, kommt eine Strafbarkeit nur aus § 258, nicht jedoch aus § 145d in Betracht.*

Str.: 145d II Nr.1: rechtswidrige Tat wirklich begangen?

Umstritten ist, ob i.R.d. § 145d II Nr.1 die rechtswidrige Tat (im Gegensatz zu Abs.1 Nr.1) wirklich begangen worden sein muss. **206**

> **Bsp.:** *T sieht O stark blutend und bewusstlos auf der Straße liegen. Da er glaubt, der äußerst gewalttätige Sohn (D) des O, der mit diesem im Dauerclinch liegt, habe O verprügelt, geht er zur Polizei und behauptet, er habe gesehen, wie D den O zusammengeschlagen hat. In Wirklichkeit war O im betrunkenen Zustand aus dem Fenster gestürzt.*

Eine Strafbarkeit aus § 145d I Nr.1 scheitert am fehlenden Täuschungsvorsatz. In Betracht kommt daher nur § 145d II Nr.1. Nach der h.M.[388] ist es ausreichend, wenn der Täuschende beim Vorliegen konkreter Verdachtsgründe irrig annimmt, die rechtswidrige Tat sei tatsächlich begangen worden. Schließlich würden auch in diesem Fall die Ermittlungsbehörden unnütz in Anspruch genommen. Darüber hinaus komme es auf einen bestimmten Täuschungserfolg nicht an. Die Gegenansicht[389] weist dagegen darauf hin, dass diese Auslegung mit dem Normtext nur schwer vereinbar sei.

2. Schutz der Polizei durch Abs.1 Nr.2 und Abs.2 Nr.2

Schutz der Polizei

I.R.d. *Abs.1 Nr.2 und Abs.2 Nr.2* täuscht der Täter dagegen über eine *in der Zukunft* liegende rechtswidrige Tat. Da die Polizei nach dem Opportunitätsprinzip (und nicht wie im Bereich der Strafverfolgung nach dem Legalitätsprinzip) tätig wird, ist hier nur die Täuschung über besonders schwere Straftaten (solche des § 126 I) tatbestandsmäßig. Zum Verhältnis von Abs.1 und Abs.2 kann auf das oben Gesagte verwiesen werden. **207**

Subjektiver Tatbestand

Der Täter muss i.R.d. ganzen § 145d subjektiv *wider besseres Wissen*, also mit direktem Vorsatz handeln. Berichtigt der Täter seine Angaben rechtzeitig, so ist § 158 analog anzuwenden.[390] **208**

---

387 Vgl. SCH-SCH, § 145d StGB, Rn. 15.

388 WESSELS/HETTINGER, BT-1, Rn. 704 ff.; noch weiter gehend: SCH-SCH, § 145d StGB, Rn. 13 m.w.N, der auf den Tatverdacht verzichtet.

389 KREY, BT-1, Rn. 607.

390 SCH-SCH, § 145d StGB, Rn. 24; SK, § 145d StGB, Rn. 17.

3. Konkurrenzen

Konkurrenzen

Mit § 138 (Nichtanzeige geplanter Straftaten), § 257 (Begünstigung) und § 241 II (Bedrohung) besteht Tateinheit. **209**

§ 145d ist ausdrücklich subsidiär zu § 164 (Falsche Verdächtigung) und den §§ 258, 258a (Strafvereitelung). Allerdings ist eine Subsidiarität nur dann anzunehmen, wenn auch tatsächlich aus den genannten Vorschriften bestraft werden kann (beachten Sie daher § 258 V und VI!).

II. Falsche Verdächtigung, § 164

1. Geschützte Rechtsgüter

Geschützte Rechtsgüter

Die falsche Verdächtigung, § 164, hat nach h.M.[391] eine *doppelte Schutzrichtung*: Zum einen dient sie, wie § 145d I Nr.1 und II Nr.1, dem Schutz der *innerstaatlichen Rechtspflege,* zum anderen aber auch dem *Schutz des Einzelnen* davor, ungerechtfertigterweise das Opfer behördlicher Untersuchungen zu werden. **210**

Alternativ

Nach h.M. ist das Nebeneinander dieser beiden Schutzzwecke jedoch nicht *kumulativ*, sondern *alternativ* zu verstehen, d.h. es genügt die Verletzung eines der beiden Rechtsgüter. Unerheblich sowohl auf Tatbestands- wie auf Rechtswidrigkeitsebene ist also eine Zustimmung des Verdächtigten zum Vorgehen des Täters.

Ebenfalls unter § 164 ist der Fall zu subsumieren, dass ein Inländer bei einer ausländischen – und daher nicht geschützten – Behörde verdächtigt wird.

2. Tatbestandsvoraussetzungen

Bestimmte Person

§ 164 I setzt im Gegensatz zu § 145d voraus, dass eine bestimmte Person vom Täter bezeichnet wird. Eigenständige Bedeutung hat § 145d damit nur, wenn es an dieser Voraussetzung fehlt. Die betreffende Person muss bei einer der genannten behördlichen Stellen oder öffentlich der Begehung einer rechtswidrigen Tat oder einer Dienstpflichtverletzung verdächtigt werden. **211**

Das Verdächtigen kann durch das Aufstellen von unrichtigen Tatsachenbehauptungen, die geeignet sind, einen entsprechenden Verdacht zu erregen, erfolgen.

Tathandlungen

Auch das Schaffen einer verdächtigen Beweislage ist insoweit ausreichend.[392]

> ***Bsp.:*** *Der Staatsanwaltschaft wird ein falsches Geständnis zugespielt.*

§ 164 II

§ 164 II betrifft als Auffangtatbestand alle sonstigen Tatsachenbehauptungen, die geeignet sind, eine behördliche Maßnahme gegen den Verdächtigten zu fördern.

> ***Bsp. für behördliche Maßnahmen:*** *Ehrengerichtsverfahren gegen Ärzte oder Anwälte, das Verfahren nach dem OWiG, die Entziehung von Konzessionen, Approbationen oder akademischen Graden, die Ausweisung, etc.*

---

[391] SCH-SCH, § 164 StGB, Rn. 1 m.w.N.

[392] BGHSt 9, 240-243 = **juris**byhemmer.

Verdächtigung des wirklichen Täters

Umstritten i.R.d. § 164 ist, ob es auf die Unwahrheit der *Beschuldigung als solcher*[393] oder auf die Unwahrheit der *konkret vorgebrachten Verdachtstatsachen* ankommt.[394] 212

> **Bsp.:** *T behauptet, er habe O bei einem Einbruch ins Juweliergeschäft des J beobachtet. Diese Behauptung ist unwahr, allerdings hat O tatsächlich den Einbruch in das Juweliergeschäft begangen.*

Die Rspr. verneint in dieser Fallgestaltung die Verwirklichung des § 164 durch T, da diese Vorschrift die Unschuld des Verdächtigten voraussetze.[395] Die Gegenansicht stellt entscheidend darauf ab, dass auch der Schuldige Anspruch darauf hat, nicht aufgrund falschen Beweismaterials in ein Verfahren verwickelt zu werden. Für die Rechtsprechung mit ihrer restriktiven Auslegung des § 164 dürfte jedoch das Analogieverbot des Art. 103 II GG sprechen.

Subjektive Voraussetzung

Subjektiv muss der Täter in der Absicht handeln, behördliche Maßnahmen gegen den Verdächtigten einzuleiten oder fortdauern zu lassen. Dies ist auch dann zu bejahen, wenn der Täter im Endeffekt nur sich selbst vor einer Strafverfolgung schützen wollte. Die Absicht gem. § 164 kann nicht als Motiv des Handelns verstanden werden. Ausreichend ist vielmehr, dass die genannte Absicht ein notwendiges Zwischenziel des Täters darstellt.

III. Strafvereitelung, §§ 258, 258a

Schutz des staatlichen Strafanspruchs

Die Strafvereitelung, §§ 258, 258a, schützt den *staatlichen Strafanspruch* sowohl hinsichtlich der ordnungsgemäßen Verhängung der Strafe (Abs.1) als auch deren Durchsetzung in der Vollstreckung (Abs.2). 213

Entscheidendes Abgrenzungskriterium zwischen diesen beiden Absätzen ist das Vorliegen einer rechtskräftigen Verurteilung.

1. Tathandlung

a) Verfolgungsvereitelung

Erfolgsdelikt

§ 258 ist als Erfolgsdelikt konstruiert; der erreichte Vereitelungserfolg besteht darin, dass ein anderer hinsichtlich seiner Strafverfolgung besser gestellt wird. Im Rahmen von Alt.1 des Abs.1 geht es um den Fall, dass ein rechtlich durchsetzbarer Strafanspruch des Staates besteht und nicht durchgesetzt werden kann. Voraussetzung ist daher, dass hinsichtlich einer schuldhaften Tat keine persönlichen Strafausschließungsgründe oder Verfahrenshindernisse (z.B. fehlender Strafantrag, Verjährung) bestehen. 214

hemmer-Methode: Hier besteht die Möglichkeit, verfahrensrechtliche Probleme wie das Strafantragserfordernis ins materielle Strafrecht einzubauen. Arbeiten Sie daher noch einmal Strafantragserfordernis und Verjährung anhand von § 2 Rn. 514 ff. des Strafrecht AT I Skriptes durch.

I.R.d. Alt.2 ist das Vorliegen einer rechtswidrigen Tat i.S. des § 11 Nr.5 erforderlich. Zusätzlich müssen noch die Voraussetzungen für die Verhängung einer Maßnahme i.S. der §§ 61 ff.; 73 ff. vorliegen. In Betracht kommt diese zweite Alternative insbesondere bei der Begehung von Taten im schuldunfähigen Zustand.

---

393 So BGHSt 35, 50-54 = **juris**byhemmer.

394 Vgl. WESSELS/HETTINGER, BT-1, Rn. 699.

395 Vgl. BGH, a.a.O.

Problematisch in die Einbeziehung des Maßnahmenkreises i.S. des § 11 I Nr.8 ist die Einbeziehung des Verfalls (§§ 73 ff.). Durch das Aufbewahren von Beutestücken zugunsten des Vortäters verhindert der Täter letztlich den von § 73 angeordneten Verfall dieser Beutestücke, so dass an sich § 258 I in der Alt.2 einschlägig wäre. Allerdings ist eine derartige Handlungsweise ein Paradebeispiel für einen Fall der unter § 257 zu subsumierenden persönlichen Begünstigung, so dass es nicht sachgemäß erscheint, derartige Verhaltensweisen auch von § 258 erfasst zu sehen.

Die Tatvollendung ist dann anzunehmen, wenn durch die Vereitelungshandlung die Verhängung der Strafe bzw. der Maßnahme ganz oder teilweise *in nicht unerheblicher Weise verzögert oder insgesamt verhindert wird.* Erforderlich sein dürfte hierbei eine Zeitspanne von ca. zwei Wochen, da die Verzögerung der Ermittlung als solche noch nicht ausreicht.[396]

Typische Vereitelungshandlungen sind:

⇨ Falsche Angaben gegenüber den Strafverfolgungsbehörden

⇨ Verbergen des verfolgten Vortäters

⇨ Verwischen von Tatspuren

⇨ Beseitigen der Tatwaffe

Außer Betracht bleiben hier nach dem Schutzzweck der Vorschrift alle sozialadäquaten Handlungen, die den Vortäter zwar besser stellen, aber nicht als kriminelles Unrecht anzusehen sind.

> ***Bsp.:*** *Der Supermarktangestellte verkauft dem Täter dringend benötigte Lebensmittel.*[397]

Spannungsverhältnis

Beliebter Täter einer Strafvereitelung ist in Übungs- und Examensklausuren der Rechtsanwalt, da sich auf diese Weise materielle und prozessuale Probleme miteinander verbinden lassen. Wegen des besonderen Spannungsverhältnisses zwischen der Stellung des Verteidigers als „Organ der Rechtspflege" und der Funktion als Beistand des Angeklagten bzw. Verurteilten ist insoweit eine Abgrenzung zwischen erlaubtem und unerlaubtem Verhalten erforderlich.

Prozessrecht entscheidend

Die Grenze des zulässigen Verteidigerverhaltens ergibt sich aus dem Prozessrecht, wonach der Verteidiger grundsätzlich alles tun darf, was in gesetzlich nicht zu beanstandender Weise seinem Mandanten nützt:

> ***Bsp.:*** *Der Rechtsanwalt R rät seinem Mandanten, obwohl dieser ihm die Tatbegehung gebeichtet hat, kein Geständnis abzulegen, sondern von seinem Schweigerecht nach § 243 IV 1 StPO Gebrauch zu machen; in seinem Schlussplädoyer beantragt er dann den Freispruch seines Mandanten, was auch geschieht.*

Auch darf der Verteidiger grundsätzlich einen Zeugen als Beweismittel benennen, wenn er die Richtigkeit dessen Aussage zumindest für möglich hält. Andererseits hat sich der Verteidiger jedoch jeder aktiven Verzerrung oder Verdunkelung des Sachverhalts zu enthalten.

> ***Bsp.:*** *Die Verfälschung von Beweismitteln oder die Einwirkung auf Zeugen durch In–Aussicht-Stellen einer Aussageprämie.*

[396] Vgl. WESSELS/HETTINGER, BT-1, Rn. 727.

[397] SCH-SCH, § 258 StGB, Rn. 21.

b) Vollstreckungsvereitelung (Abs.2)

215 Die Vollstreckungsvereitelung betrifft Vereitelungshandlungen nach einer bereits rechtskräftig verhängten Strafe oder Maßnahme.

Bsp.: *Verbergen des Verurteilten, Befreiung aus staatlichem Gewahrsam, Fluchthilfe.*

Bezahlung fremder Geldstrafen

Heftig umstritten i.R.d. § 258 ist die Bezahlung von fremden Geldstrafen.

Bsp.: *T wurde zu einer Geldstrafe in Höhe von 5.000 € wegen Sachbeschädigung verurteilt. Sein reicher Onkel O hilft seinem Neffen dadurch, dass er diese Summe für ihn entrichtet.*

Die wohl h.L. ging bisher von einer Verwirklichung des Abs.2 aus, da die Geldstrafe den Verurteilten persönlich treffen soll, was insbesondere auch in der Einführung der Tagessatzsystematik (§§ 40 ff.) zum Ausdruck kommt. Dieser Zweck würde jedoch dadurch vereitelt, dass ein anderer diese Zahlung unmittelbar aus seinem Vermögen vornimmt.

Der BGH hat dieser Rechtsauffassung jedoch eine Absage erteilt. Er stellt dabei insbesondere auf den Wortlaut der §§ 459 ff. StPO i.V.m. der Justizbeitreibungsordnung ab. Das hierin geäußerte Vollstreckungsziel sei einzig die Durchsetzung der Zahlung; nicht mit einer Vollstreckungsmaßnahme durchgesetzt werden könne die persönliche Betroffenheit des Vortäters. Folglich könne aufgrund des eindeutig formulierten Vollstreckungszieles auch nicht von einer Vollstreckungsvereitelung gesprochen werden.[398] Diese Ansicht des BGH überzeugt, insbesondere könnte eine Strafbarkeit leicht umgangen werden, indem der „Helfer“ die Geldstrafe nicht selbst bezahlt, sondern dem Vortäter einen entsprechenden Geldbetrag überlässt.

2. Täterschaft und Teilnahme

Problem: Abgrenzung Täterschaft und Teilnahme

216 Problematisch ist bei der Strafvereitelung oft die Abgrenzung zwischen *täterschaftlicher Strafvereitelung* und *Anstiftung oder Beihilfe zur straflosen Selbstbegünstigung.* Anders als i.R.d. § 259 oder des § 120 wurden innerhalb des § 258 keine Teilnahmehandlungen tatbestandlich verselbständigt, so dass im Einzelfall strafwürdiges Verhalten durchaus ungesühnt bleiben kann.

Regelmäßig wird es nämlich so sein, dass sich der Verfolgte auch selbst seiner Strafverfolgung entziehen will. Da die Selbstbegünstigung nicht tatbestandsmäßig ist, entscheidet sich die Strafbarkeit eines Dritten bei der Frage, wann sein Tatbeitrag die „Schwelle zur Täterschaft“ überschreitet.

Entscheidend ist nach h.M., ob der Dritte lediglich den Selbstschutzwillen des Täters bestärkt oder ob der Dritte darüber hinaus dem Vortäter bei Verdunkelungsmaßnahmen behilflich ist.[399]

Beispiele für eine Strafvereitelung sind demnach der Hinweis auf eine bevorstehende Verhaftung oder die Aushändigung von gefälschten Ausweispapieren für eine bevorstehende Flucht.

Strafbarkeit des Verfolgten?

Fraglich ist, ob unter bestimmten Voraussetzungen auch eine Strafbarkeit des Verfolgten in Betracht kommt. Da eine Täterschaft nicht möglich ist, bleibt lediglich eine Strafbarkeit wegen Teilnahme an § 258.

---

398 BGHSt 37, 226-231 = jurisbyhemmer.

399 SK, § 258 StGB, Rn. 43 ff.; Sch-Sch, § 258 StGB, Rn. 33.

Hier sind folgende Fälle zu unterscheiden:

a) Der nicht selbst verfolgte Täter wird vom Vortäter zu dessen Begünstigung angestiftet. Während der Täter hier strafbar ist, greift für den Vortäter (in Betracht kommen §§ 258 I, 26) unmittelbar § 258 V ein.

hemmer-Methode: Im Rahmen von § 257 III S.2 gilt dieser persönliche Strafausschließungsgrund nicht, wenn der Täter einen an der Vortat Unbeteiligten anstiftet. Arbeiten Sie in einer Klausur bei gleichzeitiger Verwirklichung von § 257 und § 258 den auftretenden Wertungswiderspruch heraus, und bringen Sie zum Ausdruck, dass es sich bei § 257 III S.2 um eine eng auszulegende Ausnahmevorschrift handelt, die nicht auf § 258 übertragen werden kann.

b) Sind mehrere Täter selbst die Verfolgten und wird die Tat *mittäterschaftlich zugunsten aller Mittäter* begangen, so ist sie nicht tatbestandsmäßig, da es sich nicht um die Besserstellung eines „anderen“ handelt: Die Selbstbegünstigung ist nicht strafbar.

§ 258 V

c) Fehlt es an dieser doppelten mittäterschaftlichen Tatbeziehung, d.h. liegt eine täterschaftliche Fremdbegünstigung zugunsten einer dritten Person tatbestandsmäßig vor, erfolgt ein Ausschluss der Strafbarkeit ebenfalls über den persönlichen Strafausschließungsgrund des Abs.5, wenn der Täter mit seiner Handlung das Ziel verfolgt, die Verhängung oder Vollstreckung einer gegen ihn gerichteten Maßnahme zu verhindern.

> ***Bsp.:*** *T lässt die Waffe verschwinden, mit der V den O erschossen hat, da dieser angekündigt hat, dass er T im Fall seiner Verhaftung wegen anderer von diesem begangener Delikte „ans Messer liefern“ wird.*

Allerdings greift nach Auffassung des BGH § 258 V nicht ein, wenn die Vortat und die Vereitelungshandlung im Verhältnis von vorheriger Zusage eines falschen Alibis (= psychische Beihilfe zu einer fremden Tat) zu deren späterer Einlösung nach der Tat stehen, weil es dann an der von § 258 V vorausgesetzten Zwangslage fehlen soll. Denn der Täter kann sich regelmäßig der Einlösung der Zusage entziehen, ohne an seiner eigenen Situation etwas zu ändern.[400]

3. Angehörigenprivileg

§ 258 VI

Ebenfalls einen persönlichen Strafausschließungsgrund stellt Abs.6 dar. Dies gilt unabhängig von der Beteiligungsform, da Teilnahmehandlungen eines Angehörigen in diesem Fall über § 28 II (strafausschließendes Merkmal) behandelt werden. *217*

In die Straffreiheit miteingeschlossen ist die Strafvereitelung zugunsten eines Nichtangehörigen, sofern diese Handlung notwendige Folge des Schutzes des eigenen Angehörigen ist.[401]

> ***Bsp.:*** *Anton und Bernd haben gemeinsam den Otto verprügelt. Als die alarmierte Polizei die fliehenden Täter verfolgen will, blockiert die Ehefrau des Anton mit ihrem Pkw die Durchfahrt, so dass Anton und Bernd entkommen können. In diesem Fall ist auch die Strafvereitelung zugunsten von Bernd für die Ehefrau von Abs.6 erfasst.*

[400] BGH, NJW 1998, 1327 = **juris**byhemmer = **Life&Law 1998, 459**.

[401] Vgl. SCH-SCH, § 258 StGB, Rn. 39.

4. Strafvereitelung im Amt, § 258a

§ 258a = Qualifikation

§ 258a enthält für *Amtsträger* eine Qualifikation. Die Tat ist ein „unechtes Amtsdelikt". Für Teilnehmer gilt § 28 II. Als Täter kommen insbesondere in Betracht: Staatsanwälte, Richter, Vollzugsbeamte, Hilfsbeamte der Staatsanwaltschaft. 218

I.R.d. Vorschrift taucht häufig das Problem auf, inwieweit ein Staatsanwalt aufgrund des strafprozessualen Legalitätsprinzips bei außerdienstlicher Kenntnis von einer Straftat einschreiten muss (§§ 152 I, 170 I StPO). Die h.M. bejaht eine Offenbarungspflicht nur bei schweren, die Rechtsgemeinschaft besonders berührenden Vergehen oder Verbrechen.[402]

5. Subjektiver Tatbestand

Subjektiver Tatbestand

In subjektiver Hinsicht muss der Täter *absichtlich* oder *wissentlich* handeln, d.h. die Besserstellung des Vortäters erstreben oder als sichere Folge seines Verhaltens voraussehen. Hinsichtlich der Vortat genügt dagegen Eventualvorsatz.[403] 219

IV. Nichtanzeige geplanter Straftaten (§ 138)

Eingeschränkter Täterkreis

Bei der Nichtanzeige geplanter Straftaten handelt es sich um ein echtes Unterlassungsdelikt. Wenn die Nichtanzeige gem. § 138 grds. strafbar ist, muss weiter geprüft werden, ob sich nicht eine Straflosigkeit aus § 139 ergibt. Darüber hinaus ist eine Strafbarkeit gem. § 138 I auch dann zu verneinen, wenn der Nichtanzeigende selbst an der geplanten Straftat beteiligt ist.[404] Denn andernfalls wäre der Beteiligte gezwungen, sich selbst zu belasten, was von ihm nicht gefordert werden kann (nemo tenetur-Grundsatz). So kann beispielsweise eine Person, welche von einer geplanten Straftat i.S.d. § 138 I erfährt und daraufhin den Täter psychisch sogar noch bestärkt, nur wegen psychischer Beihilfe bestraft werden. Eine Bestrafung wegen § 138 I entfällt dagegen. 220

Irreführende Überschrift

Zu beachten ist i.R.d. Vorschrift der etwas irreführende Wortlaut der Überschrift (Nichtanzeige geplanter Straftaten), der darüber hinwegtäuscht, dass § 138 auch dann noch eingreifen kann, wenn bereits das Stadium der Tatausführung erreicht wurde, der tatbestandsmäßige Erfolg jedoch noch abgewendet werden kann.

hemmer-Methode: § 138 spielt im Examen keine größere Rolle. Auf diese Vorschrift sollte insbesondere dann eingegangen werden, wenn eine Handlungspflicht und Handlungsmöglichkeit hinsichtlich der Anzeige im Sachverhalt angesprochen wurden. Examensrelevant kann diese Vorschrift noch i.R.d. Wahlfeststellung werden, wenn dem Beschuldigten die Beteiligung an der nicht angezeigten Straftat nicht nachgewiesen werden kann, wohl aber dessen Kenntnis von der Begehung der Tat. Nach BGH wird in solchen Fällen eine Bestrafung gem. § 138 nicht dadurch ausgeschlossen, dass der Verdacht der Beteiligung an einer in § 138 I und II bezeichneten Katalogstraftaten besteht. Insoweit bestehe zwischen den Katalogstraftaten und § 138 selbst ein normativ-ethisches Stufenverhältnis.[405]

---

402 Vgl. WESSELS/HETTINGER, BT-1, Rn. 737.

403 WESSELS/HETTINGER, BT-1, Rn. 729.

404 Vgl. SCH-SCH, § 138 StGB, Rn. 20.

405 Vgl. BGH, NJW-Spezial 2010, 152 = **Life&Law 2011, Heft 2, 112-117**.

§ 9 AUSSAGEDELIKTE, §§ 153 ff.

Schutzgut: staatliche Rechtspflege

Schutzgut der Aussagedelikte ist die *staatliche Rechtspflege*. Bestimmte staatliche Stellen wie die Gerichte haben die Aufgabe, den entscheidungserheblichen Sachverhalt mit Hilfe von Zeugenaussagen zu erforschen. Die Erfüllung dieser Aufgaben ist durch falsche Zeugenaussagen gefährdet. 221

Der Richter muss dem Zeugen nicht etwa glauben oder gar eine falsche Entscheidung treffen. Die Tat erschöpft sich daher in der falschen Aussage an sich. Die §§ 153 ff. gehören somit zu den *schlichten Tätigkeitsdelikten*.

I. Tathandlung

Tathandlung

Tathandlung i.R.d. §§ 153 ff. ist die *falsche Aussage*. Dabei ist eine Aussage nach der herrschenden *objektiven Theorie*[406] falsch, wenn sie mit der Wirklichkeit objektiv nicht übereinstimmt. Diese Ansicht hat sich heute durchgesetzt, da nur sie i.R.d. §§ 160, 163 zu sinnvollen Ergebnissen führt. Denn in diesen Vorschriften geht der Gesetzgeber davon aus, dass eine „Falschaussage" auch dann vorliegt, wenn der Täter seine Aussage fälschlich für wahr hält. 222

Die Gegenansicht[407] (*subjektive Theorie*) stellt dagegen auf das Abweichen von objektivem Aussageinhalt von dem Wissen des Zeugen ab. Demnach wäre eine Aussage, an die der Täter selbst glaubt, auch dann nicht „falsch" im Sinne der §§ 153 ff., wenn sie objektiv nicht mit der Wirklichkeit übereinstimmt. Zu folgen ist jedoch der herrschenden objektiven Theorie, da diese besser mit dem Gesetzeswortlaut der §§ 160, 163 zu vereinbaren ist.

Nach beiden Auffassungen liegt jedenfalls keine falsche Aussage vor, wenn der Zeuge ausdrücklich lediglich seine Erinnerung wieder gibt:

> ***Bsp.:*** *Der Zeuge sagt, er habe den Täter damals am Tatort erkannt. Diese Aussage ist nach beiden Ansichten „richtig", sofern der Zeuge damals wirklich meinte, er habe den Täter erkannt. Ob der Täter wirklich am Tatort war, ist insoweit unerheblich.*

§ 154: falsches Schwören

Eine Besonderheit besteht allerdings i.R.d. § 154. Tathandlung in dieser Vorschrift ist das *falsche Schwören*. Daraus ergibt sich bereits, dass der strafbare Versuch des § 154 nicht bereits mit der Falschaussage, sondern erst mit dem Ansetzen zur Eidesleistung beginnt. 223

> ***Fall:*** *T gibt bei der Vernehmung durch den Strafrichter in der Hauptverhandlung an, er wäre mit seinem Freund F auf Zechtour gewesen, während der dem F zur Last gelegte Einbruch begangen wurde. Als der Richter noch einmal eindringlich nachfragt, berichtigt F seine Aussage noch während der Vernehmung.* 224
>
> *Strafbarkeit des T aus den §§ 153 ff.?*

[406] BGHSt 7, 146-147; Sch-Sch, vor § 153 StGB, Rn. 7 ff.

[407] RGSt 65, 27; ähnlich: SK, vor § 153 StGB, Rn. 38 ff., 43.

Lösung:

I. § 153

Eine Vollendung der uneidlichen Falschaussage kann erst dann angenommen werden, wenn die Vernehmung abgeschlossen ist. Ein derartiger Abschluss der Vernehmung trifft in der Praxis meist mit der Beschlussfassung zur Frage der Vereidigung zusammen. T ist, da der Versuch des § 153 nicht strafbar ist (§§ 23 I, 12 II), nicht aus § 153 zu belangen. 225

hemmer-Methode: Falsch wäre es, in diesem Fall auf den § 158 abzustellen. Diese Vorschrift stellt einen persönlichen Strafaufhebungsgrund für die Fälle dar, bei denen eine vollendete Falschaussage vorliegt. Entscheidend ist dann, ob die Berichtigung *rechtzeitig* erfolgt. Diese Voraussetzung ist in § 158 II legal definiert (lesen). Entscheidung i.S.d. Vorschrift ist die die jeweilige Instanz abschließende Sachentscheidung.[408]

II. §§ 154, 22, 23 I

Der Versuch des § 154 ist wegen §§ 23 I, 12 I strafbar. Allerdings fehlt es am unmittelbaren Ansetzen, da T noch nicht zu einer Eidesleistung angesetzt hat.

ÜBERBLICK ZUM STRAFBARKBEITSBEGINN BEI DEN §§ 153 ff.

Aussage	Ende der Aussage	Beginn mit Eidesformel	Beendigung der Eidesformel
Keine Strafbarkeit	§ 153	§§ 154, 22	§ 154

Zuständige Stelle

Die falsche Aussage muss vor einer *zuständigen Stelle* gemacht werden: 226

Im Falle einer *falschen uneidlichen Aussage oder eines Meineides, §§ 153 – 155,* muss die Aussage vor einem *Gericht oder einer anderen zur eidlichen Vernehmung* zuständigen Stelle geschehen. Dazu gehört z.B. der parlamentarische Untersuchungsausschuss nach Art. 44 GG. Nicht zur eidlichen Vernehmung zuständig sind die Polizei oder die Staatsanwaltschaft (§ 161a I S.3 StPO). Ebenso unzuständig sind Referendare (§ 10 GVG) und Rechtspfleger (§ 4 II Nr.1 RPflG).

Besondere Zuständigkeit der staatl. Stelle im Falle des § 156

Im Falle der *falschen Versicherung an Eides Statt, § 156*, muss die staatliche Stelle eine *besondere Zuständigkeit* besitzen, d.h. sie muss für die betreffende Verfahrensart und den betreffenden Gegenstand der Aussage die Zuständigkeit zur Abnahme eidesstattlicher Versicherungen haben. Darüber hinaus darf die eidesstattliche Versicherung rechtlich nicht völlig wirkungslos sein.[409] Im Strafprozess kommt als Behörde lediglich das Gericht in den gesetzlich vorgesehenen Fällen der Glaubhaftmachung in Betracht (§§ 26 II, 45 II, 74 III StPO); sie ist also nicht hinsichtlich der Beurteilung der Schuld- und Straffrage vorgesehen.[410]

---

408 BGH, JZ 1954, 171.

409 BGHSt 1, 13-20 (16); BGHSt 5, 69-73; BGHSt 7, 1-2; BGHSt 17, 303-305; Sch-Sch, § 156 StGB, Rn. 8 ff.

410 Vgl. BayObLG, NJW 1998, 1577 = jurisbyhemmer = **Life&Law 1998, 390**.

Auch im Zivilprozess gibt es eine Reihe gesetzlich vorgesehener Fälle, in denen zur Glaubhaftmachung oder zum Beweis von Tatsachen eidesstattliche Versicherungen zulässig sind (vgl. nur §§ 294, 920 II, 936 ZPO oder im Zwangsvollstreckungsverfahren: §§ 707, 719, 769 ZPO; klausurrelevant v.a. die Offenbarungsversicherung nach §§ 807, 883 ZPO). Aussagen, die *nicht tatsächlich eidesstattlich versichert* werden, sind hier nur über § 153 erfasst.

II. Umfang der Wahrheitspflicht

Umfang der Wahrheitspflicht

Der Wahrheitspflicht unterliegen grundsätzlich alle Aussagen, die *Gegenstand der Vernehmung* sind. Dazu gehören zunächst bei der Zeugenvernehmung alle Angaben zur Person im Sinne der §§ 68 StPO, 395 ZPO, darüber hinaus aber auch alle Angaben zur Sache, sofern sie zum Gegenstand der Vernehmung gemacht werden. 227

Zivilprozess

Im *Zivilprozess* wird der Gegenstand der Vernehmung durch einen förmlichen Beweisbeschluss festgelegt, vgl. §§ 358, 359 ZPO.

Strafprozess

Im *Strafprozess* wird der Zeuge mit dem Gegenstand der Vernehmung formlos vertraut gemacht, vgl. § 69 StPO. Gegenstand der Vernehmung sind damit alle Tatsachen, die mit der Tat zusammenhängen oder zusammenhängen können.

Sofern ein Umstand erkennbar mit der Beweisfrage in Zusammenhang steht und für die Entscheidung des Rechtsstreits erheblich ist[411] (also Gegenstand der Vernehmung ist), muss der Zeuge diesen Umstand auch ohne ausdrückliche Nachfrage offenbaren. Somit können die §§ 153 ff. auch durch Unterlassen, d.h. durch *Verschweigen von Tatsachen*, verwirklicht werden. Dabei geht es nicht um ein Unterlassen i.S.d. § 13. Vielmehr folgt aus der prozessualen Aussagepflicht, dass der Zeuge auch ungefragt alle Tatsachen angeben muss, die erkennbar für das Gericht erheblich sind. Soweit eine in diesem Sinne unvollständige Aussage als vollständige hingestellt wird, ist diese Aussage daher falsch. Diese Pflicht des Zeugen, umfassend auszusagen, kommt beispielsweise in § 57 StPO zum Ausdruck, wonach Zeugen u.a. über die strafrechtlichen Folgen einer „unvollständigen" Aussage belehrt werden.

Allgemein ist der Gegenstand der Vernehmung aber auf diese Umstände *nicht beschränkt.* Der vernehmende Richter kann grundsätzlich auch andere Umstände durch Nachfragen zum Gegenstand der Vernehmung machen. Andererseits unterliegen spontane Äußerungen, die nicht den Gegenstand der Vernehmung betreffen, nicht der Wahrheitspflicht.[412]

Dies gilt dann wiederum nicht, wenn die Äußerungen vom vernehmenden Richter nachträglich (etwa durch gezieltes Nachfragen) zum Gegenstand der Vernehmung gemacht werden.

III. Abgrenzung untauglicher Versuch - Wahndelikt

Abgrenzungsproblematik

Probleme bereitet i.R.d. Aussagedelikte insbesondere die Abgrenzung des untauglichen Versuchs zum Wahndelikt, wenn der Täter irrigerweise die Zuständigkeit zur eidlichen Vernehmung seines Gegenübers annimmt. Relevant wird diese Frage insbesondere i.R.d. Meineids (§ 154), da es sich bei diesem Delikt um ein Verbrechen handelt, so dass in diesen Fällen eine Versuchsstrafbarkeit grundsätzlich denkbar ist. 228

[411] BGHSt 3, 321-327 (223).

[412] BGHSt 25, 244-246 = **juris**byhemmer.

Keine größeren Schwierigkeiten treten auf, wenn der Täter einem reinen Sachverhaltsirrtum unterliegt.

Bsp.: *Der Täter gibt i.R.d. staatsanwaltschaftlichen Vernehmung eine Falschaussage ab und beeidet diese. Er nimmt jedoch an, vor ihm befinde sich ein Ermittlungsrichter. In diesem Fall ist unproblematisch ein untauglicher Versuch des Meineides (§§ 154, 22, 23 I) anzunehmen.*

Schwieriger ist die Behandlung der Fälle, in denen der Aussagende sein Gegenüber richtig identifiziert, allerdings diesem irrigerweise die Zuständigkeit zur Eidesabnahme zubilligt.

Fall: *Im Strafprozess gegen T wurde ein Befangenheitsantrag gegen einen Richter gestellt. I.R.d. Ablehnungsverfahrens (§ 26 StPO) beeidet der Zeuge (Z) seine falsche Aussage. Strafbarkeit des Z aus § 154?*

Lösung:

I. § 154

Problematisch ist die Zuständigkeit des Gerichtes zur Eidesabnahme. Erforderlich hierbei ist nämlich,

a) dass die den Eid abnehmende Stelle im Allgemeinen zuständig ist;

(-) bei Polizei, Staatsanwaltschaft und privaten Schiedsgerichten,

b) dass die Vernehmungsperson selbst den Eid abnehmen darf;

(-) bei Referendaren (§ 10 GVG),

c) dass im konkreten Verfahren die Eidesabnahme zulässig ist.

An diesem Punkt c) scheitert im vorliegenden Fall die Vollendung des § 154, da i.R.d. Ablehnungsverfahrens eine eidliche Zeugenvernehmung nicht zulässig ist (vgl. § 26 II 2 StPO).

II. §§ 154, 22, 23 I

T könnte sich gem. §§ 154, 22, 23 I strafbar gemacht haben. Da eine eidliche Vernehmung i.R.d. Ablehnungsverfahrens überhaupt nicht zulässig ist, kommt lediglich eine Strafbarkeit wegen untauglichen Versuchs in Betracht.

Heftig umstritten ist dabei die Abgrenzung von umgekehrtem Sachverhaltsirrtum (untauglicher Versuch) und umgekehrtem Subsumtionsirrtum (Wahndelikt) i.R.v. normativen Tatbestandsmerkmalen, die typischerweise auf Rechtsvorschriften verweisen und damit die Grenze zwischen reinen Sachverhalts- und reinen Rechtsirrtümern auflösen.

Während ein Teil der Literatur und die Rspr.[413] sämtliche Irrtümer über Vorschriften, auf die von normativen Tatbestandsmerkmalen verwiesen wird, als umgekehrten Tatbestandsirrtum und damit als untauglichen Versuch einstufen will, geht die Gegenansicht davon aus, dass es sich in diesen Fällen lediglich um ein strafloses Wahndelikt handelt.[414]

Eine vermittelnde Ansicht vertritt Lenckner. Kann die fragliche Stelle nie zur eidlichen Abnahme zuständig sein (die unter a. subsumierten Fälle), liege ein Wahndelikt vor, ansonsten sei ein untauglicher Versuch anzunehmen, so dass im vorliegenden Fall wegen der grundsätzlich vorhandenen Zuständigkeit des Strafgerichts zur Abnahme von Eiden ein untauglicher Versuch anzunehmen wäre.

Der vermittelnden Ansicht ist zu folgen. Z hat sich gem. §§154, 22, 23 I strafbar gemacht (a.A. vertretbar).

---

413 BGHSt 10, 272-276 (275); RGSt 72, 80.

414 Vgl. KREY, BT-1, Rn. 559 m.w.N.

IV. Konsequenz von Verfahrensfehlern

§§ 153 ff. ggf. auch bei Verfahrensfehlern

229 Grundsätzlich scheitert die Anwendung der §§ 153 ff. nicht daran, dass den zuständigen Stellen i.R.d. Vernehmung Verfahrensfehler unterlaufen.[415] Dies gilt nach h.M. auch dann, wenn die Aussage infolge des Verfahrensfehlers *unverwertbar* ist.[416] Die Gegenansicht dagegen will prozessual unverwertbare Aussagen nicht von den §§ 153 ff. erfasst sehen, da die Berücksichtigung von unverwertbaren Aussagen den Zielen der Rspr. widerspreche, so dass in diesen Fällen keine Gefährdung des geschützten Rechtsgutes anzunehmen ist.[417]

> **Bsp.:** *Die Ehefrau des Täters wird als Zeugin vernommen und nicht, wie von § 52 III 1 StPO vorgesehen, über ihr Zeugnisverweigerungsrecht belehrt (⇨ Unverwertbarkeit wegen Rechtskreistheorie[418]).*

Allerdings kann das Vorliegen eines Verfahrensfehlers dazu führen, dass ein minder schwerer Fall anzunehmen ist, der i.R.d. § 154 II zu einer Strafmilderung führen kann.

> **Bsp.:** *Vereidigung trotz Vorliegens eines Vereidigungsverbotes gem. § 60 Nr.1 oder 2 StPO (lesen).*

hemmer-Methode: Insbesondere § 60 Nr.2 StPO (Vereidigungsverbot von Tatverdächtigen) stellt ein examensrelevantes Problem dar. Dieses versteckte Problem lässt sich ohne größere Schwierigkeiten in eine Klausur einbauen.[419]

V. Täterschaft und Teilnahme

Mittelbare Täterschaft und Mittäterschaft scheiden aus

230 I.R.d. Aussagedelikte scheiden sowohl *Mittäterschaft* als auch *mittelbare Täterschaft* aus, da es sich um *eigenhändige Delikte* handelt. Hinsichtlich der mittelbaren Täterschaft schließt § 160 die entstandene Strafbarkeitslücke.

Allerdings erfasst § 160 nicht sämtliche Fälle, die nach den Grundsätzen des Allgemeinen Teils unter die mittelbare Täterschaft zu fassen sind.

Vielmehr misst man der Vorschrift des § 160 wegen dessen verschwindend geringer Strafandrohung nur subsidiären Charakter zu, so dass diese nach h.M. nur eingreift, wenn die Tat nicht auch als Anstiftung oder als versuchte Anstiftung eingestuft werden kann. Das ist insbesondere der Fall, wenn das Werkzeug gutgläubig hinsichtlich seiner Falschaussage handelt, denn dann fehlt es für eine Strafbarkeit wegen Anstiftung an einer teilnahmefähigen Haupttat. § 160 stellt in dieser Konstellation einen besonderen Fall der mittelbaren Täterschaft „kraft überlegenen Wissens“ dar.

Dagegen ist § 160 subsidiär, wenn die Werkzeugqualität des vorsätzlichen Vordermannes auf dessen Schuldunfähigkeit oder das Eingreifen eines Nötigungsnotstandes zurückzuführen ist, da in diesen Fällen eine *vorsätzliche* rechtswidrige Haupttat vorliegt und Teilnahme damit möglich ist.

---

415 Vgl. SCH-SCH, vor § 153 StGB, Rn. 23.

416 Vgl. BGHSt 10, 142-144; BGHSt 17, 128-137; FISCHER, vor § 153 StGB, Rn. 12.

417 Vgl. SK, vor § 153 StGB, Rn. 34 f.

418 Vgl. dazu näher **HEMMER/WÜST, StPO, Rn. 295 ff.**

419 Ein instruktives Fallbeispiel ist OLG Karlsruhe, StV 2003, 505-506 = **juris**byhemmer = **Life&Law 2004, Heft 1, 43-46.**

Fall: T wird wegen Diebstahls angeklagt. Er will, dass seine Freundin F ihm ein Alibi verschafft. F weigert sich zunächst. Als T ihr aber droht, sie andernfalls umzubringen, sagt F schließlich vor Gericht aus, sie habe die fragliche Tatnacht mit T verbracht. 231

Strafbarkeit von F und T?

Lösung:

A. Strafbarkeit der F

I. § 153

1. F hat den Tatbestand des § 153 vorsätzlich verwirklicht.

2. In Betracht käme die Rechtfertigung nach § 34. Von einer gegenwärtigen Gefahr für Leib und Leben der F ist auszugehen. Auch dürfte diese Gefahr nicht anders als durch die Falschaussage abwendbar sein, da F anderenfalls den Repressalien ihres Freundes ausgesetzt wäre. 232

Die Rechtfertigung könnte jedoch an der Güterabwägung scheitern. Zwar ist – abstrakt gesehen – das Rechtsgut Leben deutlich höher zu bewerten als die Funktionsfähigkeit der Rechtspflege. Allerdings sind nach h.M. die konkreten Umstände in die Abwägung mit einzubeziehen. Hierbei ist bei der vorliegenden Konstellation des Nötigungsnotstandes zu beachten, dass die F auf die Seite des Unrechts tritt, die Rechtsordnung ein solches Vorgehen aber nicht billigen kann, wenn sie nicht auf die elementaren Voraussetzungen ihres eigenen Geltungsanspruchs verzichten will. Daher keine Rechtfertigung.

3. Allerdings greift zugunsten der F der § 35 als Entschuldigungsgrund ein, dass eine gegenwärtige Gefahr für ihr Leben vorliegt und eine Güterabwägung wie i.R.d. § 34 gerade nicht erforderlich ist.

II. § 258

Die Bestrafung aus § 258 scheitert aus demselben Grunde.

B. Strafbarkeit des T

I. §§ 153, 25 I Alt.2

Mittelbare Täterschaft kommt im vorliegenden Fall nicht in Betracht, da ein eigenhändiges Delikt vorliegt.

II. §§ 153, 26

Eine vorsätzliche und rechtswidrige Haupttat liegt vor. Auch hat T den Tatentschluss bei F hervorgerufen. Die Annahme einer Anstiftung erscheint jedoch insofern problematisch, da hier nach allgemeinen Tatherrschaftserwägungen der T kraft seines überlegenen Willens Tatherrschaft hat, so dass konstruktiv ein Fall der mittelbaren Täterschaft vorliegt.

Fraglich ist daher, ob nicht sämtliche Fälle, die konstruktiv mittelbare Täterschaft sind, aber wegen des Charakters der §§ 153 ff. als eigenhändige Delikte nicht unter die mittelbare Täterschaft eingeordnet werden können, unter § 160 fallen. Dies hätte zur Konsequenz, dass die Anstiftung als subsidiär hinter der täterschaftlichen Begehung zurücktreten müsste. 233

Die ganz h.M. geht jedoch den umgekehrten Weg. Wegen der verschwindend geringen Strafandrohung des § 160 (Höchststrafe sechs Monate), die deutlich unter dem Anstifterstrafrahmen liegt (bei § 153 drei Monate bis fünf Jahre), geht die h.M. davon aus, dass § 160 vielmehr subsidiären Charakter haben müsse und daher nur die Fälle erfassen dürfe, bei denen aus Akzessorietätsgründen keine Anstiftung möglich sei, also speziell die Fälle des gutgläubigen Werkzeugs.[420]

[420] Vgl. SCH-SCH, § 160 StGB, Rn. 1.

Außerdem wird darauf hingewiesen, § 160 müsse schon deswegen nicht deckungsgleich mit der mittelbaren Täterschaft ausgelegt werden, da diese Vorschrift seit Schaffung des StGB existiere, einem Zeitpunkt also, in dem die Figur der mittelbaren Täterschaft überhaupt noch nicht hinreichend geklärt worden war.

Der für §§ 153, 26 erforderliche Anstiftervorsatz ist nach h.M. im weitergehenden Tätervorsatz enthalten.

hemmer-Methode: Diese sonst umstrittene Aussage ist zwingende Konsequenz, wenn man an dem subsidiären Charakter des § 160 festhält, da andernfalls auf Vorsatzebene die Bestrafung aus §§ 153, 26 scheitern würde und sonst doch der § 160 eingreifen könnte.

Ergebnis: T ist in diesem Fall also aus §§ 153, 26 und nicht aus § 160 zu bestrafen.

Irrtumsfälle

Umstritten ist auch die Behandlung der Irrtumskonstellationen, d.h. wenn der Täter ein unvorsätzlich aussagendes Werkzeug für bösgläubig hält und umgekehrt.

Fall (wie oben): *T bittet seine Freundin, vor Gericht auszusagen, dass die beiden zur fraglichen Tatzeit zusammen im Urlaub waren. F kommt dem Ansinnen nach, obwohl sie die Unwahrheit ihrer Aussage kennt. T hält F für gutgläubig.*

Lösung:

A. Strafbarkeit der F

§ 153 (+) und § 258 (+), da Abs.6 nicht zugunsten der Freundin eingreift.

B. Strafbarkeit des T

I. Strafvereitelung (§§ 258 I, 25 I Alt.2)

(-), da T kein tauglicher Täter

II. Anstiftung zur Strafvereitelung (§§ 258 I, 26)

(-), da kein Anstiftervorsatz bei T gegeben war, da er die F für gutgläubig hielt.

III. Anstiftung zur Falschaussage (§§ 153, 26)

Zwar liegt eine vorsätzliche, rechtswidrige Haupttat vor. Die Anstiftung zum Meineid scheitert aber am doppelten Anstiftervorsatz, da sich der Vorsatz nicht darauf bezog, dass F vorsätzlich falsch aussagen sollte (vgl. Wortlaut des § 26). Aus den gleichen Gründen scheitert auch die versuchte Anstiftung (§ 159).

IV. Verleitung zur Falschaussage (§ 160)

Eine objektiv falsche Aussage liegt vor. Fraglich ist jedoch das Verleiten, da die F hier nicht gutgläubig, sondern bewusst falsch ausgesagt hat.

Nach dem BGH steht jedoch ein bösgläubiges Handeln der F in Abweichung von der Vorstellung des T der Tatbestandsmäßigkeit des § 160 nicht entgegen. Auch bei Bösgläubigkeit des Verleiteten sei der Tatbestand erfüllt, was mit dem Vergleich zu § 357 begründet wird.[421] Die Vorsatztat der F umfasst als Minus die von T gewollte unvorsätzliche Tat. Aufgabe des § 160 StGB ist es, genau die Fälle zu erfassen die nicht von der Anstiftung erfasst werden. Eine Anstiftung scheidet hier aber gerade aus, da sich der Vorsatz des T nicht auf die Bösgläubigkeit der F erstreckt (s.o.).

[421] Vgl. BGHSt 21, 116-118 = **juris**byhemmer.

Nach a.A. scheidet in dem Fall, dass der Eid bewusst falsch beschworen oder die uneidliche Aussage bewusst falsch gemacht wird, eine Vollendung des § 160 aus, da es wegen des Exzesses der Verleiteten gar nicht zu der vom Verleitenden gewünschten Tat kommt. Nach dieser Ansicht ist T nur gem. §§ 160 II, 22 zu bestrafen.[422]

I.R.d. **umgekehrten Konstellation**, d.h. der Täter hält ein gutgläubiges Werkzeug für bösgläubig, scheitert die Bestrafung wegen vollendeter Anstiftung an der Akzessorietät. Da der Täter aber zumindest den doppelten Anstiftervorsatz besitzt, wird nach fast einhelliger Ansicht wegen versuchter Anstiftung zur Tat bestraft (§ 30 bzw. § 159 vgl. unten).

Teilnahme möglich

Teilnahme an den §§ 153 – 157 ist dagegen nach den allgemeinen Regeln möglich. So richten sich Anstiftung und Beihilfe nach den §§ 26, 27. Entgegen dem Grundsatz des § 30 I, dass die versuchte Anstiftung nur bei Verbrechen mit Strafe bedroht ist, normiert § 159, dass auch die *versuchte* Anstiftung zu einer uneidlichen Aussage oder einer falschen Versicherung an Eides Statt (Vergehen!) strafbar ist. Dies erscheint problematisch, da das Gesetz den Versuch bei §§ 153, 156 nicht mit Strafe bedroht, während der Versuch eines Verbrechens stets strafbar ist. Deshalb hält die Rspr. eine Bestrafung nach § 159 nur dann für gerechtfertigt, wenn die in Aussicht genommene Haupttat im Falle ihrer Begehung den Tatbestand des § 153 oder des § 156 voll verwirklicht hätte, also nicht nur zu einem untauglichen Versuch der §§ 153, 156 hätte führen können oder sogar geführt hat.[423] **234**

Bsp.: *T bittet seine Freundin, für ihn im Strafverfahren eine falsche eidesstattliche Versicherung abzugeben. Da im Strafverfahren hinsichtlich der Straf- und Schuldfrage eine eidesstattliche Versicherung nicht zulässig ist, hat F nur einen straflosen untauglichen Versuch des § 156 begangen. Daher geht der BGH auch von der Straflosigkeit desjenigen aus, der eine versuchte Anstiftung begangen hat, da dieser nicht schärfer bestraft werden dürfe als der unmittelbar Handelnde.*

Str.: Beihilfe durch Unterlassen

Umstritten ist, unter welchen Voraussetzungen eine *Beihilfe durch Unterlassen* angenommen werden kann. In Betracht kommt dies grundsätzlich immer dann, wenn ein Prozessbeteiligter Kenntnis von der tatsächlichen Sachlage hat und den Zeugen nicht von seiner Falschaussage abhält. Da dies in der Regel möglich ist, entscheidet sich die Strafbarkeit des Prozessbeteiligten bei der Frage der *Garantenpflicht*. **235**

Garantenpflicht

Anerkannt ist, dass eine solche Garantenpflicht nicht schon aus der Wahrheitspflicht der Prozessbeteiligten folgt, vgl. § 138 ZPO.[424] In Betracht kommt aber eine Garantenpflicht aus Ingerenz:

Fall: *A hat einen Einbruchsdiebstahl begangen. Als er deswegen angeklagt wird, bittet er seinen Freund D, ihm „ein Alibi zu besorgen“. A erscheint auf der Geschäftsstelle des Gerichts und bittet um die Aufnahme einer Erklärung: D solle als Tatzeuge zur Verhandlung geladen werden, da dieser bezeugen könne, mit ihm zur fraglichen Tatzeit im Kino gewesen zu sein. D macht in der Verhandlung zunächst die gewünschten Angaben.* **236**

Der Richter zweifelt von vornherein an den Angaben des D und ordnet, da D weiterhin hartnäckig leugnet und nicht zu einem Widerruf seiner Aussagen bereit ist, eine zehnminütige Verhandlungspause an. Er kündigt an, D anschließend vereidigen zu wollen. A und D, die beide nicht mit einer Vereidigung gerechnet haben, stehen in der Pause gemeinsam auf dem Flur, sprechen jedoch nicht miteinander. Anschließend beeidet D seine Aussage.

Strafbarkeit des A?

---

[422] Vgl. zum Streit FISCHER, § 160 StGB, Rn. 7 m.w.N.

[423] BGHSt 24, 38-40 = **juris**byhemmer.

[424] BGHSt 4, 327-331.

Lösung:

I. Anstiftung zum Meineid des D durch Begehen (§§ 154, 26)

A hat durch seine Bitte an den D, vor Gericht die besagte Äußerung vorzunehmen, den Tatentschluss des D, einen Meineid zu leisten, durch eine Willensbeeinflussung im Wege des offenen geistigen Kontaktes hervorgerufen. Die Bestrafung scheitert jedoch am erforderlichen doppelten Anstiftervorsatz, da dem A zwar Vorsatz hinsichtlich seiner Anstiftungshandlung zur Last gelegt werden kann, er jedoch nicht damit rechnete, dass D vereidigt wird, so dass kein Vorsatz bezüglich der vorsätzlichen und rechtswidrigen Haupttat vorliegt.

II. Anstiftung zur falschen uneidlichen Aussage des D (§§ 153, 26)

A hat den Tatentschluss des D, eine falsche uneidliche Aussage zu begehen, hervorgerufen. Diese ist auch erfolgt, da die falsche uneidliche Aussage (§ 153) zum tatsächlich erfolgten Meineid (§ 154) kein aliud, sondern ein minus darstellt.[425]

III. Anstiftung zum Meineid des D durch Unterlassen (§§ 154, 26, 13)

Eine Garantenstellung des D könnte sich hier aus Ingerenz ergeben. Das 237
vorausgegangene gefährdende Tun könnte in der Benennung des D als Zeugen sowie in der vorher an D geäußerten Bitte, falsch für ihn auszusagen, liegen. A konnte sich nämlich ausrechnen, dass er D auf diese Weise in eine missliche Lage bringt.

Der BGH war zunächst mit der Annahme einer Garantenstellung aus Ingerenz recht großzügig. So wurde bereits das unwahre Bestreiten des Tatvorwurfs durch den Beschuldigten im Strafprozess als pflichtbegründende Vorhandlung angesehen.[426] Diese Rspr. wurde jedoch auf Kritik des Schrifttums[427] hin eingeschränkt.

Mittlerweile verlangt der BGH, dass der Beschuldigte die Aussageperson in eine prozessunangemessene besondere Gefahr der Falschaussage bringt.[428] Diese Voraussetzungen sind im vorliegenden Fall erfüllt, da A den D wissentlich zu einer Falschaussage angestiftet und sogar noch die Vernehmung des D beantragt hat, obwohl er wusste, dass er diesen damit in eine ziemlich schwierige Lage bringen würde.[429]

Die Gegenauffassung in der Literatur, die eine Garantenstellung dadurch ablehnt, dass sie die volle Verantwortlichkeit des Aussagenden betont und eine Garantenstellung nur bei fehlender Verantwortlichkeit des Aussagenden selbst annimmt, ist abzulehnen, da sie hier Kriterien der mittelbaren Täterschaft und der Garantenstellung miteinander vermengt.

Fraglich ist jedoch, woran der Unterlassungsvorwurf anzuknüpfen ist. Hierbei ist zu beachten, dass die StPO dem Angeklagten schon aus unverzichtbaren rechtsstaatlichen Erwägungen ein Schweigerecht gewährt (vgl. etwa §§ 243 IV, 136 I S.2 StPO), also auch keine Verpflichtung auferlegt, sich zur Richtigkeit einer falschen Zeugenaussage zu äußern.

Es wäre daher mit den Beschuldigtenrechten im Strafprozess auch nicht vereinbar, dem A die Pflicht zu einer Einwirkung auf den Aussagenden während dessen Vernehmung aufzubürden.

---

425 Vgl. FISCHER, § 154 StGB, Rn. 20.

426 BGH, MDR/D 1953, 272.

427 Vgl. SCH-SCH, vor §§ 153 ff. StGB, Rn. 39 f.

428 BGHSt 14, 229-233 (230) = **juris**byhemmer.

429 BGH, NStZ 1993, 489 = **juris**byhemmer.

Im vorliegenden Fall standen A und D jedoch in der Verhandlungspause zusammen auf dem Flur, wo es dem A ohne weiteres möglich gewesen wäre, den D zu einer Rücknahme seiner Äußerung zu bewegen. Daher bestand für A die Rechtspflicht, in der Verhandlungspause auf den D einzuwirken und ihn zu einem Widerruf seiner Äußerungen zu bewegen.[430] Dieser Rechtspflicht ist A nicht nachgekommen.

Fraglich ist jedoch die Kausalität. Es kann nicht mit Sicherheit angenommen werden, dass D, der bereits hartnäckig geleugnet hatte, sich durch eine entsprechende Bitte des A noch einmal hätte umstimmen lassen. Es muss daher der Grundsatz in dubio pro reo eingreifen. So hat A keine Anstiftung zum Meineid durch Unterlassen (§§ 154, 26, 13) begangen.

IV. Beihilfe zum Meineid des D durch Unterlassen (§§ 154, 27, 13)

In Betracht käme jedoch Beihilfe in Form der sog. psychischen Beihilfe. Diese psychische Beihilfe kann auch einem bereits zur Tat entschlossenen Täter geleistet werden.[431] Durch Nichtvornahme der rechtlich gebotenen und ihm auch tatsächlich möglichen Einwirkungshandlung hat der A den Tatentschluss des D gestärkt, so dass der objektive Tatbestand verwirklicht ist.

VI. Fahrlässigkeit und Aussagenotstand

Fahrlässigkeit

Bis auf die uneidliche Falschaussage, § 153, können Aussagedelikte auch *fahrlässig* begangen werden, vgl. § 161. 238

Aussagenotstand

Liegt ein sog. *Aussagenotstand* nach § 157 vor, kann das Gericht i.R.d. §§ 153 – 155 von Strafe absehen oder diese nach seinem Ermessen mildern. Dabei ist der persönliche Anwendungsbereich der Vorschrift auf Zeugen und Sachverständige begrenzt.

Der Aussagenotstand beruht allein auf der besonderen Zwangssituation, in der sich die Beweispersonen bei der Erfüllung ihrer im öffentlichen Interesse bestehenden Zeugen- und Sachverständigenpflicht befinden, wenn sie durch ihre Aussage sich selbst oder einen Angehörigen belasten müssten.

Abgrenzung zu § 35

Der Aussagenotstand ist daher abzugrenzen von dem entschuldigenden Notstand, unter den insbesondere der Nötigungsnotstand fällt. Aus der Existenz des § 157 ergibt sich, dass der Umstand, dass infolge der Falschaussage dem Aussagenden oder dem Angehörigen eine Gefängnisstrafe droht, nicht unter § 35 gefasst werden kann.

VII. Konkurrenzen

Konkurrenzen

§ 154 verdrängt im Wege der *Gesetzeskonkurrenz* § 153. Tateinheit besteht dagegen mit den §§ 164, 187, 239, 257, 263. 239

---

430 BGH, NStZ 1993, 489 = **juris**byhemmer.

431 BGH, NJW 1951, 451.

Abschließender Überblick über die Aussagedelikte

1. Geschütztes Rechtsgut: die Rechtspflege

2. Anknüpfungspunkt: Falschaussage (= Tätigkeit)

⇨ Mittelbare Täterschaft und Mittäterschaft nicht möglich

3. Systematik:

§ 153 —— § 154 —— § 156

Gemeinsame Milderungs- und Ausschließungsgründe:

⇨ § 157 I

⇨ § 157 II

⇨ § 158

Sondertatbestände:

§ 159	⇨	Versuchte Anstiftung auch bei § 153 und § 156 strafbar, obwohl kein Verbrechen
§ 160	⇨	Mittelbare Täterschaft möglich, obwohl Aussagedelikte Tätigkeitsdelikte sind
§ 161	⇨	Fahrlässigkeit bei §§ 154, 156 strafbar, nicht bei § 153

§ 10 URKUNDENDELIKTE[432]

Sicherheit und Zuverlässigkeit des Rechtsverkehrs

Schutzgut aller Urkundendelikte ist die *Sicherheit und Zuverlässigkeit des Rechtsverkehrs* mit Urkunden. Dies betrifft insbesondere den Beweisverkehr, der häufig auf Urkunden als Beweismittel angewiesen ist.[433] 240

I. Systematik

Die §§ 267 ff. schützen den Rechtsverkehr mit Urkunden im Einzelnen in vier verschiedenen Richtungen:

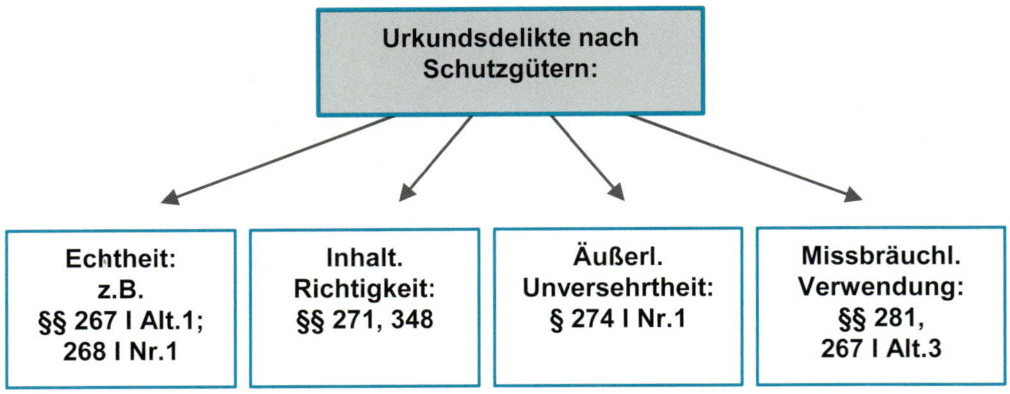

Echtheit einer Urkunde

1. I.R.d. §§ 267, 277 Alt.2 und 3 sowie § 279 wird die *Echtheit* einer Urkunde geschützt, d.h. das Vertrauen darauf, dass die Urkunde auch von demjenigen stammt, der als Aussteller zu erkennen ist. Über § 267 werden ausnahmslos *alle Urkunden* erfasst. Nicht geschützt wird von § 267 insoweit die inhaltliche Richtigkeit der Urkunde. 241

> ***Bsp.:*** *Der Gastwirt stellt dem Gast eine aus steuerlichen Gründen überhöhte Rechnung aus.*
>
> Die Quittung ist zwar inhaltlich „falsch“, § 267 ist dennoch nicht einschlägig, da der erkennbare Aussteller und der wirkliche Urheber identisch sind. Die Vorschrift betrifft daher nicht den (praktisch häufigen) Fall der „schriftlichen Lüge“.

Einen Spezialfall des strafrechtlichen Echtheitsschutzes stellt die Geld- und Wertzeichenfälschung, §§ 146 ff., dar.

hemmer-Methode: Gerade die Fälschung von Zahlungskarten mit Garantiefunktion hat in der Praxis stark an Bedeutung gewonnen. Lesen Sie deshalb die §§ 152b, 152a einmal genau durch. Spezialwissen wird insoweit nicht erwartet, sondern allein die Fähigkeit, sauber zu subsumieren. Ein interessantes Fallbeispiel stellt insoweit BGH, Urteil vom 13.01.2010, 2 StR 439/09 = Life&Law 2010, 453 ff. dar.

Inhaltliche Richtigkeit

2. Die *inhaltliche Richtigkeit* („schriftliche Lüge“) wird nur in besonderen Fällen geschützt: 242

Die §§ 271 – 273, 348 betreffen bestimmte *öffentliche Urkunden* und die §§ 277, 1.Var., 278, 279 unrichtige *Gesundheitszeugnisse*. Die sachliche Richtigkeit dieser öffentlichen Urkunden verdient wegen ihrer erhöhten Beweiskraft besonderen Schutz, vgl. §§ 415 ff. ZPO. Die Unechtheit derartiger Urkunden wird dagegen weiterhin von § 267 erfasst.

---

432 Instruktiv zu den Urkundendelikten vgl. **BERBERICH/DUNKER, Life&Law 2012, Heft 1, 57 ff.**

433 SCH-SCH, § 267 StGB, Rn. 1.

Äußerliche Unversehrtheit

3. Die §§ 133, 274 I Nr.1 schützen die *äußerliche Unversehrtheit* von Urkunden, die dem Täter entweder *nicht gehören* oder die *dienstlich verwahrt* werden. Geschützt sind wiederum alle verschiedenen Arten von Urkunden. Verletzt ist in diesem Fall ein fremdes Beweisführungsrecht. 243

Missbräuchliche Verwendung

4. § 281 schützt dagegen Ausweispapiere vor missbräuchlicher Verwendung. 244

hemmer-Methode: Systematisieren Sie die völlig unübersichtlichen §§ 267 ff. nach den verschiedenen Urkundenarten und den verschiedenen Angriffsrichtungen! Sie finden auf diese Weise ohne viel Zeitverlust zu den einschlägigen Vorschriften. Wer die einzelnen Tatbestände erst mühsam in Gedanken „durchsubsumieren" muss, hat einen u.U. erheblichen Zeitnachteil.
Gehen Sie deshalb folgendermaßen vor:
Zunächst ist zu ermitteln, ob es sich um eine besondere Urkunde handelt (öffentliche Urkunden, Gesundheitszeugnisse, technische Aufzeichnungen, beweiserhebliche Daten oder Ausweispapiere).
Wenn dies der Fall ist, sind zunächst die einschlägigen Vorschriften anzuprüfen, hilfsweise daraufhin die Vorschriften, die alle Urkunden betreffen (§§ 267, 274 I Nr.1). Handelt es sich dagegen um (einfache) Urkunden, so ist vornehmlich nach der Angriffsrichtung zu differenzieren.

II. Urkundenbegriff

Urkundenbegriff

Ein zentrales Problem i.R.d. §§ 267 ff. ist der strafrechtliche Urkundenbegriff. 245

Die h.M.[434] versteht unter einer Urkunde eine

- ⇨ verkörperte Gedankenerklärung (Perpetuierungsfunktion), die
- ⇨ zum Beweis von rechtlich erheblichen Tatsachen bestimmt und geeignet ist (Beweisfunktion) und
- ⇨ ihren Aussteller erkennen lässt (Garantiefunktion).

1. Perpetuierungsfunktion

Verkörperte Gedankenerklärung

Eine Urkunde muss zunächst eine *verkörperte Gedankenerklärung* darstellen. Verkörperung bedeutet, dass die Gedankenerklärung mit einem festen körperlichen Gegenstand verbunden ist und auf diese Weise eine gewisse Dauerhaftigkeit besitzt (= Abgrenzung zur bloß mündlichen Äußerung). 246

In Betracht kommen hier nicht nur Schriftstücke aller Art, sondern auch Aufkleber, Plaketten und Ähnliches. Wer beispielsweise eine Prüfplakette am Autokennzeichen mit Nagellack übermalt, damit so über die entsprechende Farbgestaltung der Eindruck erweckt wird, die Hauptuntersuchung sei rechtzeitig durchgeführt worden, stellt eine unechte Urkunde her. Denn nach richtiger Rechtsprechung kommt auch der Untergrundfarbe von Prüfplaketten ein eigener Erklärungswert zu.[435]

---

434 BGHSt 16, 94-99 (96); SCH-SCH, § 267 StGB, Rn. 2 m.w.N.; SK, § 267 StGB, Rn. 7.

435 AG Waldbröl, NJW 2005, 2870 ff. = **Life&Law 2005, Heft 12, 827-831**.

Aus dem Begriff der Urkunde folgt, dass die Gedankenerklärung trotz der Verkörperung *optisch – visuell wahrnehmbar* sein muss.[436] Schallplatten, Tonbänder, Computerdisketten u.Ä. stellen damit keine Urkunde in diesem Sinne dar, da die verkörperte Gedankenerklärung nur unter Verwendung technischer Hilfsmittel „wahrnehmbar" ist. Eine Strafbarkeit kann sich dann aber gem. § 269 ergeben.

Augenscheinsobjekte

An einer *Gedankenerklärung* fehlt es bei bloßen Augenscheinsobjekten (Fingerabdrücke, Fußspuren), die aufgrund ihrer Existenz und Beschaffenheit zum Beweis von bestimmten Tatsachen dienen können. Hier handelt es sich um sog. sachliche Beweismittel. Auch eine von einem technischen Gerät hergestellte technische Aufzeichnung ist keine Gedankenerklärung, da keine menschlichen Gedanken fixiert werden. In Betracht kommt hier lediglich § 268. 247

hemmer-Methode: Merken Sie sich folgendes: § 267 ist einschlägig wenn eine menschliche Gedankenerklärung hinreichend perpetuiert ist. Fehlt es an einer ausreichenden Perpetuierung (z.B. gespeicherte Dokumente), kommt nur § 269 in Betracht. Liegt eine ausreichende Perpetuierung vor, fehlt es aber an einem menschlichen Aussteller (z.B. Kilometerzähler), ist ggfs der Anwendungsbereich von § 268 eröffnet. §§ 268, 269 haben folglich die Aufgabe, spezifische Strafbarkeitslücken des § 267 zu schließen.

2. Beweisfunktion

Beweisfunktion

Die verkörperte Gedankenerklärung muss ferner zum Beweis von rechtlich erheblichen Tatsachen *geeignet* und *bestimmt* sein, mit anderen Worten also eine gewisse Rechtserheblichkeit besitzen. 248

Die *Beweiseignung* bestimmt sich nach objektiven Kriterien. Da man sich kaum einen Gegenstand vorstellen kann, der nicht geeignet ist, für irgendeine Tatsache Beweis zu erbringen, ist dieses Erfordernis weitgehend ohne Bedeutung.

Beweiseignung

An der Beweiseignung kann es im Einzelfall bei nichtigen Urkunden[437] fehlen oder wenn infolge Verletzung wesentlicher Formvorschriften die Unwirksamkeit der Erklärung für den Rechtsverkehr auf der Hand liegt[438] (z.B. bei einem nicht handgeschriebenen Testament, vgl. § 2247 BGB). 249

Zum Beweis bestimmt

Die Gedankenerklärung muss auch subjektiv *zum Beweis bestimmt* sein. 250

Absichtsurkunden

Unproblematisch ist dies bei sog. *Absichtsurkunden*, die vom Aussteller gerade zu dem Zweck hergestellt werden, um im Rechtsverkehr Beweis zu erbringen.

Zufallsurkunden

Die Beweisbestimmung kann aber auch von dem Aussteller oder einem Dritten im Nachhinein getroffen werden. Hier spricht man von sog. *Zufallsurkunden.* Voraussetzung ist aber, dass der Dritte auch die rechtliche Möglichkeit hat, mit der Urkunde im Rechtsverkehr Beweis zu erbringen. Der beleidigende Brief wird daher erst dann zur Urkunde i.S.d. § 267, wenn sich der Empfänger entschließt, diesen im Prozess vorzulegen.

---

436 SCH-SCH, § 267 StGB, Rn. 6 m.w.N.

437 BGH, GA 1971, 180.

438 SCH-SCH, § 267 StGB, Rn. 9 ff.

3. Garantiefunktion

Den Aussteller erkennen lassen

Die verkörperte Gedankenerklärung muss ferner ihren *Aussteller erkennen* lassen. Darüber hinaus muss der Aussteller auch *als Garant für die Richtigkeit* der Urkunde einstehen wollen (= Garantiefunktion der Urkunde). 251

Erforderlich ist, dass der *Aussteller aus dem Inhalt der Urkunde bestimmbar* ist. Eine Namensangabe ist dabei nicht erforderlich, wenn der Aussteller trotzdem ermittelt werden kann (z.B. Unterschrift mit i.A. auf dem Briefpapier einer Firma). 252

An der Erkennbarkeit des Ausstellers fehlt es dagegen bei anonymen Urkunden, die offensichtlich als solche vom Urheber gekennzeichnet werden (= offene Anonymität, z.B. der Aussteller unterzeichnet die Urkunde nicht oder mit dem offensichtlich unrichtigen Namen „James Bond"). Von versteckter Anonymität spricht man, wenn der Aussteller seine Person durch den Gebrauch eines Allerweltsnamens verschleiern will und ansonsten jeder Hinweis auf den Aussteller fehlt.

URKUNDENBEGRIFF:

Perpetuierungsfunktion:

Verkörperte Gedankenerklärung

Schriftlichkeit nicht erforderlich

⇔ **Augenscheinsobjekte**

⇔ **technische Aufzeichnungen, § 268**

+

Beweisfunktion:

Beweiseignung und –bestimmung

⇨ schon beim Herstellen: „Absichtsurkunde"

⇨ nachträglich: „Zufallsurkunde"

+

Garantiefunktion:

⇨ Aussteller muss erkennbar sein

⇨ Namensangabe ist nicht zwingend erforderlich

4. Urkundenqualität von Vervielfältigungsstücken

Durchschrift und Ausfertigung

Bei der Frage nach der Urkundenqualität von Vervielfältigungsstücken ist entscheidend auf deren Ausgestaltung und die Verkehrsanschauung abzustellen. 253

Durchschriften werden allgemein im Rechtsverkehr als Urkunden anerkannt, da sie die Originalerklärung des Ausstellers verkörpern und gerade zu dem Zweck hergestellt wurden, mehrere Exemplare der Urkunde zur Verfügung zu haben. Gleiches gilt für die Ausfertigungen einer Urkunde, die im Rechtsverkehr an die Stelle der Urschrift treten.[439]

[439] Vgl. dazu Wessels/Hettinger, BT-1, Rn. 808 ff.

Keine Urkunden sind dagegen einfache Fotokopien einer Originalurkunde, da hier keine Person dafür Gewähr bietet, dass die Kopie mit dem Original übereinstimmt (so ist regelmäßig nicht feststellbar, wer eine Kopie angefertigt hat). Etwas anderes gilt dagegen für beglaubigte (nicht dagegen für einfache!) Fotokopien und Abschriften einer Urkunde. Hier übernimmt wiederum die ausstellende Behörde die Gewähr dafür, dass die Urkunde mit dem Original übereinstimmt.

Fotokopie und Abschrift

Von der Rspr. wurde die Urkundenqualität einer einfachen Fotokopie nur dann bejaht, wenn sie vom Täter fototechnisch so geschickt angefertigt ist, dass sie den Anschein eines Originals erweckt und nach der Tätervorstellung auch gerade erwecken soll.[440]

> **Bsp.:** *T kopiert mittels eines Farbkopierers die vorläufige Bahncard seines Freundes, um auf diese Weise verbilligt Zug fahren zu können.*

hemmer-Methode: Beim Auftauchen von Fotokopien in einer Klausur müssen mehrere Fragen voneinander getrennt werden. Neben der Frage der Urkundenqualität einer Fotokopie kann noch das Problem relevant werden, inwieweit durch die Benutzung der Fotokopie von der Originalurkunde gebraucht gemacht wurde (§ 267 I Var.3, vgl. dazu unten). Weiterhin wird noch die Frage erörtert, inwieweit Manipulationen an einer vorhandenen Kopie als Fälschungen technischer Aufzeichnungen (vgl. § 268) behandelt werden können. Schließlich kann sich die Frage stellen, ob der Täter, der eine einfache Kopie – die nicht als Urkunde angesehen werden kann – gebraucht, einen untauglichen Versuch oder ein Wahndelikt begeht.[441]

Fernkopie/Telefax

Einer Fernkopie (Telefax) kann im Regelfall keine höhere Beweisfunktion beigemessen werden als einer bloßen Fotokopie. Sie ist grundsätzlich keine Urkunde i.S.d. § 267 BGB.[442]

hemmer-Methode: Der BGH hat festgestellt, dass ein beim Empfänger ankommendes Telefax eines existenten Schriftstücks – nicht anders als bei einer gewöhnlichen Fotokopie – für den Adressaten offensichtlich nur die bildliche Wiedergabe der in jedem Schriftstück verkörperten Erklärung darstellt und demzufolge keine Urkunde ist.[443]

5. Beweiszeichen, zusammengesetzte Urkunden und Gesamturkunden

Einzelfälle

Im Einzelnen unterscheidet man verschiedene Arten von Urkunden:

Beweiszeichen

a) Unter *Beweiszeichen* versteht man allgemein solche Urkunden, 254
die *keine Schriftstücke* sind.

M.M.: keine Urkundenqualität

Eine Mindermeinung[444] will Beweiszeichen daher generell die Urkundenqualität absprechen (= enger Urkundenbegriff): Der mögliche Wortsinn sei im Strafrecht die äußerste Auslegungsgrenze, vgl. Art. 103 II GG. Urkunden seien nach dem natürlichen Sprachgebrauch eben nur Schriftstücke.

H.M.: Abgrenzung Beweiszeichen / Kennzeichen

Nach ganz h.M.[445] müssen Urkunden jedoch nicht notwendigerweise Schriftstücke sein. Jeder Gegenstand, der die Merkmale des Urkundenbegriffs erfüllt, kann als sog. Beweiszeichen eine Urkunde i.S.d. § 267 sein.

---

440 Vgl. BayObLG, JuS 1990, 850-851 = **juris**byhemmer.

441 Hierzu OLG Düsseldorf, NJW 2001, 167-168 = **juris**byhemmer = **Life&Law 2001, Heft 5, 329-333**.

442 OLG Zweibrücken, NJW 1998, 2918-2919 = **juris**byhemmer = **Life&Law 1998, Heft 10, 663-666**; a.A. LACKNER/KÜHL, § 267 StGB, Rn. 16.

443 BGH, NStZ 2010, 703-704 = **juris**byhemmer = **Life&Law 2010, Heft 12, 828-834**. Siehe hierzu auch OLG Oldenburg, NStZ 2009, 391-392 = **Life&Law 2009, Heft 12, 674-677**.

444 Vgl. die Nachweise bei WESSELS/HETTINGER, BT-1, Rn. 804 ff.

445 SCH-SCH, § 267 StGB, Rn. 20 m.w.N.

Dies kann im Einzelfall jedoch problematisch sein. Insofern sind die Beweiszeichen von den bloßen *Kennzeichen* zu unterscheiden, denen mangels Beweisfunktion keine Urkundenqualität beikommt. Charakteristisch für Kennzeichen ist, dass sie lediglich der Unterscheidung verschiedener Gegenstände, dem Herkunftsnachweis oder dem Verschluss von Sachen dienen.

Als Beweiszeichen hat die Rspr. angesehen: Typenschild, Motor- und Fahrgestellnummer eines Kfz[446]; den Poststempel[447]; Striche auf Bierfilzen[448]; Ohrmarken an einem Tier.[449]

Bloße Kennzeichen sind dagegen: Autogramme von Sportlern auf ihren Bildern[450]; der Firmenname auf einer Warentonne[451]; Spielmarken in einem Casino[452]; Fabriknummer auf Erzeugnissen[453]; Namenszeichen auf einem Tier.[454]

Zusammengesetzte Urkunden

b) Von *zusammengesetzten Urkunden*[455] spricht man, wenn die verkörperte Gedankenerklärung mit einem anderen Gegenstand fest zu einer Beweismitteleinheit verbunden wird und erst dadurch Urkundenqualität erlangt. 255

Bsp.: *T tauscht im Supermarkt zwei Hemden, die sich in Klarsichthüllen mit aufgedruckten Preisschildern befinden, dergestalt aus, dass er das teurere Hemd (25 €) in die Klarsichthülle mit dem niedrigeren Preis (15 €) steckt und anschließend auch nur diese Summe bezahlt.*

Das OLG Köln[456] stellt in diesem Fall entscheidend darauf ab, ob zwischen der Verpackung und dem Inhalt eine hinreichend feste Verbindung anzunehmen ist, da sich die Preisauszeichnung gerade auf den Inhalt bezieht. Wenn das Hemd lediglich lose in einer offenen Klarsichthülle liege, fehle es gerade an der erforderlichen Beweisbestimmung, die nur dann anzunehmen sei, wenn Hemd und Verpackung auch äußerlich als feste Beweiseinheit anzusehen seien. Eine solche feste Beweiseinheit und damit eine zusammengesetzte Urkunde sei z.B. anzunehmen, wenn die Öffnung der Klarsichthülle verschweißt oder durch Klebestreifen verschlossen wäre.

Enger Urkundenbegriff

Der enge Urkundenbegriff verneint auch bei sog. zusammengesetzten Urkunden die Urkundenqualität. Die Beweiseignung des Schriftstücks müsse sich gerade aus dem Schriftstück selbst ergeben und nicht erst aus dessen Verbindung mit einem anderen Gegenstand.

Gesamturkunde

c) Eine *Gesamturkunde* liegt vor, wenn mehrere einzelne Urkunden dergestalt verbunden werden, dass gerade die sinnvolle und geordnete Zusammensetzung einen über die Beweiskraft der einzelnen Urkunden hinausgehenden Inhalt hat. 256

Werden z.B. verschiedene Rechnungen (= einzelne Urkunden) zu einer Endabrechnung für einen gewissen Zeitraum zusammengefasst, so enthält die Endabrechnung die zusätzliche Beweiseignung für die Vollständigkeit der Abrechnung.

Umstritten ist, ob auch einzelne Gedankenerklärungen, die keine Urkunden sind, zu einer Gesamturkunde zusammengefasst werden können.[457]

---

[446] RGSt 58, 17; BGHSt 9, 235-240 (238); BGHSt 16, 94-99.

[447] RGSt 30, 381; 62, 12.

[448] RG, DStZ 1916, 77.

[449] RG, HRR 1935, 1635.

[450] RGSt 23, 214.

[451] RGSt 17, 282.

[452] RGSt 55, 98.

[453] RG, GA 1959, 352.

[454] RGSt 36, 15.

[455] Vgl. zur Urkundenqualität von Verkehrsschildern OLG Köln, NJW 1999, 1042-1044 = **juris**byhemmer = **Life&Law 1999, 369 ff.**

[456] Vgl. OLG Köln, NJW 1979, 729-730.

[457] So: BGHSt 12, 108-112; a.A. SCH-SCH, § 267 StGB, Rn. 30 m.w.N.

Die besondere Bedeutung der Gesamturkunde liegt darin, dass die Entfernung und Vernichtung von Einzelurkunden nicht nur den Tatbestand der Urkundenunterdrückung nach § 274 I Nr.1 erfüllt, sondern zugleich eine Verfälschung der Gesamturkunde nach § 267 vorliegt. § 274 tritt in diesen Fällen regelmäßig zurück.

Als Gesamturkunden wurden u.a. angesehen: Stimmzettel in einer Wahlurne, obwohl die Stimmzettel für sich genommen keine Urkunden sind (Erkennbarkeit des Ausstellers!)[458]; die Handelsbücher eines Kaufmanns[459]; das Bierlieferungsbuch eines Bierkutschers[460]; ein Posteinlieferungsbuch[461] oder die Personalakte eines Richters.[462]

Keine Gesamturkunden sind dagegen: die Handakte eines Rechtsanwaltes[463]; Postanweisungen[464] oder mehrere Lohnkarten.[465]

§§ 268, 269

d) Außerhalb des Urkundenbegriffs sind auch *technische Aufzeichnungen und beweiserhebliche Daten* in bestimmtem Umfang geschützt, vgl. §§ 268, 269. **257**

III. Echtheits- und Herkunftsschutz

Echtheits- und Herkunftsschutz

Der Schwerpunkt des strafrechtlichen Schutzes von Urkunden besteht im Hinblick auf ihre Echtheit; hinsichtlich technischer Aufzeichnungen entspricht dies einem *Herkunftsschutz.* **258**

1. Urkundenfälschung, § 267

§ 267 Urkundenfälschung

Die Urkundenfälschung, § 267, besteht aus drei unterschiedlichen Tatbestandsvarianten. **259**

Herstellen einer unechten Urkunde

Das Herstellen einer unechten Urkunde (Var.1) und das Verfälschen einer echten Urkunde (Var.2) stellen dabei auf Manipulationen an der Urkunde selbst ab.

Gebrauchmachen

Das Gebrauchmachen (Var.3) betrifft dagegen den unmittelbaren Angriff auf die Sicherheit des Rechtsverkehrs. Subjektiv muss die Tat vorsätzlich und mit der *Absicht der Täuschung im Rechtsverkehr* begangen werden, wobei dolus directus 2. Grades ausreichend ist.[466]

a) Herstellen einer unechten Urkunde

Unechte Urkunde

Eine Urkunde ist unecht, wenn der aus der Urkunde erkennbare Aussteller nicht mit dem wirklichen Aussteller identisch ist.[467] **260**

Charakteristisch für das Herstellen einer unechten Urkunde ist damit eine Identitätstäuschung. Auf die inhaltliche Richtigkeit der Urkunde kommt es dagegen nicht an.

---

458 BGHSt 12, 108-112.

459 RGSt 50, 421.

460 RGSt 51, 36.

461 RG, LZ 1931, Sp. 259.

462 OLG Düsseldorf, NStZ 1981, 25-26.

463 BGHSt 3, 395-400 (399).

464 BGHSt 4, 60-62.

465 RGSt 52, 66.

466 BayObIG, NJW 1998, 2917-2918 = **juris**byhemmer.

467 SK, § 267 StGB, Rn. 55 a.E..; vgl. hierzu BayObLG, StV 1999, 320-321 = **Life&Law 1999, Heft 9, 599-602** = **juris**byhemmer.

aa) Der erkennbare Aussteller

Erkennbarer Aussteller

Der *erkennbare Aussteller* ist dabei derjenige, der als Aussteller dem Inhalt der Urkunde zu entnehmen ist. Dabei kann dessen Ermittlung im Einzelfall durchaus Schwierigkeiten machen: 261

Abgrenzung Identitätstäuschung/ Namenstäuschung

Umstritten ist, wann anstelle einer relevanten Identitätstäuschung eine unbeachtliche bloße *Namenstäuschung* vorliegt. 262

> **Bsp.:** *Der Hotelgast Herr Mayer unterschreibt seine Reservierung in Gegenwart des Gastwirtes mit dem falschen Namen „James Bond".*

Da der Hotelgast die Reservierung in Anwesenheit des Gastwirtes unterschrieben hatte, liegt kein Fall der offenen Anonymität vor[468], so dass auch die Garantiefunktion der Urkunde einschlägig ist. Fraglich ist daher, ob Mayer eine unechte Urkunde hergestellt hat. Berücksichtigt man zur Ermittlung des scheinbaren Ausstellers lediglich den Inhalt der Urkunde, so erscheint als der scheinbare Aussteller ein Herr „Bond", der nicht mit dem wirklichen Aussteller übereinstimmt. Die h.M.[469] nimmt aber an, dass auch Umstände zur Ermittlung des scheinbaren Ausstellers herangezogen werden können, die *nicht selbst Inhalt der Urkunde sind.*

Im vorliegenden Fall erscheint somit der Hotelgast selbst – ohne dass es auf seinen Namen ankäme – erkennbar als der Aussteller der Urkunde. Die Tatsache, dass er einen falschen Namen verwendet, macht die Urkunde noch nicht unecht, da aus den übrigen Umständen zu entnehmen ist, wer Aussteller der Urkunde ist. Es liegt eine Namenstäuschung und damit ein Fall der „schriftlichen Lüge" vor. Etwas anderes gilt aber etwa dann, wenn sich der Hotelgast später ohne Bezahlung davonstehlen will und mit der falschen Namensangabe seine Identität verschleiern möchte (= Täuschung „mit" falschem Namen).[470]

Denkbar sind auch Fallgestaltungen, bei denen trotz Verwendung des eigenen Namens eine Identitätstäuschung anzunehmen ist. 263

> **Fall:** *Thomas Huster (T) bestellte dreimal beim Versandhaus 'Qualle' verschiedene technische Geräte, obwohl er von vornherein wusste, dass er nicht über die finanziellen Mittel zur Bezahlung des Kaufpreises verfügte. Er wusste, dass seine persönlichen Daten computermäßig hinsichtlich des Rufnamens, des Familiennamens und der Anschrift erfasst waren und beim Überschreiten der von der Lieferfirma festgesetzten Bonitätsgrenze Bestellungen nicht mehr ausgeführt wurden. Daher benutzte er bei der zweiten Bestellung seinen zweiten Vornamen Franz neben seinem Rufnamen und gab bei der dritten Bestellung eine falsche Hausnummer an, da er damit rechnete, dass der Postbote den abweichenden Namen und die abweichende Zustellungsanschrift als unerheblich erachten und ihm die Geräte trotzdem zustellen würde, was auch geschah.* 264
>
> *Strafbarkeit des T aus § 267?*
>
> **Lösung:**
>
> T könnte dadurch, dass er beim zweiten Bestellschreiben seinen zweiten Vornamen und beim dritten Bestellschreiben eine falsche Adresse angegeben hat, eine Urkundenfälschung begangen haben.
>
> In Betracht kommt die 1. Variante (Herstellen einer unechten Urkunde). Entscheidend ist hierbei die Täuschung über die Identität des Ausstellers, nicht über seinen Namen.

---

468 Vgl. oben, Rn. 252.

469 BGHSt 1, 117-121; RGSt 13, 246; 30, 44; 68, 6; a.A. SCH-SCH, § 267 StGB, Rn. 51.

470 Vgl. WESSELS/HETTINGER, BT-1, Rn. 827 m.w.N.; SK, § 267 StGB, Rn. 57.

Daher kann auch eine mit dem richtigen Namen unterschriebene Urkunde unecht sein, wenn damit der gerade angesprochene Anschein erweckt werden soll.[471] Diese Auslegung ist im Hinblick auf das durch § 267 geschützte Rechtsgut geboten, nämlich die Sicherheit und Zuverlässigkeit des Rechtsverkehrs mit Urkunden.

Fraglich ist, ob auch in dem Fall, in dem T eine falsche Adresse angegeben hat, eine Identitätstäuschung vorliegt. Hierbei ist zu beachten, dass der Name zwar das wichtigste, keineswegs aber das einzige Identifikations- und Unterscheidungsmerkmal ist. Als weiteres Unterscheidungsmerkmal kommt z.B. im Versandhandel das Geburtsdatum in Betracht.[472] **265**

Bei der Anschrift dagegen handelt es sich üblicherweise nicht um ein zur Identifizierung geeignetes Merkmal einer Person mit selbständiger Bedeutung für die Identitätsbestimmung. Eine insoweit bewusst unrichtige Angabe erschwert zwar den Rechtsverkehr, ist aber grundsätzlich keine Identitätstäuschung im Sinne von § 267, da nicht vorgegeben wird, der Aussteller sei eine andere Person als diejenige, die nach dem Wortlaut der Urkunde als solche erscheint.

Für Rechtsgeschäfte, die mittels Datenverarbeitungsanlagen abgewickelt werden, kann dies jedoch nicht uneingeschränkt gelten. Insoweit maßgebliches Kriterium ist, ob aufgrund der vorhandenen Daten diese Person bereits erfasst ist. Wenn eine andere Anschrift angegeben ist, gilt der Besteller als neuer Kunde. Daher ist in diesem Fall auch die Anschrift als Unterscheidungs- und Identifizierungskriterium anzusehen, so dass hier eine Identitätstäuschung und damit eine unechte Urkunde vorliegt.

Ergebnis: T hat sich aus § 267 I Var.1 in zwei Fällen strafbar gemacht.

hemmer-Methode: Entscheidend für die Verwirklichung der Urkundenfälschung ist grundsätzlich die jeweilige Beweissituation unter Berücksichtigung des konkreten Verwendungszwecks der Urkunde und nicht die Frage, ob der Täter berechtigt ist, diesen Namen zu führen.

Vertretungsfälle

Im Rechtsverkehr ist nicht zwingend als Aussteller einer Urkunde derjenige anzusehen, der die Urkunde eigenhändig abgefasst hat. Klausurrelevant sind daher auch die Fälle der *Vertretung*. **266**

Offene Stellvertretung

Die Person des scheinbaren Ausstellers ist in den Fällen der offenen Stellvertretung problematisch: in dieser Konstellation (= z.B. Unterschrift des Vertreters mit dem Namen des Vertretenen und dem Zusatz i.V.) ist der scheinbare Aussteller gerade nicht der Vertretene, sondern der Vertreter, da dieser die Vertretung offengelegt hat. Es liegt daher keine Identitätstäuschung über den Aussteller vor. Dabei kommt es nicht darauf an, ob der Vertreter tatsächlich mit Vertretungsmacht gehandelt hat. Fehlt diese, so liegt wiederum eine „schriftliche Lüge“ vor, da der Vertreter mit seiner Unterschrift konkludent seine Vertretungsmacht behauptet. **267**

Anders ist in diesen Fällen nach der h.M.[473] zu entscheiden, wenn der Täter einen *Behörden- oder Firmenzusatz* verwendet und keine Vertretungsmacht besitzt: Nach der Verkehrsanschauung kommt es in diesen Fällen weniger auf die Person des Erklärenden (= des Vertreters) selbst an, sondern auf die von ihm vertretene Behörde oder Firma.

Diese Interessenlage besteht dagegen nicht bei natürlichen Personen.[474]

---

[471] Vgl. Sch-Sch, § 267 StGB, Rn. 52.

[472] Vgl. BGH, a.a.O.

[473] BGHSt 7, 149-153 (152); BGHSt 9, 44-48 (46); BGHSt 17, 11-13; Sch-Sch, § 267 StGB, Rn. 52; a.A. RGSt 5, 261; RG, GA 1948, 136; differenzierend SK, § 267 StGB, Rn. 44 ff.

[474] BGH, NJW 1993, 2759-2760 = jurisbyhemmer.

Bsp.: *T betätigt sich als Makler. Hierbei stand er mit O in Verhandlungen über die Vermietung einer Wohnung. Da er aber selbst Eigentümer der Wohnung war und sich die Maklergebühr sichern wollte, erklärte er, dass Eigentümer der Wohnung ein gewisser M sei, der aber gar nicht existierte.*

Daher unterzeichnete T den Mietvertrag als vermeintlicher Vertreter des Herrn M mit „i.V.". T hat die Vertretung offengelegt und ist daher als Aussteller der Urkunde anzusehen, so dass es an einer Identitätstäuschung fehlt.

Sog. verdeckte Stellvertretung

Unterschreibt der Vertreter dagegen mit dem Namen des Vertretenen, ohne die Vertretung offen zu legen, so handelt es sich um einen Fall der sog. *verdeckten Stellvertretung*. Der scheinbare Aussteller ist hier leicht zu ermitteln: Da der Empfänger der Urkunde keine Anhaltspunkte für eine Vertretung hat, muss er den Vertretenen selbst als Aussteller ansehen. Ob die Urkunde aber unecht ist, bestimmt sich danach, wer als wirklicher Aussteller anzusehen ist (dazu sogleich!). 268

bb) Der wirkliche Aussteller

Geistigkeitstheorie

Wer der *wirkliche Aussteller* ist, bestimmt sich heute nach der herrschenden sog. *Geistigkeitstheorie.*[475] Aussteller ist demnach derjenige, der „geistiger Urheber" der Urkunde ist. 269

Körperlichkeitstheorie

Die ältere und heute nicht mehr vertretene *Körperlichkeitstheorie*[476] stellte demgegenüber darauf ab, wer die Urkunde körperlich hergestellt hat. Die Körperlichkeitstheorie hat sich nicht durchgesetzt, da sie diejenigen Erklärungen schutzlos ließ, die den körperlichen Hersteller nicht erkennen ließen (z.B. Telegramme, Aktien oder Eintrittskarten).

Schreibhilfe

Aussteller ist nach der Geistigkeitstheorie auch derjenige, der sich bei der Anfertigung der Urkunde helfen lässt.

Bsp.: *Der handlahme X lässt sich einen Brief durch einen anderen auf Diktat anfertigen und unterschreiben; der Vorstand einer Aktiengesellschaft lässt von einer Druckerei neue Aktien drucken usw.*

Die körperliche Herstellung der Urkunde erfolgt hier durch eine sog. *Schreibhilfe*.

Problem: „Vertretung im Willen"/ sog. verdeckte Stellvertretung

Problematischer sind die Fälle der „Vertretung im Willen" bzw. der sog. *verdeckten Stellvertretung.* Hier unterschreibt der Vertreter mit dem Namen des Vertretenen, ohne dass seine Eigenschaft als Vertreter erkennbar ist. Der scheinbare Aussteller ist hier immer der Vertretene (s.o.). 270

Dennoch wird die Erklärung des Vertreters dem Vertretenen unter bestimmten Voraussetzungen zugerechnet, d.h. eine verdeckte Stellvertretung ist im Hinblick auf den strafrechtlichen Urkundenbegriff möglich (im Bereich der zivilrechtlichen Stellvertretung scheitert dies in der Regel an dem Offenkundigkeitsgrundsatz, vgl. § 164 I BGB).

---

475 BGHSt 13, 382-387 (385); SK, § 267 StGB, Rn. 50; SCH-SCH, § 267 StGB, Rn. 55; FISCHER, § 267 StGB, Rn. 7.

476 Vgl. die Nachw. bei SK, § 267 StGB, Rn. 49.

Eine verdeckte Stellvertretung ist nur zulässig[477], wenn

- ⇨ der Aussteller die Befugnis zur Stellvertretung hatte,
- ⇨ den Namensträger vertreten wollte,
- ⇨ sich der Namensträger seinerseits vertreten lassen wollte und
- ⇨ die Eigenhändigkeit der Erklärung nicht rechtlich vorgeschrieben ist oder zumindest nicht erwartet wird.[478]

In diesen Fällen ist die Sicherheit und Zuverlässigkeit des Rechtsverkehrs nicht bedroht.

Bei folgenden Erklärungen ist die Eigenhändigkeit jedoch rechtlich vorgeschrieben oder wird zumindest im Rechtsverkehr erwartet: beim Testament (§ 2247 BGB), bei schriftlichen Zeugenaussagen nach § 377 III, IV ZPO, bei eidesstattlichen Versicherungen[479] und bei Prüfungsarbeiten.[480] Eine Stellvertretung kommt hier nicht in Betracht.

Wenn hinsichtlich der Führung eines Kontos die Zeichnung eines Überweisungsträgers durch Dritte vertraglich ausgeschlossen ist, wird bei einem Verstoß hiergegen dennoch keine unechte Urkunde hergestellt. Besaß der Unterzeichner eine zivilrechtlich wirksame Vertretungsmacht, führt der Verstoß lediglich dazu, dass die Bank die Überweisung nicht ausführen muss. Ein Fall rechtlicher Unzulässigkeit der Zeichnung in fremdem Namen liegt nicht vor.[481]

b) Verfälschen einer echten Urkunde

Verfälschen einer echten Urkunde

Das Verfälschen einer echten Urkunde stellt einen *Spezialfall der Herstellung einer unechten Urkunde* dar. Ergebnis dieses Vorgangs ist wiederum eine unechte Urkunde. Im Unterschied zu § 267 I Var.1 liegt jedoch am Anfang eine *echte Urkunde* vor, die erst durch das Verfälschen zur unechten Urkunde wird. 271

Im Regelfall wird eine Urkunde dadurch verfälscht, dass ein *anderer als ihr wirklicher Aussteller* Manipulationen *am Inhalt* der Urkunde vornimmt. In diesem Fall ist der „geistige Urheber" der Urkunde nicht mehr der ursprüngliche Aussteller, sondern der Verfälschende.

hemmer-Methode: Merken Sie sich die grundsätzliche Grenzziehung zwischen der 1. und 2. Variante bei der Einwirkung auf bestehende Urkunden. Nur Manipulationen am gedanklichen Inhalt werden unter die Var.2 gefasst. Wird dagegen die Ausstellerbezeichnung durch eine neue ersetzt, greift das Herstellen einer unechten Urkunde ein.[482]

In der Rspr. kontrovers diskutiert wurde in letzter Zeit die Frage, ob § 267 einschlägig ist, wenn der Täter sein Kfz-Kennzeichen mit reflektierenden Mitteln versieht, um für den Fall einer Verkehrskontrolle nicht identifiziert werden zu können.

> ***Fall:***[483] *B wollte bei etwaigen Geschwindigkeitskontrollen die Ermittlung seiner Personalien anhand der Kennzeichen des Fahrzeugs unmöglich machen.*

---

[477] BayObLG, NJW 1989, 2142-2143 = **juris**byhemmer; BGH, NJW 1985, 2487-2488 = **juris**byhemmer.

[478] SK, § 267 StGB, Rn. 47 f. m.w.N.

[479] RGSt 69, 119.

[480] RGSt 68, 242.

[481] BayObLG, StV 1999, 320-321 = **Life&Law 1999, Heft 9, 599-602 (601)**.

[482] Vgl. Sch-Sch, § 267 StGB, Rn. 72.

[483] Nach BGH, NJW 2000, 229-230 = **juris**byhemmer.

Er übersprühte daher die Kennzeichen seines auf ihn zugelassenen Kfz mit einer farblosen Flüssigkeit, wodurch bei Blitzlichtfotoaufnahmen eine so starke Reflektion auftrat, dass die schwarzen Buchstaben und Zahlen „überblendet“ wurden und auf dem Lichtbild ohne lichtbildtechnische Nachbehandlung nicht erkennbar waren. Als B mit überhöhter Geschwindigkeit in eine Verkehrskontrolle geriet, wurden die mit dem Spray behandelten amtlichen Kennzeichen entdeckt.

Strafbarkeit des B nach § 267?

Lösung:

Bei dem mit einer Stempelplakette der Zulassungsstelle versehenen, an dem Kfz, für das es zugeteilt ist, angebrachten Kraftfahrzeugkennzeichen handelt es sich um eine zusammengesetzte Urkunde i.S.d. § 267.[484]

Das Kennzeichen verkörpert die Erklärung der Zulassungsstelle als Ausstellerin, dass das Fahrzeug unter diesem Kennzeichen für einen bestimmten, im Fahrzeugregister eingetragenen Halter zum öffentlichen Verkehr zugelassen wurde. Es enthält jedoch nicht die zusätzliche beweisbestimmte und –geeignete Erklärung, dass das Kennzeichen fortwährend uneingeschränkt ablesbar ist.

Zwar muss die Zulassungsstelle bei der Ausgabe der Kennzeichen u.a. feststellen, dass diese nicht verdreckt oder mit Folien etc. überzogen sind. Dies kann jedoch naturgemäß keine weitere Bedeutung haben als die, dass das Kennzeichen bei der Zulassung nicht verunreinigt war. Hinzu kommt, dass die Urkunde bei § 267 infolge der Verfälschung einen irreführenden Beweisgehalt vermittelt, der vom angeblichen Urheber herzurühren scheint. Der Erklärungsinhalt der Urkunde wurde aber durch das Besprühen nicht verfälscht.

Daher liegt nach dem BGH kein Verfälschen einer Urkunde vor, wenn der Täter die Ablesbarkeit des Kennzeichens unter bestimmten Voraussetzungen (Blitzlichtaufnahmen) – also den Beweisinhalt der Urkunde in seiner Erkennbarkeit – durch Besprühen mit einer farblosen Flüssigkeit beeinträchtigt. B ist daher nicht nach § 267 strafbar.

hemmer-Methode: In Betracht kommt jedoch eine Strafbarkeit gemäß § 24 I Nr. 3 StVG („Kennzeichenmissbrauch“). Diese Strafvorschrift im Nebenstrafrecht hat der Gesetzgeber geschaffen, um Strafbarkeitslücken im Rahmen der §§ 267 ff. StGB zu schließen.

Wiederholte Verfälschung

Tatobjekt der Var.2 ist eine echte und damit unverfälschte Urkunde. Fraglich ist daher, wie die Einwirkung auf den Inhalt einer bereits verfälschten Urkunde strafrechtlich zu würdigen ist.

Bsp.: *T verändert auf einem von S ausgefertigten Schuldschein zunächst die Höhe des zurückzuzahlenden Betrages und einen Tag später auch den vereinbarten Zinssatz.*

Da zum Zeitpunkt der Einwirkung auf den Zinssatz bereits eine Manipulation an der Urkunde vorgenommen wurde, könnte es am geeigneten Tatobjekt (echte Urkunde) fehlen.

Die h.M. nimmt hier dennoch das Verfälschen einer Urkunde an, da sich die Einwirkung auf einen bisher unverfälschten Teil der Urkunde bezogen hat.[485]

Wird dagegen auf den bereits verfälschten Teil der Urkunde nochmals eingewirkt, so ist, da für die Var.2 kein Raum ist, wieder auf das Herstellen einer unechten Urkunde zurückzugreifen, da die Var.1 den Grundtatbestand des § 267 darstellt, der alle Manipulationen erfassen soll, als deren Resultat sich eine unechte Urkunde ergibt.

484 BGHSt 34, 375-378 (376) = **juris**byhemmer.

485 Vgl. Sch-Sch, § 267 StGB, Rn. 66.

Verfälschen durch den Aussteller

Eigenständige Bedeutung erhält die Var.2 dann, wenn das Verfälschen einer echten Urkunde vom *wirklichen Aussteller* vorgenommen wird. Die Var.2 ist nach h.M dann verwirklicht, wenn die Veränderung vom Aussteller *nach Erlöschen des Abänderungsrechtes* vorgenommen wird.[486]

> ***Bsp.:*** *Der Jurastudent J ändert seine eigene Prüfungsarbeit nach dem Abgabetermin.*

Gegenansicht

Gegen diese Ansicht wird insbesondere vorgebracht, dass das Interesse an der Integrität bestehender echter Beweismittel bereits ausreichend über § 274 geschützt sei. Außerdem werde bei Einbeziehung dieser Fallgruppe in den § 267 der Echtheitsbegriff in der 1. und 2.Var. unterschiedlich gehandhabt.[487] Für die h.M. spricht allerdings, dass der Var.2 nach der Gegenansicht keine eigenständige Bedeutung zugemessen werden könnte, da alle anderen Fallkonstellationen ebenso unter den Grundtatbestand der Var.1 subsumiert werden könnten.[488]

c) Gebrauchen einer unechten oder verfälschten Urkunde

„Gebrauchen"

Die Var.3, „Gebrauchen", ist erfüllt, wenn der Täter die Urkunde dem zu Täuschenden in der Weise zugänglich macht, dass dieser die Möglichkeit zur Kenntnisnahme hat.[489] Die Tat ist damit nicht erst dann vollendet, wenn der Dritte tatsächlich Kenntnis vom Inhalt der Urkunde hat, sondern bereits wenn die Urkunde in seinen Machtbereich gelangt ist. 272

> ***Bsp.:*** *Das Benutzen eines PKWs mit einem gefälschten Kennzeichen im Straßenverkehr stellt bereits die Verwirklichung der Var.3 dar.*

„Selbst"

Grundsätzlich gilt darüber hinaus, dass der Täter *von der Urkunde selbst* Gebrauch machen muss.[490] Umstritten ist daher, inwieweit durch *die Vorlage* von Vervielfältigungsstücken ein Gebrauchen der Originalurkunde anzunehmen ist:

So soll das Verbreiten von einfachen Abschriften z.B. kein Gebrauchen darstellen, sondern lediglich den Bericht über eine Urkunde.[491] Ausreichend ist dagegen, dass dem zu Täuschenden der Urkundeninhalt per Telefax zugänglich gemacht wird.[492]

d) Regelbeispiele des § 267 III

Regelbeispiele, § 267 III

§ 267 III enthält mehrere Regelbeispiele für besonders schwere Fälle einer Urkundenfälschung. Hierzu sei auf die Ausführungen zu § 243 (allgemein zu den Regelbeispielen)[493] und zu § 263 III[494] (weitgehend identisch mit § 267 III) verwiesen. 273

e) Verhältnis der Varianten

Das Verfälschen einer echten Urkunde, § 267 I Var.2, stellt einen Spezialfall des Herstellens einer unechten Urkunde dar und ist somit lex specialis zu § 267 I Var.1 274

---

486 BGHSt 13, 382-387 (386); RGSt 74, 341; 60, 187; Wessels/Hettinger, BT-I, Rn. 847.

487 Vgl. Sch-Sch, § 267 StGB, Rn. 68.

488 Vgl. Wessels/Hettinger, BT-1, Rn. 848.

489 BGHSt 2, 50-53; BGHSt 36, 64-67 = **juris**byhemmer; Wessels/Hettinger, BT-1, Rn. 851; SK, § 267 StGB, Rn. 84 ff.

490 So: BGH, GA 1963, 16; RGSt 46, 225.

491 BGHSt 2, 50-53 (52); RGSt 70, 133.

492 Vgl. Krey, BT-1, Rn. 690.

493 **Hemmer/Wüst, Strafrecht BT I, Rn. 29 ff.**

494 **Hemmer/Wüst, Strafrecht BT I, Rn. 115 und 174b.**

Verhältnis der Varianten

Problematisch ist das Verhältnis von *§ 267 I Var.1 und 2* zum Gebrauchen von verfälschten oder unechten Urkunden, *§ 267 I Var.3.* Hier sind folgende Fälle zu unterscheiden: Hat der Täter bereits beim Herstellen der unechten oder dem Verfälschen der echten Urkunde den Vorsatz zu einem konkreten Gebrauch, so liegt eine *tatbestandliche Handlungseinheit* vor[495], da bereits die § 267 I Var.1 und 2 die Absicht zur Täuschung im Rechtsverkehr voraussetzen. Nach a.A.[496] ist das Gebrauchen als straflose Nachtat verdrängt.

Wer dagegen bei der Herstellung einer unechten oder Verfälschung einer echten Urkunde deren Verwendung nur in allgemeinen Umrissen geplant hat (oder später die Urkunde anders als nach seiner konkreten Verwendungsabsicht gebraucht), verwirklicht die Tatbestände in Tatmehrheit.[497]

> ***Bsp.:*** *T fälscht in seinem Schülerausweis das Geburtsdatum, um ihn bei Einlasskontrollen in verschiedenen Diskotheken und Kinos vorzeigen zu können.*

2. Fälschung von Gesundheitszeugnissen, §§ 277, 279

Fälschung von Gesundheitszeugnissen

§§ 277 Var.2 und 3, 279 betreffen als leges speciales zu § 267 den *Echtheitsschutz von Gesundheitszeugnissen*. Die Vorschriften entsprechen weitgehend dem § 267. 275

3. Fälschung technischer Aufzeichnungen, § 268

Fälschung technischer Aufzeichnungen

Geschütztes Rechtsgut des § 268 ist die Sicherheit des Rechtsverkehrs im Hinblick auf technische Aufzeichnungen. Der Begriff der technischen Aufzeichnung wird in § 268 II definiert. 276

Aufzeichnungsgeräte/Anzeigegeräte

Nicht aus dieser Vorschrift entnehmen lässt sich jedoch eine weitere Differenzierung die von der h.M. vorgenommen wird. Unter einer Darstellung i.S.d. Vorschrift ist nach h.M. nur eine Aufzeichnung zu verstehen, bei der die geräteautonom produzierte Information in einem selbständig verkörperten, vom Gerät abtrennbaren Stück enthalten ist. Denn nur in diesen Fällen ist eine dauerhafte Verkörperung anzunehmen, wie es letztlich auch i.R.d. § 267 erforderlich ist.

Daher ist zwischen den unter § 268 zu fassenden *Aufzeichnungsgeräten* und den bloßen *Anzeigegeräten* zu unterscheiden, bei denen sich die angezeigten Messwerte fortlaufend verändern können.

> **Bspe. für Aufzeichnungsgeräte:** *Fahrtenschreiber, aus dem die Tachographenscheibe zur Überprüfung entnommen wird, Röntgengerät zur Herstellung von Röntgenaufnahmen.*

> **Bspe. für Anzeigegeräte:** *Waage, Strom- und Kilometerzähler (str.).*

Fotokopien

Umstritten ist, inwieweit Fotokopien, die, sofern sie unbeglaubigt sind, nicht als Urkunden angesehen werden können, zumindest unter den Begriff der technischen Aufzeichnung gefasst werden können, so dass Manipulationshandlungen an diesen wenigstens von § 268 erfasst werden können. Die h.M. lehnt dies jedoch insbesondere aus zwei Gründen ab: zum einen fällt es bei dem Vergleich mit den anderen Aufzeichnungsgeräten schwer, davon zu sprechen, dass bloße Ablichtung als 'selbsttätiges Bewirken' und damit als eigene Darstellungsleistung anzusehen ist.[498]

---

495 BGHSt 5, 291-294; WESSELS/HETTINGER, BT-1, Rn. 853; SK, § 267 StGB, Rn. 113; im Erg. ebenso: BGHSt 17, 97-101.

496 OLG Nürnberg, MDR 1951, 53; OLG Düsseldorf, JMBl. 1951, 208 f.

497 BGHSt 2, 290-295 (291); BGHSt 17, 97-101; WESSELS/HETTINGER, a.a.O.

498 Vgl. BGHSt 24, 140 (142); WESSELS/HETTINGER, BT-1, Rn. 868.

Zum anderen würden durch eine Einbeziehung in den § 268 die bei § 267 getroffenen Wertungen, dass eine unbeglaubigte Fotokopie weniger schutzwürdig ist als eine beglaubigte, wieder aus den Angeln gehoben.[499]

Widersprüchliche Entscheidungen ergingen zuletzt im Hinblick auf die Anwendbarkeit des § 268 III bei der Verwendung von Gegenblitzanlagen.[500]

Gegenblitzanlage

Fall[501]*: T brachte an die Frontscheibe seines PKWs oberhalb des Innenspiegels eine Gegenblitzanlage an. Als er eine Geschwindigkeitskontrolle mittels Radarmessung innerhalb eine geschlossenen Ortschaft passierte, machte diese Anlage im Augenblick der Radarmessung durch einen ausgesandten Gegenblitz den Fahrer des Fahrzeugs auf dem zu erstellenden Beweisfoto unkenntlich, da das Bild an Stelle des Fahrers die Lichtquelle als weißen Fleck wiedergibt. Strafbarkeit des T?*

Lösung:

In Betracht kommt eine Strafbarkeit gem. § 268 I, III. Dazu müsste das Bild eine „technische Aufzeichnung" i.S.d. § 268 II sein. Darunter sind Darstellungen zu verstehen, die von einem technischen Gerät selbsttätig bewirkt werden, wobei der Gegenstand der Aufzeichnung allgemein oder für Eingeweihte erkennbar sein muss. Außerdem muss die Darstellung – wie eine Urkunde im Sinne von § 267 I – geeignet und bestimmt sein, im Rechtsverkehr Beweis zu erbringen. Daran fehlt es hier: Das Beweisfoto zeigt nur einen weißen Fleck. Damit kann nichts bewiesen werden. Es fehlt somit bereits an einem tauglichen Tatobjekt.

Aber selbst wenn man von einer technischen Aufzeichnung mit der Darstellung einer Blendung annimmt, scheidet eine Strafbarkeit gem. § 268 aus. In Betracht kommt als Tathandlung allein § 268 III, die störende Einwirkung auf das Ergebnis des Aufzeichnungsvorgangs.

Im Fall wurde nicht nachträglich das *Ergebnis* des Aufzeichnungsvorgangs verändert, sondern bereits die Entstehung der Aufzeichnung überhaupt – hier die Aufnahme des Fahrers – verhindert. Eine Strafbarkeit gem. § 268 scheidet damit auch aus diesem Grund aus.

hemmer-Methode: Auch § 274 scheidet aus, wenn richtigerweise bereits eine technische Aufzeichnung als taugliches Tatobjekt verneint wird. Das OLG München hat dafür aber eine Sachbeschädigung gem. § 303 I bejaht. Durch das Anbringen des Reflektors werde die bestimmungsgemäße Brauchbarkeit der Radarmessanlage beeinträchtigt. Dies ist allerdings kaum haltbar, da es sich lediglich um eine „täuschende Beschickung" handelt. Eine solche Auslegung ist nicht mit dem Wortlaut des § 303 I vereinbar, der eine „Beschädigung" der Sache voraussetzt. Hier wurde die Radarmessanlage nicht einmal berührt (anders etwa beim Beschmieren der Linse mit Senf, um eine Bildaufnahme zu verhindern). Richtigerweise müsste der Gesetzgeber tätig werden, damit ein solches Verhalten bestraft werden kann.[502]

Praktische Bedeutung hat § 268 außerdem bei der Manipulation von Fahrtenschreibern für Lkws und innerhalb der Verkehrsüberwachung (Geschwindigkeits- und Rotlichtkontrollen) erlangt.

Manipulation an Fahrtenschreiber

Fall:[503] *G, der von Beruf Spediteur ist, bittet seinen Freund A, für eine eilbedürftige Fahrt, die er mit einem Lkw aus seinem Fuhrpark durchzuführen hat, in den Fahrtenschreiber eine für Geräte mit anderen Geschwindigkeitsbereichen bestimmte Tachographenscheibe einzubauen, mit der Folge, dass der im Fahrtenschreiber enthaltene Farbstift niedrigere Geschwindigkeiten auf diese veränderte Unterlage aufzeichnet. A erfüllt seinem Freund diese Bitte, worauf G die Fahrt wie geplant durchführt.* 277

---

499 Vgl. KREY, BT-1, Rn. 717.

500 Vgl. einerseits LG Flensburg, NJW 2000, 1664 = **Life&Law 2000, Heft 8, 554-558** und andererseits AG Tiergarten, NStZ 2000, 9.

501 Vgl. LG Flensburg, NJW 2000, 1664 = **Life&Law 2000, Heft 8, 554-558**.

502 Siehe dazu die Besprechung von OLG München, NJW 2006, 2132-2133 = **Life&Law 2006, Heft 10, 689-693**.

503 Vgl. hierzu auch den Fall OLG Karlsruhe, NStZ 2002, 652-653 = **juris**byhemmer **= Life&Law 2003, Heft 2, 106-110**.

Lösung:

A. Strafbarkeit des A

I. Urkundenfälschung (§ 267)

Die Strafbarkeit aus § 267 scheitert daran, dass es sich bei den Aufzeichnungen des Fahrtenschreibers nicht um eine verkörperte Gedankenerklärung handelt, so dass es bereits an einer Urkunde fehlt.

II. Fälschung technischer Aufzeichnungen (§ 268)

1. Bei der Tachographenscheibe handelt es sich um eine technische Aufzeichnung, da die Information in einem vom Gerät abtrennbaren Stück enthalten ist. Fraglich ist, wie der Echtheitsbegriff i.S.d. § 268 zu verstehen ist, da das Kriterium der Identitätstäuschung des § 267 ja nur schwerlich auf § 268 übertragen werden kann. Nach h.M. ist davon auszugehen, dass eine technische Aufzeichnung dann unecht ist, wenn sie überhaupt nicht oder nicht so, wie sie vorliegt, das Ergebnis eines in seiner Selbsttätigkeit unbeeinflussten Aufzeichnungsvorganges ist, obwohl sie diesen Anschein erweckt.

Insofern ist die hier in Betracht kommende störende Einwirkung auf den Aufzeichnungsvorgang i.S.d. Abs.3 nur ein besonders erwähnter Unterfall des Herstellens einer unechten technischen Aufzeichnung.[504] Entscheidend ist insoweit, ob eine störende Einwirkung auf den Aufzeichnungsvorgang stattgefunden hat.

Liefert das Gerät dagegen infolge einer Funktionsstörung ohne äußere Einwirkung eine unrichtige technische Aufzeichnung, so ist diese nicht unecht, sondern lediglich falsch. Hier gilt das zur „schriftlichen Lüge" i.R.d. § 267 Gesagte entsprechend.

Fraglich ist jedoch, ob A dadurch, dass er die falsche Tachographenscheibe einsetzte, den Aufzeichnungsvorgang störend beeinflusst hat. 278
Dies scheitert nicht schon daran, dass die Manipulation bereits vor dem Aufzeichnungsvorgang durchgeführt wurde, da die störende Einwirkung auch dem Aufzeichnungsvorgang vorausgehen kann.[505]

Das BayObLG hat jedoch in dieser Konstellation die Beeinflussung des Aufzeichnungsvorgangs verneint, da die Bewegungen des Fahrtenschreibers ordnungsgemäß erfolgt seien und lediglich auf der falschen Unterlage bewirkt worden seien. Daher sei die Arbeitsweise des Gerätes ordnungsgemäß erfolgt.[506]

Nach Ansicht des BGH[507] können jedoch der Aufzeichnungsvorgang und das Medium, auf dem er sich verkörpert, nicht voneinander isoliert betrachtet werden. Geschütztes Rechtsgut des § 268 sei die Sicherheit der Informationsgewinnung durch technische Geräte, und diese Sicherheit sei durch derartige Manipulationen gefährdet, so dass auch für diese Konstellation der Tatbestand des § 268 I Nr.1, III einschlägig sei.

2. A handelte auch vorsätzlich, da er wusste, dass G das Gerät benutzen würde. Fraglich ist jedoch, ob ein Handeln zur Täuschung im Rechtsverkehr vorliegt. Wie i.R.d. § 267 ist auch i.R.d. § 268 keine Absicht i.e.S. erforderlich. Vielmehr genügt bereits das sichere Wissen, dass die Urkunde im Rechtsverkehr gebraucht werden soll.[508]

Auch braucht der Täter nicht die Absicht zu haben, die Aufzeichnung selbst zur Täuschung im Rechtsverkehr zu gebrauchen. Dies kann nach seinem Willen auch ein anderer sein.[509] Daher ist auch der subjektive Tatbestand des § 268 verwirklicht.

504 Vgl. FISCHER, § 268 StGB, Rn. 13.

505 Vgl. SCH-SCH, § 268 StGB, Rn. 50. NJW 1994, 743

506 BayObLG, VRS 46, 124 ff.

507 BGH, NJW 1994, 743 = **juris**byhemmer.

508 FISCHER, § 267 StGB, Rn. 29.

509 SCH-SCH, § 267 StGB, Rn. 91.

Ergebnis: A ist daher wegen Fälschung technischer Aufzeichnungen gem. § 268 I Nr.1, III strafbar.

B. Strafbarkeit des G

I. Fälschung technischer Aufzeichnungen (§ 268)

Fraglich ist, ob auch G aus § 268 I Nr.1, III strafbar ist, da er ja nicht selbst die Manipulationshandlung vorgenommen hat, sondern lediglich auf dem bereits manipulierten Gerät die technischen Aufzeichnungen hergestellt hat. 279

Um eine Strafbarkeit des G aus § 268 zu begründen, muss nach zutreffender Ansicht gerade nicht auf das Unterlassensmoment abgestellt werden. Vielmehr ist zu beachten, dass der Fahrtenschreiber ja nicht völlig selbsttätig die Aufzeichnungen herstellt, sondern erst, nachdem der Lkw durch den Fahrer in Betrieb genommen wurde. Daher ergibt sich hier die Strafbarkeit des G bereits aus dem Begehungsdelikt. Allerdings ist eine Einschränkung insoweit zu machen, als der Täterkreis auf garantenpflichtige Personen beschränkt ist, so dass nur derjenige aus dem Begehungsdelikt bestraft werden kann, der zur Entstörung des Gerätes verpflichtet ist.

hemmer-Methode: Auf die fehlende „Entstörung" und damit auf das Unterlassensmoment wäre dann abzustellen, wenn G die Fahrt nicht selbst durchgeführt hätte, sondern vielmehr einen Angestellten mit der Fahrt beauftragt hätte.

II. Anstiftung des A zur Fälschung technischer Aufzeichnungen (§§ 268, 26)

Eine derartige Anstiftung ist tatbestandsmäßig gegeben, tritt aber aus Konkurrenzgründen hinter der späteren täterschaftlichen Begehung des § 268 durch G als mitbestrafte Vortat zurück.

4. Fälschung beweiserheblicher Daten, § 269

Fälschung beweiserheblicher Daten

Diese Vorschrift betrifft *beweiserhebliche Daten*. Die Vorschrift ist analog zu § 267 konstruiert und daher „urkundenfälschungskonform" auszulegen. 280

Der Begriff der Daten ist i.R.d. § 202a II legaldefiniert. Beweiserheblich sind die Daten, wenn sie zum Beweis bestimmte und geeignete, optisch nicht unmittelbar wahrnehmbare Gedankenerklärungen sind, die den jeweiligen Aussteller erkennen lassen.

Bsp.: *A hat ein Vertragsangebot auf seinem Notebook verfasst und bereits seine Unterschrift eingescannt. Danach schließt er wieder die Anwendung und geht Mittagessen.*

Öffnet eine andere Person nun das Dokument und verändert dieses mit Täuschungsabsicht, scheitert eine Strafbarkeit gem. § 267 I Var.2 daran, dass eine hinreichende Verkörperung der Gedankenerklärung fehlt. Bei Ausdruck des Dokuments wären allerdings die Voraussetzungen einer Urkunde erfüllt, so dass § 269 eingreift.

§ 269 hat somit die Aufgabe, Strafbarkeitslücken bei § 267 zu schließen, wenn die Urkundeneigenschaft allein an der fehlenden unmittelbaren Verkörperung scheitert (Tonband, abgespeicherte Dokumente etc.).

5. „Täuschung im Rechtsverkehr“ nach § 270

Täuschung im Rechtsverkehr

Der Täuschung im Rechtsverkehr wird durch § 270 die *fälschliche Beeinflussung einer Datenverarbeitung* gleichgestellt. Die Vorschrift hat nicht nur für die §§ 268, 269, sondern auch für die §§ 152a, 267, 271 und § 281 Bedeutung (bitte lesen!). 281

6. Vorbereitung der Fälschung von amtlichen Ausweisen, § 275

Vorbereitung der Fälschung von amtlichen Ausweisen

§ 275 betrifft bestimmte *Vorbereitungshandlungen* zu § 267, wenn sich die Tat auf amtliche Ausweise bezieht. Kommt es tatsächlich zur Fälschung amtlicher Ausweise, so ist § 275 subsidiär zu § 267. 282

IV. Schutz der inhaltlichen Richtigkeit

Schutz der inhaltlichen Richtigkeit von öffentlichen Urkunden

Die §§ 271, 348 schützen die inhaltliche Richtigkeit von öffentlichen Urkunden. 283

Nimmt ein Amtsträger innerhalb seiner Befugnisse eine *inhaltlich unrichtige Beurkundung* vor, ist er nach § 348 strafbar. Die Teilnahme ist nach allgemeinen Regeln möglich. Da die Tat ein echtes Amtsdelikt ist, gilt für Teilnehmer § 28 I.

Fall der mittelb. Täterschaft

§ 271 setzt – allgemein gesprochen – voraus, dass der Täter vorsätzlich bewirkt, dass etwas inhaltlich Unwahres beurkundet oder in Dateien gespeichert wird, ohne nach den §§ 348, 26, 27 wegen Teilnahme an einer Falschbeurkundung im Amt strafbar zu sein. § 271 betrifft damit strukturell den Fall einer *mittelbaren Täterschaft* zu § 348. Die Vorschrift schließt die Strafbarkeitslücke, die dadurch entsteht, dass nur ein Amtsträger „Täter“ i.S.d. § 348 sein kann und deshalb eine mittelbare Täterschaft (z.B. kraft überlegenen Wissens) nicht möglich ist.

Irrtumskonstellationen

Nach h.M.[510] ist § 271 auch in beiden Irrtumskonstellationen anzunehmen, d.h. sowohl für den Fall, dass der Täter den gutgläubigen Amtsträger für bösgläubig hält als auch umgekehrt.[511]

hemmer-Methode: Vergleichen Sie dieses Ergebnis mit der Strafbarkeit aus § 160, der einen ähnlichen Auffangtatbestand darstellt. Hier erfolgt bei irrtümlicher Annahme der Bösgläubigkeit eine Bestrafung wegen versuchter Anstiftung und nicht aus § 160. Der Grund für diesen Unterschied liegt darin, dass § 159 bei den Aussagedelikten ausnahmsweise die versuchte Anstiftung unter Strafe stellt.

Öffentliche Urkunden

Gegenstand der Tat sind i.R.v. §§ 271, 348 *öffentliche Urkunden und Dateien.* Der Begriff der öffentlichen Urkunde ist in § 415 ZPO definiert. Erforderlich ist daher, dass die Urkunde von einer öffentlichen Behörde innerhalb der Grenzen ihrer Amtsbefugnis oder von einer mit öffentlichem Glauben versehenen Person (z.B. Standesbeamte, Notar) innerhalb des ihr zustehenden Geschäftskreises in der vorgeschriebenen Form aufgenommen und für den Verkehr nach außen bestimmt ist, und dem Zweck dient, für und gegen jedermann Beweis zu erbringen.[512]

---

510 Vgl. Wessels/Hettinger, BT-1, Rn. 904.

511 Für diesen Fall, der strukturell einen Fall der versuchten mittelbaren Täterschaft darstellt, wird teilweise nur Versuch des § 271 angenommen: vgl. SK, § 271 StGB, Rn. 24.

512 Vgl. Sch-Sch, § 271 StGB, Rn. 8.

Bsp. für öffentliche Urkunden: Erbschein, Pass, Personalausweis, das amtliche Kraftfahrzeugkennzeichen, gerichtliche Verhandlungsprotokolle, Grundbuch, Fahrzeugschein.[513]

Beweisrichtung

Nicht jede unwahre Angabe, die ihre Niederschrift in einer öffentlichen Urkunde findet, führt automatisch zur Tatbestandsverwirklichung des § 271. Denn zunächst ist noch die Frage zu beantworten, welche Beweisrichtung die öffentliche Urkunde besitzt. Häufig soll durch die Urkunde nämlich nicht die inhaltliche Richtigkeit der abgegebenen Erklärung beurkundet werden, sondern nur die Abgabe der beurkundeten Äußerung.

Bsp.: Bei gerichtlichen Verhandlungsprotokollen soll nur die Beachtung der wesentlichen Förmlichkeiten bewiesen werden, so dass die inhaltliche Richtigkeit der Angaben nicht von § 271 geschützt ist.[514]

Etwas anderes gilt, wenn die inhaltliche Richtigkeit der Eintragungen in einer öffentlichen Urkunde durch ausdrückliche gesetzliche Regelung oder gewohnheitsrechtlich mit öffentlichem Glauben versehen ist.

Bsp.: Erbschein (§§ 2365 ff. BGB), Grundbuch (§§ 891 ff. BGB).

Die §§ 277 Var.1, 278, 279 betreffen den Schutz der *inhaltlichen Richtigkeit von Gesundheitszeugnissen*. Strukturell liegen hier Fälle der „schriftlichen Lüge“ vor.

V. Schutz der äußerlichen Unversehrtheit

1. Überblick

Schutz der äußerlichen Unversehrtheit

Die §§ 274, 133 betreffen im weitesten Sinne das *Unbrauchbarmachen von Urkunden.* Geschützt wird demnach die *Beweisführungsbefugnis* einer anderen Person.[515] Aufgrund der primär individuellen Schutzrichtung des § 274 ist insoweit ausnahmsweise eine rechtfertigende Einwilligung möglich. § 133, der dem Schutz des dienstlichen Gewahrsams dienen soll, verlangt zusätzlich, dass sich das Tatobjekt in dienstlicher Verwahrung befindet. Hier steht der Schutz des Vertrauens der Allgemeinheit im Vordergrund, das geschützte Rechtsgut ist deshalb nicht disponibel. 284

Auf zivilrechtliche Eigentumsverhältnisse kommt es insbesondere i.R.d. § 274 I Nr.1 („gehören“) nicht an, sondern entsprechend dem Schutzzweck um das Beweisführungsrecht.

2. Die einzelnen Tathandlungen des § 274

Tathandlungen

Ein *Vernichten* ist nicht nur dann anzunehmen, wenn die Urkunde als Sache zerstört wird, sondern auch in dem Fall, in dem der Urkunden- oder Aufzeichnungskörper noch besteht, dessen Inhalt jedoch vollständig beseitigt wird.[516] 284a

Beschädigt wird eine Urkunde zunächst dadurch, dass wesentliche Teile des Inhalts beseitigt werden. Dasselbe gilt, wenn die räumlich feste Verbindung und der daraus resultierende Beweisbezug bei zusammengesetzten Urkunden beseitigt wird.[517]

---

513 Bezüglich dem Fahrzeugschein (= Zulassungsbescheinigung I) vgl. BGHSt 53, 34-38 = **juris**byhemmer = **Life&Law 2009, Heft 12, 825-828**.

514 Vgl. SCH-SCH § 271 StGB, Rn. 23.

515 SCH-SCH, § 274 StGB, Rn. 2; SK, § 274 StGB, Rn. 1.

516 Vgl. RGSt 3, 371.

517 Vgl. SCH-SCH, § 274 StGB, Rn. 8 ff.

Ein Unterdrücken ist stets dann anzunehmen, wenn dem Berechtigten die Benutzung der Urkunde als Beweismittel entzogen oder vorenthalten wird. Hier ist, anders als bei dem Entziehen i.S. des § 133, keine örtliche Entfernung erforderlich. Ein Unterdrücken kann auch in der Nichtherausgabe der Urkunde zu sehen sein.[518]

I.R.d. § 133, der zu § 274 in Idealkonkurrenz steht, kann hinsichtlich der Tathandlungen im Wesentlichen auf § 274 verwiesen werden.

3. Konkurrenzen

Hinsichtlich der *Konkurrenzen* gilt:

Konkurrenzen

Gegenüber den *Zueignungsdelikten* (§§ 242, 246, 249 ff.) tritt § 274 I Nr.1 regelmäßig im Wege der Gesetzeskonkurrenz zurück, soweit das Beweisführungsrecht Bestandteil des Eigentumsrechts nach § 903 BGB ist.[519] **285**

Gegenüber der *Sachbeschädigung*, § 303, ist § 274 I Nr.1 spezieller.[520]

Das *Verfälschen einer echten Urkunde*, §§ 267 I Var.2, 268, geht dem § 274 generell vor[521], nach a.A.[522] aber nur, soweit das Verfälschen notwendigerweise auch eine Beschädigung der ursprünglichen Urkunde darstellt.

VI. Schutz vor missbräuchlicher Verwendung

Schutz vor missbräuchlicher Verwendung

§ 281 schützt *echte Ausweispapiere* vor *missbräuchlicher Verwendung.* Die Vorschrift enthält zwei Tatbestandsalternativen („Gebrauchen" und „Überlassen"), die in subjektiver Hinsicht beide die Absicht zur Täuschung im Rechtsverkehr voraussetzen. **286**

> ***Bsp.:*** *T benutzt den Führerschein seines Zwillingsbruders Z, weil ihm die Fahrerlaubnis entzogen wurde.*

Konkurrenzen

Konkurrenzen: Mit § 263 und § 21 StVG ist *Tateinheit* möglich.[523] **287**

---

518 Vgl. SCH-SCH, § 274 StGB, Rn. 9.

519 WESSELS/HETTINGER, BT-1, Rn. 898.

520 SCH-SCH, § 274 StGB, Rn. 22; a.A. SK, § 274 StGB, Rn. 28.

521 SCH-SCH, § 274 StGB, Rn. 22.

522 SK, § 267 StGB, Rn. 95.

523 SCH-SCH, § 281 StGB, Rn. 10; a.A. für § 21 StVG: BGH, VRS 30, 185 (Realkonkurrenz).

§ 11 BRANDSTIFTUNGSDELIKTE, §§ 306 ff.

Schutzgut

Schutzgut der Brandstiftungsdelikte (§§ 306 ff.) ist grundsätzlich die Allgemeinheit, wie die systematische Einordnung unter dem 28. Abschnitt („gemeingefährliche Straftaten") zeigt. Hintergrund ist, dass bei einer Brandstiftung häufig eine (abstrakte oder konkrete) Gefahr für das Leben und die körperliche Unversehrtheit vieler Menschen entsteht. Demzufolge ist auch der Strafrahmen der §§ 306 ff. vergleichsweise hoch, so dass in Fällen geringen Unrechts teilweise eine teleologische Reduktion angezeigt erscheint. 288

hemmer-Methode: Nicht ganz einfach ist die Prüfungsreihenfolge bei den Brandstiftungsdelikten. Möglich wäre es, gleich mit der weitreichendsten Qualifikation zu beginnen, z.B. mit § 306b, und dort eine Inzidentprüfung vorzunehmen. Da jedoch das Verhältnis der Brandstiftungsdelikte untereinander nicht ganz einfach ist, erscheint es vorzugswürdig, die einschlägigen Tatbestände der Reihe nach zu prüfen und erst dann festzustellen, wie sich die Konkurrenzen verhalten. Dabei ist zu beachten, dass § 306 nach h.M. als spezielles Sachbeschädigungsdelikt einzuordnen ist. Demzufolge ist insoweit eine Einwilligung möglich und die §§ 303 ff. werden von § 306 verdrängt.

I. Systematik der Brandstiftungsdelikte

Überblick

Im Einzelnen unterscheiden sich die Brandstiftungsdelikte stark, sowohl was ihre Deliktsnatur als auch was ihr konkret geschütztes Rechtsgut angeht:

Eigentlich systemwidrig stellt § 306 (einfache Brandstiftung) lediglich einen Spezialfall der Sachbeschädigung dar, es geht dort um die Zerstörung *fremder* Objekte. Über § 306d i.V.m. § 306 I ist also ausnahmsweise einmal ein Fall der „fahrlässigen Sachbeschädigung" unter Strafe gestellt. Obwohl vorangestellt, ist § 306 kein generelles Grunddelikt, sondern wird nur in einzelnen Qualifikationen wieder aufgenommen.

Die schwere Brandstiftung (§ 306a I) ist ein *abstraktes Gefährdungsdelikt* und damit der Grundtatbestand der gemeingefährlichen Straftaten im Zusammenhang mit Brandstiftung. Auf die Fremdheit der Sache kommt es hier nicht an, auch der Eigentümer des Tatobjekts kann Täter sein.

Etwas unglücklich eingeordnet ist § 306a II. Es handelt sich hier – anders als in Abs.1 – um ein *konkretes Gefährdungsdelikt*. Schutzgut ist hier neben der Allgemeinheit auch die Gesundheit anderer Menschen.

§ 306b I stellt eine *Erfolgsqualifikation* zu § 306 und § 306a dar. D.h. es ist kein Vorsatz hinsichtlich des Eintritts der schweren Gesundheitsschädigung erforderlich, sondern mindestens Fahrlässigkeit (§ 18). Auch § 306c ist eine *Erfolgsqualifikation*, für den Fall der (wenigstens leichtfertigen) Herbeiführung des Todes eines anderen Menschen.

§ 306b II enthält drei Fälle einer *Qualifikation* zu § 306a. Demzufolge ist § 306b II stets im Anschluss an § 306a I bzw. II zu prüfen.

§ 306e regelt eine Art „strafbefreienden Rücktritt" vom vollendeten Delikt in Form der *tätigen Reue*. Schließlich wird in § 306f das Herbeiführen einer Brandgefahr (als konkretes Gefährdungsdelikt) unter Strafe gestellt.

In allen Brandstiftungsdelikten ist mögliche Tathandlung nicht nur das „Inbrandsetzen“, sondern auch das „ganz oder teilweise Zerstören durch Brandlegung“. Dadurch wird die Strafbarkeit z.B. auf Fälle ausgedehnt, in denen das Tatobjekt selbst nicht in Brand gesetzt worden ist, gleichwohl aber in zurechenbarer Weise durch eine Brandlegung Schaden genommen hat (z.B. Rußschäden).

Auf diese Weise wird auf die zunehmende Verwendung von feuerresistenten Materialien reagiert, in deren Folge die Tatobjekte der §§ 306 ff. häufiger zwar selbst kein Feuer fangen, aber trotzdem wirtschaftlich zerstört werden, wobei die abstrakte Allgemeingefahr in ähnlicher Weise besteht wie beim Feuerfangen.

Systematik der Brandstiftungsdelikte

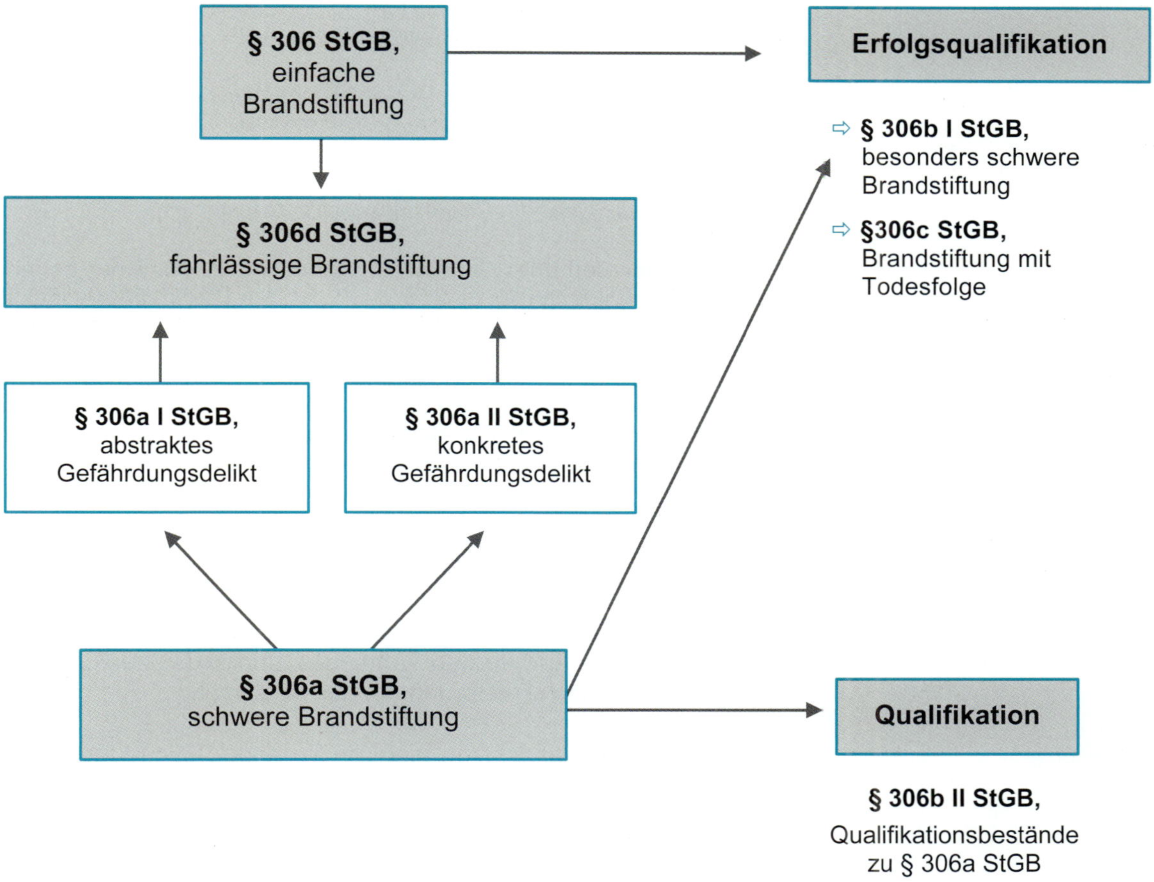

II. (Einfache) Brandstiftung, § 306

1. Tatobjekt

Eigentumsdelikt

§ 306 stellt – als Spezialfall der §§ 303, 305 – ein Eigentumsdelikt dar, da nur *fremde* Sachen taugliche Tatobjekte sein können. 289

Entscheidende Konsequenz der Neufassung ist, dass eigene Sachen der vollen Dispositionsbefugnis des jeweiligen Eigentümers unterliegen. Auch wenn ein Dritter Objekte der in § 306 I Nr.1 - 6 genannten Art anzündet, so kann dies durch Einwilligung gerechtfertigt sein.

Katalog des § 306 I Nr.1 - 6

Der Katalog der Brandobjekte in § 306 I Nr.1 - 6 wurde an die heutige Wirtschaftsordnung angepasst. Besonders hervorzuheben ist die Nr.4, wo nun auch *Kraftfahrzeuge* erfasst sind. Bei den Luft- und Wasserfahrzeugen könnte die Frage auftauchen, ob diese motorisiert sein müssen. Der Wortlaut jedenfalls lässt auch die Subsumtion von Segelfliegern, Segelbooten oder sogar Ruderbooten zu.

Verfassungskonforme Auslegung

In diesem Kontext könnte eine verfassungskonforme Auslegung des § 306 I zu diskutieren sein.

Bsp.: *A fährt mit dem alten Ruderboot (Wert: 30 €) des B auf einen See hinaus. Daraufhin zündet A das Ruderboot an und springt ins Wasser. Das Boot brennt und sinkt schließlich. Strafbarkeit des A?*

Neben einer Bestrafung gem. § 303 I kommt auch eine Bestrafung gem. § 306 I Nr.4 in Betracht. Der Tatbestand ist erfüllt. Jedoch erscheint eine Bestrafung als Verbrechen nicht sachgerecht und ist nicht mit dem Grundsatz vereinbar, dass die Strafe schuldangemessen sein muss. Daher ist § 306 I Nr.4 restriktiv auszulegen.

Nach einer Auffassung scheidet § 306 I Nr.4 deshalb aus, weil das Wasserfahrzeug keinen erheblichen Wert hatte. Nach anderer Auffassung fehlte jedenfalls die Möglichkeit der Gefährdung der Allgemeinheit. Danach beiden Meinungen § 306 I Nr.4 nicht einschlägig ist, kann offen bleiben, welchem Restriktionsansatz zu folgen ist.

hemmer-Methode: Gerade bei Tatbeständen mit einer hohen Strafandrohung wie bei Mord oder auch bei den Brandstiftungsdelikten müssen Sie immer im Hinterkopf behalten, dass der Strafrahmen im konkreten Einzelfall schuldangemessen sein muss. In Zweifel gibt es dann einen Streit, ob der Tatbestand deshalb für bestimmte Fälle restriktiv auszulegen ist. Dies stellt keinen Verstoß gegen das Analogieverbot im Strafrecht dar, da sich die Eingrenzung des Unrechtstatbestandes für den Täter begünstigend auswirkt.

2. Tathandlungen

§ 306 I umschreibt zwei mögliche Weisen, in denen eine Brandstiftung begangen werden kann: das „Inbrandsetzen“ und die ganze oder teilweise „Zerstörung durch Brandlegung“. 290

Inbrandsetzen

Für das „Inbrandsetzen“ hat sich folgende Definition eingebürgert:

Vollendet ist das Inbrandsetzen *bei Gebäuden*[524] nicht erst, wenn das betreffende Objekt niedergebrannt ist, sondern schon dann, wenn ein *wesentlicher Teil des Gebäudes* derart in Brand gesetzt ist, dass der Brand *aus eigener Kraft* fortbrennen kann.

Bsp. 1: *A legt nachts im Treppenhaus eines Bürogebäudes Feuer. Die PVC–Treppenauflage brennt bereits. Noch bevor das Feuer allerdings auf die Treppe selbst übergreifen kann, wird es vom Hausmeister gelöscht.*

Die PVC–Auflage der Treppenstufen stellt noch keinen wesentlichen Gebäudeteil dar, da die Treppe an sich ja noch zum Erreichen der anderen Stockwerke genutzt werden kann. Folglich fehlt es am vollendeten Inbrandsetzen.

Bsp. 2.: *T gießt im Treppenhaus eines Wohnhauses Benzin aus. Als er versucht, dieses zu entzünden, kommt es zu einer Explosion.*

524 Bei anderen Objekten kommt es nur darauf an, ob sie selbständig, d.h. ohne Zündstoff weiter brennen können.

Hier liegt kein Inbrandsetzen vor, da zu keinem Zeitpunkt ein wesentlicher Gebäudeteil selbständig gebrannt hat.[525] Eine Vollendung eines der Delikte in §§ 306 ff. schied nach der alten Fassung aus, es kam nur ein Versuch in Betracht.

Zerstörung durch Brandlegung

Gerade solche Fälle haben dazu geführt, die Formulierung „durch eine Brandlegung ganz oder teilweise zerstört" einzuführen. Die zunehmende Verwendung feuerbeständiger oder –hemmender Baumaterialien hat nämlich dazu geführt, dass häufig die „wesentlichen Teile" nicht mehr in Brand geraten, es aber dennoch durch Hitze-, Gas-, oder Rauchentwicklung zu erheblichen Schäden kommt.[526]

Fälle wie das Beispiel 1 können also zukünftig unter diese Begehungsart fallen, sofern es zu einer „teilweisen Zerstörung" gekommen ist.

Explosionen usw.

Die Formulierung ist darüber hinaus bewusst auch auf Fälle zugeschnitten, bei denen es nicht zu einem „Brennen mit heller Flamme" kommt.[527]

Auch das Beispiel 2 wäre demnach erfasst, da es mit dem Begriff der Brandlegung nicht mehr darauf ankommt, ob der Zündstoff – auch wenn vom Täter nicht gewollt – statt zu brennen, explodiert. Bisher war bei dieser Fallgestaltung nach h.M. nur eine Strafbarkeit wegen versuchter Brandstiftung möglich.

Zerstörung durch Löschmittel

Eine weitere wichtige Fallgruppe in diesem Zusammenhang ist die Zerstörung durch Löschmittel, die durch die Formulierung Zerstörung „durch eine Brandlegung" ebenfalls erfasst ist.[528] Zu denken ist hier zunächst an automatische Löschanlagen, die durch den Brand ausgelöst werden. Ebenso erfasst ist aber auch der Löschmitteleinsatz der Feuerwehr. Hierbei handelt es sich um eine typische und vorhersehbare Reaktion, die durch die Brandlegung quasi herausgefordert wird und daher dem Täter zurechenbar ist.[529] Zu beachten ist jedoch, dass der Schutzgegenstand durch den Löschmitteleinsatz zerstört und nicht nur beschädigt werden muss. Voraussetzung ist deshalb, dass wesentliche Teile des Tatobjekts für dessen bestimmungsgemäßen Gebrauch untauglich werden.

Bsp.: *Das von einem Landwirt eingelagerte Futter (§ 306 I Nr.6 StGB) wird durch Löschwasser unbrauchbar. Eine Computeranlage in einem Betriebsgebäude wird durch Löschmitteleinsatz zerstört.*

Probleme können sich hier i.R.d. Vorsatzes stellen, da der Täter meist nicht von einer Zerstörung durch Löschmittel, sondern durch das Feuer, ausgehen wird. Da der Löschmitteleinsatz jedoch nicht außerhalb der Grenzen der allgemeinen Lebenserfahrung liegt, ist ein entsprechender Irrtum über den Kausalverlauf i.d.R. unbeachtlich.[530]

III. Schwere Brandstiftung, § 306a

§ 306a I = abstraktes Gefährdungsdelikt

Die schwere Brandstiftung, § 306a, ist ein *abstraktes Gefährdungsdelikt:* Die Brandstiftung wird in diesem Fall wegen ihrer generellen Gefährlichkeit für Leib und Leben von Menschen als strafwürdig angesehen. Da § 306a nicht das Eigentum schützen will, ist i.R.d. Vorschrift eine Einwilligung des Berechtigten grundsätzlich unbeachtlich.[531] 291
Auch der Eigentümer selbst kann Täter des § 306a I sein.

[525] BGHSt 20, 230-232 = **juris**byhemmer.

[526] Vgl. BT-Drucks. 13/8587, 26, weitere Nachweise bei KREß, Das Sechste Gesetz zur Reform des Strafrechts, NJW 1998, 633-644 (640).

[527] Vgl. BT-Drucks. 13/9064, 22; 13/8587, 69.

[528] Hierzu auch FISCHER, § 306 StGB, Rn. 15 und MÜLLER/HÖNIG, Examensrelevante Probleme der Brandstiftungsdelikte, JA 2001, 517-526 (518 f.).

[529] BGH, StV 2001, 576-577 = **juris**byhemmer = **Life&Law 2002, Heft 1, 38-41 (39)**.

[530] MÜLLER/HÖNIG, Examensrelevante Probleme der Brandstiftungsdelikte, JA 2001, 517-526 (519).

[531] Beachte jedoch unten die Entwidmung, Rn. 293.

Wie bei § 306 muss eines der im Katalog des § 306a I enthaltenen Objekte in Brand gesetzt oder durch eine Brandlegung ganz oder teilweise zerstört werden. Insoweit ergeben sich keine Unterschiede.

1. Tatobjekte

Nr. 1

Besonders prüfungsrelevant ist regelmäßig der Katalogtatbestand § 306a I Nr.1. Danach werden alle „Räumlichkeiten, die der Wohnung von Menschen dienen", erfasst. Damit sind auch Wohnungen gemeint, die sich nicht in einem Gebäude befinden, beispielsweise Wohn- oder Künstlerwagen, zu Wohnzwecken umgebaute Eisenbahnwaggons oder Lastkraftwagen mit Schlafkojen.[532] 292

Bei der Nr.1 kommt es nur darauf an, dass eine Räumlichkeit *rein tatsächlich* bewohnt wird. D.h. eine Räumlichkeit dient auch dann der Wohnung von Menschen, wenn sie gegen den Willen des Berechtigten bewohnt wird (Obdachlose, Hausbesetzer usw.).

Gemischt genutzte Gebäude

Strittig ist, wie gemischt genutzte Gebäude zu behandeln sind. Das Problem stellt sich v.a. dann, wenn bei einem gemischt genutzten Gebäude (z.B. Gewerbebetrieb im Erdgeschoss und Wohnung im Obergeschoss) der Brand sich nur auf den gewerblich genutzten Teil erstreckt.

Nach der M.M.[533] soll § 306a I erst dann vollendet sein, wenn auch die Wohnung vom Feuer erfasst ist.

Die h.M.[534] nimmt dagegen an, dass § 306a I Nr.1 bereits dann erfüllt ist, wenn der nur gewerblich genutzte Teil des Gebäudes Feuer gefangen hat, der beispielsweise durch ein gemeinsames Treppenhaus mit der darüber liegenden Wohnung verbunden ist, so dass ein einheitliches Gebäude vorliegt. Dies soll jedenfalls dann gelten, wenn nicht auszuschließen ist, dass das Feuer auf den Wohnbereich übergreift.

Diese Auffassung wird damit begründet, dass dem Laien die für das Übergreifen des Brandes erheblichen Zusammenhänge i.d.R. nicht bekannt sind und insoweit stets die Möglichkeit eines Übergreifens des Feuers besteht, der sich der Täter auch bewusst ist. Dies überzeugt, ist doch primärer Strafgrund des § 306a I die abstrakte Gefährlichkeit der Tathandlung.

hemmer-Methode: Ein Sonderfall stellt die Situation dar, dass bei einem gemischt genutzten Gebäude der gewerbliche Teil nicht brennt, sondern (nur) durch Brandlegung zerstört wird. Der BGH hat in seinem solchen Fall eine Strafbarkeit wegen vollendeter schwerer Brandstiftung gemäß § 306a I Nr.1 Alt.2 verneint und zwar unabhängig davon, ob eine Gefahr besteht, dass das Feuer auf den zu Wohnzwecken bestimmten Teil des Gebäudes übergreift. Dies lässt sich nur damit erklären, dass der BGH insoweit § 306a I angesichts der hohen Strafandrohung möglichst restriktiv auslegen will. Denn bei einer Zerstörung durch Brandlegung besteht nicht typischerweise ein so hohes Gefahrenpotential wie bei einem Inbrandsetzen (z.B. bei bloßen Löschschäden, bevor sich ein Brand überhaupt entwickeln konnte).[535]

Wiederum anders liegt der Fall, wenn bei einem gemischt genutzten Gebäude allein der gewerbliche Teil (teilweise) durch Brandlegung zerstört wurde, gleichzeitig jedoch hierbei eine konkrete Gefahr im Sinne von § 306a II verwirklicht wurde: hier schadet es nicht, dass der Wohnbereich nicht betroffen wurde, da die konkrete Gefahr sich bereits vorher realisiert hat, so dass eine Strafbarkeit gem. § 306a II zu bejahen ist.[536]

---

532 Vgl. HÖRNLE, Die wichtigsten Änderungen des Besonderen Teils des StGB durch das 6 Gesetz zur Reform des Strafrechts, Jura 1998, 169-182 (181).

533 vgl. zum Streit MÜLLER/HÖNIG, Examensrelevante Probleme der Brandstiftungsdelikte, JA 2001, 517-526 (520) m.w.N.

534 vgl. BGHSt 34, 115-120 (117) = **juris**byhemmer; FISCHER, § 306a StGB, Rn. 5; WESSELS/HETTINGER, BT-1, Rn. 964.

535 BGH, NStZ 2010, 45 = **Life&Law 2010, Heft 11, 749-754**.

536 BGH, NJW 2011, 1091-1092 = **Life&Law 2011, Heft 10, 726-732**.

Abwesenheit der Bewohner

Die (vorübergehende) Abwesenheit der Bewohner ist grundsätzlich unerheblich. Sie kann aber für zwei Fragen eine Rolle spielen: **293**

Entwidmung

Zum einen ist eine „Entwidmung" möglich, d.h. die Aufhebung der Zweckbestimmung „Wohnung". Da das „Dienen zur Wohnung" rein tatsächlich bestimmt wird, so ist auch die Aufhebung desselben rein tatsächlich denkbar. Nach der Rechtsprechung ist eine „Entwidmung" sogar durch Inbrandsetzung möglich, wenn der einzige Bewohner damit erkennbar macht, dass er die Räume nicht mehr als seine Wohnung betrachtet.[537]

Zum anderen kann sich bei der Abwesenheit der Bewohner das unten dargestellte Standardproblem ergeben (siehe Rn. 294), ob nicht eine teleologische Reduktion des § 306a I vorzunehmen ist, falls sich der Täter vorher vergewissert, dass keine Menschen anwesend sind.

Nr.2/Nr.3

Die Nr.2 erfasst der Religionsausübung dienende Gebäude. Nr.3 erfasst Räumlichkeiten, in denen zwar keine Menschen wohnen, die aber dennoch zeitweise dem Aufenthalt von Menschen dienen. Nach h.M. stehen diese Tatobjekte nicht nebeneinander, sondern bilden vielmehr eine „Leiter": Nur wenn Nr.1 nicht verwirklicht ist, kommt Nr.2 in Betracht, während Nr.3 nur dann zu prüfen ist, wenn die Tatobjekte Nr.1 und 2 nicht vorliegen.

> ***Beispiele für Nr.3:*** *Bürogebäude, Werkstatträume, Fabriken, Kinos, evtl. Stallgebäude und Scheunen.*

<u>Die schwere Brandstiftung</u>

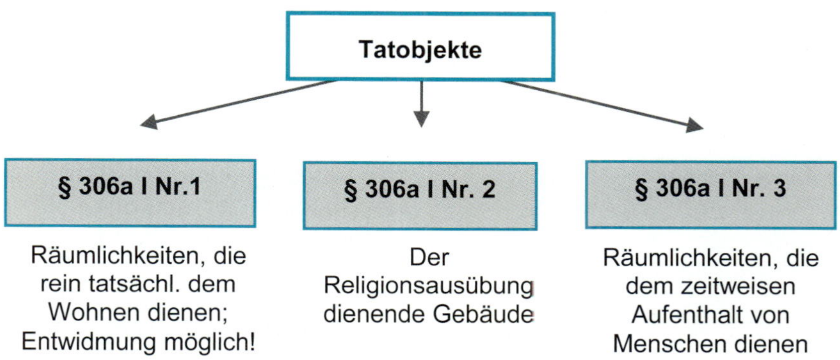

2. Beachtlichkeit der Ungefährlichkeit im konkreten Fall

Problem: Ungefährlichkeit im konkreten Fall

§ 306a I setzt damit in allen Varianten *gerade nicht voraus, dass sich in den Räumlichkeiten tatsächlich Menschen befinden.* Problematisch ist dagegen – wie bei anderen abstrakten Gefährdungsdelikten, vgl. § 231 (oben, Rn. 115) – die Behandlung der Ungefährlichkeit im konkreten Fall. **294**

Der Gesetzgeber[538] ging davon aus, dass die Tathandlungen des § 306a I eine generelle Gefährlichkeit besitzen: Dies bedeutet nichts anderes, als dass mit der Tat auch typischerweise konkrete Gefahren verbunden sind. Diese Überlegung trifft gerade dann nicht zu, wenn eine Gefährdung im konkreten Fall nachweislich *offensichtlich ausgeschlossen* ist.

---

537 BGHSt 10, 208-217 (214) = **juris**byhemmer; vgl. aus neuerer Zeit BGH, StV 2001, 576-577 = **juris**byhemmer und BGH, StV 201, 577 = **juris**byhemmer = **Life&Law 2002, Heft 1, 8-41**.

538 Auch der Reformgesetzgeber war sich des Problems durchaus bewusst, hat aber keinen Anlass gesehen, hier klärende Worte zu sprechen, vgl. BT-Drucks. 13/8587, 47.

Rechtsprechung: Ausnahme nur bei kleinen, überschaubaren Räumen

Die wohl h.L.[539] nimmt diese Fälle von der Strafbarkeit nach § 306a durch eine teleologische Reduktion dieser Vorschrift aus. Zu berücksichtigen ist jedoch, dass dies nur unter sehr strengen Voraussetzungen möglich sein darf, da andernfalls § 306a I contra legem zu einem konkreten Gefährdungsdelikt würde. Erforderlich ist, dass sich der Täter vor der Tat in einer jeden Zweifel behebenden Art und Weise Gewissheit darüber verschafft hat, dass Menschen bei seiner Tat keinen Schaden nehmen können. Nach der Rspr.[540] ist das überhaupt nur bei kleinen und überschaubaren Objekten möglich (beispielsweise bei einer einsamen Hütte mit lediglich einem Raum).

Eine Ansicht im Schrifttum will bei Vergewisserung immer eine teleologische Reduktion vornehmen. Dies ist aber mit der h.L. und Rspr. abzulehnen, da es sich gerade um ein abstraktes Gefährdungsdelikt handelt.

hemmer-Methode: Machen Sie sich noch einmal die Natur der abstrakten Gefährdungsdelikte klar: Hier werden Handlungen beschrieben, die generell als gefährlich angesehen werden. Ob sie es im Einzelfall auch sind, spielt *grundsätzlich* gerade keine Rolle. Gesetzlicher Anhaltspunkt für eine Ausnahme kann § 326 VI sein, der freilich sowohl als allgemeiner Rechtsgedanke als auch als nicht analogiefähige Ausnahmevorschrift gedeutet werden kann.

3. § 306a II: Konkretes Gefährdungsdelikt

Konkretes Gefährdungsdelikt

Bei § 306a II handelt es sich um ein konkretes Gefährdungsdelikt. **295**
D.h. es reicht nicht aus, dass der Täter eins der genannten Objekte in Brand setzt, vielmehr muss im Einzelfall zusätzlich noch festgestellt werden, dass er dadurch einen anderen Menschen in die *konkrete Gefahr* einer Gesundheitsschädigung brachte.

Problem: Eigentumslage am Tatobjekt

Ob es bei § 306a II auf die Eigentumslage an dem Tatobjekt ankommt, ist umstritten[541]:

Nur fremde Sachen

Würde man § 306a II als Qualifikationstatbestand zu § 306 I auffassen, so käme nur eine Brandstiftung an *fremden* Sachen in Betracht, da allein diese von dem Grundtatbestand des § 306 I erfasst werden.

Gegen diese Lösung spricht aber schon der Wortlaut des § 306a II, der sich nur auf die in § 306 I Nr.1 bis 6 genannten Gegenstände, nicht aber auf den Einleitungssatz („Wer *fremde*…") bezieht.[542]

Auch i.R.d. § 306d würde diese Ansicht zu merkwürdigen Ergebnissen führen: Versteht man § 306a II als Qualifikation zu § 306 I, so muss auch § 306d I Var.3 (lesen!) eine Qualifikation zu § 306 I sein, die diesen verdrängt. Dies würde aber dazu führen, dass bei *vorsätzlichem Handeln* eine *zusätzliche fahrlässige Gesundheitsgefährdung* – die zwar von § 306d I Var.3, nicht aber von § 306 I vorausgesetzt wird – zu einer Strafmilderung führen würde. Während nämlich § 306 I StGB eine Freiheitsstrafe von einem bis zu zehn Jahren vorschreibt, ist bei § 306d I eine Geldstrafe möglich und die Höchstgrenze bei fünf Jahren angesetzt.

Nur eigene und herrenlose Sachen

Man könnte deshalb § 306a II so verstehen, dass von ihm *allein* die konkrete Gesundheitsgefährdung durch Brandstiftung an *eigenen und herrenlosen Sachen* erfasst sei.

---

539 BGHSt 26, 121-125 = **juris**byhemmer; BGH, GA 1958, 508; BGH, MDR 1982, 684-685 = **juris**byhemmer; WESSELS/HETTINGER, BT-1, Rn. 968; SCH-SCH, § 306 StGB, Rn. 2.

540 BGHSt 26, 121-125 = **juris**byhemmer.

541 Vgl. zum Streit ausführlich FISCHER, § 306a StGB, Rn. 10b f. m.w.N.

542 HÖRNLE, Die wichtigsten Änderungen des Besonderen Teils des StGB durch das 6 Gesetz zur Reform des Strafrechts, Jura 1998, 169-182 (181); MÜLLER/HÖNIG, Examensrelevante Probleme der Brandstiftungsdelikte, JA 2001, 517-526 (520); WESSELS/HETTINGER, BT-1, Rn. 969.

Auch dieser Lösungsansatz kann jedoch nicht überzeugen: Wer fremde Sachen mit dem Vorsatz einer konkreten Gesundheitsgefährdung anderer Menschen in Brand setzt, wäre nur nach § 306 I (Strafrahmen ein bis zehn Jahre) zu bestrafen. Wer hingegen die gleiche Brandstiftung an eigenen oder herrenlosen Sachen begeht, würde nach § 306a II bestraft. Dieser nennt jedoch kein Höchstmaß der Strafe und ermöglicht daher nach § 38 II eine Freiheitsstrafe von bis zu 15 Jahren.

H.M. Konkurrenzlösung: Eigentumslage unerheblich

Um die oben dargestellten Ergebnisse zu vermeiden, vertreten der BGH und die h.M. die sog. Konkurrenzlösung[543]: Bei § 306a II kommt es auf die Eigentumslage nicht an, da dieser *allein* die Gesundheit anderer Menschen schützen soll.[544] Wegen dieser „eigenständigen Schutzrichtung" besteht kein Qualifikationsverhältnis zu § 306 I, der allein das fremde Eigentum schützt.

Auch diese h.M. ist jedoch nicht frei von Widersprüchen:[545] Wenn § 306 I allein das fremde Eigentum schützt, so ist kaum erklärbar, warum er einen höheren Strafrahmen aufweist, als die entsprechenden Sachbeschädigungsdelikte (z.B. § 305).

Schließlich bleibt es nach der Konkurrenzlösung unverständlich, warum bei einer fahrlässigen Gesundheitsgefährdung die vorsätzliche Inbrandsetzung eigener Sachen nach § 306d I Var.3 härter bestraft werden soll als die nur fahrlässige Inbrandsetzung eigener Sachen bei ebenfalls fahrlässiger Gefährdung (§ 306d II). Eine Unrechtserhöhung ist hier dogmatisch kaum zu begründen, da in beiden Fällen das Eigentum Dritter nicht betroffen ist und die Gesundheitsgefährdung jeweils nur fahrlässig erfolgte.

hemmer-Methode: Die obigen Ausführungen zum System und der dogmatischen Einordnung des § 306a II sind sicher nicht ganz leicht zu verstehen. Empfehlenswert ist es, sich in der Klausur mit einem Hinweis auf den Wortlaut des § 306a der herrschenden Meinung anzuschließen, da für diese immer noch die besseren Argumente sprechen. Sie sollten aber erkennen, dass i.R.d. Brandstiftungsdelikte das Zusammenspiel der einzelnen Normen einerseits nicht einfach, andererseits aber auch vom Gesetzgeber nicht optimal gelöst ist. Gehen Sie diesen Problemen in der Klausur nicht aus dem Weg, sondern zeigen Sie dem Korrektor, dass sie das System verstanden haben. Hierzu müssen Sie nicht nur die Ausführungen in diesem Skript, sondern v.a. auch das Gesetz sorgsam durcharbeiten und (soweit zulässig) kommentieren.

Gefahr einer Gesundheitsschädigung

Der Begriff der Gesundheitsschädigung ist weit gefasst, es ist nicht einmal (wie z.B. in § 250 I Nr.1c) eine „schwere" Gesundheitsschädigung erforderlich. Zu achten ist darauf, dass im Falle einer Todesgefahr § 306b II Nr.1 spezieller ist.

Vorsatz erforderlich, § 15, aber: § 306d I Var.3

Hinsichtlich der subjektiven Elemente, die bei § 306a II erforderlich sind, muss man von der Anwendbarkeit des § 15 ausgehen, d.h. der Täter muss hinsichtlich der Herbeiführung der Gefahr mindestens mit dolus eventualis handeln. D.h. § 18 ist nicht anwendbar[546], was sich schon aus einem Umkehrschluss zu § 306d I Var.3 ergibt. Wäre i.R.v. § 306a II auch Fahrlässigkeit ausreichend, so wäre es sinnlos, diesen Fall ausdrücklich noch einmal zu regeln.

---

543 Vgl. Nachweise bei FISCHER, § 306a StGB, Rn. 10b.

544 So auch WESSELS/HETTINGER, BT-1, Rn. 969.

545 Vgl. hierzu FISCHER, § 306a StGB, Rn. 10b.

546 So aber HÖRNLE, Die wichtigsten Änderungen des Besonderen Teils des StGB durch das 6. Gesetz zur Reform des Strafrechts, Jura 1998, 169-182 (181), jedoch ohne weitere Begründung.

4. Fahrlässigkeit und tätige Reue, §§ 306d, 306e

Fahrlässige (schwere) Brandstiftung

§ 306d regelt die entsprechenden Fahrlässigkeitstatbestände zu den §§ 306 – 306c. Für den Fall, dass der Täter die Todesgefahr des § 306b II Nr.1 nur fahrlässig herbeigeführt hat, fehlt eine entsprechende Regelung. 296

Dieser Fall könnte dann über § 306d I Var.3 erfasst werden, weil die dort geregelte Gesundheitsgefahr ein Minus zur Todesgefahr darstellt. Nach einer anderen Ansicht spreche die Nichtnennung der fahrlässigen Herbeiführung der Todesgefahr dafür, dass es sich bei der Todesgefahr in § 306b II Nr.1 um eine objektive Bedingung der Strafbarkeit handele, bzgl. welcher weder Vorsatz noch Fahrlässigkeit vorliegen müsse. Dem ist der BGH jüngst aber entgegen getreten, indem er entschieden hat, dass es sich bei § 306b II Nr.1 um eine normale Qualifikation, die nach § 15 Vorsatz erfordert, und nicht um ein erfolgsqualifiziertes Delikt handelt.[547]

Tätige Reue

§ 306e enthält einen Fall der „tätigen Reue".[548] Diese stellt strukturell eine Art „Rücktritt vom vollendeten Delikt" dar. Eine obligatorische Strafbefreiung besteht gem. § 306e II nur noch für die fahrlässige Brandstiftung nach § 306d I. Für die einfache, schwere und besonders schwere Brandstiftung besteht dagegen nur eine fakultative Möglichkeit zur Strafmilderung oder zum Absehen von Strafe.

Das Merkmal der Freiwilligkeit ist wie bei § 24 I zu beurteilen. Neben der Handlung aus autonomen Motiven heraus ist auch Ernsthaftigkeit erforderlich. Nach § 306e III, welcher der Rücktrittsregelung des § 24 I 2 nachgebildet ist, reicht auch das ernsthafte Löschbemühen des Täters aus, wenn der Brand ohne sein Zutun gelöscht worden ist.

IV. Besonders schwere Brandstiftung, § 306b

§ 306b I stellt den Fall unter eine erhöhte Strafandrohung, in dem eine *schwere* Gesundheitsschädigung *eines* Menschen oder eine (einfache) Gesundheitsschädigung einer großen Zahl von Menschen verursacht wird. Wann eine große Zahl anzunehmen ist, ist im Einzelnen umstritten.[549] In einer neueren Entscheidung des BGH soll dieses Merkmal jedenfalls bei 14 Personen erfüllt sein.[550] 297

Der Begriff der „schweren Gesundheitsschädigung" erfasst auch Fälle, bei denen das Opfer für längere Zeit ins Krankenhaus muss oder seine Arbeitsfähigkeit verliert.[551]

§ 306b I = Erfolgsqualifikation

Hinsichtlich der subjektiven Komponente genügt die fahrlässige Herbeiführung der schweren Folge. Dies folgt aus § 18, es handelt sich um eine Erfolgsqualifikation.[552] 298

Dafür, dass es sich bei § 306b I um ein erfolgsqualifiziertes Delikt handelt, spricht schon die Wahl des Wortes „verursacht". Außerdem muss man § 306b I im Zusammenhang mit § 306c sehen: Die Abstufung entspricht der Neufassung der §§ 308 II, III, 309 III, IV.

---

547 BGH, NJW 1999, 3131-3132 = **juris**byhemmer **= Life&Law 2000, Heft 3, 172-183**, vgl. auch Rn. 300.

548 BGH, StV, 1999, 211 = **Life&Law 1999, 522 (523)**.

549 Nach WESSELS/HETTINGER, BT-1, Rn. 971, reichen mehr als drei Personen aus; nach a.A. ist das Merkmal bei zehn Personen erfüllt, vgl. GEPPERT, Die Brandstiftungsdelikte (§§ 306 bis 306f StGB) nach dem Sechsten Strafrechtsreformgesetz, Jura 1998, 597-606 (603).

550 BGH, NJW 1999, 299-300 = **juris**byhemmer **= Life&Law 1999, Heft 3, 162-170 (166)**.

551 Allgemein zur Verwendung des Begriffs nach der Reform: KREß, Das Sechste Gesetz zur Reform des Strafrechts, NJW 1998, 633-644 (638).

552 Vgl. KREß, NJW 1998, 633-644 (636), HÖRNLE, Jura 1998, 169-182; anders, aber nicht überzeugend: WOLTERS, Das sechste Gesetz zur Reform des Strafrechts, JZ 1998, 397-400.

§ 306b II: drei Qualifikationen

In § 306b II werden drei Arten von Qualifikationen zu § 306a geregelt. 299

Nr.1: Konkrete Gefährdung

§ 306b II Nr.1 setzt wie § 306a II eine *konkrete Gefährdung* voraus. Es muss jedoch zu einer *Todes*gefahr für das Opfer kommen. 300

Fraglich ist, ob hier auch die fahrlässige Herbeiführung der Todesgefahr genügt, d.h. ob es sich um ein erfolgsqualifiziertes Delikt i.S.v. § 18 handelt[553] oder ob zumindest bedingter Vorsatz vorliegen muss, § 15.

Diese Abgrenzung ist auch entscheidend i.R.d. Problematik der Strafbarkeit des Versuchs. Wäre § 306b II Nr.1 eine Erfolgsqualifikation i.S.v. § 18, so wäre problematisch, unter welchen Voraussetzungen überhaupt ein strafbarer Versuch in Betracht käme. Ein Versuch wäre nur in zwei bzw. nach bestrittener a.A. in drei Varianten möglich: Grundtatbestand der Brandstiftung vollendet und Gefährdung zumindest versucht, Grundtatbestand versucht und Gefährdung vollendet oder aber beides bleibt im Versuch stecken.[554] Handelt es sich dagegen bei § 306b II Nr.1 um eine echte Qualifikation, so gelten die allgemeinen Regeln.

Für das Vorliegen einer Erfolgsqualifikation spricht die Gesetzessystematik. Da in § 306b I eine Erfolgsqualifikation geregelt ist, würde man die Absätze einer Norm auseinanderreißen, wenn man § 306b II Nr.1 als Qualifikation einordnen würde.

Der Wortlaut der Norm stellt jedoch ein starkes Indiz dafür dar, dass der Gesetzgeber eine einfache Qualifikation gewollt hat. Im Gesetz sind die Erfolgsqualifikationen nur unvollständig geregelt. Die §§ 18, 11 II lassen aber zumindest den Schluss zu, dass die Folge durch die Grundtat „verursacht" werden muss, und zwar zumindest fahrlässig. Diese Wortwahl spiegelt sich auch in unstrittigen Qualifikationen wieder, so z.B. in § 306d „fahrlässig verursacht". In § 306b I Nr.1 wird aber von „in die Gefahr des Todes bringen" gesprochen, das Wort „verursachen" fehlt.

Für das Vorliegen einer einfachen Qualifikation spricht weiter, dass § 306b II Nr.1 fast wortgleich mit § 250 II Nr.3b a.F. ist, wo Vorsatz verlangt wurde.[555]

Auch der Strafrahmen spricht für die Annahme einer Qualifikation. Im Vergleich zu § 306b I (ab zwei Jahren) droht der § 306b II mit einer Strafe von mindestens fünf Jahren. Dies mag einerseits auf der weitergehenden Gefährdung beruhen (Tod statt Gesundheit), kann aber insgesamt nur gerechtfertigt sein, wenn man auf subjektiver Ebene ein Mehr fordert, hier also Vorsatz statt bloßer Fahrlässigkeit.

Mit dem BGH ist daher vom Vorliegen einer einfachen Qualifikation auszugehen.[556]

hemmer-Methode: Die etwas verwirrende Mischung von „echten" Qualifikationen und Erfolgsqualifikationen ist Gegenstand von Diskussionen. Die hier dargelegte Lösung und Auffassung des BGH fügt sich in das System ein: Soweit nur Gefahren hervorgerufen werden, ist diesbezüglich Vorsatz i.S.v. § 15 erforderlich, §§ 306a II, 306b II Nr.1 (Ausnahme: § 306d I Var.3). Soweit schwere Folgen tatsächlich eintreten, handelt es sich um Erfolgsqualifikationen, es genügt Fahrlässigkeit i.S.v. § 18: §§ 306b I, 306c.

Nr.2

§ 306b II Nr.2 stellt auf die Absicht des Täters ab, eine andere Straftat zu ermöglichen oder zu verdecken. Dadurch, dass es allein auf den subjektiven Tatbestand ankommt, spielt es keine Rolle, ob die beabsichtigte Straftat tatsächlich auch begangen wird oder auch nur das Versuchsstadium erreicht. Die Beschränkung auf bestimmte Folgetaten wie in § 307 a.F. wurde aufgehoben. 301

---

553 So HÖRNLE, Jura 1998, 169-182, allerdings ohne Begründung.

554 Vgl. hierzu BGH, NJW 1999, 3131 = **juris**byhemmer = **Life&Law 2000, Heft 3, 172-183 (175 f.)**.

555 Zu § 250 I Nr.3 a.F. vgl. LACKNER/KÜHL, § 250 StGB, Rn. 3.

556 BGH, NJW 1999, 3131-3132 = **juris**byhemmer **= Life&Law 2000, Heft 3, 172-183 (176 f.)** zur weiteren Argumentation hinsichtlich der Einordnung des § 306b II Nr.1 als einfache Qualifikation.

Die Neufassung ist fast identisch mit dem Mordmerkmal der 3. Gruppe des § 211 I. Insoweit dürfte bei der Auslegung auf die dort entwickelten Grundsätze zurückgegriffen werden können.[557]

hemmer-Methode: Der BGH hat festgestellt, dass ein Versicherungsbetrug gem. § 263 I, III 2 Nr.5 als „andere Straftat" i.S.d. § 306b II Nr.2 in Betracht kommt. Anders verhält es sich hingegen beim Versicherungsmissbrauch gem. § 265. Dieser ist stets bereits zeitgleich mit der Brandstiftung vollendet, da hierfür das Inbrandsetzen mit der Absicht, jemanden Leistungen aus der Versicherung zu verschaffen, ausreicht. Dann kann aber die Brandstiftung nicht begangen werden, „um" den Versicherungsmissbrauch zu ermöglichen.[558]

§ 306b II Nr.2 setzt eine Steigerung und Ausnutzung der brandbedingten Gemeingefahr nicht voraus, wie der eindeutige Wortlaut und die Anknüpfung an § 306a ergeben (str.).[559]

Die Bestimmung erfordert nur, dass der Täter bei seiner – in § 306a näher umschriebenen – Tathandlung das Ziel verfolgt, die Begehung der anderen Straftat, für die ihm die Brandstiftung nicht als notwendiges Mittel erscheinen muss, zumindest zu erleichtern.

Die erhöhte Verwerflichkeit der schweren Brandstiftung ergibt sich aus der Bereitschaft des Täters, zur Durchsetzung krimineller Ziele ein abstrakt (§ 306a I) oder konkret (§ 306a II) gefährliches Brandstiftungsdelikt zu begehen, mithin aus der Verknüpfung von Unrecht mit weiterem Unrecht durch den Täter.[560]

Bei der Ermöglichungsabsicht handelt es sich um ein besonderes persönliches Merkmal i.S.d. § 28 II, sie muss daher bei jedem Beteiligten vorliegen. Andererseits genügt es – ebenso wie bei dem entsprechenden Mordmerkmal – wenn die Straftat eines anderen ermöglicht werden soll.[561]

Auf diese Verknüpfung zwischen dem Handeln des Brandstifters und dem von ihm verfolgten Zweck der Ermöglichung einer anderen Straftat muss sich die Absicht des Täters beziehen. Im Hinblick auf den tatbestandlichen Erfolg des Grunddelikts und der Folgetat genügt grundsätzlich dolus eventualis. Diese Auffassung wird durch die ständige Auslegung der §§ 211 und 315 III Nr.1b n.F. bestätigt. Der Wortlaut des § 306b II Nr.2 entspricht vollständig diesen Vorschriften. Auf deren Auslegung kann daher zurückgegriffen werden.

Nr.3

§ 306b II Nr.3 stellt eine Qualifikation dar, die den objektiven Tatbestand betrifft. Sie greift ein, wenn der Täter das Löschen des Brandes verhindert oder erschwert. Dies kann sowohl vor als auch nach dem Brand geschehen, beispielsweise durch die Zerstörung von Löschgeräten. Erforderlich ist der Eintritt eines Verhinderungs- oder Erschwerungserfolges, nicht bloß eine darauf gerichtete Absicht. **302**

V. Brandstiftung mit Todesfolge, § 306c

§ 306c = Erfolgsqualifikation

§ 306c ist ein Paradebeispiel für ein erfolgsqualifiziertes Delikt. Die in § 18 allgemein festgesetzte Untergrenze hinsichtlich der subjektiven Anforderungen ist allerdings heraufgesetzt, der Täter muss „wenigstens leichtfertig" handeln. **303**

557 Siehe dazu oben, Rn. 59 ff.

558 Ausführlich zu dieser examensrelevanten Konstellation siehe BGH, NJW 2007, 2130-2132 = **juris**byhemmer = **Life&Law 2007, Heft 9, 605-612**.

559 BGH, StV 2000, 133-136 = **juris**byhemmer = **Life&Law 2000, Heft 7, 479-484**; RADTKE, Die Dogmatik der Brandstiftungsdelikte, 1998, 332 (335); a.A.: FISCHER, § 306b StGB, Rn. 9 f.; LACKNER/KÜHL, § 306b StGB, Rn. 4, die die Auffassung vertreten, dass nach den Vorstellungen des Täters die spezifischen Auswirkungen der gemeingefährlichen Situation die Begehung der anderen Taten begünstigen müssten.

560 Vgl. BGH, NJW 2000, 226-229 (228) = **juris**byhemmer auch zur näheren Begründung dieser Auffassung.

561 BGH, NJW 2000, 3581-3582 = **juris**byhemmer = **Life&Law 2001, Heft 3, 184-187**.

Durch den Begriff „wenigstens“ wird klargestellt, dass die Tat auch vorsätzlich begangen werden kann, d.h. es handelt sich um ein sogenanntes „unechtes erfolgsqualifiziertes Delikt“.[562]

Versuch der Erfolgsqualifikation

Daraus folgt, dass auch der „Versuch der Erfolgsqualifikation“ denkbar ist, d.h. eine Konstellation, bei der es zwar nicht zum Eintritt der schweren Folge kommt, der Vorsatz des Täters sich aber auch auf den Eintritt des Todes erstreckt. 304

In dieser Konstellation werden die §§ 306c, 22 regelmäßig durch die §§ 211, 22 verdrängt werden (Gesetzeskonkurrenz). Es sind jedoch Fallgestaltungen denkbar, bei denen von Tateinheit (§ 52) auszugehen ist, um klarzustellen, dass der Tod auf eine ganz bestimmte Weise, nämlich durch Brand, gewollt war.

Erfolgsqualifizierter Versuch

Wichtiger noch ist der „erfolgsqualifizierte Versuch“: Es kam zwar nicht zur Vollendung, der Tod trat aber schon beim Versuch des Grunddelikts ein. 305

Bsp.: *Beim Versuch des Inbrandsetzens eines Wohnhauses kommt es zu einer Explosion, wodurch eine Person umkommt, die sich zu dieser Zeit im Gebäude befand. Weiterer Sachschaden entsteht jedoch nicht.*

Neben § 222 und §§ 306a I Nr.1, 22, 23 I kommt auch § 306c in Betracht.

Voraussetzung für die Anwendung eines erfolgsqualifizierten Delikts ist, dass sich in der besonderen Folge eine im Grunddelikt typischerweise angelegte Gefahr realisiert hat (sog. Unmittelbarkeit). Problematisch ist hier, dass das Grunddelikt im Versuchsstadium steckengeblieben ist. Nach heute überwiegender Ansicht ist zu differenzieren:[563] Knüpft die besondere Folge an den Erfolg des Grunddelikts (Erfolgsgefährlichkeit des Grundtatbestandes), so scheidet ein „erfolgsqualifizierter Versuch“ aus, da es am tatbestandsspezifischen Gefahrzusammenhang fehlt. Liegt die besondere Gefährlichkeit dagegen in der Handlung des Grunddelikts, so kann auch dessen Versuch Anknüpfungspunkt für die Anwendung einer Erfolgsqualifikation sein. 306

hemmer-Methode: Lesen Sie dazu – auch zu aktuellen Fragen des Rücktritts vom erfolgsqualifizierten Versuch – die ausführlichere Darstellung im Skript Strafrecht BT I, Rn. 76 ff. 307

Handlungsgefährlichkeit oder Erfolgsgefährlichkeit?

§ 306c stellt darauf ab, dass der Tod „durch eine Brandstiftung“ verursacht wurde.[564] Die spezifische Todesgefahr geht aber nicht unbedingt vom vollendeten Grunddelikt aus, vielmehr zeigt das Beispiel, dass die Brandstiftungshandlung für das Opfer besonders gefährlich war. Wegen dieser „Handlungsgefährlichkeit“ des Grunddelikts ist folglich § 306c erfüllt, obwohl das Grunddelikt nur versucht war. 308

hemmer-Methode: Die Frage, ob § 306c an die Handlungsgefährlichkeit oder die Erfolgsgefährlichkeit des Grunddelikts anknüpft, ist sicherlich noch nicht abschließend geklärt, es erscheint beides vertretbar. Zu beachten ist, dass die Formulierung „durch eine Brandstiftung“ darauf hindeutet, dass die bloße Handlung, d.h. der Versuch des Grunddelikts, genügt.[565]
Das gleiche Problem kann sich i.R.v. § 306b I stellen, ohne dass große inhaltliche Abweichungen zu erwarten sind. 309

Im Gegensatz zu § 307 Nr.1 a.F. ist nicht mehr erforderlich, dass das zu Tode gekommene Opfer sich zur Zeit der Tat in der in Brand gesetzten Räumlichkeit befand.

---

562 Näher dazu: **Hemmer/Wüst, Strafrecht BT I**, Rn. 75 ff., im Zusammenhang mit § 251.

563 BGHSt 20, 230-232 (231) = **juris**byhemmer; Krey, BT-1, Rn. 753; Sch-Sch, § 18 StGB, Rn. 9.

564 In § 307 Nr.1 a.F. war noch davon die Rede, dass „der Brand“ den Tod verursacht hat. Dies deutete darauf hin, dass es zur Vollendung des Grunddelikts gekommen sein muss.

565 Vgl. Kreß, Das Sechste Gesetz zur Reform des Strafrechts, NJW 1998, 633-644 (640, Fn. 91, m.w.N.).

Der Täter ist daher auch nach § 306c strafbar, wenn beispielsweise durch die Brandstiftung ein Retter getötet wird, der erst nach Vornahme der Brandstiftungshandlung in das brennende Gebäude gelangt ist.[566]

Demzufolge kann dem Verursacher des Brandes grundsätzlich auch der Tod einer berufsmäßigen Rettungsperson (Feuerwehrmann) zugerechnet werden. Allerdings ist die Grenze der Zurechnung dann erreicht, wenn der Rettungsversuch evident mit einem unverhältnismäßigen Risiko verbunden ist und sich somit als unvernünftig darstellt.[567]

Abschließende Übersicht

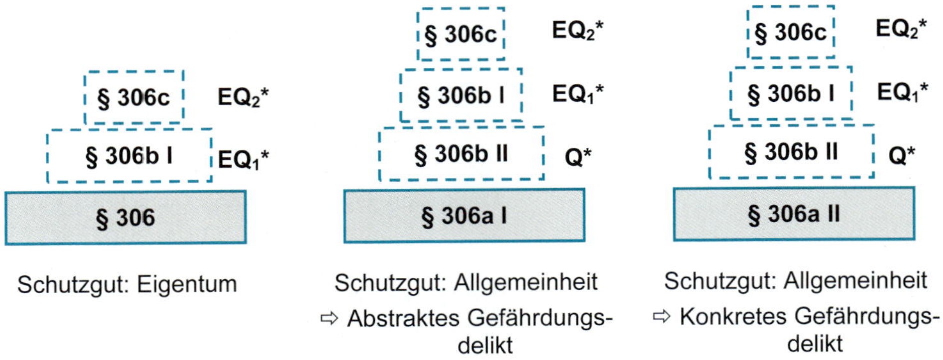

Q* = Qualifikation
EQ_1* = Erfolgsqualifikation 1
EQ_2* = Erfolgsqualifikation 2

[566] Vgl. auch zur Kritik an dieser Auffassung BGH, NJW 1999, 299-300 = jurisbyhemmer = **Life&Law 1999, Heft 3, 162-169 (169).**

[567] OLG Stuttgart, NJW 2008, 1971-1974 = jurisbyhemmer = **Life&Law 2008, Heft 12, 820-824.**

§ 12 VOLLRAUSCH UND UNTERLASSENE HILFELEISTUNG

I. Vollrausch, § 323a

1. Allgemeines

Geschütztes Rechtsgut

§ 323a schützt primär die Allgemeinheit vor den von Berauschten erfahrungsgemäß ausgehenden Gefahren, daneben das durch die Rauschtat verletzte Rechtsgut.[568] 310

Eigenhändiges Delikt

Es handelt sich um ein eigenhändiges Delikt, so dass § 323a nicht in mittelbarer Täterschaft verwirklicht werden kann.

H.M.: abstraktes Gefährdungsdelikt

Die Rechtsnatur des Vollrauschs ist umstritten. Überwiegend wird jedoch angenommen, dass es sich um ein abstraktes Gefährdungsdelikt handelt.[569] Hintergrund dafür ist, dass allein vorwerfbarer Anknüpfungspunkt der Strafbarkeit das Sich-Berauschen ist. Diese Handlung schafft die abstrakte Gefahr, dass im späteren Zustand der Schuldunfähigkeit eine rechtswidrige Tat begangen wird. Da diese spätere Tatbegehung gerade nicht vorwerfbar ist, handelt es sich demzufolge um kein (vorwerfbares) Erfolgsdelikt.

hemmer-Methode: § 323a hat eine nicht zu unterschätzende Examensrelevanz, da sich die Vorschrift in einer Klausur sehr gut mit Problemen des StGB-BT (Rauschtat) als auch des StGB-AT (verminderte Schuld/Schuldunfähigkeit/in dubio pro reo/a.l.i.c.) verbinden lässt. Insbesondere bei Antragsdelikten gilt es dann noch, den häufig übersehenen § 323a III zu beachten!

2. Tatbestand

Struktur des § 323a

I. Tatbestand

1. Objektiver Tatbestand:

a) Tathandlung:

Sich in einen Rausch versetzen

b) Tatmittel:

- alkoholische Getränke
- oder andere berauschende Getränke

2. Subjektiver Tatbestand:

Vorsatz

3. Objektive Bedingung der Strafbarkeit

- Begehung einer rechtswidrigen Tat
- in diesem Zustand
- keine Strafbarkeit, weil schuldunfähig oder dies nicht auszuschließen ist

II. / III. Rechtswidrigkeit / Schuld

Beachten Sie:

- auch Fahrlässigkeit möglich
- Straflimitierung gem. § 323a II
- Antragserfordernis § 323a III

568 Fischer, § 323a StGB, Rn. 2.

569 Fischer, § 323a StGB, Rn. 2; Sch-Sch, § 323a StGB, Rn. 1; Wessels/Hettinger, BT-1, Rn. 1028.

a) Tathandlung

Tathandlung

Tathandlung ist das Sichversetzen in einen Rausch durch alkoholische Getränke oder andere berauschende Mittel. Der Rauschzustand muss so beschaffen sein, dass der Täter schuldunfähig ist (§ 20) oder sich seine Schuldunfähigkeit jedenfalls nicht ausschließen lässt. 310a

hemmer-Methode: Geben Sie zu erkennen, dass Sie § 323a systematisch einordnen können! In der Regel werden Sie in der Klausur dergestalt vorgehen, dass Sie zunächst die im Rausch begangene Straftat prüfen, deren Strafbarkeit jedoch am Prüfungspunkt der Schuld verneinen werden müssen. Sodann ist die Schuldfähigkeit nach den Grundsätzen der a.l.i.c. zu beurteilen, beachten Sie dabei vor allem die neuere Rechtsprechung zur a.l.i.c. bei Tätigkeitsdelikten (s.u. Rn. 322). Kommt auch danach eine Strafbarkeit nicht in Betracht, kann § 323a einschlägig sein. Merke: § 323a hat nur Auffangfunktion!

Für „Rausch" sicherer Bereich des § 21 erforderlich?

An dieser Stelle besteht Streit[570], ob ein tatbestandsmäßiger Rausch im Sinne der Vorschrift auch dann vorliegt, wenn nicht ausgeschlossen werden kann, dass trotzdem noch volle Schuldfähigkeit bestand. Nach wohl h.M. ist dies zu verneinen. Ein Rausch i.S.d. § 323a setze voraus, dass der Rausch jedenfalls zur verminderten Schuldunfähigkeit geführt hat („sicherer Bereich des § 21"). 310b

Dem ist jedoch nicht zuzustimmen. § 323a I stellt klar, dass es für die Tatbestandsverwirklichung genügt, wenn die Schuldunfähigkeit jedenfalls nicht ausgeschlossen werden kann. Damit genügt allein die Möglichkeit der Schuldunfähigkeit. Daran ändert sich nichts, wenn offen bleibt, ob möglicherweise sogar volle Schuldfähigkeit trotz des Rausches bestand.

Auch aus der Begrifflichkeit „Rausch" lässt sich nicht entnehmen, dass ein solcher erst ab einer verminderten Schuldunfähigkeit bejaht werden könne. Eine solche Verknüpfung der Begriffe „Rausch" und „Schuldfähigkeit" besteht nach dem allgemeinen Sprachgebrauch gerade nicht.[571]

Denkbar ist schließlich noch die Konstellation, dass der Täter eine Straftat begangen hat und unklar ist, ob er sich in einem Rausch befand oder schuldunfähig war. Wenn also zweifelhaft bleibt, ob überhaupt ein Rausch vorgelegen hat, ist § 323a nach zutreffender Auffassung in dubio pro reo zu verneinen. Aber auch eine Bestrafung aus der begangenen Straftat ist in dubio pro reo nicht möglich, da insoweit von einer Schuldunfähigkeit auszugehen ist.

Zu denken ist in einer solchen Situation an eine Bestrafung über die Grundsätze der echten Wahlfeststellung.[572] Jedoch wird von der h.M. die hierfür erforderliche kriminalpolitische Vergleichbarkeit zwischen den möglichen Straftaten und § 323a verneint. Der Täter kann daher in dieser Konstellation nicht bestraft werden. Dieses kriminalpolitisch unerwünschte Ergebnis hat der Gesetzgeber zu schließen. Eine Analogie zu Lasten des Täters verbietet sich jedenfalls im Strafrecht.[573]

b) Subjektiver Tatbestand

Vorsätzliches oder fahrlässiges Berauschen

Für das Sichversetzen in den Rauschzustand ist Vorsatz oder Fahrlässigkeit erforderlich. Auf die Rauschtat dürfen sich Vorsatz und Fahrlässigkeit jedoch nicht beziehen. 310c

---

570 Vgl. die Nachweise bei FISCHER, § 323a StGB, Rn. 9f.

571 So auch Fischer § 323a Rn. 11b.

572 Siehe hierzu **HEMMER/WÜST, Strafrecht AT II, Rn. 408 ff.**

573 Ebenso FISCHER, § 323a Rn. 12.

Andernfalls wäre bereits das Eingreifen der Grundsätze der a.l.i.c. zu prüfen, die - so man sie grds. für zulässig erachtet - zu einer Bestrafung wegen der Rauschtat selbst führen.

c) Rauschtat

Rauschtat als objektive Bedingung der Strafbarkeit

Das Begehen einer rechtswidrigen Tat (§ 11 I Nr.5) ist objektive Bedingung der Strafbarkeit. Dies bedeutet zum einen, dass der Vollrausch nur unter der Bedingung der Begehung einer sog. Rauschtat strafbar ist, und zum anderen, dass es unerheblich ist, ob der Täter wusste oder fahrlässig nicht wusste, dass er im Rauschzustand irgendwelche rechtswidrigen Taten begehen könnte.[574] **310d**

Hinsichtlich der Rauschtat müssen der volle objektive und subjektive Tatbestand sowie Rechtswidrigkeit vorliegen.

Ein Sonderproblem stellt sich, wenn der Täter einem Tatumstandsirrtum unterliegt, der allein auf den Rauschzustand zurückzuführen ist. Teilweise wird hier die Auffassung vertreten, ein solcher Irrtum sei für § 323a unbeachtlich. Dagegen spricht jedoch, dass § 323a eine rechtswidrige Tat fordert und eine solche nur vorliegen kann, wenn deren objektiver und subjektiver Tatbestand erfüllt ist.[575]

> ***Bsp.:*** *Hans Hebe (H) wankt mit 3,3‰ aus seiner Stammkneipe. Dabei nimmt er den Mantel des O an sich, den er aufgrund seines Rauschzustandes für seinen eigenen hält.*

Der Rücktritt von der Rauschtat wirkt strafbefreiend.[576] Bei Fahrlässigkeitsdelikten genügt es, wenn der Täter in nüchternem Zustand die Verletzung der Sorgfaltspflicht hätte voraussehen und vermeiden können.[577]

Auch wenn der Täter in ein und demselben Rauschzustand mehrere Rauschtaten begeht, so liegt stets nur ein Vergehen nach § 323a vor.[578]

d) Sonstiges

Bezüglich der Berauschung ist auch Rechtswidrigkeit und Schuld zu prüfen. Der Täter muss sich also im schuldfähigen Zustand in den Rauschzustand versetzt haben.

3. Konkurrenzen

Ausschluss von § 323a durch a.l.i.c.

§ 323a kann nur eingreifen, wenn die Rauschtat nicht schon nach den Grundsätzen der a.l.i.c. strafbar ist. Darauf weist auch der Wortlaut „und ihretwegen nicht bestraft werden kann, weil..." hin. § 323a kann jedoch mit einer nach den Grundsätzen der a.l.i.c. strafbaren anderen Tat in Tateinheit stehen.[579] **310e**

Begeht der Täter im Rauschzustand ein Eigentumsdelikt und eignet er sich das Erlangte später nochmals zu, so tritt § 323a als mitbestrafte Vortat hinter § 246 zurück.[580]

---

574 KREY, BT-1, Rn. 797.

575 KREY, BT-1, Rn. 801; WESSELS/HETTINGER, BT-1, Rn. 1038.

576 LACKNER/KÜHL, § 323a StGB, Rn. 10; hierzu auch BGH, NStZ-RR 1999, 8 = **juris**byhemmer.

577 LACKNER/KÜHL, § 323a StGB, Rn. 11.

578 WESSELS/HETTINGER, BT-1, Rn. 1040.

579 LACKNER/KÜHL, § 323a StGB, Rn. 18.

580 SCH-SCH, § 323a StGB, Rn. 32.

Dem steht auch nicht entgegen, dass nach der Rspr. des BGH unter Zueignung nur die erstmalige Herstellung des Herrschaftsverhältnisses zu verstehen ist, denn dies ist nur der Fall, wenn die erstmalige Zueignung schuldhaft und strafbar war.[581]

Bsp.: *vgl. oben. H hat in diesem Fall trotz seines Rausches den Mantel sofort als fremd identifiziert. Am nächsten Morgen bietet er den fremden Mantel zum Verkauf an.*

II. Unterlassene Hilfeleistung, § 323c

1. Allgemeines

§ 323c

Schutzgut des § 323c ist das jeweilige Individualinteresse des in Not Geratenen, Strafgrund jedoch das Allgemeininteresse an der Wahrung mitmenschlicher Solidarität in Notlagen.[582] **310f**

Echtes Unterlassungsdelikt

§ 323c ist ein echtes Unterlassungsdelikt, was bedeutet, dass jedermann grundsätzlich zur Hilfeleistung verpflichtet ist und damit auch Täter sein kann. Teilweise wird auch vertreten, dass § 323c ein unechtes Unternehmensdelikt sei, da es auf einen speziellen „Erfolg" der Hilfeleistung nicht ankomme.[583]

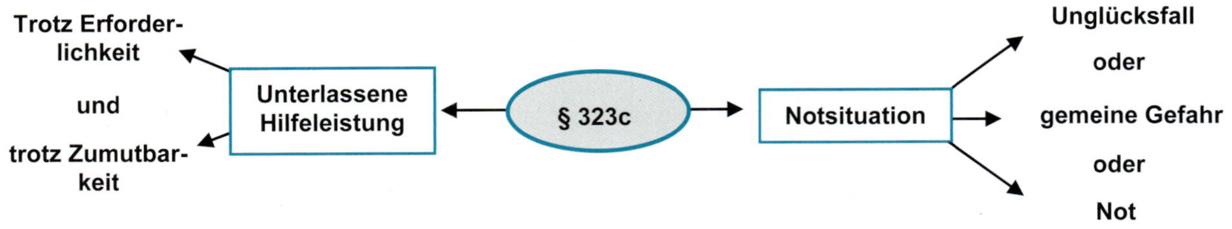

2. Notsituation

a) Unglücksfall

Plötzlich eintretendes Ereignis, das mit Gefahr verbunden ist

Unter einem Unglücksfall versteht man ein *plötzlich eintretendes Ereignis*, das eine erhebliche Gefahr für Personen oder Sachen bringt oder zu bringen droht.[584] Erkrankungen sind nicht schlechthin, sondern nur bei akuter Verschlimmerung als Unglücksfälle anzusehen.[585] **310g**

Problem: Selbstmord

Umstritten ist, ob der Selbstmord eine Hilfspflicht nach § 323c auslöst. Nach der Rspr. liegt hierbei ein Unglücksfall vor[586], Einschränkungen werden jedoch teilweise bei der Zumutbarkeit der Hilfeleistungen vorgenommen.

Dagegen lehnt die h.L. einen Unglücksfall ab, wenn der Selbstmord aufgrund freier und bewusster Entscheidung erfolgt[587] (ausführlich dazu oben Rn. 22 f.).

[581] SCH-SCH, § 323a StGB, Rn. 32.

[582] LACKNER/KÜHL, § 323c StGB, Rn. 1.

[583] SCH-SCH, § 323c StGB, Rn. 2a.

[584] BGHSt 6, 147-155.

[585] BGHSt 6, 147-155 (152).

[586] BGHSt 6, 147-155.

[587] SCH-SCH, § 323c StGB, Rn. 7; KREY, BT-1, Rn. 95.

b) Gemeine Gefahr

Mit „gemeiner Gefahr“ bezeichnet man die Gefährdung einer größeren Anzahl von Menschenleben oder erheblicher Sachwerte.[588]

c) Gemeine Not

„Gemeine Not“ ist eine die Allgemeinheit betreffende Notlage.[589]

3. Hilfeleistungspflicht

Nach § 323c ist nur das Unterlassen einer solchen Hilfeleistung strafbar, die erforderlich und zumutbar ist. 310h

a) Erforderlichkeit

Keine Erforderlichkeit bei möglicher Selbsthilfe

Erforderlich ist die Hilfeleistung, wenn anderenfalls die Gefahr bestünde, dass sich die Unglückssituation zu einer *nicht ganz unerheblichen Schädigung* von Personen oder Sachen auswirkt.[590] Dies ist dann nicht der Fall, wenn der Betroffene sich selbst zu helfen vermag oder anderweitig ausreichende Hilfe vorhanden ist.[591]

Getan werden muss das zur zweckmäßigen Hilfe Erforderliche, dessen Umfang sich im Einzelfall nach objektiven Maßstäben bestimmt. Jedoch wird dieses Erfordernis begrenzt durch die dem Täter hierbei zur Verfügung stehenden Möglichkeiten.[592] Ärzte unterliegen keiner erweiterten Berufspflicht, aufgrund ihrer besonderen Sachkunde wird jedoch der Umfang der Hilfeleistungspflicht für sie in der Regel größer sein als bei Laien.

Die Hilfspflicht entfällt, wenn sich der Gefährdete weigert, die Hilfe anzunehmen; dies aber nur, sofern dieser über das bedrohte Rechtsgut verfügungsbefugt ist.[593]

b) Zumutbarkeit

Die Zumutbarkeit ist nach h.M. Tatbestandsmerkmal.[594] Wann Hilfeleistung zumutbar ist, richtet sich nach dem allgemeinen Sittlichkeitsempfinden. Dabei ist eine Abwägung zwischen den Gefahren der Unglückssituation und den eigenen Interessen des Täters durchzuführen.[595] Die Zumutbarkeit entfällt dabei nicht schon bei Gefahr der Strafverfolgung.[596]

Zumutbar ist auch die Hilfeleistung gegenüber einem in Notwehr Verletzten. Dies steht auch nicht im Widerspruch zum Entfallen der Garantenstellung aus Ingerenz, welche ein pflichtwidriges gefährdendes Vorverhalten voraussetzt. Denn auch ein Rechtsbrecher hat Anspruch auf Hilfeleistung.[597]

---

588 SCH-SCH, vor § 306 StGB, Rn. 19.
589 KREY, BT-1, Rn. 806a.
590 SCH-SCH, § 323c StGB, Rn. 13.
591 BGH, JZ 1952, 116-117.
592 SCH-SCH, § 323c StGB, Rn. 19.
593 SCH-SCH, § 323c StGB, Rn. 26.
594 KREY, BT-1, Rn. 808b.
595 SCH-SCH, § 323c StGB, Rn. 20; ähnlich WESSELS/HETTINGER, BT-1, Rn. 1048.
596 BGH, GA 1956, 120.
597 SCH-SCH, § 323c StGB, Rn. 20.

Unzumutbar ist allerdings für den Täter, sich einer erheblichen eigenen Gefahr auszusetzen.[598]

4. Subjektiver Tatbestand

Der Vorsatz des Täters muss sich auf den Unglücksfall, die Erforderlichkeit und Zumutbarkeit der Hilfeleistung beziehen. 310i

5. Sonstiges

§ 323c ist subsidiär gegenüber den vorsätzlichen Begehungsdelikten und unechten Unterlassungsdelikten; dies gilt sowohl für den Täter als auch für den Teilnehmer an diesen.[599]

598 SCH-SCH, § 323c StGB, Rn. 21.

599 WESSELS/HETTINGER, BT-1, Rn. 1051.

§ 13 VERKEHRSGEFÄHRDUNG, §§ 315 - 316[600]

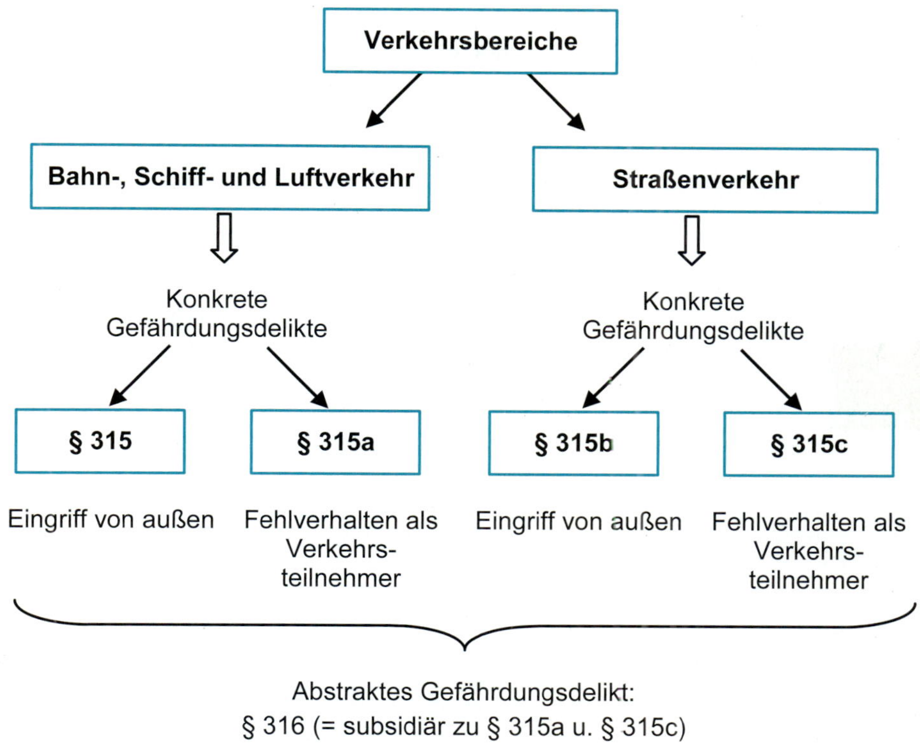

I. Gefährdung des Straßenverkehrs, § 315c

§ 315c = konkretes Gefährdungsdelikt

§ 315c ist als konkretes Gefährdungsdelikte konstruiert und schützt damit auch das Leben, die körperliche Unversehrtheit sowie das Eigentum. Daneben wird allerdings – wie die systematische Stellung im Gesetz zeigt (28. Abschnitt: Gemeingefährliche Delikte) – vor allem die Allgemeinheit geschützt. 311

Prüfungsschema § 315c I:

I. Tatbestand

1. Objektiv

a) Nr.1
- ⇨ Führen eines Fahrzeugs
- ⇨ im Straßenverkehr
- ⇨ nicht in der Lage, das Fahrzeug sicher zu führen, infolge Genusses alkoholischer Getränke/anderer berauschender Mittel, Nr.1a, oder infolge geistiger/körperlicher Mängel, Nr.1b

b) Nr.2 (sog. „sieben Todsünden"):
- ⇨ im Straßenverkehr
- ⇨ grob verkehrswidriges Verhalten

c) gemeinsame Folge(n):
- ⇨ konkrete Gefährdung von Leib oder Leben eines anderen Menschen oder einer fremden Sache von bedeutendem Wert
- ⇨ Kausalität („dadurch")

[600] Instruktiv zu den Straßenverkehrsdelikten vgl. **HAUBURGER, Straßenverkehrsdelikte – „Die Zwei- bzw. Dreistufigkeit", Life&Law 2010, Heft 9, 625-633**.

2. Subjektiv: Vorsatz bzgl. 1a) oder 1b) **und** 1c)

Bei Verwirklichung von § 315c I Nr. 2 muss zusätzlich als besonderes persönliches Merkmal die „Rücksichtslosigkeit" geprüft werden

II. Rechtswidrigkeit, Schuld

Vorsatz-Fahrlässigkeits-Strafbarkeit in § 315c III Nr.1, Fahrlässigkeits-Fahrlässigkeitsstrafbarkeit in § 315c III Nr.2

1. Tathandlung

Führen eines Kfz

Tathandlung ist das *Führen eines Fahrzeuges*. Fahrzeuge i.S.d. Vorschrift sind nicht nur Kfz, sondern auch alle anderen Fahrzeuge, die der Beförderung von Personen oder Sachen dienen und am Straßenverkehr teilnehmen (Mopeds, Fahrräder oder Rollstühle, sofern sie nicht von einem anderen geschoben werden; nicht dagegen: Rodelschlitten oder Kinderwagen). Fahrzeugführer ist derjenige, der das Fortbewegungsmittel im Verkehr bewegt. Die Tat ist insoweit ein *eigenhändiges Delikt.* 312

hemmer-Methode: Ein alkoholisierter Fahrlehrer, der sich während der Fahrstunde auf die Bestimmung des Fahrtwegs beschränkt, führt das Fahrzeug nicht i.S.d. § 316 I. Daran ändert auch nichts, dass gem. § 2 XV StVG der Fahrlehrer als Führer des Fahrzeugs im Sinne der StVG gilt. Dafür spricht, dass diese Bestimmung sich gerade auf das StVG beschränkt. Zudem ist der Rechtsgedanke nicht übertragbar, da § 2 XV StVG nach seinem Sinn und Zweck allein verhindern soll, dass der Fahrschüler wegen Fahrens ohne Fahrerlaubnis belangt werden kann.[601]

§ 315c I sieht das Führen eines Fahrzeuges unter zwei verschiedenen Voraussetzungen als strafwürdig an:

§ 315c I Nr.1, Fahruntüchtigkeit

Nr.1: Der Fahrer des Fahrzeuges ist aus bestimmten Gründen *fahruntüchtig.* 313

Fahruntüchtigkeit infolge Alkoholgenusses

Hauptanwendungsfall ist die Fahruntüchtigkeit infolge Alkoholgenusses. Hier hat die Rspr.[602] unterschiedliche Grenzwerte festgesetzt.

Absolute Fahruntüchtigkeit

Absolut fahruntüchtig ist jemand, dessen Blutalkoholgehalt mehr als 1,1 ‰ (1,0 ‰ als Grenzwert und 0,1 ‰ Sicherheitszuschlag) beträgt. In diesem Fall ist die Fahruntüchtigkeit als erwiesen anzusehen. Ein Gegenbeweis des Täters ist nicht zulässig. 314

hemmer-Methode: Radfahrer wurden im Gegensatz zu Kraftfahrern (Kfz, Mofa, etc.) bislang erst ab einer BAK von 1,7 ‰ als absolut fahruntüchtig angesehen (BGHSt 34, 133). Nunmehr haben einige Obergerichte den Wert auf 1,6 ‰ herabgesetzt.[603]

Relative Fahruntüchtigkeit

Im Fall der *relativen Fahruntüchtigkeit* (BAK von mindestens 0,3 ‰) müssen im Einzelfall noch weitere Umstände, sog. Ausfallerscheinungen, hinzukommen, um eine alkoholbedingte Fahruntüchtigkeit nachzuweisen. Hier ist nicht jeder Fahrfehler ausreichend, da auch nüchterne Fahrer nicht immer fehlerfrei fahren. Starkes Indiz für eine Fahruntüchtigkeit ist jedoch ein Fahrfehler, der typischerweise von alkoholisierten Fahrern begangen wird. 315

601 OLG Dresden, NJW 2006, 1013-1014 = **juris**byhemmer = **Life&Law 2006, Heft 6, 396-399**.

602 BGHSt 73, 89; BGHSt 22, 352-360 = **juris**byhemmer.

603 OLG Karlsruhe, DAR 1997, 456-457 = **juris**byhemmer.

Drogenkonsum

Bei der Frage der Fahruntüchtigkeit sind auch die Fälle im Zusammenhang mit anderem Drogenkonsum (Haschisch, Heroin etc.) zu beachten, die die Rechtsprechung in letzter Zeit wiederholt beschäftigt haben.[604] Klare Grenzwerte – wie beim Alkoholkonsum –haben sich hier noch nicht herausgebildet. 315a

Die Annahme einer Null-Wert-Grenze und einer daraus resultierenden absoluten Fahruntüchtigkeit, sobald Drogen im Blut des Fahrers festgestellt werden, ist aber jedenfalls nicht möglich. Vielmehr müssen drogenbedingte Ausfallerscheinungen und eine daraus resultierende Fahruntüchtigkeit in jedem Einzelfall festgestellt werden.[605]

§ 315c I Nr.2: gravierende Verkehrsverstöße

Nr.2 a)-g) betreffen dagegen besonders gravierende Verkehrsverstöße, die ein *fahrtüchtiger* Fahrzeugführer begeht. Zu beachten ist hierbei, dass die Verkehrsverstöße abschließend geregelt sind, so dass sonstige Verkehrsverstöße nicht unter § 315c subsumiert werden können. Der Verkehrsverstoß als solcher ist jedoch nicht ausreichend: Hinzu kommen muss ein *grob verkehrswidriges* und *rücksichtsloses* Täterverhalten. Dabei betrifft die grobe Verkehrswidrigkeit die objektiven Umstände, die Rücksichtslosigkeit dagegen die subjektive Einstellung des Täters. 316

Von grober Verkehrswidrigkeit spricht man bei einem besonders schweren Verstoß gegen eine Verkehrsvorschrift. Da die Nr.2 a)-g) ohnehin schon schwere Verhaltensfehler voraussetzen, müssen hier im Einzelfall noch besondere Verkehrsverstöße hinzukommen. Nicht ausreichend ist hier die von § 315c ohnehin vorausgesetzte konkrete Gefahr für andere.

2. Konkrete Gefährdung

Konkrete Gefährdung von Leib und Leben

Durch die Tathandlung muss eine *konkrete Gefährdung* von Leib oder Leben eines anderen oder fremden Eigentums verursacht werden. Hier muss sich die typische Gefährlichkeit des einzelnen Verkehrsverstoßes im Einzelfall realisieren. 317

„Beinahe-Unfall"

Ganz allgemein kann man vom Vorliegen einer konkreten Gefahr sprechen, wenn es zu einem sog. Beinahe-Unfall kommt, bei dem die Verletzung oder Nicht-Verletzung des Rechtsguts nur noch allein vom Zufall abhängt. Oder anders formuliert: Der Eintritt eines Schadens muss bei einer ex-post-Betrachtung wahrscheinlicher gewesen sein als sein Ausbleiben.[606]

1. Problem: Gefährdung des vom Täter geführten Fahrzeuges ausreichend?

Umstritten ist, ob i.R.d. § 315c die (regelmäßig vorliegende) Gefährdung *des vom Täter geführten, aber ihm nicht gehörenden Fahrzeuges* ausreicht.

Die h.M.[607] lehnt dies ab, da zwischen dem Mittel und dem Objekt der Gefährdung unterschieden werden müsse. Darüber hinaus hänge die Strafbarkeit des Täters ansonsten z.B. an dem mehr zufälligen Umstand, ob der Täter das Fahrzeug unter Eigentumsvorbehalt gekauft habe oder nicht.

Nach der Gegenansicht bezweckt § 315c gerade einen wirksamen Individualrechtsschutz. Dies müsse auch dann gelten, wenn das (fremde) Fahrzeug des Täters gefährdet sei.

2. Problem: Gefährdung der Insassen

Fraglich ist, ob die *Insassen* des betreffenden Fahrzeuges bei einer *länger andauernden Trunkenheitsfahrt* bereits konkret gefährdet sind. 318

604 Vgl. FISCHER, § 316 StGB Rn. 10 m.w.N.

605 BGH, StV 2000, 618-619 = **juris**byhemmer = **Life&Law 2001, Heft 2, 117-119**.

606 Gleiches gilt im Rahmen von § 315b, vgl. hierzu BGH, StV 2012, 217-218 = **Life&Law 2011, Heft 1, 28-33**.

607 BGHSt 27, 40-44 = **juris**byhemmer; BGHSt 11, 148-152; SCH-SCH, § 315c StGB, Rn. 28; a.A. SK, vor § 306 StGB, Rn. 10 m.w.N.

Fall: *Theo Trinklein, dessen BAK 2,5 ‰ betrug, befuhr nachts mit seinem Pkw eine Bundesstraße. Seine Lebensgefährtin saß neben ihm auf dem Beifahrersitz. Theo fuhr in starken Schlangenlinien, hielt sich dabei aber einigermaßen von den beiden Seitenstreifen entfernt. Eine Begegnung mit anderen Fahrzeugen fand nicht statt. Strafbarkeit des T?*

Lösung:

I. Gefährdung des Straßenverkehrs, § 315c I Nr.1a, III Nr.1

1. Theo hat ein Fahrzeug geführt, obwohl er zu diesem Zeitpunkt infolge des Genusses alkoholischer Getränke nicht mehr in der Lage war, ein Fahrzeug sicher zu führen.

T war absolut fahruntüchtig. Seine BAK von 2,5 ‰ überschreitet die Grenze der absoluten Fahruntauglichkeit, die der BGH (seit NJW 1990, 2393) für Kraftfahrer bei 1,1 ‰ zieht, deutlich.

2. Durch die Alkoholfahrt müsste er Leib oder Leben seiner Lebensgefährtin konkret gefährdet haben.

Ob und inwieweit schon die Anwesenheit eines Beifahrers generell eine konkrete Gefährdung i.d.S. ergeben kann, ist seit langem umstritten.

a) Der BGH nahm in solchen Fällen bislang regelmäßig eine konkrete Gefährdung jedenfalls dann an, wenn sich die Fahruntüchtigkeit des Täters in Fahrfehlern, die die Sicherheit des Beifahrers beeinträchtigen, wie beispielsweise im Fahren in Schlangenlinien, in einem auch nur vorübergehenden Abkommen von der Fahrbahn oder in einem sonstigen nicht durch die Verkehrslage bedingten Fahrmanöver, „indiziell nach außen gezeigt habe“.[608]

b) Diese Meinung wurde von weiten Teilen der Literatur[609] und vom BayObLG[610] abgelehnt.

Der BGH verwechsle qualitative mit quantitativer Gefährdung. Ein (u.U. angeschnallter) Mitfahrer in einem (u.U. großen) PKW ist nicht mehr gefährdet als ein Fußgänger am Straßenrand, sondern nur länger. Bei letzterem aber ist klar, dass eine konkrete Gefährdung nur bei Eintreten einer kritischen Verkehrssituation vorliegen kann. Letztlich schloss der BGH von der Dauer der Gefährdung auf deren Qualität. Es liegt hier also keine konkrete, sondern eine lang andauernde abstrakte Gefährdung vor. Die Auffassung des BGH würde eine saubere Abgrenzung zwischen konkretem und abstraktem Gefährdungsdelikt verwischen.

c) Daher geht nun auch der BGH davon aus, dass die Annahme einer konkreten Gefahr nicht allein damit begründet werden kann, dass sich in dem von dem Fahruntüchtigen gesteuerten Fahrzeug eine nicht tatbeteiligte Beifahrerin befand.[611]

Ein Fahren in starken Schlangenlinien könne zwar auch dann, wenn es nicht zu einer Begegnung mit anderen Verkehrsteilnehmern kommt, eine konkrete Gefahr für Leib oder Leben anderer (zum Beispiel von Insassen des Fahrzeugs) oder für fremde Sachen von bedeutendem Wert (Verkehrseinrichtungen oder am Fahrbahnrand abgestellte Fahrzeuge) begründen. Ob dies der Fall ist, hänge aber von den Umständen des Einzelfalls ab.

Eine konkrete Gefahr wird etwa anzunehmen sein, wenn sich der Trunkenheitsfahrer in bedrohlicher Weise dem unbefestigten Fahrbahnbankett nähert und das Fahrzeug nur durch eine abrupte Lenkbewegung auf die Fahrbahn zurücksteuert. Dagegen kann es an ihr - je nach dem Verlauf und der Ausprägung der Schlangenlinien im Einzelnen - fehlen, wenn sich der Täter etwa durchweg in der Mitte der leeren Fahrbahn hält.

608 Vgl. BGH, NStZ 1989, 73-74 = **juris**byhemmer.

609 Vgl. LACKNER/KÜHL, § 315c StGB, Rn. 23.

610 Vgl. BayObLG, NJW 1990, 133-134 = **juris**byhemmer und BayObLG, NJW 1990, 848 = **juris**byhemmer.

611 Vgl. BGH, NJW 1995, 3131-3134 = **juris**byhemmer.

Ergebnis: Mangels konkreter Gefährdung daher keine Strafbarkeit aus § 315c.

II. Trunkenheit im Verkehr, § 316

T hat im absolut fahruntüchtigen Zustand ein Fahrzeug geführt und handelte insoweit auch vorsätzlich.

Strafbarkeit des Beifahrers

Problematisch ist die Strafbarkeit des Beifahrers, der durch sein Verhalten (z.B. Anfeuern) den Fahrer des PKW zu einer Straßenverkehrsgefährdung veranlasst, bzw. diesen in seinem Entschluss bestärkt. Mittäterschaft kommt von vornherein nicht in Betracht, weil es sich bei den §§ 315c, 316 um eigenhändige Delikte handelt.[612] 319

Bezüglich der Möglichkeit einer Teilnahme an den §§ 315c, 316 ist immer auf *§ 11 II* zu achten. Dieser stellt klar, dass die Tat auch dann eine vorsätzliche bleibt, wenn hinsichtlich der konkreten Gefährdung nur Fahrlässigkeit des Haupttäters vorlag. Es handelt sich um eine Vorsatztat mit fahrlässig herbeigeführtem Erfolg, bei der eine Teilnahme möglich ist. Danach ist aber *(nur)* § 315c III *Nr.1* eine teilnahmefähige *Vorsatztat* i.d.S., nicht dagegen § 315c III *Nr.2* oder § 316 II.[613]

Dennoch will die h.M. den Beifahrer zumindest dann nicht als Teilnehmer der Tat bestrafen, wenn er neben dem Fahrer die einzige konkret gefährdete Person ist. Würde man ihn als von § 315c geschützt ansehen, so würde dies zu dem zweifelhaften Ergebnis führen, dass er nun nicht nur wegen Anstiftung zu § 316, sondern auch wegen Anstiftung zu § 315c bestraft würde. Er würde daher letztlich um seines *eigenen* Schutzes willen (härter) bestraft werden. Das macht keinen Sinn.[614]

hemmer-Methode: Wenn man den anfeuernden Beifahrer unter den Tatbestand des § 315c subsumieren würde, stellt sich das Folgeproblem, ob aufgrund des Anfeuerns von einer rechtfertigenden Einwilligung des Beifahrers in die eigene Gefährdung auszugehen ist. Die Beantwortung der Frage hängt davon ab, ob bei § 315c überhaupt eine Einwilligung in Betracht kommt. Nach überzeugender Auffassung schützt § 315c primär die Allgemeinheit, so dass die Möglichkeit einer Einwilligung bei § 315c zu verneinen ist.[615]

3. Subjektiver Tatbestand

Subjektiver Tatbestand

Im Rahmen des subjektiven Tatbestandes muss der Täter hinsichtlich seiner Tathandlung und der konkreten Gefährdung zumindest mit „dolus eventualis“ handeln. 320

Fraglich ist in der Praxis häufig, wann der Täter vorsätzlich hinsichtlich seiner Trunkenheit handelt. Hierbei ist grundsätzlich festzustellen, dass es keinen Erfahrungssatz gibt, dass man ab einer bestimmten BAK seine Fahruntüchtigkeit erkennt, entscheidend sind also die Umstände des Einzelfalls.

Rücksichtslosigkeit

Wurde im objektiven Tatbestand § 315c I Nr. 2 bejaht, darf nunmehr im subjektiven Tatbestand nicht das besondere persönliche Merkmal der „Rücksichtslosigkeit“ vergessen werden zu prüfen. Der Begriff der Rücksichtslosigkeit ist dabei als gesteigerte subjektive Vorwerfbarkeit zu verstehen. Sie liegt vor, wenn sich der Täter im Straßenverkehr aus eigensüchtigen Gründen über seine Pflichten hinweggesetzt oder aus Gleichgültigkeit von vornherein Bedenken gegen sein Verhalten nicht aufkommen lässt.[616]

---

612 FISCHER, § 315c StGB, Rn. 2; § 316 StGB, Rn. 3.

613 Vgl. dazu unten 5. und FISCHER, § 315c StGB, Rn. 21.

614 So auch BGH, NStZ 2012, 701-702 = **Life&Law 2012, Heft 10, 736-743**.

615 FISCHER, § 315c StGB, Rn. 17.

616 BGHSt 5, 392-396; SCH-SCH, § 315c StGB, Rn. 27 m.w.N.

Es handelt sich hierbei nach h.M. um ein strafbegründendes, besonderes persönliches Merkmal i.S. von § 28 I[617], so dass der Teilnehmer, dem diese Voraussetzung nicht zur Last gelegt werden kann, mit einer Strafmilderung bedacht wird.

4. Rechtswidrigkeit

Einwilligung schließt Rechtswidrigkeit der Tat nicht aus

Fraglich ist, wie *die Einwilligung des Gefährdeten* in die Gefährdung, die in der Regel nur bei weiteren Insassen des Fahrzeugs in Betracht kommen wird, einzustufen ist. Teilweise wird sie als unbeachtlich angesehen.[618] § 315c schütze zumindest auch die allgemeine Verkehrssicherheit. Dieses Rechtsgut sei aber für den Einzelnen nicht verfügbar. Die Gegenansicht stellt darauf ab, dass § 315c gerade eine Individualgefahr voraussetze, weswegen bei einer Einwilligung des Gefährdeten nur ein nicht mehr strafwürdiger „Unrechtstorso" verbleibe.[619]

Vorzugswürdig erscheint aufgrund der systematischen Einordnung des § 315c im 28. Abschnitt die Allgemeinheit als im Vordergrund stehendes Schutzgut anzusehen. Da § 315c nicht aufgespaltet werden kann, muss insgesamt mangels Disponibilität die Möglichkeit einer Einwilligung ausscheiden.

hemmer-Methode: Kommt ein anfeuernder Beifahrer zu Tode, müssen Sie zudem an eine Strafbarkeit gemäß § 222 denken. Dann stellt sich die Frage, ob eine Selbst- oder Fremdgefährdung vorlag. Überzeugend erscheint es, auf die Tatherrschaft in dem Moment abzustellen, in welchem sich die Gefahr realisiert hat. Demzufolge ist regelmäßig eine eigenverantwortliche Selbstgefährdung des Beifahrers zu verneinen und damit jedenfalls die objektive Zurechnung zu bejahen. Bejaht man in einem zweiten Schritt eine einverständliche Fremdgefährdung, kommt nach BGH bei § 222 eine Behandlung als Einwilligung in Betracht. Jedoch scheidet dies dann aus, wenn nach den Gesamtumständen für alle Beteiligte klar war, dass es zu einer konkret lebensgefährlichen Situation kommen kann (Rechtsgedanke des § 228). Ein instruktives Fallbeispiel hierzu („Tödliches Autorennen") finden Sie bei BGH, Urteil vom 20.11.2008, 4 StR 328/08 = Life&Law 2009, 179 ff.

5. Schuld

a) Grundsatz

Für die Strafbarkeit nach den §§ 315 ff. muss wie bei jedem anderen Delikt auch die Schuldfähigkeit gegeben sein. 321

Diese entfällt jedoch insbesondere in den Fällen des § 20, dessen Voraussetzungen bei Alkoholkonsum regelmäßig bei einer BAK von über 3 ‰ anzunehmen sind.[620]

hemmer-Methode: Die Frage nach der Schuldfähigkeit sollten Sie deshalb auch bei den Verkehrsdelikten nur dann weiter ausbreiten, wenn entweder die 3 ‰-Grenze überschritten wurde oder ein Sachverständigengutachten die Schuldunfähigkeit (auch bei niedrigeren Promillewerten) festgestellt hat.

617 Vgl. FISCHER, § 28 StGB, Rn. 6a; nach WESSELS/BEULKE, AT, Rn. 422 f., ist dagegen § 29 einschlägig.

618 BGHSt 23, 261-265 = **juris**byhemmer; FISCHER, § 315c StGB, Rn. 17.

619 SCH-SCH, § 315c StGB, Rn. 43.

620 FISCHER, § 20 StGB, Rn. 20.

b) Ausnahme: actio libera in causa

I.R.d. Schuldfähigkeit ist speziell bei den Straßenverkehrsdelikten und beim Fahren ohne Fahrerlaubnis die Rechtsprechung zur actio libera in causa (a.l.i.c.) zu beachten. 322

Neue Rechtsprechung

hemmer-Methode: Bei der a.l.i.c. handelt es sich grds. eher um ein Problem des Strafrecht-AT. Lesen Sie deshalb am besten zur a.l.i.c. die grundlegenden Ausführungen in Hemmer/Wüst Strafrecht AT I, Rn. 408 ff. Beachten Sie aber, dass die a.l.i.c. als AT-Problem durch die Rechtsprechung des BGH nicht mehr pauschal auf alle Tatbestände des BT übertragen werden kann und damit quasi auch zum BT-Problem wird. Da die Rechtsprechung insbesondere zu den Straßenverkehrsdelikten ergangen ist, muss also in der Klausur bei der Prüfung der §§ 315c, 316 an dieser Stelle ggf. eine breitere Auseinandersetzung mit der a.l.i.c. erfolgen.

Fraglich ist jedoch, ob und inwieweit die verschiedenen Ansätze, mit denen in Rechtsprechung und Literatur die a.l.i.c. erklärt wird, eine tragfähige Grundlage für die Anwendung der Rechtsfigur auf die hier in Rede stehenden Verkehrsstraftaten bieten. Im Wesentlichen geht es dabei um die Frage, inwieweit die für die Tathandlung notwendige Schuldfähigkeit (also beim „Bewegen des Fahrzeugs") auf den Zeitpunkt des „Sich-Berauschens" vorverlegt werden kann.

Vorverlegung der Schuldfähigkeit

1. Der sog. *„Tatbestandslösung"* liegt die Vorstellung zugrunde, dass bereits das Sich-Betrinken selbst der Anfang der Ausführung der geplanten Tat ist.[621]

„Tatbestandslösung"

Diese Ansicht mag bei Erfolgsdelikten aufgrund der kausalen Verknüpfung von Handlung und Erfolg[622] als eine tragfähige Grundlage für die Rechtsfigur der a.l.i.c. angesehen werden: Ziel ist dann nämlich das Herbeiführen eines *bestimmten Erfolgs* mittels einer Handlung im schuldunfähigen Zustand. Die Vorverlagerung der Schuld bezieht sich dann auch auf einen von der Handlung abtrennbaren, strafrechtlich missbilligten Erfolg. Die Voraussetzung des § 20, dass der Täter „bei Begehung der Tat", *also bei der Erfolgsverursachung,* schuldfähig ist, bleibt somit gewahrt.

Diese Konstruktion ist dann aber bei schlichten Tätigkeitsdelikten, also solchen Tatbeständen, die ein schlichtes Verhalten verbieten (wie eben die §§ 315c, 316 und § 21 StVG), nicht anwendbar. Strafbegründend ist hier nur die Tathandlung als solche; eine Kausalität zwischen Handlung und Erfolg muss nicht bestehen, und die Tathandlung kann auch nicht als Herbeiführung eines dadurch verursachten, von ihm trennbaren Erfolges begriffen werden.

Die Verkehrsstraftaten setzen für die Strafbarkeit vielmehr voraus, dass der Täter ein Fahrzeug im schuldfähigen Zustand führt. Dieses „Führen" beginnt aber erst mit dem Bewegungsvorgang *des Anfahrens* selbst.[623] Eine Ausdehnung auf zeitlich vorverlagerte Handlungen kann nach der gesetzlichen Umschreibung der Tathandlung nicht erfolgen.

Sonderfall der mittelbaren Täterschaft

2. Zu keinem wesentlich anderen Ergebnis kommt man, wenn man die Rechtsfigur der a.l.i.c. als einen *Sonderfall der mittelbaren Täterschaft* begreift, bei dem der Täter sich zur Ausführung der Tat seiner eigenen Person als Werkzeug bedient.[624] Diese Ansicht kann schon deshalb im vorliegenden Fall nicht greifen, da es sich bei § 315c um ein eigenhändiges Delikt handelt, bei dem eine mittelbare Täterschaft per se ausgeschlossen ist.

Keine Ausdehnung des Begriffs „Begehung der Tat"

3. Eine Ausdehnung des Begriffs der „Begehung der Tat" i.S.d. § 20 auf vortatbestandliche Vorbereitungshandlungen ist nicht möglich[625], soweit das Stadium des Versuchs damit noch nicht erreicht ist.

---

621 LACKNER/KÜHL, § 20 StGB, Rn. 25; ROXIN, Strafrecht AT-I, § 20 StGB, Rn. 58.

622 Zum Begriff des Erfolgsdelikts vgl. auch FISCHER, vor § 13 StGB, Rn. 20 f.

623 BGHSt 35, 390-396 = jurisbyhemmer.

624 JAKOBS, StrafR AT, Rn. 64.

625 ROXIN, StrafR AT-I, § 20 StGB, Rn. 66a.

Es spricht nichts dafür, dass das StGB den in den §§ 16 I, II, 17 S.1 und in § 20 unterschiedslos verwendeten Begriff in § 20 in einem weiteren Sinn verstanden wissen will als in jenen anderen Vorschriften. Im Übrigen hätte dieses „Ausdehnungsmodell" über die Fallgestaltungen der a.l.i.c. hinaus auch unter Präventions- und Gerechtigkeitsgedanken nicht zu rechtfertigende *Einschränkungen des § 20* zur Folge.

„Ausnahmemodell"

4. Die Annahme schuldhaft begangener Vergehen nach § 315c kann schließlich auch nicht mit dem sog. *„Ausnahmemodell"* begründet werden. Nach diesem wird - im Präventionsinteresse und aus Gerechtigkeitserwägungen - in Ausnahme von dem § 20 zugrundeliegenden Koinzidenzprinzip der Schuldvorwurf vorverlagert und dem Täter das schuldhafte Vorverhalten des Sich-Berauschens als schuldhafte Tatbegehung angelastet. Das Ausnahmemodell ist mit dem eindeutigen Wortlaut des § 20, nach dem die Schuldfähigkeit *„bei Begehung der Tat"* vorliegen muss, nicht in Einklang zu bringen.

Aus diesem Grunde kann die a.l.i.c. auch nicht als *richterrechtliche Ausnahme* vom Koinzidenzprinzip oder als *Gewohnheitsrecht* anerkannt werden. Beide Erklärungsversuche sind mit *Art. 103 II GG*, der strafbarkeitsbegründendes Gewohnheitsrecht verbietet[626], *nicht vereinbar.*[627] Art. 103 II GG gilt nach zutreffender h.M. nicht nur dann, wenn es um die Auslegung einzelner Straftatbestände geht, sondern in gleicher Weise bei der Auslegung von Bestimmungen des Allgemeinen Teils des StGB.

Ob der Gesetzgeber die Rechtsfigur der a.l.i.c. als richterrechtliche Ausnahme von § 20 akzeptiert hat, ist angesichts des eindeutigen Wortlauts dieser Vorschrift ohne Bedeutung, solange er dies nicht im Gesetzestext zum Ausdruck bringt.

hemmer-Methode: Beachten Sie beim Durcharbeiten der vorangegangenen Ausführungen vor allem auch die weitreichenden Folgen, die sich aus einer Ablehnung der a.l.i.c. ergeben: greift sie nicht, kann es wegen § 20 nicht mehr zur Strafbarkeit nach §§ 315c, 316 kommen, es verbleibt allein § 323a.

6. § 315c III

Die innere Tatseite unterscheidet § 315c I und III. Bei § 315c I muss Vorsatz hinsichtlich sämtlicher Tatbestandsmerkmale gegeben sein. Fahrlässigkeit auch nur hinsichtlich eines Merkmals lässt die Tat unter § 315c III fallen. 323

Vorsatz-Fahrlässigkeits-Strafbarkeit

Bei § 315c III Nr.1 handelt es sich um eine Vorsatztat mit fahrlässig herbeigeführtem Erfolg. Hinsichtlich der Tathandlung reicht bedingter Vorsatz aus, hinsichtlich der konkreten Gefährdung muss Fahrlässigkeit vorliegen.

Fahrlässigkeits-Fahrlässigkeits-Strafbarkeit

§ 315c III Nr.2 betrifft die Fälle, in denen der Täter die gesamte Tat fahrlässig begeht. Erforderlich ist die fahrlässige Begehung sämtlicher Tatbestandsmerkmale, also sowohl der Tathandlung als auch der Herbeiführung der konkreten Gefährdung. 323a

Dies kommt z.B. in Betracht, wenn der Täter sich unzutreffenderweise für fahrtüchtig hält, obwohl er seine Fahruntüchtigkeit erkennen könnte, und die Gefahrenlage ebenfalls nur fahrlässig herbeiführt.

Eine Teilnahme ist nur im Fall des § 315c III Nr.1 möglich.

626 BVerfGE 75, 329-347 (340) = jurisbyhemmer.

627 SALGER/MUTZBACHER, Die actio libera in causa - eine rechtswidrige Rechtsfigur, NStZ 1993, 561-565 (565).

7. Konkurrenzen

Konkurrenzen

§ 315c I Nr.1a verdrängt Nr.1b im Wege der *Spezialität.* 324

Verwirklicht der Täter den § 315c mehrmals, so gilt:[628] Nur *eine Straftat* liegt vor, wenn der Täter durch eine Begehungsform gleichzeitig mehrere unterschiedliche Rechtsgüter (z.B. Personen und fremde Sachen) gefährdet[629] oder wenn gleichzeitig mehrere Alternativen des § 315c verwirklicht werden.

> ***Bsp.:*** *T fährt betrunken und überholt rücksichtslos, wobei eine Gefährdungslage eintritt.*

Tateinheit (in Form der tatbestandlichen Handlungseinheit) besteht nach h.M.[630] aber auch dann, wenn auf einer Trunkenheitsfahrt mehrere Gefährdungslagen eintreten, da die Trunkenheitsfahrt kraft ihres Charakters als Dauerdelikt die Tatbestände zu einer Handlungseinheit zusammenfasst. Die Gegenansicht will Tateinheit nur dann annehmen, wenn ein Fall der natürlichen Handlungseinheit vorliegt.[631]

Tatmehrheit besteht dagegen, wenn der Täter mehrere Begehungsformen des § 315c nacheinander verwirklicht, ohne dass es sich um eine Trunkenheitsfahrt handelt.

Mit den §§ 223 ff., 211 ff. besteht wegen der unterschiedlichen Rechtsgüter (§ 315c schützt auch die Sicherheit des Straßenverkehrs) *Tateinheit.*

II. Trunkenheit im Verkehr, § 316

§ 316 = abstraktes Gefährdungsdelikt

§ 316 ergänzt den § 315c I Nr.1 dahingehend, dass diese Vorschrift schon eine Strafbarkeit der Trunkenheitsfahrt für den Fall vorsieht, dass keine konkrete Gefährdung eingetreten ist. Die Ausführungen zur Fahruntüchtigkeit i.R.d. § 315c können also auf § 316 übertragen werden. Die Tat ist ein *abstraktes Gefährdungsdelikt.* 325

Konkurrenzen

Konkurrenzen: § 316 ist ausdrücklich subsidiär zu §§ 315a, 315c, vgl. § 316 I a.E. 326

III. Gefährliche Eingriffe in den Straßenverkehr, § 315b

Geschütztes Rechtsgut

§ 315b schützt dagegen unmittelbar die *Sicherheit des Straßenverkehrs* durch bestimmte *verkehrsfremde* Eingriffe.[632] 327

Von außen kommende verkehrsfremde Eingriffe

Beachten Sie, dass *Fehlleistungen durch Verkehrsteilnehmer im ruhenden und fließenden Verkehr*[633] nach dem Willen des Gesetzgebers abschließend von § 315c I Nr.2 geregelt werden sollten. Daher kann § 315b grundsätzlich nur solche Eingriffe erfassen, die *von außen* auf die Sicherheit des Verkehrs einwirken (z.B. das Werfen von einem Gullydeckel auf eine Autobahn).

---

628 Vgl. die Übersicht bei SK, § 315c StGB, Rn. 26 m.w.N.

629 H.M., SCH-SCH, § 315c StGB, Rn. 50; BGH, NJW 1989, 1227-1228 = **juris**byhemmer; a.A. SK, § 315c StGB, Rn. 26.

630 SCH-SCH, § 315c StGB, Rn. 53 m.w.N.

631 WESSELS/HETTINGER, BT-1, Rn. 985.

632 BGH, NJW 1989, 2550-2551 = **juris**byhemmer; SCH-SCH, § 315b StGB, Rn. 1; FISCHER, § 315b StGB, Rn. 2; a.A. SK, § 315b StGB, Rn. 2, 3 m.w.N.

633 WESSELS/HETTINGER, BT-1, Rn. 979 m.w.N.

Auch wenn § 315b bei bloß vorschriftswidrigem Verkehrsverhalten grundsätzlich aufgrund der Anwendbarkeit des § 315c nicht einschlägig ist, greift § 315b im ruhenden und fließenden Verkehr ein, wenn der Täter einen verkehrsfremden Eingriff i.S.d. Tathandlungen nach § 315b I Nr.1 - 3 vornimmt, d.h. als Verkehrsteilnehmer einen Verkehrsvorgang zu einem Eingriff in den Straßenverkehr „pervertiert“.[634]

> ***Bsp.:*** *Benno Bleifuß fährt mit hoher Geschwindigkeit auf einen Fußgänger zu, um diesen zu verletzen.*[635]

Ein Hindernisbereiten i.S.v. § 315 b I Nr.2 kann daher z.B. vorliegen, wenn der Täter durch die Zuwiderhandlung gegen die Verkehrsvorschriften die Schaffung eines Hindernisses beabsichtigt und dadurch vom Verhalten eines normalen Verkehrsteilnehmers abweicht. Die Schaffung des Verkehrshindernisses ist der Zweck des verbotswidrigen Verhaltens.

hemmer-Methode: Klassisches Beispiel ist hier der Steinwurf von der Autobahnbrücke. In einem solchen Fall müssen Sie auch an (versuchten) Mord denken. In Betracht kommen insbesondere „Heimtücke“ und „gemeingefährliche Mittel“ als Mordmerkmale. Ein instruktives Fallbeispiel hierzu finden Sie bei BGH, Urteil vom 14.01.2010, 4 StR 450/09 = Life&Law 2010, 606 ff.

Ein „ähnlicher, ebenso gefährlicher Eingriff“ i.S.v. § 315b I Nr.3 liegt vor, wenn der Täter sein Fahrzeug in verkehrswidriger Einstellung bewusst zweckwidrig einsetzt.

Weitere Bspe.:

- *für § 315b I Nr.2: absichtlich scharfes Abbremsen, um einen Auffahrunfall zu verursachen; den nachfolgenden Kraftfahrer zu einer Vollbremsung zwingen; Abschneiden eines Weges mit Kfz; Abschütteln eines Polizeifahrzeuges durch Abdrängen von der Fahrbahn;*

- *für § 315b I Nr.3: Auffahren auf vorderes Fahrzeug; Zufahren auf Menschengruppe mit Vollgas.*

In all diesen Fällen handelt der Täter in der Absicht, einen Verkehrsvorgang zu einem Eingriff zu pervertieren und in die Sicherheit des Straßenverkehrs einzugreifen.

Wer sich verkehrsgerecht verhält und lediglich hofft oder billigend in Kauf nimmt, dass ihm ein Unfall Gelegenheit zu einer für ihn vorteilhaften Schadensregulierung bietet, macht sich nicht nach § 315b I strafbar. Die „böse Gesinnung“ eines Verkehrsteilnehmers allein macht sein verkehrsgerechtes Verhalten noch nicht zu einem unerlaubten Eingriff in den Straßenverkehr.[636]

Der Tatbestand des § 315b I ist dagegen erfüllt, wenn der Täter ein an sich korrektes Fahrmanöver zu dem Zweck ausführt, die Unaufmerksamkeit oder Fehleinschätzung eines anderen Verkehrsteilnehmers auszunutzen, um einen Unfall mit der Möglichkeit einer günstigen Schadensregulierung herbeizuführen, z.B. durch Abbremsen.[637]

> ***Bsp.:*** *T bremste an einer Ampel, die gerade auf gelb geschaltet hatte, stark ab und hielt an, woraufhin die nachfolgende Fahrerin, die damit, wie auch von T vorhergesehen, nicht gerechnet hatte, auf seinen Pkw auffuhr. Dies geschah, um Versicherungsleistungen von der Haftpflichtversicherung der Unfallgegnerin in Anspruch zu nehmen.*

[634] FISCHER, § 315b StGB, Rn. 9a; BGH, NJW 1999, 3132-3133 = **juris**byhemmer = **Life&Law 2000, Heft 2, 98-101**.

[635] Ähnlicher Fall bei BGH, NStZ-RR 2009, 78-79 = **juris**byhemmer = **Life&Law 2009, Heft 6, 400-403**.

[636] BGH, NJW 1999, 3132-3133 = **juris**byhemmer.

[637] BGH, NJW 1999, 3132-3133 = **juris**byhemmer = **Life&Law 2000, Heft 2, 98-101**.

Der BGH[638] entkräftete den Vorwurf, die Bestrafung eines äußerlich verkehrsgerechten Verhaltens würde letztlich einen Fall des von der deutschen Rechtsordnung nicht gebilligten Gesinnungsstrafrechts darstellen, mit dem Argument, dass dieses Verhalten nur rein äußerlich als verkehrsgerecht eingestuft werden könne.

Da der ausschließliche Zweck hier in der Schädigung anderer Verkehrsteilnehmer liege, könne allein schon deswegen ein Verstoß gegen § 1 II StVO angenommen werden, weswegen letztlich kein verkehrsgerechtes Verhalten vorgelegen habe.

Anforderung an die konkrete Gefährdung

Ähnlich wie i.R.d. § 315c legt der BGH eine restriktive Handhabung bei der Annahme einer konkreten Gefahr an den Tag.

Bsp.:[639] *Thomas Teuflisch (T) schneidet die Bremsschläuche des PKW des Otto Olbert (O) durch. Nach Fahrtantritt bemerkt O dies und bringt den PKW problemlos mit der Handbremse zum Stehen.*

Der BGH[640] verneint in diesem Fall die Verwirklichung des § 315b mangels des Eintritts einer konkreten Gefährdung.

Weitere Einschränkungen nimmt der BGH anhand des sog. **„Münchner Fahrbahngeher"-Falls** vor:[641]

T, der seit 1988 Aktionen gegen den Autoverkehr in München betreibt, entschloss sich dazu, gelegentlich auf Straßen im Stadtbereich von München zu gehen, um die Autofahrer zu mehr Rücksicht auf Fußgänger zu veranlassen. Als er eines Morgens auf der rechten Fahrbahn unmittelbar neben der Mittellinie lief, wurde er von dem sich ihm von hinten nähernden Pkw des H erfasst.

Dieser hatte ihn zu spät erkannt. Weil ihm ein Ausweichen wegen der Verkehrslage nicht möglich war, hatte er eine Vollbremsung eingeleitet, aber sein Fahrzeug nicht mehr rechtzeitig anzuhalten vermocht. Auf den Pkw fuhr ein weiterer Pkw auf. Verletzt wurde nur der T. Strafbarkeit des T?

Lösung:

I. Gefährlicher Eingriff in den Straßenverkehr (Bereiten eines Hindernisses nach § 315b I Nr.2):

1. Auch der *Verkehrsteilnehmer* selbst kann *tauglicher Täter* eines gefährlichen Eingriffs in den Straßenverkehr sein. Dies gilt zumindest dann, wenn er durch die Zuwiderhandlung gegen die Verkehrsvorschriften die Schaffung eines Hindernisses beabsichtigt, wenn also die *Behinderung* nicht die bloße Folge, sondern der *Zweck* des verbotswidrigen Verhaltens ist.[642]

a) Fraglich ist, ob T ein Hindernis i.S.d. § 315b I Nr.2 bereitete. Hierunter ist grundsätzlich jede Einwirkung im Verkehrsraum zu verstehen, die geeignet ist, den reibungslosen Verkehrsablauf zu hemmen oder zu verzögern.[643]

Auch ein Fußgänger, der - wie der T - auf der grundsätzlich dem Fahrzeugverkehr vorbehaltenen Fahrbahn geht, beeinträchtigt den normalen Verkehrsbetrieb und bildet jedenfalls dann ein Hindernis, wenn er durch sein Verhalten die auf der Straße fahrenden Fahrzeuge zum Verlangsamen oder gar zum Anhalten veranlasst, weil es bei der gegebenen Verkehrslage ein ungehindertes Vorbeifahren ausschließt.[644]

638 BGH, a.a.O.

639 Vgl. BGH, NStZ 1996, 85-86 = **juris**byhemmer.

640 BGH, a.a.O.

641 Vgl. BGH, NJW 1996, 203-206 = **juris**byhemmer.

642 Vgl. BGH, a.a.O.

643 BGH, NJW 1996, 203-206 (204) m.w.N. = **juris**byhemmer.

644 BGH, a.a.O.

Dass diese von dem T ausgehende Zwangswirkung auf die an den Vorfällen unmittelbar beteiligten Pkw-Fahrer nur *psychischer Natur* war (s.o. zu § 240), beseitigt die Annahme eines Hindernisses nicht; denn diese ist nicht auf Vorgänge beschränkt, die zu einer Verhinderung des fließenden Verkehrs führen.

Mag es auch für das regelmäßige Tatbild zutreffen, dass derjenige, der ein Hindernis bereitet, sich dabei irgendeines Objekts bedient, indem er etwa Gegenstände auf die Fahrbahn wirft oder sein Fahrzeug einsetzt, so wird ein solches enges Verständnis weder vom Wortsinn des Tatbestandsmerkmals „Hindernisbereiten" gefordert, noch dem Schutzzweck der Norm gerecht.[645]

b) Schließlich ist die Anwendung des § 315b auch nicht schon deshalb abzulehnen, weil das Gehen auf der Fahrbahn dem gezielten *Streben nach Ortsveränderung* diente und ebenso wie das bloße Spazierengehen einen typischen, in keiner Weise entfremdeten Verkehrsvorgang darstellt.

Fraglich ist aber, ob die Umstände des konkreten Falles tatsächlich die besonderen Voraussetzungen des § 315b erfüllen: Denn es ist nicht jede Behinderung – ebenso wie auch nicht jeder ähnliche Eingriff – tatbestandsmäßig i.S. von Abs.1 Nr.2 oder 3 dieser Vorschrift.[646] Insbesondere in Fällen, in denen ein Verhalten, das sich nach außen als Verkehrsteilnahme darstellt, als Hindernisbereiten oder als „ähnlicher, ebenso gefährlicher Eingriff" zu bewerten ist, setzt der Tatbestand eine *grobe Einwirkung von einigem Gewicht voraus*.[647] Nicht jede objektiv behindernde Verkehrsteilnahme, selbst wenn sie gänzlich aus dem Rahmen fällt, genügt zur Tatbestandserfüllung; ebenso reicht eine nur unwesentliche Behinderung nicht aus.

Dies zugrunde gelegt, könnte der Anwendung des § 315b hier schon die *fehlende Erheblichkeit* der Einwirkung des A auf den Verkehrsablauf entgegenstehen. Grundsätzlich ist davon auszugehen, dass der Fahrer bei vorsichtigerer Fahrweise den A auf der Gegenfahrbahn ohne längere Wartezeit hätte überholen können. Da also nur eine kurzfristige Verzögerung des Verkehrsflusses vorliegt, steht dies der Annahme einer groben Einwirkung von einigem Gewicht durch den T, wie sie § 315b voraussetzt, entgegen.[648]

Es ist daher schon der objektive Tatbestand abzulehnen.

2. Hilfsweise nimmt der BGH für den subjektiven Tatbestand folgende weitere Einschränkung vor. Um der Gefahr uferloser Ausdehnung der Anwendung des § 315b auf „normale" Verkehrsverstöße vorzubeugen, ist die Anwendung dieser Strafvorschrift auf Verkehrsvorgänge davon abhängig, dass der Täter in der Absicht handelt, „den Verkehrsvorgang zu einem Eingriff zu pervertieren"; außerdem muss es ihm darauf ankommen, durch diesen in die Sicherheit des Straßenverkehrs einzugreifen.[649] Mit anderen Worten: Der Täter muss *sowohl vorsätzlich hinsichtlich des Eingriffes als auch der Gefährdung handeln.*

In diesen Fällen genügt deshalb bloß fahrlässige Begehung (§ 315b V), aber auch nur fahrlässige Herbeiführung der konkreten Gefahr (§ 315b IV) nicht.

II. Strafbarkeit des T wegen Nötigung (§ 240):

Es liegt nahe, hier – nicht anders als in den Fällen der Sitzblockade – die tatbestandsmäßige Gewalt mit der Begründung zu verneinen, dass das Verhalten des T „lediglich in körperlicher Anwesenheit besteht und die Zwangswirkung auf den Genötigten nur *psychischer Natur* ist".[650]

---

645 BGH, a.a.O.

646 Vgl. BGH, a.a.O.

647 Vgl. BGH, a.a.O.

648 BGH, a.a.O.

649 Vgl. BGH, a.a.O.

650 Vgl. BVerfG, NJW 1995, 1141-1144 = **juris**byhemmer.

Dass der A auf der Straße ging (und nicht auf der Straße saß), stellt keinen rechtserheblichen Unterschied dar; im Gegenteil ist letztlich die Einwirkung desjenigen, der sich als Fußgänger fahrtrichtungsgemäß, d.h. vor den Fahrzeugen her, fortbewegt, eher geringer.

Fraglich ist, ob sich etwas anderes daraus ergibt, dass der vordere Kraftfahrer eine Vollbremsung durchführen musste und damit für den hinteren Wagen ein *physisches Hindernis* darstellte.

Der 1. Strafsenat des BGH[651] hat trotz des Beschlusses des BVerfG eine Straßenblockade als strafbare Nötigung mittels Gewalt bewertet; er hat entscheidend darauf abgestellt, dass die beabsichtigte Fortbewegung der Kraftfahrer „durch tatsächlich nicht überwindbare Hindernisse unterbunden" wurde, indem „die Täter die von ihnen (möglicherweise nur) durch psychischen Zwang angehaltenen Wagen als *Mittel zur Bildung einer Barriere"* benutzten. So liegt es hier aber gerade nicht. Denn A hat weder eine Vollbremsung noch ein Anhalten der vorderen Kraftfahrer bezweckt, so dass er diese auch nicht als Mittel zur Bildung einer Barriere einsetzen wollte.

Ergebnis: Keine Strafbarkeit nach § 240.

Verfolger-Fälle, neue Rechtsprechung

Beachten Sie zum Verhältnis § 315b / § 315c auch folgende Rechtsprechung zu einem „Verfolger-Fall": Wenn auf der Autobahn bei hoher Geschwindigkeit ein Verfolger von der Fahrbahn abgedrängt wird, so dass dieser aufgrund einer Vollbremsung die Verfolgung abbrechen muss und der Täter darauf vertraute, dass nichts weiter passieren werde, scheidet nach BGH eine Strafbarkeit gem. § 315b aus.

***Bsp.:** A wird auf der Autobahn von der Polizei bei höchster Geschwindigkeit verfolgt, da er zuvor eine Bank überfallen hat. Als der Polizeiwagen auf der Überholspur neben dem Wagen des A fährt, zieht dieser langsam sein Fahrzeug nach links, um den Fahrer des Polizeiwagens zu einer Vollbremsung zu zwingen. Dadurch möchte A eine weitere Verfolgung verhindern. A hofft dabei, dass es dem Fahrer des Polizeiwagens gelingt, das Fahrzeug sicher zum Stehen zu bringen, was dann auch passiert.*

In dem Beispiel hat sich A jedenfalls gem. § 113 I sowie § 315c I Nr.2b strafbar gemacht. Fraglich ist allein, ob darüber hinaus auch eine Bestrafung gem. § 315b I Nr.3 in Betracht kommt.

Bei einem Verhalten im Straßenverkehr kommt eine Bestrafung gem. § 315b nur dann in Betracht, wenn der Verkehrsteilnehmer das Fahrzeug „zweckentfremdet" hat. Beim Verdrängen von der Fahrbahn ist diese Feststellung schwierig, da das Fahrzeug dabei jedenfalls auch als Fortbewegungsmittel benutzt wurde.

Der BGH geht nunmehr davon aus, dass eine Pervertierung des Fahrzeugs zur Waffe nur dann vorliegt, wenn der Täter mit „Schädigungsvorsatz" gehandelt hat. Vorliegend vertraute der Täter darauf, dass nichts weiter passieren werde. Ihm fehlt der erforderliche Schädigungsvorsatz, so dass § 315b ausscheidet.

Der BGH festigt mit dieser Entscheidung sein Bestreben, § 315b und § 315c klar voneinander abzugrenzen.[652]

hemmer-Methode: Mit dieser Feststellung können Sie bereits den objektiven Tatbestand des § 315b I Nr.3 verneinen, da ein Eingriff in den Straßenverkehr mit dieser einschränkenden Auslegung gerade nicht vorliegt. Denkbar erscheint es auch, den Schädigungsvorsatz erst im subjektiven Tatbestand anzusprechen und dort zu verneinen. Für die Praxis ist diese Entscheidung, die eine klarere Abgrenzung zwischen § 315c und § 315b ermöglicht, zu begrüßen. In dogmatischer Hinsicht ist es dagegen angreifbar, aus § 315b das Erfordernis eines Schädigungsvorsatzes abzuleiten.

---

651 Vgl. BGH, NJW 1995, 2643-2645 = **juris**byhemmer.

652 BGH, NJW 2003, 1613-1615 = **juris**byhemmer.

Konkurrenzen

Konkurrenzen

§ 315b verdrängt den § 315c (soweit beide Tatbestände überhaupt durch eine Handlung begangen werden können, s.o.) im Wege der Gesetzeskonkurrenz.[653] 328

Mit den §§ 223 ff., 211 ff., 113 ist wegen der unterschiedlichen Rechtsgüter Tateinheit anzunehmen. Gleiches gilt für §§ 303 ff., wobei aber § 315b I Nr.1 spezieller ist.

Abschlussfall: 329

G und A führen absichtlich einen Auffahrunfall auf einer einsamen Landstraße herbei, indem A, der den vorderen Wagen fährt, plötzlich stark abbremst. Mit Hilfe dieses fingierten Unfalls wollen die beiden die Versicherungssumme kassieren. Das Vorhaben gelingt, woraufhin sie froh gelaunt von dannen fahren. Die Versicherungsprämie haben beide allerdings noch nicht beantragt.

Lösung:

Strafbarkeit von A und G als Mittäter gem. § 25 II

I. Gefährlicher Eingriff in den Straßenverkehr, §§ 315b I i.V.m. III i.V.m. 315 III

Als Tathandlung kommt das Zerstören bzw. Beschädigen von Fahrzeugen gem. § 315b I Nr.1 oder eine Handlung nach Nr.2 bzw. Nr.3 in Frage, und zwar durch die Herbeiführung des Auffahrunfalls.

1. Zu denken wäre an die Variante des § 315b I Nr.1. Diese kommt aber nur in Betracht, wenn erst die Beschädigung die Beeinträchtigung der Sicherheit des Straßenverkehrs und die Gefahr des § 315b I begründet.

Wenn aber die Beschädigung des Fahrzeuges schon die Realisierung einer durch eine Tathandlung nach § 315b I Nr.2 oder Nr.3 verursachten Gefahr darstellt, sind allein diese Tatbestandsvarianten anzuwenden.[654] Insoweit fehlt es hier also schon an der relevanten Tathandlung.

2. Als nächstes käme der Tatbestand des Hindernisbereitens durch Abbremsen gem. § 315b I Nr.2 bzw. der des ebenso gefährlichen Eingriffs gem. § 315b I Nr.3 in Betracht.

Ein Eingriff in diesem Sinne liegt als solcher vor: Zu beachten ist hierbei aber, dass der Tatbestand der Vorschrift bei bloß vorschriftswidrigem Verkehrsverhalten grundsätzlich unanwendbar ist, da andernfalls die abschließende Regelung des § 315c umgangen würde.

Nur ausnahmsweise kann § 315b in solchen Fällen gegeben sein. Es muss sich um einen verkehrsfremden (verkehrsfeindlichen) Vorgang handeln, bei dem ein Verkehrsteilnehmer einen Verkehrsvorgang praktisch zu einem Eingriff in den Straßenverkehr pervertiert.[655] 330

Bei einem absichtlichen Unfall kann man derartiges grundsätzlich annehmen. Da A und G dies im bewussten und gewollten Zusammenwirken vollzogen, kann auch eine mittäterschaftliche Begehung angenommen werden.

Dieser Eingriff müsste auch zu einer Beeinträchtigung der Sicherheit des Straßenverkehrs geführt haben. Dies ist dann der Fall, wenn die normale abstrakte Gefahr gesteigert worden ist, und zwar so, dass konkrete Gefahren deutlich wahrscheinlicher geworden sind.[656]

---

653 SK, § 315c StGB, Rn. 26; SCH-SCH, § 315c StGB, Rn. 16; a.A. BGHSt 22, 67-77 (75) = **juris**byhemmer.

654 BGH, NJW 1991, 1120-1121 m.w.N. = **juris**byhemmer.

655 FISCHER, § 315b StGB, Rn. 8 m.w.N.

656 Vgl. FISCHER, § 315 StGB, Rn. 13.

Bei einem absichtlichen Auffahrunfall auf einer einsamen Landstraße kann dies nicht ohne weiteres angenommen werden. Entscheidend sind insoweit die konkreten Umstände des Einzelfalles.

Ob eine Beeinträchtigung der Sicherheit des Straßenverkehrs vorliegend bejaht werden kann, kann jedoch dahinstehen, wenn jedenfalls die für die Tatbestandsverwirklichung erforderliche Verwirklichung einer konkreten Gefahr für Leib oder Leben eines anderen Menschen oder fremde Sachen von bedeutendem Wert als Folge der Tathandlung und der Beeinträchtigung der Verkehrssicherheit offensichtlich ausscheidet. 331

Entscheidend für eine Bejahung von § 315b I ist nämlich, dass sich gerade durch die Beeinträchtigung der Sicherheit des Straßenverkehrs eine konkrete Gefährdung für Dritte ergibt. Im vorliegenden Fall fehlen gerade Hinweise dazu, dass sich der absichtliche Auffahrunfall für Leib oder Leben anderer Menschen oder fremde Sachen in irgendeiner Art gefährlich auswirkte.

Daher müssen § 315b I Nr.2 und Nr.3 bei einem einverständlich herbeigeführten „Unfall" ausscheiden, so dass dies für die Anwendung des konkreten Gefährdungsdeliktes nicht ausreicht. Eine abstrakte Gefahr für andere Verkehrsteilnehmer oder Sachen, wie sie hier möglicherweise nahe liegt, reicht aber wiederum für die Anwendung des konkreten Gefährdungsdeliktes nicht aus.[657]

Dass diese Regelung für einen von zwei Tätern absichtlich herbeigeführten Unfall nicht passt, ergibt sich nach BGH im Übrigen auch daraus, dass hierbei nicht von einem „Unglücksfall" i.S.d. § 315 III Nr.1 (i.V.m. § 315b III) gesprochen werden kann; denn ein absichtlich herbeigeführter Unfall ist kein plötzlich eintretendes äußeres Ereignis.[658]

II. Gefährdung des Straßenverkehrs, § 315c

Die Gefährdung des Straßenverkehrs scheitert bereits daran, dass keiner der in Abs.1 Nr.2 aufgeführten besonders gefährlichen Verkehrsverstöße verwirklicht wurde.

III. Unerlaubtes Entfernen vom Unfallort, § 142 I

Zwar waren hier sowohl G als auch A eindeutig Unfallbeteiligte. Der - hier vorliegende – Verzicht aller Unfallbeteiligten auf die notwendigen Feststellungen lässt jedoch entweder den Tatbestand oder zumindest die Rechtswidrigkeit[659] entfallen.

IV. Sachbeschädigung, § 303

Eine Sachbeschädigung des bzw. der PKWs entfällt schon wegen der Einwilligung, die zwangsläufig in der Verabredung des Unfalls liegt.

V. Versuchter Betrug, §§ 263, 22

Eine Strafbarkeit wegen versuchten Betruges ist abzulehnen, da lediglich eine Vorbereitungshandlung gegeben ist.

VI. Versicherungsmissbrauch, § 265

Einschlägig ist dagegen nach der Neufassung durch das 6. StRG der Tatbestand des Versicherungsmissbrauchs, soweit G und A gehandelt haben, um dem A eine Versicherungsleistung aus dessen Kaskoversicherung(!) zu verschaffen.

Die gesetzlich angeordnete Subsidiarität greift hier nicht ein, da hinsichtlich § 263 allenfalls straflose Vorbereitungshandlungen vorliegen (s.o.).

---

657 BGH, a.a.O.

658 BGH, a.a.O.

659 Str., vgl. FISCHER, § 142 StGB, Rn. 30 ff.

§ 14 STRAFTATEN GEGEN DIE UMWELT, §§ 324 ff.

I. Überblick

Überblick

Den Umweltschutztatbeständen liegt kein einheitliches Gliederungssystem zugrunde. Der Gesetzgeber hat zum einen besondere Schutzobjekte (§ 324: Gewässer; § 324a: Boden; § 325: Luft; § 329 III: Naturschutzgebiete und Naturparks), zum anderen bestimmte Tätigkeiten (§ 325a: Lärmverursachung; § 326: umweltgefährdende Abfallbeseitigung; § 327: unerlaubtes Betreiben von Anlagen) und schließlich den Umgang mit besonders gefährlichen Stoffen (wie etwa Kernbrennstoffe und Gifte, §§ 328, 330a) als Anknüpfungspunkt genommen. Besondere Examensrelevanz innerhalb der Vorschriften dürften in erster Linie § 324 und § 326 sowie § 330 besitzen. 332

hemmer-Methode: Die Umweltdelikte wurden weitgehend verwaltungsrechtlichen Regelungen wie dem WHG, KrW-/AbfG, BImSchG, AtG entnommen. Daher lässt sich auch die Arbeitsweise in Bezug auf diese Vorschriften dem besonderen Verwaltungsrecht entnehmen. Ausreichend ist die Kenntnis der Grundsystematik der Normen; klausurrelevante Probleme zu den einzelnen Tatbeständen lassen sich im Regelfall durch bloße Normenlektüre lösen.

1. Die sog. verwaltungsrechtliche Akzessorietät

Bezug auf VAe

In zahlreichen Tatbeständen des Umweltstrafrechts ist es erforderlich, dass der Täter „ohne die erforderliche Genehmigung oder entgegen einer vollziehbaren Anordnung" (§§ 327, 328) unter Verletzung verwaltungsrechtlicher Pflichten (§ 325) oder schlicht „unbefugt" (§§ 324, 326 I) gehandelt hat. Während es sich in den erstgenannten Fällen um Einschränkungen des gesetzlichen Tatbestands handelt, wird das Merkmal „unbefugt" nach h.M. als Hinweis auf das allgemeine Verbrechenselement der Rechtswidrigkeit angesehen. 333

Verwaltungsakzessorietät

Soweit es bei den einzelnen Tatbeständen auf das Vorhandensein einer Genehmigung ankommt, ist die verwaltungsrechtliche Beurteilung entscheidend (sog. Verwaltungsakzessorietät).[660] 334

Formelle Rechtmäßigkeit

Für die rechtfertigende Wirkung ist aber nicht in erster Linie die materielle, sondern vielmehr die formelle Rechtmäßigkeit einer Genehmigung maßgeblich.[661] Dies begründet sich zum einen mit dem verfassungsrechtlichen Grundsatz des Vertrauensschutzes auf Seiten des Genehmigungsempfängers: dieser muss darauf vertrauen dürfen, dass eine ihm erteilte Genehmigung materiell-rechtlich rechtmäßig ist (vgl. auch den Grundsatz der Gesetzmäßigkeit der Verwaltung, Art. 20 III GG). Ist der betreffende Verwaltungsakt allerdings durch Täuschung, Drohung oder Bestechung herbeigeführt worden, so kann seine Ausnutzung unzulässig und die Berufung auf ihn rechtsmissbräuchlich sein.[662] Andererseits ist die Verwaltungsakzessorietät Ausdruck der Einheitlichkeit der Rechtsordnung, mithin auch der Rechtsklarheit und Sicherheit. Bewusste oder unbewusste Falschentscheidungen der Verwaltung dürfen damit nicht ohne weiteres zu Lasten des Genehmigungsempfängers gehen. 335

---

660 Vgl. FISCHER, vor § 324 StGB, Rn. 6 ff.

661 Vgl. FISCHER, vor § 324 StGB, Rn. 7.

662 OTTO, Grundsätzliche Problemstellungen des Umweltstrafrechts, Jura 1991, 308-316; HEINE, Rechtsvergleichende Funktionsanalysen - unbestimmte Rechtsbegriffe - Reichweite von Genehmigungen, NJW 1990, 2425-2434.

§ 330d Nr.5

Folglich hat auch ein rechtswidriger (und bestandskräftiger) VA im Umweltstrafrecht noch rechtfertigende Wirkung. Dies wurde nunmehr auch ausdrücklich im StGB klargestellt. § 330d Nr.5 führt aus, dass der durch Drohung, Bestechung oder Täuschung erwirkte Verwaltungsakt keinerlei strafaufhebende Wirkung entfalten kann, da insoweit ein Handeln ohne Genehmigung vorliege. 336

2. Die Strafbarkeit von Amtsträgern

Strafbarkeit des Amtsträgers

Aus dieser Wechselwirkung zwischen Straf- und Verwaltungsrecht ergibt sich das Problem der Strafbarkeit eines Amtsträgers. Da der Gesetzgeber keine Spezialvorschriften für Amtsträger im Bereich der Umweltdelikte eingeführt hat, ist eine Strafbarkeit nach den allgemeinen Grundsätzen von Täterschaft und Teilnahme zu begründen.[663] 337

Sonderdelikte

Bei der Prüfung der Strafbarkeit eines Amtsträgers i.R.d. §§ 324 ff. muss die Problematik, ob ein Allgemein- oder ein Sonderdelikt vorliegt, gleich zu Anfang klargestellt werden, da somit über die Möglichkeit der Täterschaft entschieden wird. So ist z.B. in den Fällen der §§ 325, 325a, 327, 328 nur der Anlagenbetreiber selbst möglicher Straftäter. Für einen Amtsträger bleibt in diesen Fällen nur die Möglichkeit der Beteiligung wegen Anstiftung oder Beihilfe. Anders ist es jedoch im Falle des § 326. Hier kommt auch eine täterschaftliche Bestrafung in Betracht.

Als Anknüpfungspunkt für die Strafbarkeit des Amtsträgers kommen zwei denkbare Momente in Betracht. Einerseits das Erteilen einer rechtsfehlerhaften Genehmigung als positives Tun.[664] Hat sich der Amtsträger nicht bereits durch derartiges positives Tun strafbar gemacht, so ist andererseits auf die Unterlassensstrafbarkeit einzugehen.

Tun/Unterlassen

Der Unterlassensvorwurf kann auf den Nichtwiderruf einer fehlerhaften Genehmigung oder bei genehmigungsfreier Betätigung auf das Nichteinschreiten gegen die umweltgefährdende Betätigung gestützt werden.[665]

> ***Fall:*** *Der Beamte B erteilt eine immissionsrechtliche Genehmigung für den Betrieb von Maschinen bei einer Recyclingfirma. Er wurde hierbei vom Firmeninhaber F durch falsche Angaben getäuscht. Wenig später erfährt er den wahren Sachverhalt. Trotzdem schreitet er nicht gegen F ein.*
>
> *Strafbarkeit des B?*
>
> **Lösung:**
>
> I. Lärm durch Unterlassen, §§ 325a I, 13
>
> (-) Es handelt sich um ein Sonderdelikt, das nur vom Anlagenbetreiber begangen werden kann.
>
> II. Beihilfe zum Lärm durch Unterlassen, §§ 325a I, 27, 13
>
> (+) B wäre verpflichtet gewesen, gegen das durch Täuschung erschlichene, verwaltungsrechtswidrige Vorgehen des F einzuschreiten. Aufgrund seiner Stellung als Amtsträger kann er als Beschützergarant i.S. des § 13 eingestuft werden.

---

[663] Vgl. dazu näher den Abschlussfall.

[664] Vgl. zur Abgrenzung der einzelnen Beteiligungsformen den Abschlussfall.

[665] Vgl. zum Ganzen auch Wessels/Hettinger, BT-1, Rn. 1065 m.w.N.

Natürlich kann sich eine Strafbarkeit auch aus § 14 II 3 ergeben, wenn in öffentlichen Unternehmen, mit deren Führung ein Amtsträger betraut ist, rechtswidrige Taten im Sinne der §§ 324 ff. begangen werden.[666] 338

II. Verunreinigung eines Gewässers, § 324 I

Gewässer

Gewässer i.S.d. § 324 sind nach § 330d Nr.1 oberirdische Gewässer im Geltungsbereich des StGB sowie das Meer in dem durch §§ 3 – 7 abgesteckten Rahmen. Nicht erfasst wird dagegen Wasser, das sich in künstlich angelegten Behältnissen (z.B. in Schwimmbecken, Feuerlöschteichen) oder in Leitungssystemen (z.B. Wasserversorgungs- und Abwasserleitungen) befindet.[667] 339

Verunreinigung

Erforderlich ist eine nachteilige Veränderung der Gewässereigenschaft, insbesondere die Verunreinigung. § 324 stellt insoweit nicht auf die Verursachung des Erfolges ab. Es ist also auch ausreichend, dass die Schadstoffe dem Gewässer mittelbar (z.B. über eine Gemeindekanalisation) zugeführt werden.[668] Vollendet ist die Tat mit dem Eintritt der nachteiligen Veränderung des Gewässers; auf weiter gehende Folgeschäden kommt es nicht an. 340

III. Umweltgefährdende Abfallbeseitigung, § 326

Abfallbegriff

Abfälle sind bewegliche Sachen, deren sich der Besitzer endgültig entledigen will (= subjektiver Abfallbegriff) oder deren geordnete Beseitigung zur Wahrung des Allgemeinwohls geboten ist (=objektiver Abfallbegriff), wobei neben festen und flüssigen Körpern auch in Behälter gefasste gasförmige Stoffe in Frage kommen (vgl. § 1 KrW-/-AbfG). Erfasst werden aber nur die in den Nr.1 – 4 aufgeführten Abfälle. 341

Beseitigen

Wichtigste Tathandlung i.R.d. § 326 I ist das Beseitigen der Abfälle. Unter „Beseitigen" im Sinne der Vorschrift ist jedes Verhalten zu verstehen, das darauf abzielt, die betreffende Sache der Natur zu überlassen und sich ihrer endgültig zu entledigen.[669] 342

Minima-Klausel

Beachtenswert i.R.d. § 326 ist die in Abs.6 aufgeführte Minima-Klausel (lesen!), die einen objektiv, d.h. unabhängig von der Vorstellung des Täters wirkenden Strafausschließungsgrund enthält.[670] 343

IV. Besonders schwerer Fall einer Umweltstraftat, § 330

Schwere Umweltgefährdung

Diese Vorschrift befasst sich mit schweren Fällen von Umweltgefährdungen, sie enthält Regelbeispiele für besonders schwere Fälle zu den Grundtatbeständen der §§ 324 – 329. Es ist also i.R.v. umweltstrafrechtlichen Klausuren stets zu fragen, ob ein besonders schwerer Fall i.S.v. § 330 vorliegt. 344

V. Abschlussfall

Firmeninhaber F hatte Sorgen mit Müll, der auf der firmeneigenen Deponie gelagert war. Er plante deshalb, diesen Müll, der zum Teil aus Hausmüll und zum Teil aus gewerblichem Müll bestand, auf der Hausmülldeponie der Gemeinde G zu entsorgen. 345

---

666 OLG Köln, NJW 1988, 2119-2121.

667 Vgl. WESSELS/HETTINGER, BT-1, Rn. 1069.

668 Vgl. SCH-SCH, § 324 StGB, Rn. 10.

669 Vgl. SCH-SCH, § 326 StGB, Rn. 10.

670 Vgl. WESSELS/HETTINGER, BT-1 StGB, Rn. 1089.

Die Gemeinde G erteilte ihre Zustimmung bzgl. des Hausmüllanteils jedoch nur unter dem Vorbehalt, dass dieser von dem gewerblichen Müll sauber getrennt werden könne. Die für eine solche Umlagerung notwendige Genehmigung nach dem LandesAbfG beantragte F daraufhin bei der zuständigen Bezirksregierung. Diese gab ihrerseits ein Gutachten in Auftrag, das zum Ergebnis kam, dass eine Trennung des Mülls nicht möglich sei: Der gesamte Müll müsse wegen der Gefahr der nachhaltigen Verunreinigung von Böden und Grundwasser auf einer Sondermülldeponie entsorgt werden. Trotz dieses Gutachtens wird vom zuständigen Regierungsdirektor D die Genehmigung erteilt. Daraufhin wird der Müll auf der Deponie der Gemeinde gelagert.

Lösen Sie den Fall in folgenden Alternativen.

a) F und D haben kollusiv zusammengewirkt.

b) F und D haben nicht kollusiv zusammengewirkt, F bemerkt jedoch, dass die Trennung nicht möglich und die Genehmigung damit rechtswidrig ist.

1. Alternative: Es liegt ein kollusives Zusammenwirken zwischen F und D vor:

I. Strafbarkeit des F nach § 326 I wegen vorsätzlicher umweltgefährdender Abfallbeseitigung:

Da bereits eine Bodenverunreinigung eingetreten ist, ist die Tat vollendet. Eine Strafbarkeit allein wegen Versuchs kommt folglich nicht mehr in Betracht.

1. Bei den abgelagerten Stoffen handelt es sich um solche i.S.d. § 326 I Nr.4. Diese wurden auch außerhalb einer dafür zugelassenen Sondermülldeponie abgelagert. Mithin ist der objektive Tatbestand des § 326 I Nr.4 erfüllt.

2. Da der F wusste, dass nur Hausmüll auf der Deponie der G gelagert werden durfte, nicht aber damit untrennbar verbundener Sondermüll, handelte er zumindest bedingt vorsätzlich, § 16.

3. Fraglich ist aber, ob F auch „unbefugt" im Sinne von § 326 I handelte. 346
Unbefugt in diesem Sinne ist gleichbedeutend mit dem Begriff der Rechtswidrigkeit im allgemeinen strafrechtlichen Sinn.[671] Insofern handelt es sich also auch nicht um ein (negatives) Tatbestandsmerkmal.

a) Die Rechtswidrigkeit bei Umweltstraftaten richtet sich dabei streng 347
nach dem Verwaltungsrecht (sog. Verwaltungsakzessorietät). Insoweit kommt einer behördlichen Gestattung grundsätzlich rechtfertigende Wirkung zu. Abzustellen ist daher auf die formelle Rechtmäßigkeit einer Genehmigung.[672] Folglich hat auch ein rechtswidriger (und bestandskräftiger) VA im Umweltstrafrecht noch rechtfertigende Wirkung.

b) § 330d Nr.5 stellt jedoch klar, dass ein durch Kollusion erwirkter VA keinerlei Wirkung entfalten kann, so dass von einem unbefugten Vorgehen ausgegangen werden kann.

F ist daher wegen umweltgefährdender Abfallbeseitigung (§ 326 I) strafbar.

II. Strafbarkeit des D nach § 326 I wegen vorsätzlicher umweltgefährdender Abfallbeseitigung:

§ 326 ist anders als z.B. § 327 kein Sonderdelikt. Es kann also von jedermann begangen werden, insbesondere auch von einem Amtsträger.

---

671 Vgl. FISCHER, § 326 StGB, Rn. 10.

672 Vgl. oben Rn. 335.

Der objektive Tatbestand des § 326 I Nr.4 ist zumindest auf Seiten des F erfüllt (s.o.). Der D muss sich das Verhalten des F bei kollusivem Zusammenwirken auch nach § 25 II als Mittäter zurechnen lassen: Ein gemeinsamer Tatplan liegt vor.[673]

Außerdem hatte der D durch die Erteilung der Genehmigung bzw. durch das Unterlassen der Rücknahme sowohl Tatherrschaft als auch Täterwillen, so dass es auf den diesbezüglichen Streit nicht mehr ankommt.

2. Alternative: F hat die Rechtswidrigkeit der Genehmigung erkannt. Ein kollusives Zusammenwirken liegt jedoch nicht vor.

I. Strafbarkeit des F nach § 326 I wegen vorsätzlicher umweltgefährdender Abfallbeseitigung:

1. Tatbestand wie oben.

2. Zwar hat hier der F von der Rechtswidrigkeit der Genehmigung gewusst, jedoch liegen damit noch keine Anzeichen für eine strafbare Handlung oder eine Sittenwidrigkeit vor. Allein die Tatsache, dass er von der Rechtswidrigkeit gewusst hat, rechtfertigt den Schluss auf die Sittenwidrigkeit noch nicht[674], denn die bloße Sittenwidrigkeit *des Motivs* macht den VA noch nicht nichtig.

Es liegt kein sittenwidriger Rechtsmissbrauch vor, der den Verwaltungsakt im Sinne von § 44 II Nr.6 VwVfG sittenwidrig werden lässt.[675] So lässt sogar eine völlig veraltete Genehmigung die Rechtswidrigkeit entfallen, selbst dann, wenn einem Anlagenbetreiber bekannt ist oder wenigstens bekannt sein muss, dass die damaligen Grenzwerte nicht annähernd den heutigen Maßstäben entsprechen und der objektive Tatbestand einer Umweltstraftat erfüllt ist. 348

Auch die vom BGH bemühte Konstruktion des Rechtsmissbrauchs kommt hier zu keinem anderen Ergebnis, da diese Fallgruppe gerade für den schwerer wiegenden Fall der Kollusion entwickelt wurde. Bei unabhängigem Wirken der Beteiligten ist ein solcher Fall des Rechtsmissbrauchs jedenfalls auch nach dem BGH noch nicht anzunehmen.

Die Genehmigung ist damit zumindest in dem Fall, dass F und D unabhängig voneinander gehandelt haben, noch wirksam. Ein Evidenzfall des § 44 I VwVfG liegt nicht vor. F hat sich daher nicht aus § 326 I strafbar gemacht.

II. Strafbarkeit des D nach § 326 I wegen vorsätzlicher umweltgefährdender Abfallbeseitigung:

Fraglich ist, ob der D sich strafbar gemacht hat, wenn ein Zusammenwirken mit dem F nicht vorgelegen hat: Eine Strafbarkeit des F entfällt dann wegen der Wirksamkeit der Genehmigung aufgrund mangelnder Rechtswidrigkeit (s.o.).

Eine Teilnahme ist dann nicht mehr möglich, da diese eine tatbestandliche und rechtswidrige Haupttat voraussetzt; lediglich das Schuldelement ist diesbezüglich verzichtbar. Auch eine Nebentäterschaft ist aus gleichen Gründen ausgeschlossen. Für eine Mittäterschaft fehlt es schließlich noch am gemeinsamen Tatplan.

D könnte aber in dieser Variante mittelbarer Täter sein, § 25 I Alt.2. Nach dem „Katzenkönigfall" des BGH[676] genügt nunmehr für die mittelbare Täterschaft jedes Minus beim aktiv Handelnden gegenüber dem Hintermann, der den Vordermann bewusst ausnutzt und steuert. 349

673 Kritisch aber gerade dazu JUNG, Umweltgefährdende Abfallbeseitigung durch Amtsträger, JuS 1994, 530-531 (m.w.N. in Fn. 15).

674 So ausdrücklich KOPP/RAMSAUER, § 44 VwVfG, Rn. 51.

675 FISCHER, vor § 324 StGB, Rn. 9.

676 BGHZ 35, 350-356 (353).

Anerkannt ist jedenfalls die Fallgruppe, dass der unmittelbar Handelnde (nämlich F) zwar vorsätzlich, aber rechtmäßig einen Straftatbestand erfüllt.[677]

So liegt der Fall auch hier, da F im Fall der Kenntnis vorsätzlich, aber aufgrund fehlenden Zusammenwirkens mit D durch die Genehmigung rechtmäßig gehandelt hat.

In der Literatur wird für diese Fallvariante die Tatherrschaft des Amtsträgers mit dem Argument angezweifelt, dass es eben allein die Entscheidung des Genehmigungsempfängers sei, ob er von dieser überhaupt Gebrauch mache.[678] Von einer Tatherrschaft des Amtsträgers könne hier nicht die Rede sein, da es nicht in seiner Macht liege, ob es zur Rechtsgutverletzung komme. Ein „In-Händen-Halten" liege also nicht vor.

Diese Auffassung hätte aber die unbefriedigende Konsequenz, dass der Amtsträger schließlich ganz und gar straffrei wäre:

– *Einerseits ist er nicht Mittäter, so dass eine Zurechnung über § 25 II ausscheidet.*

– *Andererseits ist er auch nicht Neben- oder mittelbarer Täter, da es ihm an der Tatherrschaft fehlt.*

– *Schließlich ist er auch nicht als Teilnehmer strafbar, da die Teilnahme wegen ihrer strengen Akzessorietät eine vorsätzliche und rechtswidrige Haupttat voraussetzt. An einer solchen rechtswidrigen Haupttat des Ablagernden (hier des F) fehlt es aber, weil die vom Amtsträger erteilte Genehmigung zwar rechtswidrig ist, gleichwohl aber mangels Nichtigkeit rechtfertigend wirkt.*

Somit kämen für den Betroffenen also allenfalls beamtenrechtliche und zivilrechtliche Konsequenzen in Betracht, nicht aber strafrechtliche.

Ausgehend von dieser Problematik erscheint es vorzugswürdig, die Möglichkeit der mittelbaren Täterschaft anzunehmen.[679] Begründen lässt sich die Tatherrschaft des Beamten vor allem damit, dass er durch bewusstes Erteilen einer rechtswidrigen Genehmigung ermöglicht, dass Umweltgüter verletzt werden, die ohne Genehmigung nicht verletzt würden. Der Beamte steht daher mit seinem Handeln im Zentrum des strafrechtlich relevanten Geschehens.

Ergebnis: Strafbarkeit des D nach §§ 326 I Nr.4, 25 I Alt.2.

---

677 FISCHER, § 25 StGB, Rn. 3.

678 Vgl. MICHALKE, Die Strafbarkeit von Amtsträgern wegen Gewässerverunreinigung (§ 324 StGB) und umweltgefährdender Abfallbeseitigung (§ 326 StGB) in neuem Licht, NJW 1994, 1693-1698 (1697); teilweise auch SCHALL, Zur Strafbarkeit von Amtsträgern in Umweltverwaltungsbehörden, JuS 1993, 719-724 (721).

679 OLG Frankfurt, NJW 1987, 2753-2757 = **juris**byhemmer; SK, vor § 324 StGB, Rn. 22.

§ 15 AMTSDELIKTE, §§ 331 ff.

I. Überblick

Echte Amtsdelikte

I.R.d. Amtsdelikte ist zwischen den echten und den unechten Amtsdelikten zu unterscheiden. Echte Amtsdelikte sind solche, bei denen nur der Amtsträger Täter sein kann (z.B. §§ 331, 332, 344, 345, 348). Die Eigenschaft als Amtsträger ist hier strafbegründendes besonderes persönliches Merkmal i.S.d. § 28 I, so dass einem Nicht-Amtsträger die entsprechende Strafmilderung zukommt. *350*

Unechte Amtsdelikte

Unechte Amtsdelikte sind solche, die auch von anderen Tätern begangen werden können, die jedoch für den Amtsträger eine Qualifizierung darstellen (z.B. Körperverletzung im Amt, § 340, als Qualifikation zu § 223, oder Aussageerpressung, § 343, als Qualifikation zu § 240). Der Nicht-Amtsträger, der sich an einer solchen Tat des Amtsträgers beteiligt, wird wegen § 28 II nur aus dem Grundtatbestand bestraft. *351*

> ***Bsp.:*** *T stiftet den Polizisten P an, dem Demonstranten D einen ordentlichen Kinnhaken zu verpassen. Hier hat sich P aus § 340, T dagegen wegen § 28 II nur aus §§ 223, 26 strafbar gemacht.*

Teilweise ist der Begriff des „Amtsträgers" im Sinne des § 11 I Nr.2c zu problematisieren. Dies ist etwa dann der Fall, wenn es um behördenähnliche Institutionen geht, die keine Behörden im verwaltungsrechtlichen Sinne darstellen. Der BGH hat insoweit entschieden, dass z.B. Redakteure öffentlich-rechtlicher Rundfunkanstalten unter den Begriff „Amtsträger" fallen und dies damit begründet, dass auch die Grundversorgung der Bevölkerung mit Rundfunkprogrammen als Bereich der staatlichen Daseinsvorsorge staatlich geprägt ist.[680]

hemmer-Methode: Fraglich ist z.B., ob sich Kassenärzte wegen Bestechung nach § 334 strafbar machen, wenn sie von Pharmareferenten Prämien dafür erhalten, ein bestimmtes Medikament zu verordnen. Der BGH entschied insoweit, dass Kassenärzte im Rahmen der Verordnung von Arzneimitteln schon nicht als Amtsträger im Sinne von § 11 I Nr. 2c handeln. Da diese in diesem Zusammenhang auch nicht als „Beauftragte" der Krankenkasse handeln, verneinte der BGH auch eine Strafbarkeit gemäß § 299, so dass das betreffende Verfahren mit Freispruch endete.[681]

II. Die Bestechungsdelikte, §§ 331 ff.

Aufbau

Examensrelevant i.R.d. Amtsdelikte sind in erster Linie die Bestechungsdelikte. Hierbei differenziert der Gesetzgeber zwischen der Strafbarkeit der Amtsträger (§§ 331, 332) und der Strafbarkeit der Vorteilsgeber (§§ 333, 334). *352*

1. Die Strafbarkeit des Amtsträgers

Tathandlung

Auf Seiten des Amtsträgers (definiert in § 11 I Nr.2 – 4) differenziert der Gesetzgeber zwischen Vorteilsannahme (§ 331) und Bestechlichkeit (§ 332). Tathandlung ist in beiden Fällen das Fordern, Sichversprechenlassen oder Annehmen von Vorteilen als Gegenleistung für eine bereits vorgenommene oder künftige Diensthandlung. *353*

---

680 Vgl. BGH, NJW 2010, 784-788 = **juris**byhemmer = **Life&Law 2010, 384 ff.**

681 BGHSt 57, 202-218 = **juris**byhemmer = **Life&Law 2012, Heft 10, 730-735.**

Umstritten ist in diesem Zusammenhang, ob der Amtsträger, der von seinem Gegenüber einen Vorteil für eine angeblich bereits erbrachte Leistung fordert, auch dann aus § 331 bestraft werden kann, wenn er diese Diensthandlung gar nicht vorgenommen hat[682], oder ob insoweit nur eine Strafbarkeit wegen Betrugs in Betracht kommt.[683] Erstere Ansicht erscheint vorzugswürdig, da auch in diesem Fall eine Unrechtsvereinbarung getroffen wurde, die die §§ 331 ff. gerade verhindern wollen.

Pflichtgemäß/pflichtwidrig

Der entscheidende Unterschied im Unrechtstatbestand zwischen § 331 und § 332 liegt darin, dass § 331 sich auf eine *pflichtgemäße*, § 332 dagegen auf eine *pflichtwidrige* Diensthandlung bezieht. Allerdings ist zu beachten, dass § 332 einen erschwerten Fall des § 331 darstellt, so dass in den Konstellationen, in denen nicht nachgewiesen werden kann, ob die Diensthandlung rechtmäßig war oder der Amtsträger vorsätzlich bezüglich der Pflichtwidrigkeit handelte, kein Freispruch nach dem „in dubio pro reo"- Grundsatz, sondern nur eine Verurteilung aus § 331 in Betracht kommt.[684]

2. Die Strafbarkeit des Vorteilsgebers

Bestechung/Vorteilsgewährung

Den Gegenpol zu den §§ 331, 332 bilden auf Seiten des Vorteilsgebers die Straftaten der Vorteilsgewährung (§ 333) und der Bestechung (§ 334).[685] Tathandlung ist das Anbieten, Versprechen oder Gewähren von Vorteilen als Gegenleistung für die Diensthandlung (*sog. Unrechtsvereinbarung*[686]). Die Vornahme der Diensthandlung muss bei § 333 pflichtgemäß, bei § 334 pflichtwidrig sein. Nach der 1997 erfolgten Neufassung des § 333, der zuvor nur künftige Ermessenshandlungen des Amtsträgers betraf, sind die §§ 333, 334 nun völlig spiegelbildlich zu den §§ 331, 332 konzipiert. 354

III. Die Rechtsbeugung, § 339

§ 339 schützt die Rechtspflege in ihrer speziellen Aufgabe, die Geltung der Rechtsordnung bei der als unparteiisch vorausgesetzten Leitung und Entscheidung von Rechtssachen zu gewährleisten. Examensrelevanz besitzt insbesondere die Frage des persönlichen Anwendungsbereichs der Vorschrift, d.h. die Frage, welche Amtsträger außer dem ausdrücklich in § 339 erwähnten Richter noch leitend und entscheidend tätig werden. 355

Abschlussfall:

Gegen D läuft ein Ermittlungsverfahren wegen Diebstahls. D bietet der ermittelnden Staatsanwältin S 20.000 € in Form einer Überweisung an, die S dem sich in finanziellen Schwierigkeiten befindlichen Hobbygärtnerverein ihres Mannes zukommen lassen soll, wenn sie das Ermittlungsverfahren aus tatsächlichen Gründen einstellen würde. Obwohl die Voraussetzungen für die Anklageerhebung objektiv vorlagen und S dies weiß, lässt sie sich darauf ein. Strafbarkeit der S aus den §§ 331 ff.?

I. Bestechlichkeit, § 332

S könnte sich der Bestechlichkeit gem. § 332 schuldig gemacht haben, indem sie das Verfahren gegen D eingestellt hat und sich dafür einen Vorteil für den Hobbygärtnerverein ihres Mannes versprechen ließ.

---

682 So SCH-SCH, § 331 StGB, Rn. 30.

683 So BGHSt 29, 300-305 = **juris**byhemmer.

684 SCH-SCH, § 331 StGB, Rn. 7.

685 WESSELS/HETTINGER, BT-1, Rn. 1121.

686 Vgl. hierzu OLG Hamm, NStZ 2002, 38-39 = **juris**byhemmer **= Life&Law 2002, Heft 6, 397-401**.

1. Objektiver Tatbestand

Die S ist Amtsträgerin, vgl. § 11 I Nr.2. Gem. § 170 I StPO hätte sie bei Vorliegen eines hinreichenden Tatverdachts öffentliche Anklage erheben müssen. Da sie statt dessen gem. § 170 II StPO das Ermittlungsverfahren eingestellt hat, liegt eine rechtswidrige Diensthandlung vor.

Dafür müsste sich S einen Vorteil versprechen haben lassen. Dabei genügt es inzwischen auch, dass sich der Amtsträger einen Vorteil für einen Dritten hat versprechen lassen.

Dass die S den ihr gewährten Vorteil in Form einer Zahlung von 20.000 € nicht für sich, sondern zur Unterstützung des Hobbygärtnervereins ihres Mannes und damit für einen Dritten erlangte, steht damit der Tatbestandserfüllung nach dem Wortlaut des § 332 nicht entgegen.

Gleichwohl wird anlässlich der Einbeziehung sog. Drittvorteile in die §§ 331 ff.[687] teilweise dafür votiert, den Begriff des „Drittvorteils" einschränkend dahin gehend auszulegen, dass auch der Amtsträger zumindest einen mittelbaren Vorteil durch die Leistung haben muss.[688]

Eine nähere Bewertung dieser Frage, ob man als „Drittvorteil" i.S.d. §§ 331 ff. streng nach Wortlaut jeden Drittvorteil genügen lässt, oder ob man eine einschränkende Auslegung vornehmen muss, dass der Drittvorteil auch beim Amtsträger zu einem zumindest mittelbaren Vorteil führen muss, könnte indes dahinstehen, wenn im vorliegenden Fall auch nach der letztgenannten einschränkenden Sichtweise ein Drittvorteil gegeben ist.

Im Falle von Geschenken an einen Angehörigen des Amtsträgers genügt es für die Annahme eines mittelbaren Vorteils, wenn der Vorteil wirtschaftlich auch beim Amtsträger zu Buche schlägt. Ob die Zugehörigkeit von Angehörigen zu irgendwelchen Organisationen (z.B. auch Parteien, Gewerkschaften, Sekten etc.) einen mittelbaren Vorteil für den Amtsträger darstellen, ist Tatfrage. Hier ist ein solcher Vorteil nicht zu erkennen.

Jedoch sollte hier die Unterstützung für den Verein zunächst der S selbst zukommen, die diese weiterleiten sollte. Dadurch hatte S die Möglichkeit, ohne dass die D dies verhindern konnte, das Geld abredewidrig zu verwenden, bzw. sie hätte den immateriellen Vorteil erlangt, als spendable Gönnerin aufzutreten. Dadurch hat sie sich wenigstens einen mittelbaren Vorteil i.S.d. Norm versprechen lassen; dieser sog. „Weiterleitungsvorteil" wird als mittelbarer Vorteil anerkannt.[689] Somit ist auch bei einer einschränkenden Auslegung ein (Dritt-)Vorteil i.S.d. § 332 gegeben.

Ergebnis: Der objektive Tatbestand des § 332 ist damit erfüllt.

2. S handelte vorsätzlich, rechtswidrig und schuldhaft.

3. Ergebnis: Damit hat sich die S nach § 332 strafbar gemacht.

II. Rechtsbeugung § 339

1. Objektiver Tatbestand

a) Als Staatsanwältin ist die S Amtsträgerin (§ 11 I Nr.2) und somit taugliche Täterin des § 339. S müsste weiter bei der Leitung oder Entscheidung einer Rechtssache tätig geworden sein. Sie wird hier im Ermittlungsverfahren gem. §§ 151 ff. StPO tätig. Nicht jede Entscheidung der StA im Ermittlungsverfahren stellt jedoch eine „Entscheidung einer Rechtssache" i.S.d. § 339 dar. In einer Rechtssache entscheidet nur, wer wie ein Richter in einem rechtlich vollständig geregelten Verfahren zu entscheiden hat und dabei einen gewissen Grad sachlicher Unabhängigkeit genießt.[690]

---

687 Vgl. Gesetz zur Bekämpfung der Korruption vom 20.08.1997.

688 KORTE, Bekämpfung der Korruption und Schutz des freien Wettbewerbs mit den Mitteln des Strafrechts, NStZ 1997, 513-519 (515).

689 Vgl. grundlegend BGHSt 15, 286-287 = **juris**byhemmer.

690 Vgl. BGH, NJW 1994, 3238-3242 = **juris**byhemmer.

Dies ist für S vor allem in Entscheidungen über die Einstellung des Verfahrens nach § 153 oder § 170 II StPO der Fall. Auch bei einer öffentlichen Anklage wird das Ermittlungsverfahren durch eine - von einer gerichtlichen Entscheidung unabhängigen - Abschlussverfügung seinem Ende zugeführt und in das gerichtliche Verfahren (§§ 199 ff. StPO) übergeleitet. Der Prüfungsmaßstab („genügender Anlass zur Erhebung der öffentlichen Klage") ist derselbe (vgl. §§ 170 I, 203 StPO). Dabei kommt der Anklage eine entscheidende Bedeutung zu.[691]

b) S müsste das Recht gebeugt haben. Dabei ist fraglich, wann man bei unrichtiger Anwendung von geltendem Recht von Rechtsbeugung sprechen kann.

Nach Auffassung des BGH stellt nicht jede unrichtige Rechtsanwendung eine Beugung des Rechts dar. Nur der Rechtsbruch als elementarer Verstoß gegen die Rechtspflege soll unter Strafe gestellt sein. Rechtsbeugung begehe daher nur der Amtsträger, der sich bewusst in schwer wiegender Weise von Recht und Gesetz entfernt.[692]

Ein solcher bewusster und schwerer Gesetzesverstoß kann vorliegend angenommen werden.

Zum selben Ergebnis kommt die in der Literatur vertretene Gegenansicht[693], die bereits die bloße Unvertretbarkeit von Entscheidungen genügen lässt.

hemmer-Methode: Beachten Sie hierbei eine Besonderheit beim Verstoß gegen Verfahrensvorschriften: hier können Verstöße für das Ergebnis oft indifferent sein (z.B. bei Zuständigkeitsvorschriften). Erforderlich ist deshalb, dass durch die Verfahrensverletzung die konkrete Gefahr einer falschen Entscheidung begründet wurde, ohne dass allerdings ein Vor- oder Nachteil tatsächlich eingetreten sein muss.[694]

Der objektive Tatbestand des § 339 ist damit erfüllt.

2. S handelte vorsätzlich, rechtswidrig und schuldhaft.

3. Ergebnis: Damit hat sich die S nach § 339 strafbar gemacht.

---

691 Vgl. BGH, NJW 1995, 3324-3332 (3325) = **juris**byhemmer.

692 BGH, NJW 1995, 64-67 = **juris**byhemmer; BGH, NJW 1995, 3324-3332 (3325) = **juris**byhemmer.

693 SEEBODE, Rechtsbeugung NStZ-RR 2001, 243 und Rechtsbruch, JR 1994, 1-6; SPENDEL, Rechtsbeugung und BGH - eine Kritik, NJW 1996, 809-812.

694 BGH, NStZ-RR 2001, 243-244 = **juris**byhemmer = **Life&Law 2001, Heft 11, 785-788**.

WIEDERHOLUNGSFRAGEN ZU § 1:

RANDNUMMER

1. Stellen Sie das Verhältnis zwischen Mord und Totschlag dar. ... *1*
2. Wann beginnt nach dem strafrechtlichen Verständnis das menschliche Leben? ... *4 ff.*
3. Wann hat ein Dritter über einen fremden Selbstmord Tatherrschaft? Nennen Sie die zu diesem Problem vertretenen Theorien. ... *12 ff.*
4. Unter welchen Voraussetzungen kommt eine Strafbarkeit eines Dritten wegen unterlassener Hilfeleistung in Betracht? ... *15 ff.*
5. Macht sich ein Dritter strafbar, wenn er einen Selbstmord in fahrlässiger Weise fördert? ... *24 f.*
6. Was versteht man unter aktiver bzw. passiver Euthanasie? ... *27 ff.*
7. In welchen Fällen ist die passive Sterbehilfe nicht strafbar? ... *29 ff.*
8. In Ihrer Examensklausur geht es um die Tatbestände der §§ 211 ff. Wie bauen Sie Ihre Klausur auf? Welche Aufbauvarianten werden unterschieden? ... *34 ff.*
9. Wie lösen Rspr. und h.Lit. das Problem des minder schweren Falles des Mordes? ... *37 ff.*
10. Wie ist das Mordmerkmal "Heimtücke" nach der h.M. auszulegen? ... *43 ff.*
11. Was versteht die h.M. unter dem Mordmerkmal "mit gemeingefährlichen Mitteln"? ... *51 ff.*
12. Wann ist eine Tötung "grausam" i.S.v. § 211? ... *53*
13. Welche Bedeutung hat der Streit über das Verhältnis von § 211 zu § 212 in Bezug auf die Strafbarkeit eines Teilnehmers, soweit es um täterbezogene Mordmerkmale geht? ... *62 ff.*
14. Was versteht man unter dem Fall sog. "gekreuzter Mordmerkmale"? ... *68 ff.*
15. Welches Problem stellt sich bei § 221 III im Zusammenhang mit dem Versuch? ... *81*

WIEDERHOLUNGSFRAGEN ZU § 2

1. Definieren Sie die Begriffe “Gesundheitsschädigung” und “körperliche Misshandlung” i.S.v. § 223. ... *87*
2. Was ist ein “gefährliches Werkzeug” i.S.v. § 224 I Nr.2? ... *91*
3. Wann ist jemand an einer Schlägerei i.S.v. § 231 beteiligt? ... *112 ff.*
4. Spielt es eine Rolle, zu welchem Zeitpunkt sich der Täter an einer Schlägerei beteiligt? ... *115*

WIEDERHOLUNGSFRAGEN ZU § 3

1. Was versteht man unter dem sog. modernen Gewaltbegriff? ... *124*
2. Was versteht man unter "Verwerflichkeit" i.S.d. § 240 II? ... *129*
3. Was sind sog. "Fernziele"? Werden diese berücksichtigt? Wenn ja, wo? ... *132*
4. Welche zwei Arten von Irrtümern sind im Rahmen des § 240 II zu unterscheiden? ... *134 ff.*
5. Was ist geschütztes Rechtsgut i.R.d. Nachstellung, § 238? ... *138a*
6. Definieren Sie den Begriff „Beharrlichkeit“ i.S.d. § 238! ... *138b*

WIEDERHOLUNGSFRAGEN ZU § 4

1. Wann ist eine Beleidigung unter einer Kollektivbezeichnung als Beleidigung der einzelnen Mitglieder anzusehen? Welche Fallgruppen sind zu unterscheiden? ... *157 ff.*
2. Welche Rechtfertigungsgründe können bei den Straftaten nach §§ 185 ff. in Betracht kommen? Kennen Sie einen besonderen Rechtfertigungsgrund? ... *168 ff.*

WIEDERHOLUNGSFRAGEN ZU § 5

1. Fällt das Hotelzimmer unter den Schutz des § 123? ... *176*
2. Definieren Sie den Begriff des "Eindringens" i.S.d. § 123. ... *177*

WIEDERHOLUNGSFRAGEN ZU § 6

1. Kann sich der Gefangene selbst nach § 120 strafbar machen? ... *184 ff.*
2. Wer kann nur Täter einer Gefangenenmeuterei sein? ... *188*

WIEDERHOLUNGSFRAGEN ZU § 7

1. Was ist Schutzgut des § 142? ... *190*
2. Was versteht man unter einem Unfall i.S.d. § 142? ... *191 f.*
3. Wann ist jemand Unfallbeteiligter? ... *193*

WIEDERHOLUNGSFRAGEN ZU § 8

1. Welche verschiedenen Schutzrichtungen hat § 145d? ... *202*
2. Kann sich ein Rechtsanwalt der Strafvereitelung nach §§ 258, 258a strafbar machen? An welches Spannungsverhältnis zweier Institute denken Sie in diesem Zusammenhang? Was ist die Grenze zulässigen Verteidigerverhaltens? ... *214*
3. Grenzen Sie ab: täterschaftliche Strafvereitelung und Anstiftung oder Beihilfe zur straflosen Selbstbegünstigung. ... *216*

WIEDERHOLUNGSFRAGEN ZU § 9

1. Wann ist eine Aussage falsch i.S.d. §§ 153 ff.? Welche Theorie hat sich durchgesetzt? ... *222*
2. Welche strafprozessualen Normen sind im Rahmen einer Zeugenbefragung in einem Strafprozess zu beachten? ... *229*

WIEDERHOLUNGSFRAGEN ZU § 10

1. Was ist Schutzgut aller Urkundendelikte? ... *240*
2. Was versteht die h.M. unter einer Urkunde? ... *245*
3. Nach welchen Kriterien bestimmt sich die Beweiseignung einer Urkunde? ... *249*
4. Was versteht man unter Beweiszeichen? Wird ihnen Urkundenqualität i.S.d. §§ 267 ff. zugesprochen? Wie unterscheidet man Beweiszeichen von Kennzeichen? ... *254*
5. Was sind zusammengesetzte Urkunden? Nennen Sie Beispiele. ... *255*
6. Was ist eine Gesamturkunde? Nennen Sie auch hierzu Beispiele.. ... *256*
7. Wann ist eine Urkunde unecht i.S.d. 1.Var. des § 267? ... *260*
8. Wer ist der wirkliche Aussteller einer Urkunde? Welche herrschende Theorie kennen Sie zu diesem Problemkreis? ... *269*
9. Stellen Sie das Verhältnis der Varianten des § 267 zueinander dar. ... *274*

WIEDERHOLUNGSFRAGEN ZU § 11

1. Wann ist das Inbrandsetzen i.S.d. § 306 ff. vollendet? *290*
2. Setzen die §§ 306 voraus, dass sich in den Räumlichkeiten i.S.d. §§ 306 ff. tatsächlich Menschen aufhalten? Wie wird die Ungefährlichkeit im konkreten Fall behandelt? .... *292 f.*
3. Was für eine Art von Gefahr setzt § 306a II voraus? *295*
4. Hinsichtlich welcher Merkmale ist i.R.v. § 306b Vorsatz erforderlich, wo genügt Fahrlässigkeit? .... *297 ff.*

WIEDERHOLUNGSFRAGEN ZU § 13

1. Was ist Schutzgut des § 315c? *311*
2. Nennen sie die von der Rspr. festgelegten Grenzwerte bei Fahruntüchtigkeit infolge Alkoholgenusses. .... *113 ff.*
3. Reicht die Gefährdung des vom Täter geführten, aber ihm nicht gehörenden Kfzs aus, um eine konkrete Gefährdung i.S.d. § 315c annehmen zu können? *319*
4. Sind die Insassen bei einer länger andauernden Fahrt konkret gefährdet i.S.d. § 315c? *320*
5. Welche Art von Eingriffen in den Straßenverkehr erfasst § 316b? Wann gilt etwas anderes? *327*

WIEDERHOLUNGSFRAGEN ZU § 14

1. Was verstehen Sie i.R.d. Straftaten gegen die Umwelt unter dem Begriff der sog. Verwaltungsakzessorietät? *333*
2. Ist für die rechtfertigende Wirkung auf die formelle oder die materielle Rechtmäßigkeit einer Genehmigung abzustellen? *335*
3. Inwieweit wird für die Prüfung der rechtfertigenden Wirkung der § 44 VwVfG beachtlich? *336*
4. Was ist ein Gewässer i.S.d. § 324 I? *339*
5. Was versteht man unter "Beseitigen" i.R.d. § 326 I? *342*

WIEDERHOLUNGSFRAGEN ZU § 15

1. Was verstehen Sie unter echten bzw. unechten Amtsdelikten? .... *350 f.*
2. Welche Straftatbestände sind in einer Klausur anzusprechen, wenn ein Amtsträger, der von seinem Gegenüber einen Vorteil für eine angebliche bereits erbrachte Leistung fordert, diese Diensthandlung gar nicht vorgenommen hat? *353*

Die Zahlen verweisen auf die Randnummern des Skripts

REIHE INTELLIGENTES LERNEN

hemmer/wüst
Verlagsgesellschaft mbH
Mergentheimer Str. 44 / 97082 Würzburg
Tel.: 09 31 /7 97 82 38 / Fax: 09 31/7 97 82 40
Internet: www.hemmer-shop.de

Grundwissen für Anfangssemester

Nr.	Anzahl	Titel	Auflage/Jahr/Euro
GW10 (111.10)		BGB-AT Theorieband zu den wicht. Fällen	5.A/12 · 7,80
GW11 (111.11)		SchuldR-AT Theorieband zu den wicht. Fällen	5.A/12 · 7,80
GW12 (111.12)		SchuldR-BT I Theorieband zu den wicht. Fällen	5.A/12 · 7,80
GW13 (111.13)		SchuldR-BT II Theoriebd. zu den wicht. Fällen	5.A/13 · 7,80
GW14 (111.14)		MobiliarsachenR Theoriebd. zu den wicht. Fällen	5.A/12 · 7,80
GW15 (111.15)		ImmobiliarsachenR Theoriebd. zu den wicht. Fällen	4.A/12 · 7,80
GW20 (112.20)		Strafrecht AT Theorieband zu den wicht. Fällen	4.A/11 · 7,80
GW21 (112.21)		Strafrecht BT Theorieband zu den wicht. Fällen	4.A/12 · 7,80
GW30 (113.30)		StaatsR Theorieband zu den wicht. Fällen	5.A/12 · 7,80
GW31 (113.31)		VerwaltungsR Theorieband zu den wicht. Fällen	5.A/12 · 7,80

Die wichtigsten Fälle

Nr.	Anzahl	Titel	Auflage/Jahr/Euro
DF0 (115.20)		**Sonderband:** Der Streit- und Meinungsstand im neuen Schuldrecht	5.A/13 · 14,80
DF1 (115.21)		76 Fälle - BGB AT	6.A/11 · 12,80
DF2 (115.22)		55 Fälle - Schuldrecht AT	7.A/12 · 12,80
DF3 (115.23)		51 Fälle - Schuldrecht BT - Kauf/WerkV	7.A/12 · 12,80
DF4 (115.24)		42 Fälle - GoA/Bereicherungsrecht	7.A/12 · 12,80
DF5 (115.25)		45 Fälle - Deliktsrecht	6.A/12 · 12,80
DF6 (115.26)		44 Fälle - Verwaltungsrecht	7.A/12 · 12,80
DF25 (115.45)		30 Fälle - Verwaltungsrecht BT Bayern	2.A/11 · 12,80
DF7 (115.27)		32 Fälle - Staatsrecht	8.A/12 · 12,80
DF8 (115.28)		34 Fälle - Strafrecht AT	7.A/11 · 12,80
DF9 (115.29)		44 Fälle Strafrecht BT I - Vermögensd.	7.A/11 · 12,80
DF10 (115.30)		44 Fälle Strafrecht BT II - Nicht-Vermögensd.	7.A/12 · 12,80
DF11 (115.31)		50 Fälle - Sachenrecht I	6.A/12 · 12,80
DF12 (115.32)		43 Fälle - Sachenrecht II - ImmobiliarSR	7.A/13 · 12,80
DF13 (115.33)		40 Fälle - ZPO I - Erkenntnisverfahren	6.A/13 · 12,80
DF14 (115.34)		25 Fälle - ZPO II - Zwangsvollstreckungsverf.	5.A/12 · 12,80
DF15 (115.35)		35 Fälle - Handelsrecht	5.A/11 · 12,80
DF16 (115.36)		36 Fälle - Erbrecht	5.A/12 · 12,80
DF17 (115.37)		26 Fälle - Familienrecht	6.A/12 · 12,80
DF18 (115.38)		32 Fälle - Gesellschaftsrecht	5.A/12 · 12,80
DF19 (115.39)		39 Fälle - Arbeitsrecht	5.A/13 · 12,80
DF20 (115.40)		35 Fälle - Strafprozessrecht	4.A/12 · 12,80
DF21 (115.41)		23 Fälle - Europarecht	3.A/11 · 12,80
DF22 (115.42)		10 Fälle - Musterkl. Examen ZivilR	5.A/11 · 14,80
DF23 (115.43)		10 Fälle - Musterkl. Examen StrafR	5.A/11 · 14,80
DF24 (115.44)		8 Fälle - Musterkl. Examen SteuerR	7.A/12 · 14,80

Skripten Basics (110)

Nr.	Anzahl	Titel	Auflage/Jahr/Euro
BI/1 (0011)		Zivilrecht I - BGB AT u.vertragl. SchuldV	9.A/12 · 15,80
BI/2 (0012)		Zivilrecht II - Sachenrecht/gesetzl. SV	6.A/10 · 15,80
BI/3 (0013)		Zivilrecht III - FamilienR/ErbR	6.A/12 · 15,80
BI/4 (0014)		Zivilrecht IV - ZivilprozessR	7.A/12 · 15,80
BI/5 (0015)		Zivilrecht V - Handels-/GesellschR	6.A/12 · 15,80
BI/6 (0016)		Zivilrecht VI - ArbeitsR	4.A/11 · 15,80
BII (0032)		Strafrecht	6.A/12 · 15,80
BIII/1 (0035)		Öffentliches Recht I - VerfassR/StaatsHR	5.A/12 · 15,80
BIII/2 (0036)		Öffentliches Recht II - VerwaltungsR	6.A/12 · 15,80
BIV (0004)		Steuerrecht - EstG & AO	8.A/12 · 15,80
BV (0005)		Europarecht	7.A/13 · 15,80

Skripten Zivilrecht (120)

Nr.	Anzahl	Titel	Auflage/Jahr/Euro
1 (0001)		BGB-AT I, Ensteh.d.Primäranspruchs	12.A/12 · 16,80
2 (0002)		BGB-AT II, Scheitern des Primäranspr.	12.A/12 · 16,80
3 (0003)		BGB-AT III, Erlösch.d. Primäranspruchs	11.A/11 · 16,80
4 (0004)		Schadensersatzrecht I	7.A/10 · 16,80
5 (0005)		Schadensersatzrecht II	6.A/12 · 16,80
6 (0006)		Schadensersatzrecht III (§§ 249 ff.)	10.A/12 · 16,80
7 (0007)		Verbraucherschutzrecht	3.A/12 · 16,80
51 (0051)		Schuldrecht AT (ehemals SchuldR I)	8.A/12 · 16,80
52 (0052)		Schuldrecht BT I (ehemals SchuldR II)	8.A/12 · 16,80
53 (0053)		Schuldrecht III (BT II)	7.A/12 · 16,80
8 (0008)		Bereicherungsrecht	13.A/12 · 16,80
9 (0009)		Deliktsrecht I	11.A/11 · 16,80
10 (0010)		Deliktsrecht II	8.A/09 · 16,80
11 (0011)		Sachenrecht I	11.A/12 · 16,80
12 (0012)		Sachenrecht II	9.A/11 · 16,80
12A (0012A)		Sachenrecht III	11.A/13 · 16,80
13 (0013)		Kreditsicherungsrecht	10.A/12 · 16,80
14 (0014)		Familienrecht	11.A/11 · 16,80
15 (0015)		Erbrecht	11.A/12 · 16,80
16 (0016)		Zivilprozessrecht I	11.A/12 · 16,80
17 (0017)		Zivilprozessrecht II	10.A/11 · 16,80
18 (0018)		Arbeitsrecht	13.A/11 · 16,80
19A (0019A)		Handelsrecht	10.A/12 · 16,80
19B (0019B)		Gesellschaftsrecht	12.A/12 · 16,80
31 (0031)		Herausgabeansprüche	6.A/12 · 16,80
32 (0032)		Rückgriffsansprüche	6.A/09 · 16,80

Skripten Strafrecht (120)

Nr.	Anzahl	Titel	Auflage/Jahr/Euro
20 (0020)		Strafrecht AT I	11.A/12 · 16,80
21 (0021)		Strafrecht AT II	11.A/13 · 16,80
22 (0022)		Strafrecht BT I	11.A/12 · 16,80
23 (0023)		Strafrecht BT II	10.A/11 · 16,80
30 (0030)		Strafprozessordnung	10.A/12 · 16,80

Skripten Öffentliches Recht (120/130)

Nr.	Anzahl	Titel	Auflage/Jahr/Euro
24 (0024)		Verwaltungsrecht I	11.A/12 · 16,80
25 (0025)		Verwaltungsrecht II	10.A/11 · 16,80
26 (0026)		Verwaltungsrecht III	11.A/12 · 16,80
27 (0027)		Staatsrecht I	10.A/11 · 16,80
28 (0028)		Staatsrecht II	8.A/10 · 16,80
29 (0029)		Europarecht	10.A/11 · 16,80
40 (0040)		Staatshaftungsrecht	3.A/11 · 16,80
33 (01.0033)		Baurecht/Bayern	10.A/12 · 16,80
33 (02.0033)		Baurecht/Nordrhein-Westfalen	8.A/11 · 16,80
33 (03.0033)		Baurecht/Baden-Württembg.	3.A/12 · 16,80
33 (04.0033)		Baurecht/Hessen	1.A/09 · 16,80
33 (06.0033)		Baurecht/Saarland	1.A/08 · 16,80
34 (01.0034)		Polizei- u. Sicherheitsrecht/Bayern	9.A/11 · 16,80
34 (02.0034)		Polizei- u. Ordnungsrecht/NRW	5.A/12 · 16,80
34 (03.0034)		Polizeirecht/Baden-Württembg.	3.A/11 · 16,80
34 (04.0034)		Polizei- u. Ordnungsrecht/Hessen	1.A/10 · 16,80
34 (05.0034)		Polizei- u. Ordnungsrecht/Rheinl.-Pfalz	1.A/11 · 16,80
34 (06.0034)		Polizei- u. Sicherheitsrecht/Saarland	1.A/09 · 16,80
35 (01.0035)		Kommunalrecht/Bayern	9.A/12 · 16,80
35 (02.0035)		Kommunalrecht/NRW	8.A/11 · 16,80
35 (03.0035)		Kommunalrecht/Baden-Württembg.	3.A/09 · 16,80

hemmer/wüst Verlagsgesellschaft mbH
Mergentheimer Str. 44 / 97082 Würzburg
Tel.: 09 31 /7 97 82 38 / Fax: 09 31/7 97 82 40
Internet: www.hemmer-shop.de

REIHE INTELLIGENTES LERNEN

Lexikon/Definitionen

Nr.	Anzahl	Titel	Auflage/Jahr/Euro
D1 (0044)	______	Definitionen Strafrecht - schnell gemerkt	3.A/11 · 16,80
D1 (4002)	______	Legal terms für Juristen - Fachwörterbuch Englisch - Deutsch	1.A/11 · 19,80

Skripten Schwerpunkt (120)

Nr.	Anzahl	Titel	Auflage/Jahr/Euro
P1 (0039)	_____	Kriminologie	5.A/10 · 19,80
P2 (0036)	_____	Völkerrecht	7.A/08 · 19,80
P3 (0037)	_____	Internationales Privatrecht	5.A/05 · 19,80
P4 (0055)	_____	Kapitalgesellschaftsrecht	4.A/09 · 19,80
P7 (0058)	_____	Rechtsgeschichte I	2.A/07 · 19,80
P8 (0059)	_____	Rechtsgeschichte II	2.A/12 · 19,80
P11 (0062)	_____	Rechts- und Staatsphilosophie sowie Rechtssoziologie	2.A/11 · 19,80
P12 (0063)	_____	Insolvenzrecht	3.A/12 · 19,80
P13 (0064)	_____	Wasser- und ImmissionsschutzR	1.A/08 · 19,80

Skripten Steuerrecht (120)

Nr.	Anzahl	Titel	Auflage/Jahr/Euro
38 (0038)	______	Steuererklärung leicht gemacht	4.A/04 · 14,80
42 (0042)	______	Abgabenordnung	8.A/12 · 16,80
43 (0043)	______	Einkommensteuerrecht	7.A/11 · 21,80

Skripten für BWL´er, WiWi & Steuerberater

Nr.	Anzahl	Titel	Auflage/Jahr/Euro
W1 (18.01)	_____	PrivatR f. BWL'er, WiWi & Steuerberat	7.A/11 · 14,80
W2 (18.02)	_____	Ö-Recht f. BWL'er, WiWi & Steuerberat	4.A/12 · 14,80
W3 (18.03)	_____	Musterklausuren für's Vordiplom PrivatR	2.A/04 · 14,80
W4 (18.04)	_____	Musterklausuren für's Vordiplom Ö-R	1.A/00 · 14,80
WF1 (118.01)	___	Die 74 wicht. Fälle (BGB AT, SchuldR AT/BT)	3.A/11 · 14,80
WF2 (118.02)	___	Die 44 wicht. Fälle (GoA, BerR, GesR, ...)	1.A/06 · 14,80

Skripten Fachbegriffe & Erläuterungen

Nr.	Anzahl	Titel	Auflage/Jahr/Euro
G1 (18.10)	_____	Mikroökonomie & Makroökonomie	1.A/12 · 19,80
G2 (18.11)	_____	Buchführung/Jahresabschl./Rechnungsw.	1.A/12 · 19,80
G6 (18.15)	_____	HandelsR/GesellschaftsR/WirtschaftsR	1.A/12 · 19,80
G7 (18.16)	_____	Öffentl. Recht/EuropaR/VölkerR	1.A/12 · 19,80

Basics Karteikarten

Nr.	Anzahl	Titel	Auflage/Jahr/Euro
BK1 (2001)	____	Basics - Zivilrecht	5.A/10 · 13,80
BK2 (2002)	____	Basics - Strafrecht	3.A/09 · 13,80
BK3 (2003)	____	Basics - Öffentliches Recht	3.A/07 · 13,80

Karteikarten Zivilrecht

Nr.	Anzahl	Titel	Auflage/Jahr/Euro
KK1 (2201)	_____	BGB-AT I	7.A/11 · 15,80
KK2 (2202)	_____	BGB-AT II	6.A/11 · 15,80
KK3 (22031)	____	Schuldrecht AT I	8.A/12 · 15,80
KK4 (22032)	____	Schuldrecht AT II	6.A/11 · 15,80
KK5 (2240)	_____	Schuldrecht BT I (Kauf-u.WerkVR)	6.A/11 · 15,80
KK6 (2241)	____	Schuldrecht BT II	5.A/10 · 15,80
KK7 (2218)	_____	Arbeitsrecht	3.A/11 · 15,80
KK8 (2208)	____	Bereicherungsrecht	6.A/12 · 15,80
KK9 (2209)	____	Deliktsrecht	5.A/11 · 15,80
KK11 (2211)	___	Sachenrecht I	7.A/12 · 15,80
KK12 (2212)	___	Sachenrecht II	6.A/11 · 15,80
KK13 (2213)	___	Kreditsicherungsrecht	3.A/10 · 15,80
KK14 (2214)	___	Familienrecht	3.A/08 · 15,80
KK15 (2215)	___	Erbrecht	4.A/13 · 15,80
KK16 (2216)	___	ZPO I	5.A/10 · 15,80
KK17 (2217)	___	ZPO II	5.A/12 · 15,80
KK18 (22191)	__	Handelsrecht	4.A/11 · 15,80
KK19 (22192)	__	Gesellschaftsrecht	5.A/11 · 15,80

Die Shorties (Minikarteikarten) inkl. Box

Nr.	Anzahl	Titel	Auflage/Jahr/Euro
SH1 (50.10)	_____	**Box 1:** BGB AT, Schuldrecht AT	6.A/11 · 21,80
SH2/I (50.21)	____	**Box 2/1:** vertragliches Schuldrecht	4.A/11 · 21,80
SH2/II (50.22)	____	**Box 2/2:** gesetzliches Schuldrecht	4.A/11 · 21,80
SH3 (50.30)	_____	**Box 3:** Sachenrecht, ErbR, FamR	5.A/11 · 21,80
SH4 (50.40)	_____	**Box 4:** ZPO I/II, GesellschaftsR, HGB	5.A/12 · 21,80
SH5 (50.50)	_____	**Box 5:** Strafrecht	7.A/13 · 21,80
SH6 (50.60)	_____	**Box 6:** Grundrecht, StaatsOrgR, BauR, ...	5.A/11 · 21,80

Karteikarten Strafrecht

Nr.	Anzahl	Titel	Auflage/Jahr/Euro
KK20 (2220)	____	Strafrecht AT I	7.A/12 · 15,80
KK21 (2221)	____	Strafrecht-AT II	7.A/12 · 15,80
KK22 (2222)	____	Strafrecht-BT I	7.A/12 · 15,80
KK23 (2223)	____	Strafrecht-BT II	7.A/13 · 15,80
KK24 (2230)	____	StPO	5.A/12 · 15,80

Karteikarten Öffentliches Recht

Nr.	Anzahl	Titel	Auflage/Jahr/Euro
KK25 (2224)	____	Verwaltungsrecht I	7.A/12 · 15,80
KK26 (2225)	____	Verwaltungsrecht II	5.A/12 · 15,80
KK27 (2226)	____	Verwaltungsrecht III	5.A/11 · 15,80
KK28 (2227)	____	Staats- u. Verfassungsrecht	8.A/12 · 15,80
KK29 (2229)	____	Europarecht	3.A/12 · 15,80

Überblickskarteikarten

Nr.	Anzahl	Titel	Auflage/Jahr/Euro
ÜK I (2501)	_____	BGB im Überblick I	9.A/11 · 30,00
ÜK II (25011)	____	BGB im Überblick II (Nebengebiete)	6.A/11 · 30,00
ÜK III (2502)	____	StrafR im Überblick	6.A/10 · 30,00
ÜK IV (2503)	____	Öffentl.-R im Überblick	8.A/12 · 16,80
ÜK V (25031)	____	Öffentl.-R im Überblick II Bayern	6.A/11 · 16,80
ÜK VI (25032)	___	Öffentl.-R im Überblick II NRW	2.A/08 · 16,80
ÜK VII (2504)	___	Europarecht	4.A/12 · 16,80

Assessor-Basics/Theoriebände (410)

Nr.	Anzahl	Titel	Auflage/Jahr/Euro
A IV (0004)	_____	Die zivilrechtl. Anwaltsklausur/Teil 1	9.A/11 · 18,60
A VII (0007)	____	Das Zivilurteil	9.A/12 · 18,60
A VIII (0008)	____	Die Strafrechtskl. im Assessorexamen	6.A/11 · 18,60
A IX (0009)	_____	Die Assessorklausur Öffentl. Recht	5.A/12 · 18,60

Assessor-Basics/Klausurentraining

Nr.	Anzahl	Titel	Auflage/Jahr/Euro
A I (0001)	______	Zivilurteile	15.A/12 · 18,60
A II (0003)	______	Arbeitsrecht	13.A/12 · 18,60
A III (0002)	_____	Strafrecht	10.A/11 · 18,60
A V (0005)	______	Zivilrechtl. Anwaltsklausuren/Teil 2	9.A/11 · 18,60
A VI (0006)	_____	Öff.rechtl. u. strafrechtl.Anwaltskl.	5.A/10 · 18,60

Assessorkarteikarten

Nr.	Anzahl	Titel	Auflage/Jahr/Euro
AK I (41.10)	____	Zivilprozessrecht im Überblick	5.A/12 · 19,80
AK II (41.20)	____	Strafprozessrecht im Überblick	6.A/12 · 19,80
AK III (41.30)	____	Öffentliches Recht im Überblick	4.A/12 · 19,80
AK IV (41.40)	____	Familien- und Erbrecht im Überblick	2.A/13 · 19,80

Lieferung erfolgt in aktueller Auflage

2013
Produktliste

hemmer/wüst Verlagsgesellschaft mbH
Mergentheimer Str. 44 / 97082 Würzburg
Tel.: 09 31 /7 97 82 38 / Fax: 09 31/7 97 82 40
Internet: www.hemmer-shop.de

Reihe intelligentes Lernen

Sonderprodukte

		Euro
	Lernkarteikartenbox (28.01)	
LB ______	Die praktische Lernbox für die Karteikarten	1,99
KL 1 ______	**Orig. Klausurenblock** Din A4, 100 Blatt einzeln	1,95
S 810 ______	Din A4, 80 Blatt 10er Pack	17,50
S1 ______	**Der Referendar (70.01)** 1. Aufl. 2003 Meine größten Rein-) Fälle (Format A6)	9,80
S2 ______	**Der Rechtsanwalt (70.02)** 1. Aufl. 2006 24 Monate zwischen Genie und Wahnsinn (Format A6)	9,80
S3 ______	**Der Jurist (70.03)** 1. Aufl. November 2009 Ein Lehrbuch für Leader (Format A6)	9,80
S5 ______	**Coach dich! (70.05)** Psychologischer Ratgeber, 1. Auflage, 2004	19,80
S6 ______	**Lebendiges Reden (70.06)** Psychologischer Ratgeber inkl. Audio-CD, 2. Auflage, 2008	21,80
S7 ______	**NLP für Einsteiger (71.01)** Psychologischer Ratgeber, 12. neugestaltete Auflage, 2008	12,80
S8 ______	**Prüfungen als Herausforderung (70.08)** Psychologischer Ratgeber, 1. Auflage 2011	14,80
______	**Wiederholungsmappe (75.01)** Intelligentes Lernen inkl. Übungsbuch, Mind Mapps und Kurzskript	9,90
______	**Ordner hemmer.group (88.20)** Ringbuchmappe für Einlagen, DIN A4	2,50
(100.201) ______	**AudioCards auf CD: BGB AT I - III** Das Frage-Antwort-System der hemmer-Skripten zum Hören	59,95

Neuerscheinungen

Skripten Fachbegriffe & Erläuterungen

- G1 (18.10) ______ Mikroökonomie & Makroökonomie — 1.A/12 · 19,80
- G2 (18.11) ______ Buchführung / Jahresabschl./Rechnungsw. — 1.A/12 · 19,80
- G6 (18.15) ______ HandelsR/GesellschaftsR/WirtschaftsR — 1.A/12 · 19,80
- G7 (18.16) ______ Öffentl. Recht/EuropaR/VölkerR — 1.A/12 · 19,80

Diese Begriffssammlungen sind der perfekte Begleiter:
- **für Bachelor- und Master-Studium**
- **an allen Universitäten und Fachhochschulen**

Autor: Oliver Michaelis

Oliver Michaelis studierte Betriebswirtschaftslehre in Berlin, Bonn und Potsdam sowie Rechtswissenschaften in Leipzig, Halle, Frankfurt a.M. und Köln (www.michaelis.me).

Er arbeitet auf dem Gebiet des Bank- und Kapitalmarktrechts und ist Autor verschiedener Bücher speziell zum Wettbewerbsrecht und zur Finanzkrise.
So gibt er auch die Fachzeitschrift „EuBWR – Europäische Börsendaten, Währungs- und Rohstoffindizes" (www.EuBWR.com), die dazugehörigen Jahrbücher sowie „Die Chronik der Finanzkrise 2007 – 2010" und „Die Chronik der Finanzkrise 2011" heraus und leitet den Michaelis Verlag – den Fachverlag für wissenschaftliche Publikationen.

Life&Law

______	Einzelheft der Life&LAW	6,80
AboLL ______	Abonnement der Life&LAW Life&Law 3 Monate kostenfrei, danach erhalten Sie die Life&Law zum Preis von	5,80
LLJ ______	Life&LAW Jahrgangsband 1999 - 2011	
______	bitte Jahrgang eintragen	je 50,00
LLJ11 ______	Life&LAW Jahrgangsband 2012	80,00
LLE ______	Einband für Life&LAW Jahrgang	je 6,00

Die AnwaltsBasics

Herausgeber: hemmerVerlag für Anwälte GmbH

10.10 ______	**Die AnwaltsBasics Erbrecht** 1. Auflage, November 2010, 429 S.	39,90
10.20 ______	**Die AnwaltsBasics Mediation** 1. Auflage, Mai 2012, 187 S.	23,80

Wir berechnen pro Lieferung einen Versandkostenanteil von 3,30 EURO. Ab 30 EURO ist die Lieferung versandkostenfrei.

Endsumme:

Lieferung erfolgt in aktueller Auflage

Kundennummer D

Prüfen Sie in Ruhe zuhause!
Alle Produkte dürfen innerhalb von 14 Tagen an den Verlag (Originalzustand) zurückgeschickt werden. Es wird ein uneingeschränktes gesetzliches Rückgaberecht gewährt. Hinweis: Der Besteller trägt bei einem Bestellwert bis 40 Euro die Kosten der Rücksendung. Über 40 Euro Bestellwert trägt er ebenfalls die Kosten, wenn zum Zeitpunkt der Rückgabe noch keine (An-) Zahlung geleistet wurde.
Ich weiß, dass meine Bestellung nur erledigt wird, wenn ich in Höhe meiner Bestellungs-Gesamtsumme zzgl. des Versandkostenanteils zum Einzug ermächtige. Bestellungen auf Rechnung können leider nicht erledigt werden. Bei fehlerhaften Angaben oder einer Rücklastschrift wird eine Unkostenpauschale in Höhe von 8 Euro fällig. Die Lieferung erfolgt unter Eigentumsvorbehalt.

Name: ______________________

Vorname: ______________________

Straße, Nr.: ______________________

PLZ/Ort: ______________________

Telefon: ______________________

e-mail Adresse: ______________________

Buchen Sie die Endsumme von meinem Konto ab:

Kreditinstitut: ______________________

BLZ: ______________________

Konto-Nr.: ______________________

Ort, Datum: ______________________

Unterschrift: ______________________

hemmer/wüst Verlag

Verlagsprodukte

Überblick 2013

Die Studentenskripten

Das Grundwissen (A5)

Die Grundwissenskripten sind für den Studenten in den ersten Semestern gedacht. In den Theoriebänden Grundwissen werden leicht verständlich und kurz die wichtigsten Rechtsinstitute vorgestellt und das notwendige Grundwissen vermittelt. Die Skripten werden durch den jeweiligen Band unserer Reihe „Die wichtigsten Fälle" ergänzt.

Die Basics (16,5 x 24 cm)

Das Grundwerk für Studium und Examen. Es schafft schnell Einordnungswissen und mittels der hemmer-Methode richtiges Problembewusstsein für Klausur und Hausarbeit. Wichtig ist, wann und wie Wissen in der Klausur angewendet wird. Umfangreicher als die Grundwissenreihe und knapper als die Hauptskriptenreihe.

Die Hauptskripten (A4)

Das Prüfungswissen:

In den Hauptskripten werden die für die Prüfung nötigen Zusammenhänge umfassend aufgezeigt und wiederkehrende Argumentationsketten eingeübt. Die Hauptskripten sind die Bibliothek der Studenten - vom 1. Semester bis zum 2. Staatsexamen das ideale Nachschlagewerk. Die Hauptskripten ersetzen das Lehrbuch. Sie sind - anders als das typische Lehrbuch - klausurorientiert, Beispielsfälle erleichtern das Verständnis. So wird Prüfungswissen auf anspruchsvollem Niveau vermittelt. Die studentenfreundliche Preisgestaltung ermöglicht den Erwerb als Gesamtwerk.

Die wichtigsten Fälle (A5)

Vom Fall zum Wissen:

An Grundfällen werden die prüfungstypischen Probleme übersichtlich in Musterlösungen dargestellt. Eine Kurzgliederung erleichtert den Einstieg in die Lösung. Der jeweilige Fallschwerpunkt wird grafisch hervorgehoben. Die Reihe „Die wichtigsten Fälle" ist ideal geeignet, schnell in ein Themengebiet einzusteigen. So werden Zwischenprüfung und Scheine leicht. Die Fallsammlungen werden gerne auch von höheren Semestern zum Training für das Examen genutzt. Daneben sind „Die wichtigsten Fälle - Musterklausuren" zu nennen, in welchen Examensklausuren mit Sachverhalt und Lösung umfangreich dargestellt werden.

hemmer/wüst Verlag

ÜBERBLICK 2013

DIE KARTENSÄTZE

DIE BASICS KARTEIKARTEN (A6)

DAS PENDANT ZU DEN BASICS SKRIPTEN:

Mit dem Frage- und Antwortsystem zum notwendigen Wissen. Die Vorderseite der Karteikarte ist unterteilt in Einordnung und Frage. Der Einordnungstext erklärt den Problemkreis und führt zur Frage hin. Die Frage trifft dann den Kern der prüfungsrelevanten Thematik. Auf der Rückseite schafft der Antworttext Wissen. Die anschließende hemmer-Methode schärft das Problembewusstsein für die Klausur.

DIE ÜBERBLICKSKARTEIKARTEN (A6)

ÜBER PRÜFUNGSSCHEMATA ZUM WISSEN:

Ihr Begleiter vom 1. Semester bis zum 2. Staatsexamen! In den Überblickskarteikarten sind die wichtigsten Problemfelder im Zivil-, Straf- und Öffentlichen Recht knapp, präzise und übersichtlich dargestellt. Sie erfassen effektiv auf einen Blick das Wesentliche. Die grafische Aufbereitung der Prüfungsschemata auf der Vorderseite schafft Überblick über den Prüfungsaufbau. So lernen Sie Anspruchsgrundlagen, Straftatbestände und Klageschemata abzuhaken und Probleme zu verorten. Die Prüfungsschemata müssen sitzen! Der Inhalt der Karteikartenvorderseite gibt die nötige Sicherheit. Lernen mit dem Schema allein reicht aber für den Prüfungserfolg nicht aus! Die Kommentierung mit der hemmer-Methode auf der Rückseite schafft deshalb das nötige Einordnungswissen für die Klausur und erwähnt die wichtigsten Definitionen. Nutzen Sie die Überblickskarteikarten auch als Checkliste zur Kontrolle Ihres Wissens.

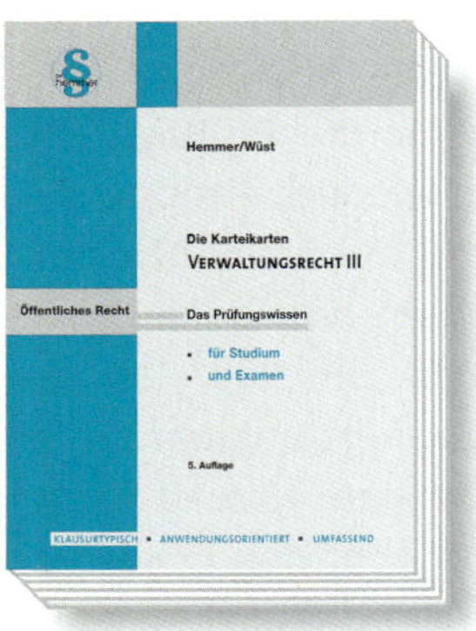

DIE HAUPTKARTEIKARTEN (A6)

DAS PENDANT ZU DEN HAUPTSKRIPTEN:

Das Prüfungswissen in Karteikartenform für den, der es bevorzugt, mit Karteikarten zu lernen. Im Frage- und Antwortsystem zum Wissen. Auf der Vorderseite der Karteikarte führt ein Einordnungsteil zur Frage hin. Die Frage trifft die Kernproblematik des zu Erlernenden. Auf der Rückseite schafft der Antworttext Wissen. Die anschließende hemmer-Methode schärft Ihr Problembewusstsein für die Klausur.

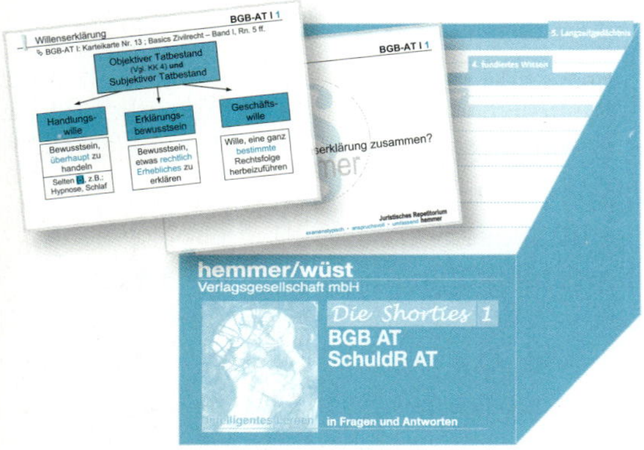

DIE SHORTIES - IN 20 STUNDEN ZUM ERFOLG IN DER HEMMER LERNBOX (A7)

Die kleinen Karteikarten in der hemmer Lernbox enthalten auf der Vorderseite jeweils eine Frage, welche auf der Rückseite grafisch aufbereitet beantwortet wird. Die bildhafte Darstellung ist lernpädagogisch sinnvoll. Die wichtigsten Begriffe und Themenkreise werden anwendungsspezifisch erklärt. Knapper geht es nicht - die Sounds der Juristerei! In Kürze verhelfen die Shorties so zum Erfolg. Sie dienen als Checkliste zum Erfassen des jeweiligen Rechtsgebiets und zum Rekapitulieren. Mit den besonderen Gedächtnistrainingtipps in Form von Reitern gelangt Ihr Wissen durch häufige Wiederholung ins Langzeitgedächtnis.

www.hemmer-shop.de